ANALECTA BIBLICA
INVESTIGATIONES SCIENTIFICAE IN RES BIBLICAS

— 164 —

DATE DUE

FRANCESCO BIANCHINI

L'ELOGIO DI SÉ IN CRISTO

L'utilizzo della περιαυτολογία nel contesto di Filippesi 3,1 – 4,1

EDITRICE PONTIFICIO ISTITUTO BIBLICO - ROMA 2006

Vidimus et approbamus ad normam Statutorum Universitatis

Romae, die 19 mensis iunii anni 2006

R.P. Prof. Jean-Noël Aletti, S.J.
R.P. Prof. Scott Brodeur, S.J.

ISBN 88-7653-164-5
© E.P.I.B. – Roma – 2006
Iura editionis et versionis reservantur

Editrice Pontificio Istituto Biblico
Piazza della Pilotta, 35 - 00187 Roma, Italia

*A tutti coloro che mi hanno aiutato
a comprendere, amare e vivere
la Sacra Scrittura*

PRESENTAZIONE

La presente monografia di Francesco Bianchini è il risultato di un cammino di ricerca durato tre anni. L'autore ha avuto la buona idea di scegliere un passo delle lettere paoline (Filippesi 3) riguardo al quale non esiste alcuna monografia completa e pochi sono gli articoli. Da moderatore della tesi, oltre a leggere attentamente il testo del candidato e correggere gli eventuali errori, ho dato la spinta decisiva alla ricerca segnalando un articolo fondamentale, che pone all'attenzione dell'esegeta un modello letterario utilizzato da Paolo in alcuni passi delle sue lettere, cioè quello della περιαυτολογία. L'articolo al quale faccio riferimento è L. PERNOT,. "*Periautologia*. Problèmes et méthodes de l'éloge de soi-même dans la tradition éthique et rhétorique gréco-romaine", *RevEtGr* 111 (1998) 101-124. Con questo articolo e i due volumi della tesi dottorale dello stesso studioso, *La rhétorique de l'éloge dans le monde gréco-romain* (CEASA 137-138; Paris 1993), Bianchini ha avuto gli strumenti per scrivere una bella tesi. Infatti, chi non conosce i modelli letterari e retorici utilizzati da Paolo non può ben interpretare un passo come Filippesi 3. La conoscenza del modello periautologico permette anche di pronunciarsi sullo spinoso problema dell'identità degli avversari che Paolo ha di mira in Fil 3,2.18-19. Una buona esegesi e un buon utilizzo del modello periautologico hanno infine consentito a Bianchini di divenire anch'egli un modello per lo studio di altri passi paolini affini a questo. Senza aver potuto sfruttare il mio commentario sulla lettera ai Filippesi, uscito a fine 2005 presso l'editore Gabalda, egli è arrivato a risultati vicini ai miei, e anzi più completi, come è necessario per una tesi dottorale. Ciò mostra che, quando il giusto modello è evidenziato e ben interpretato, i commenti degli esegeti non possono che convergere.

Jean-Noël Aletti, S. J.

Roma, 17 giugno 2006

PREMESSA

Il presente lavoro costituisce, con piccole modifiche, il testo integrale della dissertazione dottorale che ho difeso presso il Pontificio Istituto Biblico di Roma il 28 aprile 2006. Moderatore di tale lavoro è stato padre Jean-Noël Aletti, S. J., al quale va un sentito ringraziamento per il Suo ruolo di guida esercitato nei miei confronti. Da lui ho appreso una chiave di lettura nuova ed originale per comprendere i testi e la figura dell'Apostolo. Ma egli ha adempiuto al proprio compito non forzandomi ad adottare le Sue posizioni esegetiche, bensì favorendo sempre l'assunzione di mie personali piste di ricerca.

Vorrei esprimere la mia gratitudine anche a padre Scott Brodeur, S. J., secondo relatore di questa dissertazione. Le Sue puntuali correzioni apportate al mio lavoro, unite sempre all'incoraggiamento e al grande rispetto, sono state un notevole contributo per il miglioramento e l'avanzamento della dissertazione.

Un grazie cordiale deve essere tributato anche al cardinale Albert Vanhoye, S. J., per aver accolto il mio lavoro in questa prestigiosa collana e per averlo corredato delle Sue preziose osservazioni.

La mia gratitudine è anche per il signor Carlo Valentino, segretario generale del Pontificio Istituto Biblico, e per don Patrice Laurent, compagno della comunità di S. Luigi dei Francesi, grazie ai quali questa dissertazione è stata ordinata nel suo attuale assetto tipografico.

Sono debitore alla mia diocesi per avermi concesso l'opportunità di sei anni ininterrotti di studio al Pontificio Istituto Biblico e sono estremamente grato a tutte le persone che mi sono state vicino in questo tempo affascinante ed impegnativo.

Infine dedico il presente lavoro a tutti coloro che, dalla mia infanzia sino ad oggi, mi hanno aiutato a comprendere, amare e vivere la Sacra Scrittura; a loro va la mia più profonda riconoscenza.

Francesco Bianchini

Roma, 19 giugno 2006

INTRODUZIONE

All'interno del *corpus paulinum*[1] la lettera ai Filippesi, così come ci è stata trasmessa, presenta una peculiare dimensione personale e relazionale. Nell'ambito di un profondo legame con la comunità da lui fondata, Paolo, prigioniero a motivo del Vangelo, vuol ricordare ai suoi il significato essenziale del proprio ministero apostolico, alla base del quale stanno l'incontro e la conoscenza di Cristo. Così, nel contesto del dialogo epistolare con i cristiani di Filippi, l'Apostolo alterna narrazioni, riguardanti la propria situazione, con esortazioni rivolte ai destinatari. Tra i diversi passaggi autobiografici, è un brano che emerge come particolarmente significativo e capace di fornire al lettore uno sguardo privilegiato sulla personalità di Paolo: quello presente nel c. 3 della lettera. Con toni forti e appassionati, l'Apostolo, a cuore aperto, mostra l'itinerario di fede già compiuto e che sta ancora compiendo in attesa della chiamata celeste. Un testo del genere, con la sua capacità introspettiva ed evocativa non può lasciare indifferente coloro che vi si accostano, soprattutto se interessati a conoscere il *mistero* della vita di Paolo. Tra questi anche noi, affascinati dal carattere appassionato e appassionante dell'esperienza di Cristo, vissuta dall'Apostolo e qui narrata, abbiamo deciso di dedicare uno studio approfondito finalizzato alla comprensione del testo inerente al c. 3 della lettera ai Filippesi.

Solitamente, quando si comincia uno studio esegetico, ci si accorge di non essere i primi a sottoporre ad indagine un particolare brano della Scrittura; nel nostro caso, però, ci è riservata una sorpresa. Infatti, se consultiamo la letteratura a disposizione degli studiosi, troviamo soltanto una monografia, non pubblicata, riguardante il testo di Fil 3,1 – 4,1 (delimitazione del brano che corrisponde esattamente alla nostra). In

---

[1] Intendiamo con questa espressione, o con altre simili, sia le lettere protopaoline sia le deuteropaoline, chiamate anche, rispettivamente, *homologoumena* e *antilegomena*.

questo lavoro Fields[2], persegue due scopi: in un primo momento egli
vuol prestare attenzione al metodo, al contenuto e al significato della
presentazione di Paolo come modello, mentre in un secondo passo intende proporre delle considerazioni riguardo la problematica relativa
alla scelta dei modelli etici di riferimento (a vantaggio della teologia
della liberazione e della *black theology*). Per raggiungere i suoi obiettivi, l'autore fornisce una struttura retorica della pericope, ed insiste soprattutto sul suo sfondo anticotestamentario. Purtroppo, come notato
nel corso del nostro lavoro, il lodevole tentativo di Fields si dimostra
inadeguato al testo ed insoddisfacente negli esiti. Nel resto della produ-
zione esegetica si possono rinvenire saggi dedicati ad alcuni versetti del
brano, o ad uno dei suoi motivi, ma nessuno di essi tratta il passaggio
nella sua interezza. Nondimeno la letteratura relativa a Fil 3,1 – 4,1 risulta abbondante, composta soprattutto da articoli e dalle disamine dei
numerosi commentari riguardanti la lettera nel suo insieme.

Volendo delineare uno *status quaestionis* generale, concernente i
problemi più dibattuti intorno al testo di Fil 3,1 – 4,1, notiamo che due
sono i più ricorrenti: quello riguardante l'identità e il ruolo degli avversari e quello dell'integrità della lettera, il quale dipende molto dalla collocazione del nostro brano. Anche una parte della grande discussione
concernente la *New Perspective* passa attraverso la nostra pericope, sof-
fermandosi in particolare su 3,6.9, versetti nei quali risalta il tema della
giustizia: sia quella proveniente dalla legge, sia quella dalla fede. Infine
l'ultimo elemento problematico, affrontato dagli studiosi, è quello relativo al supposto carattere innodico e all'origine prepaolina di 3,20-21.

Dal punto di vista tematico, oltre ai motivi degli avversari e della
giustizia, nelle ricerche si è approfondito soprattutto l'esempio di Paolo
e la sua imitazione, legati alla conoscenza e alla comunione con Cristo.

Se osserviamo i metodi d'indagine utilizzati nello studio del brano,
essi costituiscono un ottimo esempio del cammino, percorso nel tempo,
dall'esegesi dei testi paolini. All'inizio si trovano analisi della pericope
basate su una prospettiva prevalentemente teologica e dottrinale; rap-
presentativi di questa tendenza sono quei commentari i quali, pur esaminando il brano versetto per versetto, ne fanno una lettura globale secondo un punto di vista contenutistico, utilizzato per la lettera nella sua

---

[2] B.L. FIELDS, *Paul as Model*. The Rhetoric and Old Testament Background of
Philippians 3:1 – 4:1 (Diss. Marquette University; Marquette, WI 1995) 17.

interezza[3]. Successivamente, l'attenzione degli esegeti di orientamento storico-critico è posta sull'individuazione, in Fil 3, di una lettera o di un frammento di essa, dal carattere prevalentemente polemico. Poi, con l'imporsi nello studio biblico dei metodi sincronici, si utilizzano anche per Fil 3,1 – 4,1 la semiotica o analisi del discorso, la prospettiva retorica (epistolare e discorsiva) e l'approccio sociologico. Tentativi isolati sono quelli che propongono una lettura socio-retorica o teologico-canonica[4]. Da parte nostra, nella consapevolezza della ricchezza e della complessità degli scritti paolini, ci siamo confrontati con i metodi diacronici e sincronici che sono maggiormente utilizzati nello studio del brano.

La premessa metodologica alla base della nostra analisi è stata quella della priorità del testo, oggetto della ricerca. Questo significa seguire un percorso che parte prima di tutto dal brano stesso e non dai contesti, letterario o storico, ai quali si può utilmente ricorrere in un secondo momento. Insieme a questo presupposto, abbiamo indirizzato lo studio non a una comprensione statica del testo, cioè puramente descrittiva e basata su un'esclusiva interpretazione corsiva, ma ad una comprensione dinamica, al fine di penetrare la progressione e la logica del brano. In questo senso, il nostro metodo d'indagine può rientrare all'interno della prospettiva retorica, la quale, una volta individuata la composizione della pericope, intende comprendere il suo movimento per giungere a mostrare l'intenzione che la caratterizza. Abbiamo usufruito della retorica epistolare per risolvere alcune difficoltà del testo e per delineare la composizione di Fil nel suo insieme. La retorica discorsiva, invece, non utilizzata in senso stretto per la *dispositio*, ha costituito un quadro di riferimento per l'analisi delle diverse sottounità, iniziando dalla composizione e dall'*elocutio* per poi arrivare all'*inventio*. Nell'insieme la dimensione retorica è stata accentuata nello studio delle forme letterarie, soprattutto per quella della περιαυτολογία, ovvero elogio di sé, ma ha anche segnato la terminologia da noi utilizzata, i richiami agli autori classici e l'attenzione posta all'effetto del testo nei destinatari. Infine questa prospettiva è stata impiegata al momento di

---

[3] Ad es. J.B. LIGHTFOOT, *Saint Paul's Epistle to the Philippians*. Revised Text with Introduction, Notes and Dissertations (London 1868; ²1869) 141-155; E. LOHMEYER, *Der Brief an die Philipper* (KEK 9/1; Göttingen 1930; ⁶1964) 122-163.

[4] Essi sono rappresentati, rispettivamente, da B. WITHERINGTON III, *Friendship and Finances in Philippi*. The Letter of Paul to the Philippians (NTCon; Valley Forge, PA 1994) e da M.N.A. BOCKMUEHL, *The Epistle to the Philippians* (BNTC 11; London, UK 1998).

delineare il ruolo rivestito da Fil 3,1 – 4,1 all'interno dello sviluppo della lettera.

La ricerca del genere letterario è certamente anche caratteristica dell'esegesi storico-critica, la quale, però, non dà conto a sufficienza della particolarità assunta da ciascuna forma all'interno della pericope nella quale è inserita. D'altra parte noi, seguendo questa metodologia diacronica, abbiamo soprattutto discusso l'integrità della lettera e la collocazione del nostro brano, confrontandoci anche con i tentativi isolati di coloro i quali intendono negare l'unità e l'origine paolina di Fil 3 nel suo insieme. Anche altri metodi sincronici sono risultati di una certa utilità. Infatti dall'analisi del discorso abbiamo sviluppato l'attenzione all'analisi grammaticale e sintattica del testo, al fine di comprenderne la composizione, insieme allo studio dei campi semantici. Al metodo sociologico, infine, abbiamo fatto riferimento cercando di leggere nel contesto storico e sociale alcuni elementi del brano, dapprima esaminati in se stessi.

Quindi, pur privilegiando per diversi aspetti la prospettiva retorica, non abbiamo applicato un'unica metodologia di studio, ma ne abbiamo utilizzato diverse allo scopo di comprendere il testo di Fil 3,1 – 4,1, protagonista principale del cammino di ricerca.

Il percorso è iniziato, nel c. I, con un'ipotesi di lavoro, formulata in un primo approfondimento di Fil 3, durante il quale è emersa la domanda riguardante la logica dell'imitazione e dell'esempio utilizzata nel brano. Così, al fine di conoscere le caratteristiche della pericope nel suo insieme, abbiamo deciso di cominciare con l'esame del v. 17, il quale risalta in maniera particolare a causa del suo invito ad imitare Paolo. È stata quindi avviata un'analisi basata sul circolo ermeneutico formato da testo e contesto. Nella prima parte, alla delimitazione del brano è seguita la sua composizione, per giungere ad uno sguardo d'insieme, soprattutto dal punto di vista semantico, su tutta la pericope. Nella seconda parte abbiamo esaminato attentamente l'appello all'imitazione di 3,17 e, prendendo spunto da esso e dalla sua funzione persuasiva, siamo andati alla ricerca della dinamica retorica del testo. Così abbiamo analizzato i modelli letterari di riferimento, sui quali si poggia il brano, in particolare quello della περιαυτολογία. Infine si è giunti ad un'interpretazione globale del senso dell'imitazione di Paolo in 3,17. Questo capitolo, attraverso lo studio contestuale del versetto, ci ha perciò fornito gli elementi essenziali sui quali basare la ricerca successiva.

Dall'appello all'imitazione di Paolo, siamo passati, nel c. II, a ciò a cui esso si riferisce, e, quindi, al suo esempio così come si presenta in

3,4b-14.15-16. Il confronto con le forme letterarie e l'analisi esegetica del testo ci hanno dimostrato come l'esempio dell'Apostolo sia costituito da una περιαυτολογία, la quale assume però carattere paradossale, nella misura in cui rovescia l'elogio di sé sino a trasformarlo in elogio di Cristo. Questa logica rappresenta per noi il motivo unificante dei versetti centrali del brano, a fronte di altri tentativi di lettura complessiva, legati, in buona parte, al concetto di δικαιοσύνη o, in un caso, alla prospettiva stoica.

Il buon esempio di Paolo ci ha rimandato, nel c. III, al cattivo esempio costituito dagli avversari, presenti in 3,2-4a.17-21, in contrapposizione al modello positivo dei credenti. Le due succitate esortazioni, con le rispettive giustificazioni, hanno mostrato come la περιαυτολογία, pur essendo in senso stretto il modello di riferimento soltanto per i vv. 4b-14, tenda ad estendere la sua logica anche al resto del testo di 3,1 – 4,1. Questi versetti che contrappongono gli avversari ai credenti e a Paolo rivestono, così, una funzione di introduzione e di conclusione al vanto di sé sviluppato dall'Apostolo a lode del suo Signore. Gli oppositori interpretano, come spesso avviene nella forma letteraria della περιαυτολογία, un ruolo secondario, costituendo soltanto un punto di partenza, per il quale giustificare il ricorso alla lode di sé. In particolare, nel nostro caso essi rappresentano il «vantarsi nella carne», contrapposto al «vantarsi in Cristo» proprio dei veri credenti.

Per completare il percorso interpretativo, nel c. IV il brano di Fil 3,1 – 4,1 è stato posto nel contesto di tutta l'epistola, con l'obiettivo di comprenderne la funzione. Dopo aver analizzato la cornice, costituita da 3,1 e 4,1, attraverso la quale il testo è immesso nel tessuto della lettera, abbiamo affrontato la questione dell'integrità di Fil. Una volta dimostrata la sua unità, il nostro testo è stato interpretato attraverso il confronto con il resto dello scritto, in particolare con 2,6-11, brano che riporta l'esempio di Cristo. Così si è evidenziato come la περιαυτολογία paradossale paolina riproduca l'itinerario stesso di Cristo ed indichi, altresì, il modello per eccellenza per il cammino di fede dei Filippesi e di ogni cristiano. Alla fine tutta la lettera è stata riletta a partire da 3,1 – 4,1, arrivando a delineare una teologia della croce propria di Filippesi e basata sul «vanto in Cristo».

Nella conclusione abbiamo dato conto degli aspetti che costituiscono la particolarità del nostro studio e degli elementi di novità da esso emergenti, suggerendo anche le ulteriori piste di ricerca che si prospettano.

In definitiva crediamo che il titolo del lavoro ben riassuma il cammino da noi percorso. In esso è stata decisiva la scoperta della περιαυτολογία in quanto chiave di lettura del testo e soprattutto l'esplicazione della sua dinamica, così come si riflette nel contesto di Fil 3,1 – 4,1. In base all'interpretazione maturata nello studio, il brano si risolve dunque nella raffigurazione di ciò che rappresenta l'autoelogio di Paolo in Cristo e nel conseguente pressante invito, rivolto ad ogni credente, a riprodurlo, in quanto modello esemplare, nella propria esistenza.

CAPITOLO I

L'imitazione di Paolo

Il significato di Filippesi 3,17 nel contesto

0. Premessa

Già ad un primo contatto, la narrazione, presente nel c. 3 di Filippesi, mostra caratteristiche che vanno al di là della pura autobiografia e ne suggeriscono una lettura in chiave parenetica. Infatti essa è inquadrata da alcune esortazioni presenti nel testo, le quali spingono verso un'interpretazione in senso esemplare del cammino dell'Apostolo. La domanda, che all'inizio emerge di fronte al brano, è quindi come Paolo utilizzi la logica dell'esempio e dell'imitazione, di cui la retorica del tempo fa largo uso.

Alla ricerca di una risposta alla questione e desiderando avere una prima comprensione del testo, ci pare importante estrarre un campione indicativo, quasi come per l'analisi medica di un tessuto, al fine di conoscerne la natura. In questo senso riteniamo che il v. 17, nel quale, al termine di un'autopresentazione, Paolo chiede esplicitamente ai Filippesi di diventare suoi imitatori, rappresenti un elemento significativo. Ci proponiamo dunque di compiere un'analisi del versetto in stretto collegamento con il contesto globale della pericope, nel circolo ermeneutico di testo e contesto, dove l'uno serve ad illuminare l'altro. Questo ci aiuterà anche a comprendere il senso e il contenuto dell'appello all'imitazione dell'Apostolo, che già a prima vista risulta essere una peculiarità del nostro brano. In effetti, l'espressione συμμιμηταί μου γίνεσθε, simile a quella di 1 Cor 4,16; 11,1, è esclusiva di Paolo: non si danno altri esempi nell'antichità, nei quali l'autore stesso rivolga così esplicitamente ai suoi ascoltatori l'invito ad imitarlo.

Già a partire da questo capitolo faremo uso di diversi strumenti metodologici: dalla prospettiva letteraria e grammaticale-sintattica a quella semantica, dall'analisi filologica a quella retorica, limitando però il contesto alla pericope nel quale il versetto si inserisce. Così procederemo nella prima parte con tre passi preliminari per lo studio del brano: delimitazione del testo, composizione, sguardo complessivo dal punto di vista semantico. Nella seconda parte esamineremo prima in maniera analitica il v. 17, poi cercheremo di farne una lettura retorica nell'insieme del passaggio ed infine, in prospettiva riassuntiva, proporremo la nostra interpretazione dell'invito all'imitazione di Paolo. Al termine la conclusione, oltre che un sommario dei risultati raggiunti, vorrà essere un'apertura verso sviluppi ulteriori.

1. Contesto

Cominciando la ricerca vogliamo definire il preciso ambito di indagine che costituirà la cornice di riferimento anche per le analisi dei capitoli successivi. Ora ci apprestiamo ad analizzare il v. 17 collocato nel c. 3 della lettera ai Filippesi, contesto dal quale non è possibile prescindere se si vuole giungere a un'interpretazione ben fondata. Così, anzitutto, delimiteremo il testo all'interno del quale si trova l'appello ad imitare Paolo, oggetto del nostro studio; secondariamente, procederemo nel tentativo di rinvenire una composizione del brano appena localizzato; infine, faremo una lettura generale di esso muovendoci sul piano semantico.

1.1 Delimitazione del testo

Si tratta di rintracciare i confini della pericope che contiene la chiamata all'imitazione esplicitata in Fil 3,17. In questo primo passo faremo uso di criteri di ordine letterario e grammaticale-sintattico, servendoci però, anche se in seconda battuta, di elementi di retorica che potranno fornirci un utile supporto a conferma di quanto scoperto.

Già ad una prima investigazione della letteratura esegetica, si evidenzia una certa varietà di posizioni riguardo alla delimitazione del testo inerente al c. 3 di Filippesi[1]. A questo proposito, si aggiunge il problema dell'unità della lettera, che trova proprio nel capitolo uno dei punti dirimenti delle diverse posizioni.

---

[1] Cf. R. FABRIS, "Lettera ai Filippesi", *Lettera ai Filippesi – Lettera a Filemone* (ScOC 11; Bologna 2001) 185 n. 2, per uno sguardo riassuntivo delle diverse soluzioni.

1.1.1 *Il limite superiore*

Per prima cosa dobbiamo determinare il limite superiore della pericope, procedendo successivamente con quello inferiore. Alla lettura del testo, sul finire del c. 2 e all'inizio del c. 3, avvertiamo subito un cambiamento nel discorso: si passa infatti dal parlare di Epafrodito (sino a 2,30) al rivolgersi direttamente agli ascoltatori (3,1), con successiva messa in guardia rispetto agli avversari (3,2). C'è poi uno stacco dal punto di vista grammaticale-sintattico: i verbi passano dalla terza persona singolare di 2,30 alla seconda persona plurale dell'imperativo in 3,1-2. Così si evidenzia una discontinuità tra 3,1 e ciò che precede, a fronte di una continuità con ciò che segue. Ma questo non è ancora sufficiente per poter determinare il limite superiore della pericope: gli autori infatti discutono su 3,1, se sia conclusione o inizio di un brano, dividendolo anche in due parti. Per fare chiarezza è necessario anzitutto analizzare l'espressione avverbiale τὸ λοιπόν con la quale si apre il versetto.

Con l'ausilio di esempi tratti sia dal NT che dalla letteratura ellenistica, la Thrall[2] dimostra che λοιπόν, nel greco postclassico, ha valore di particella di transizione: essa può introdurre la conclusione logica di un ragionamento o un nuovo argomento da trattare. In quest'ultima direzione, e in risposta a coloro che qui vedono la fine di una lettera, si muove la Alexander[3], mostrando come in alcune epistole familiari, tratte dai papiri, l'espressione si trovi ben prima della conclusione e sia usata per segnalare un nuovo argomento. Inoltre, ad ulteriore conferma, χαίρετε nel versetto non indicherebbe una formula di congedo: il verbo χαίρω, infatti, quando viene usato per i saluti (con altre forme grammaticali rispetto all'imperativo di seconda plurale), si trova in genere all'inizio e non alla fine della missiva. L'autrice conclude quindi con l'affermare che Paolo non sta terminando la sua lettera, bensì sta ripetendo l'esortazione alla gioia così importante e diffusa in Fil. Notiamo poi che in 3,1 a χαίρετε si aggiunge ἐν κυρίῳ: è dunque ancor più probabile che si tratti di un'esortazione (cf. 4,4) e non di un saluto.

---

[2] M.E. THRALL, *Greek Particles in the New Testament*. Linguistic and Exegetical Studies (NTTS 3; Leiden 1962) 25-30. L'utilizzo dell'articolo τό, in base agli esempi forniti dall'autrice, non cambia il discorso.

[3] L. ALEXANDER, "Hellenistic Letter-Forms and the Structure of Philippians", *JSNT* 37 (1989) 96-97.

Da un punto di vista prettamente retorico si pone invece Watson[4], il quale vede in 3,1 una transizione con le figure retoriche dell'ἄφοδος (v. 1a), una breve presa di posizione dopo una *digressio* (2,19-30) per ritornare al tema principale, e della *transitio*, un richiamo a ciò che è stato detto e una presentazione di ciò che segue (v. 1b). In aggiunta Stowers[5] considera 3,1b come un idioma proprio di una lettera esortativa dove il mittente assicura il destinatario che ciò che sta per dire è già conosciuto e quindi non ci sarebbe bisogno di ripeterlo (un po'come accade per la preterizione). Muovendosi in un quadro di studio epistolografico, Reed[6] appunta la sua attenzione su 3,1b ritrovandovi una formula di esitazione, propria di diverse lettere provenienti dai papiri; essa rappresenterebbe un commento dell'autore sul suo discorso e configurerebbe il ruolo di tutto il versetto come transizione. Questa formula contiene, di solito, una qualche forma di ὀκνέω (che non differisce semanticamente da ὀκνηρός) spesso al negativo, in corrispondenza, generalmente, con il verbo γράφω, ed ha come funzione principale di mantenere la relazione tra il mittente e il ricevente. Così per Bittasi[7] essa costituisce un artificio retorico che permette a chi scrive di giustificarsi per una qualche ragione con il destinatario; in questo caso a motivo della ripetizione.

In una considerazione complessiva, le motivazioni di ordine grammaticale-sintattico, letterario e retorico volgono a favore di una lettura unitaria di 3,1 come transizione verso una nuova sezione[8], dove l'autore, da una parte, intende aggiungere una nuova comunicazione epistolare, a partire dall'espressione iniziale da tradurre «per il resto», «inoltre»[9], e, dall'altra, ripete le stesse cose (τὰ αὐτά). Ma, per confermare la

---

[4] D.F. WATSON, "A Rhetorical Analysis of Philippians and Its Implications for the Unity Question", *NT* 30 (1988) 72-73.

[5] S.K. STOWERS, "Friends and Enemies in the Politics of Heaven. Reading Theology in Philippians", *Pauline Theology*. Volume I: *Thessalonians, Philippians, Galatians, Philemon* (ed. J.M. BASSLER) (SBLSS 4; Minneapolis, MN 1991), 115-116, cita a proposito altri passi paolini come ad es. 2 Cor 9,1; 1 Ts 4,1-2; 5,2.

[6] J.T. REED, *A Discourse Analysis of Philippians*. Method and Rhetoric in the Debate over Literary Integrity (JSNTSS 136; Sheffield 1997) 229, 254, 263.

[7] S. BITTASI, *Gli esempi necessari per discernere*. Il significato argomentativo della struttura della lettera di Paolo ai Filippesi (AnBib 153; Roma 2003) 5-6.

[8] A tale proposito è da notare anche l'uso dell'infinito presente γράφειν che indica un'azione in corso di svolgimento, nel senso di «continuare a scrivere».

[9] Brani paolini dove λοιπόν riveste un significato simile sono 1 Cor 1,16; 4,2; 7,29; 1 Ts 4,1 e 2 Ts 3,1.

posizione del nostro versetto come limite superiore del brano, è necessario esaminare anche la sua funzione rispetto a ciò che segue.

La connessione con il v. 2 è tutt'altro che scontata, visto il repentino cambio di tono dall'esortazione a gioire (v. 1a) all'attacco polemico (v. 2) che ha portato diversi esegeti ad ipotizzare la presenza di due diverse lettere qui maldestramente unite. Si sono però compiuti tentativi per spiegare tutto ciò all'interno di una lettura unitaria di Fil. Alcuni, come ad esempio Hawthorne[10], attribuiscono il brusco cambiamento al carattere informale della lettera, all'emotività del mittente e al suo stile di scrittura già soggetto a queste rotture. Fee[11], d'altro canto, tende a minimizzare il mutamento di tono, sottolinea il legame tra i due versetti costruiti entrambi con frasi asindetiche, e ricorda l'uso retorico dei nemici in una lettera di amicizia. Ancor più attenuato sarebbe lo stacco tra il v. 1 e il v. 2 nel caso che accettassimo la proposta di Kilpatrick[12], il quale legge βλέπετε con il complemento oggetto come un semplice invito a guardare le persone di cui si parla: «considerate» — a differenza dell'uso con μή e ἀπό che esprimerebbe invece un avvertimento, «guardatevi da»[13]. È da segnalare anche Barbaglio[14], secondo il quale 3,1b è *incipit* di una nuova unità letteraria e introduce anche il richiamo polemico di 3,2. Infine Watson[15], ponendosi ancora su un piano retorico, sostiene che il cambio di tono tra i due versetti sia un artificio volto a riguadagnare l'attenzione dei lettori dopo il distacco dal discorso principale che si è avuto nella *digressio* (2,19-30). In questo senso egli mostra come le varie figure retoriche utilizzate in 3,2 abbiano un valore convenzionale con lo scopo di richiamare l'ascolto dell'*audience*.

Ora, se da una parte è innegabile lo stacco tra il v. 1 e il v. 2, dovuto sia al cambiamento di tono che alla mancanza di un legame sintattico, dall'altra riteniamo che il v. 1b, essendo una riflessione sullo scrive-

---

[10] G.F. HAWTHORNE, *Philippians* (WBC 43; Waco, TX 1983) 122-123, cita a proposito Gal 3,1; 4,21; Fil 1,16-17.

[11] G.D. FEE, *Paul's Letter to the Philippians* (NICNT; Grand Rapids, MI 1995) 288, 294.

[12] G.D. KILPATRICK, "ΒΛΕΠΕΤΕ, Philippians 3:2", *In Memoriam Paul Kahle* (Hrsg. M. BLACK – G. FOHRER) (BZAW 103; Berlin 1968) 146-148.

[13] Visti la triplice ripetizione del verbo, gli epiteti ingiuriosi e l'antitesi con il v. 3, la proposta ci sembra poco attendibile.

[14] G. BARBAGLIO, "Alla chiesa di Filippi", *La teologia di Paolo*. Abbozzi in forma epistolare (BnS 9; Bologna 1999; ²2001) 321 n. 37.

[15] D.F. WATSON, "The Integration of Epistolary and Rhetorical Analysis of Philippians", *The Rhetorical Analysis of Scripture*. Essays from the 1995 London Conference (eds. S.E. PORTER – T.H. OLBRICHT) (JSNTSS 146; Sheffield 1997) 86.

re stesso, funga bene da introduzione a tutto ciò che segue, in particolare al versetto successivo, il quale mira a catturare l'attenzione dei destinatari all'inizio di un nuovo sviluppo[16]. Proponiamo così, alla luce anche di quanto affermato in precedenza, di vedere in 3,1 il limite superiore della pericope del c. 3, e di indicare la sua funzione come elemento di transizione che riprende ciò che precede e introduce ciò che segue.

1.1.2 *Il limite inferiore*

Dopo queste considerazioni sul punto d'inizio del brano dobbiamo
volgerci a determinarne la chiusura. Il problema ruota sostanzialmente
intorno alla posizione di 4,1. Il suo verbo all'imperativo di seconda persona plurale (στήκετε) lo distacca sia dal versetto precedente, che è alla
terza singolare (μετασχηματίσει), sia da quello seguente, alla prima singolare (παρακαλῶ). La presenza della congiunzione inferenziale ὥστε
all'inizio lo allaccia logicamente con ciò che precede, facendo di 4,1 la
conseguenza diretta dei versetti antecedenti. Come sottolinea Bockmuehl[17], ὥστε serve per applicare un argomento ad una specifica situazione e qui, in particolare, i credenti, in base alla gloriosa speranza che
li attende (3,20-21), sarebbero invitati a rimanere saldi nella fedeltà al
Signore. Bittasi[18] rileva inoltre che il legame di ὥστε con οὕτως fa pro-
pendere per una considerazione del versetto come conclusivo. Inoltre
Vanni[19] nota la particolare concatenazione di espressioni affettuose
presenti nel versetto, le quali conducono a pensare ad un rialzo letterario proprio di una conclusione: in 4,1 terminerebbe il discorso esortativo con al centro il «voi» dei Filippesi per passare poi in 4,2-3 all'«io»
di Paolo esortatore. Infine Fabris[20] mostra la chiara simmetria tra
ἀδελφοί μου χαίρετε ἐν κυρίῳ di 3,1 e ἀδελφοί μου στήκετε ἐν κυρίῳ
di 4,1. In aggiunta c'è anche il richiamo tra l'iniziale χαίρετε e la finale
χαρά. Crediamo quindi, in base all'uso di ὥστε, accompagnato da οὕτως

---

[16] BITTASI, *Gli esempi*, 86, sostiene che, proprio nell'ipotesi di una ripetizione
(3,1b), è opportuno ricominciare il discorso con uno stacco preciso (3,2), riconoscibile
anche dal punto di vista uditivo. Ciò sarebbe in conformità con le tecniche utilizzate
per il cambio di tema nei testi antichi, destinati ad essere letti ad alta voce.

[17] BOCKMUEHL, *Philippians*, 238.

[18] BITTASI, *Gli esempi*, 120 n. 92.

[19] U. VANNI, "Verso la struttura letteraria della lettera ai Filippesi", *Atti del V
simposio di Tarso su s. Paolo apostolo* (ed. L. PADOVESE) (TurCs 12; Roma 1998) 79.

[20] FABRIS, "Filippesi", 186.

e dall'imperativo, e al legame con 3,1, di poter individuare con una certa sicurezza in 4,1 il limite inferiore del brano di Fil 3,1 – 4,1.

Abbiamo così delimitato il nostro campo di studio in Fil 3,1 – 4,1, sostenendo altresì come il versetto iniziale e quello finale costituiscano la cornice del brano, fungendo il primo da transizione e il secondo, in corrispondenza, da conclusione.

1.2 Composizione

1.2.1 *Il modello orale*

Andando alla ricerca della composizione interna del brano, è necessario tenere in conto la dimensione dell'*oralità*, in quanto le epistole paoline erano destinate ad essere lette in pubblico. Ciò comporta che la scansione del testo doveva essere percepita dall'orecchio dell'ascoltatore durante la lettura ed era, di conseguenza, semplice e lineare. Per questo motivo non risultano credibili le strutture testuali molto elaborate ma soltanto quelle essenziali, concentriche o parallele, che, in sostanza, non vadano oltre uno schema ternario ABC[21]. Cercheremo dunque di leggere il brano secondo un modello orale di composizione, evidenziando le masse testuali che possono essere facilmente individuate. Dal punto di vista metodologico ci muoveremo su un piano letterario e grammaticale-sintattico.

Abbiamo già evidenziato la cornice del testo rispettivamente in 3,1, come transizione, e in 4,1, in quanto conclusione; si tratta ora di affrontare il suo corpo localizzato in 3,2-21[22]. All'inizio il v. 2 si trova collegato col v. 3 anzitutto attraverso un γάρ che introduce la ragione delle esortazioni appena date. È da notare poi una simmetria antitetica nella triplice scansione di ognuno dei due, insieme alla contrapposizione «loro-noi» messa in rilievo da ἡμεῖς che apre il v. 3. Il v. 3, a sua volta, costituisce, come segnala Harvey[23], una costruzione orale con il v. 4

---

[21] Cf. C.W. DAVIS, *Oral Biblical Criticism. The Influence of the Principles of Orality on the Literary Structure of Paul's Epistle to the Philippians* (JSNTSS 172; Sheffield 1999) 98-99.

[22] Dal punto di vista della critica testuale, nel nostro lavoro affronteremo solo le questioni più dibattute, per una discussione esaustiva rimandiamo a P.T. O'BRIEN, *The Epistle to the Philippians*. A Commentary on the Greek Text (NIGTC; Grand Rapids, MI – Carlisle, UK 1991) 346-474.

[23] J.D. HARVEY, *Listening to the Text*. Oral Patterning in Paul's Letters (ETSS 1; Grand Rapids, MI – Leicester, UK 1998) 240-241.

utilizzando πειθ- e ἐν σαρκί prima in una *reversio* e poi in un parallelismo. Così infatti si evidenzia dal testo:

καὶ οὐκ **ἐν σαρκὶ πεποιθότες**
καίπερ ἐγὼ ἔχων **πεποίθησιν** καὶ **ἐν σαρκί**
εἴ τις δοκεῖ ἄλλος **πεποιθέναι ἐν σαρκί** ἐγὼ μᾶλλον

Dal punto di vista sintattico la particella con valore concessivo καίπερ lega il v. 4 con quanto precede, mentre con εἴ τις si apre un'altra proposizione che lo allaccia con quanto segue. Vanni[24] afferma che nel v. 4a si conclude una parte del brano e nello stesso tempo si prepara, con l'introduzione di ἐγώ, quella successiva in cui, già a partire dal v. 4b, campeggia l'«io» di Paolo. Proponiamo così di leggere come prima unità del brano i vv. 2-4a, dove troviamo tre frasi con l'imperativo βλέπετε (v. 2); esse sono legate con una proposizione esplicitata da una costruzione con tre participi tra loro coordinati (v. 3) e si conclude in una frase con valore concessivo (v. 4a).

I vv. 4b-6 si presentano come un unico periodo ipotetico dell'obiettività, con una protasi introdotta da εἴ e un'apodosi con due participi, avvalendosi delle ripetizioni di κατά [3x] e di νόμος [2x]. Il legame con il v. 7 è costituito, oltre che dallo stesso «io» che rimane soggetto sino al v. 14, da ἅτινα, che ben si comprende come riferito alla lista di privilegi e caratteristiche presentata ai vv. 5-6. Numerose poi sono le ripetizioni e i richiami linguistici che uniscono insieme i vv. 7-11:

ἅτινα[25] ἦν μοι **κέρδη**
ταῦτα **ἥγημαι** διὰ τὸν **Χριστὸν ζημίαν**
ἀλλὰ μενοῦνγε καὶ **ἡγοῦμαι** πάντα **ζημίαν** εἶναι
διὰ τὸ ὑπερέχον τῆς **γνώσεως Χριστοῦ** Ἰησοῦ τοῦ κυρίου μου
δι' ὃν τὰ **πάντα ἐζημιώθην**
καὶ **ἡγοῦμαι** σκύβαλα
ἵνα **Χριστὸν κερδήσω**
καὶ εὑρεθῶ ἐν αὐτῷ
μὴ ἔχων ἐμὴν **δικαιοσύνην** τὴν ἐκ **νόμου**
ἀλλὰ τὴν διὰ **πίστεως Χριστοῦ** τὴν ἐκ θεοῦ **δικαιοσύνην** ἐπὶ τῇ **πίστει**
τοῦ **γνῶναι** αὐτὸν

---

[24] VANNI, "La struttura", 78.

[25] Propendiamo a non includere nel testo ἀλλά, poiché la testimonianza a favore della sua emendazione è, anche se non di molto, di valore superiore ($\mathfrak{P}^{46.61\text{vid}}$ ℵ* A G 33 ed altri) e la *lectio* senza ἀλλά risulta quella *difficilior*. L'aggiunta potrebbe essere spiegata al fine di enfatizzare la contrapposizione del v. 7 con quanto precede, riproponendo lo stesso ἀλλά presente al v. 8.

καὶ τὴν δύναμιν τῆς **ἀναστάσεως** αὐτοῦ καὶ κοινωνίαν[26] παθημάτων
συμμορφιζόμενος τῷ θανάτῳ αὐτοῦ   [αὐτοῦ
εἴ πως καταντήσω εἰς τὴν **ἐξανάστασιν** τὴν ἐκ νεκρῶν

È da notare il parallelismo che si crea tra la relativa e la principale
del v. 7:

ἅτινα   ἦν μοι   κέρδη
ταῦτα   ἥγημαι   διὰ τὸν Χριστὸν ζημίαν

Diversi autori hanno visto poi nel v. 9 una costruzione chiastica[27],
con la conseguente contrapposizione tra ἐμὴν δικαιοσύνην e τὴν ἐκ
θεοῦ δικαιοσύνην, ma, come ha mostrato Aletti[28], secondo la grammatica l'opposizione è tra τὴν ἐκ νόμου e τὴν διὰ πίστεως Χριστοῦ τὴν
ἐκ θεοῦ δικαιοσύνην ἐπὶ τῇ πίστει. Il vv. 7 e 8 appaiono legati, oltre
che dai vari richiami terminologici, anche dal punto di vista sintattico a
causa della costruzione ἀλλὰ μενοῦνγε del v. 8 e del passaggio in progressione tra ταῦτα e πάντα. I vv. 8-11 si presentano come un unico periodo, a partire da una prima frase principale con il verbo ἡγέομαι. Da
qui il testo si sviluppa con una serie di proposizioni concatenate. La
congiunzione ἵνα introduce una proposizione finale (v. 8e), alla quale,
attraverso un καί, si lega un'altra, unita, a sua volta, ad una frase participiale (v. 9); segue una consecutiva[29] introdotta da un infinito con articolo e conclusa con un participio (v. 10). Il tutto infine si chiude con
una frase ipotetica di aspettazione (v. 11)[30]. Il v. 12 poi si lega a quanto
precede non solo per il fatto di continuare ad usare la prima persona
singolare, ma anche come precisazione di ciò che è stato appena detto.
L'unità si estende facilmente sino al v. 14, fin dove l'«io» rimane soggetto. Da notare i vari legami terminologici presenti nei vv. 12-14:

οὐχ ὅτι ἤδη **ἔλαβον** ἢ ἤδη τετελείωμαι
διώκω δὲ εἰ καὶ **καταλάβω**

---

[26] Si preferisce omettere τήν, che precede, e τῶν, che segue, per ragioni di critica
esterna (entrambi mancano in 𝔓[46] ℵ* B) e perché ci sembra difficile concepire la ragione per la quale uno scriba li avrebbe omessi. Più facile è pensare a un loro inserimento per mostrare un certo parallelismo nel versetto.

[27] Ad es. O'BRIEN, *Philippians*, 394.

[28] J.-N. ALETTI, "Bulletin paulinien", *RSR* 83 (1995) 102.

[29] Preferiamo leggere τοῦ γνῶναι dipendente e complementare a κερδήσω, basandoci sullo studio di FEE, *Philippians*, 327 n. 50.

[30] BDR § 375, dove si legge nella stessa ottica εἴ πως del v. 11 ed εἰ καί del
v. 12.

ἐφ' ᾧ καὶ **κατελήμφθην** ὑπὸ **Χριστοῦ Ἰησοῦ**[31]
ἀδελφοί ἐγὼ ἐμαυτὸν οὐ[32] λογίζομαι **κατειληφέναι**
ἓν δέ
τὰ μὲν ὀπίσω ἐπιλανθανόμενος τοῖς δὲ ἔμπροσθεν ἐπεκτεινόμενος
κατὰ σκοπὸν **διώκω** εἰς τὸ βραβεῖον τῆς ἄνω κλήσεως τοῦ θεοῦ ἐν
[**Χριστῷ Ἰησοῦ**

Si può vedere un parallelismo antitetico al v. 13c:

τὰ	μὲν	ὀπίσω	ἐπιλανθανόμενος
τοῖς	δὲ	ἔμπροσθεν	ἐπεκτεινόμενος

I vv. 12-14 si configurano con quattro frasi iniziali contrapposte (negazione/affermazione), con, alla fine, una causale[33] (v. 12); poi si ripropone una simile contrapposizione, da una parte, un verbo finito che regge un infinito e, dall'altra, una formula ellittica (ἐν δέ) (v. 13ab). Il tutto è concluso da due participi, i quali dipendono da una frase principale successiva (vv. 13c-14).

I vv. 15-16 appaiono invece di più difficile collocazione all'interno della composizione del testo. Al v. 15 il soggetto dell'iniziale φρονέω è la prima persona plurale (congiuntivo esortativo), mentre del successivo la seconda plurale. Si passa poi ad un verbo alla terza singolare, per ritornare, al v. 16, al «noi» e concludere con un infinito con valore di congiuntivo esortativo[34]. Il passaggio dalla prima persona singolare alla prima plurale può essere letto come uno stacco dal v. 14 o come un ampliamento d'orizzonte. D'altra parte si manifesta una cesura tra il v. 16 e il v. 17, con un deciso cambio di registro: l'«io» confluito nel «noi» ai vv. 15-16 è sostituito al v. 17 da un «voi» soggetto di due imperativi. Inoltre il v. 17 non ha alcun nesso sintattico con quanto precede. Nell'insieme i vv. 15-16 si aprono con una frase ellittica, in dipendenza da un'altra che è connessa ad un periodo ipotetico (v. 15) e si concludono con una proposizione congiunta ad una relativa che la spe-

---

[31] Propendiamo per l'inclusione di Ἰησοῦ nel testo sulla base del valore, un po' superiore, dei testimoni che ha in suo favore (𝔓[46.61vid] ℵ* A Ψ 𝔐 ed altri); inoltre, come afferma FEE, *Philippians*, 338 n. 3, si può ipotizzare un'omissione dovuta all'omoteleuto presente nell'abbreviazione XY IY.

[32] La lezione è meglio attestata (𝔓[46] B D[2] F G Ψ 𝔐 ed altri) e costituisce, rispetto ad οὔπω, la *lectio difficilior*.

[33] In base ad altre ricorrenze paoline (Rm 5,12; 2 Cor 5,4 e soprattutto Fil 4,10) leggiamo ἐφ' ᾧ come causale, mentre καί funge da rafforzativo.

[34] Cf. M. ZERWICK – M. GROSVENOR, *A Grammatical Analysis of the Greek New Testament* (Roma 1993) 600.

cifica (v. 16). Per quanto riguarda la loro posizione nel testo si delinea sia la possibilità di leggerli insieme ai vv. 4b-14, sia separatamente da essi.

Come è stato mostrato, dal v. 17 prende avvio una nuova parte del brano: è necessario individuare dove essa termina. In primo luogo il v. 18 è collegato con quanto precede non solo grazie alla ripetizione del verbo περιπατέω, ma anche per il γάρ che con esso lo connette, introducendo una motivazione del v. 17. Il v. 19 è poi in dipendenza dal v. 18 a causa delle proposizioni relative che contiene, delle quali le prime due sono poste in perfetta simmetria. Al v. 20 si ricomincia con una frase principale che, per mezzo di un nuovo γάρ, fornisce la ragione ultima, antitetica a quella dei vv. 18-19, della richiesta del v. 17. Infine il v. 21 con un nesso relativo è direttamente legato al versetto precedente. I vv. 17-21 costituiscono dunque un'unità, la quale è composta da due frasi iniziali con imperativi a cui segue un indicativo (v. 17). C'è poi una prima frase alla quale si collegano una relativa e una parentetica (v. 18), infine le successive relative, ellittiche del verbo, terminano con una costruzione participiale (v. 19). A tutto ciò si riallaccia una frase seguita da una prima relativa (v. 20), in dipendenza della quale si sviluppa un'altra che termina con un sintagma composto da due infiniti (v. 21).

In conclusione resta da individuare la composizione orale del brano: a riguardo emergono due possibilità. Una prima proposta si basa sul richiamo tra i vv. 2-4a e i vv. 17-21 e allo stesso tempo unisce i vv. 15-16 ai vv. 4b-14. Da un punto di vista tematico i vv. 2-4a e i vv. 17-21 sono caratterizzati dalla presenza degli avversari, contrapposti ai credenti. Presentano poi, anche a livello della composizione, alcune somiglianze: ai tre imperativi di seconda persona plurale del v. 2 corrispondono i tre verbi con la stessa persona del v. 17 (due imperativi); al vituperio degli avversari del v. 2 si riallacciano i vv. 18-19 (il v. 19 con una stessa triplice scansione); al «noi» dei fedeli del v. 3 fa eco quello dei vv. 20-21; infine, lo stesso «io» di Paolo del v. 4a viene riproposto nei vv. 17-18. All'esortazione a «guardarsi da», corrisponde quella ad «imitare», con le rispettive giustificazioni introdotte da γάρ. In aggiunta è presente anche la ripetizione di uno stesso termine (θεός, vv. 3.19). Dall'altro lato, il collegamento dei vv. 15-16 con quanto precede si dimostra leggendo un ampliamento di orizzonte nel passaggio dall'«io» al «noi», riconoscendo nella congiunzione οὖν del v. 15 un senso conclusivo e in πλήν del v. 16 una funzione riassuntiva, e sottolineando il richiamo tra τέλειοι del v. 15 e τετελείωμαι del v. 12, oltre il comune

campo semantico del movimento dei vv. 12-16[35]. In base a queste osservazioni, può essere individuato nel brano un modello orale ABA';
considerando poi il versetto iniziale e quello finale abbiamo la seguente
composizione:

3,1 transizione

    A. 3,2-4a   confronto «noi»/«loro» con comunicazione «io»-«voi»
    B. 3,4b-16 autopresentazione dell'«io» con collegamento al «noi»
    A'. 3,17-21 confronto «noi»/«loro» con comunicazione «io»-«voi»

4,1 conclusione

La seconda ipotesi tiene conto del differente tenore dei passaggi tra
i vv. 4a e 4b e tra i vv. 14 e 15, rispetto a quello tra i vv. 16 e 17. Nei
primi due casi, in base alle considerazioni precedenti, si può parlare di
un leggero stacco, mentre nell'ultimo si presenta, in base alla mancanza
di un legame letterario o sintattico, una cesura. I vv. 2-4a e i vv. 15-16
sono poi posti in corrispondenza, in quanto due esortazioni (la prima
anche con la relativa motivazione) basate sul giusto pensare e considerare (βλέπω [3x], v. 2; φρονέω [2x], v. 15), mentre i vv. 4b-14 hanno
carattere autobiografico. A loro volta, questi ultimi si muovono sulla
stessa linea utilizzando δοκέω (v. 4b); ἡγέομαι ([3x], vv. 7-8);
λογίζομαι e ἐπιλανθάνω (v. 13). Secondo tale prospettiva i vv. 2-16 si
concentrano su una corretta mentalità, costituendo le esortazioni (la
prima in negativo, la seconda in positivo) la chiave di lettura dei versetti centrali. Così, al «pensare» fa da *pendant* l'«agire», espresso
dall'esortazione dei vv. 17-21 (con due motivazioni), la quale riguarda
il corretto modo di comportarsi (περιπατέω [2x], vv. 17-18). Si evidenzia allora un'altra possibile composizione orale:

3,1 transizione

                          ⎧ a. 3,2-4a   esortazione per il «pensare»
    A.   «retto pensare» ⎨ b. 3,4b-14 autobiografia esemplare
                          ⎩ a'. 3,15-16 esortazione per il «pensare»

    B.   «retto agire»   3,17-21   esortazione per l'«agire»

4,1 conclusione

---

[35] Cf. p. 28.

Le due proposte sono altrettanto fondate e insieme ci potranno aiutare a meglio comprendere il testo, in base a due diverse chiavi di lettura. Le analisi successive suffragheranno maggiormente questi nostri assunti.

1.2.2 *Il modello retorico-discorsivo*

Il fatto di aver già preso in esame il modello orale non ci impedisce di ricercare in altre direzioni, visto che nell'epistolario paolino vengono spesso adoperati insieme due o tre modelli di composizione[36]. Vogliamo così comprendere se è possibile leggere il brano alla luce della *dispositio* propria della retorica discorsiva. Nella letteratura su Fil vengono avanzate diverse proposte per una strutturazione globale della lettera rispondente a questo schema. Per il momento, ci occuperemo soltanto delle esposizioni riguardanti il c. 3, coerentemente anche alla recente tendenza metodologica che, anzitutto, analizza per se stessa ogni unità argomentativa.

In questo senso si sono mossi alcuni esegeti che hanno fornito una *dispositio* di Fil 3 (con l'aggiunta o la sottrazione di alcuni versetti). Già ad un iniziale approfondimento di tali contributi, emergono differenti e molteplici posizioni tra gli studiosi. A prima vista, questa rilevante diversità non sembra certo deporre a favore di un'applicazione del modello retorico-discorsivo al brano, ma è, in ogni caso, necessario affrontare con più attenzione la questione. Intendiamo così cominciare con la presentazione di un quadro d'insieme delle principali proposte[37], avanzate da Schenk[38], Becker[39], Brucker[40], Harnisch[41], Édart[42], Marguerat[43]:

---

[36] Cf. J.-N. ALETTI, "Paul et la rhétorique. État de la question et propositions", *Paul de Tarse*. Congrès de l'ACFEB (Strasbourg, 1995) (éd. J. SCHLOSSER) (LD 165; Paris 1996) 33-34.

[37] Per chiarezza abbiamo uniformato le diversità di terminologia presenti tra gli autori.

[38] W. SCHENK, *Die Philipperbriefe des Paulus*. Kommentar (Stuttgart – Berlin – Köln – Mainz 1984) 277-280. L'autore definisce Fil C (3,2 – 4,3.8-9) il frammento di una lettera, inoltre non chiarisce la posizione del v. 4 e dà tre diverse possibilità di lettura dei vv. 8-11.

[39] J. BECKER, *Paulus*. Der Apostel der Völker (Tübingen 1989) 328-331, pur facendo rientrare 4,8-9 assieme a 3,2-21 in Fil B, considera questi versetti semplicemente come conclusione epistolare e non li include nella *dispositio*.

[40] R. BRUCKER, „*Christushymnen" oder „epidiktische Passagen"?* Studien zum Stilwechsel im Neuen Testament und seiner Umwelt (FRLANT 176; Göttingen 1997)

DISPOSITIO	SCHENK	BECKER	BRUCKER	HARNISCH	ÉDART	MARGUERAT
exordium	3,2-3	3,2-3	3,2-4a	3,2-4a	3,1b-4a	3,2-4a
narratio	3,5-7 (11)	3,4-7	3,4b-7	3,4b-7	3,4b-7	3,4b-6
propositio	3,8-11		3,8-11	3,7	3,7	3,7
argumentatio		3,8-11 3,12-14 3,15-16			3,8-11 3,12b-14	3,8a 3,8b-9 3,10-11
probatio	3,12 (8)-14		3,12-14	3,8a-c 3,8d-9a 3,9b-d 3,10-11		
subpropositio					3,12a	
refutatio	3,15-21		3,15-16	3,12-14		
digressio						3,12-16
peroratio	4,1-3.8-9	3,17-21	3,17-21	3,15-16.18-21	3,15-16	3,17 – 4,1

Schenk, Becker e Harnisch procedono con un metodo simile de-
terminando in prima istanza il genere del brano che indicano in quello
giudiziale; in un secondo momento delineano la relativa *dispositio*. Essi
avvicinano il testo a quello di Gal e, in base allo studio di Betz[44] sulla
lettera, giungono alle loro conclusioni. Questa prospettiva pone alcuni
problemi metodologici: (1) non è fondato decidere il genere e la *dispositio* di un brano in base ad alcune rassomiglianze con altri (in questo
caso con un'intera lettera che avrebbe uno stesso tono apologetico);
(2) non è opportuno designare il genere se non dopo l'individuazione

---

325-333, mantiene l'unità di Fil, di conseguenza fornisce sia una *dispositio* retorica
per tutta la lettera sia una specifica per 3,2-21.

[41] W. HARNISCH, "Die paulinische Selbstempfehlung als Plädoyer für den Gekreuzigten: rhetorisch-hermeneutische Erwägungen zu Phil 3", *Das Urchristentum in
seiner literarischen Geschichte*. Festschrift für Jürgen Becker zum 65. Geburtstag
(Hrsg. U. MELL – U.B. MÜLLER) (BZNW 100; Berlin – New York 1999) 133-154,
segue l'ipotesi della compilazione e fa di Fil 3,2-21 il frammento di una lettera.

[42] J.-B. ÉDART, *L'Épître aux Philippiens*. Rhétorique et composition stylistique
(EBns 45; Paris 2002) 210-275, considera 3,1b-16 come Fil B, in quanto inserzione
redazionale.

[43] D. MARGUERAT, "Paul et la Loi: le retournement (Philippiens 3,2 – 4,1)",
Paul, une théologie en construction (éds. A. DETTWILER – J.-D. KAESTLI – e.a.)
(MoBi 51; Genève 2004) 254-259, interpreta il testo all'interno di una lettura unitaria
di Fil.

[44] H.D. BETZ, *Galatians*. A Commentary on Paul's Letter to the Churches in Galatia (Hrm; Philadelphia, PA 1979).

della *dispositio* (il tener conto di essa e del tenore delle *propositiones* è determinante); (3) l'articolazione ritenuta normativa dai manuali di *exordium*, *narratio*, *argumentatio*, *peroratio* non deve essere applicata in modo rigido, considerato che questo è uno schema di riferimento variabile a seconda del genere e che Paolo utilizza il modello retorico con flessibilità, adattandolo ogni volta ai suoi scopi[45].

Guardando da vicino i singoli autori, dobbiamo rilevare che Schenk, collegando il brano anche a 2 Cor 10 – 13, non dà alcuna vera giustificazione della sua proposta retorica e assegna semplicemente i versetti alle diverse parti della *dispositio* senza spiegare come funzioni l'argomentazione.

Becker invece spiega maggiormente i suoi assunti, ma, in modo non corretto, elabora ciò unicamente in dipendenza da presunti paralleli di Gal ed inoltre, rimanendo chiuso nello schema forense, non si preoccupa neppure di individuare la *propositio*.

Da parte sua, Harnisch tenta di motivare il proprio modello, ma lo fa all'interno di una supposta situazione retorica lungi dall'essere provata: Paolo, accusato dai suoi rivali, si trova a difendersi di fronte alla comunità di Filippi che funge da giudice e la sua difesa, come autoraccomandazione (*Selbstempfehlung*), si risolve in un'arringa per il Crocifisso. L'autore poi toglie dalla *peroratio* il v. 17 e propone di leggerlo come glossa postpaolina per due motivi: l'irregolare stile del periodo, con il passaggio dall'«io» al «noi», e la presentazione di Paolo come esempio, indice di una generalizzazione successiva delle sue affermazioni. Al contrario il versetto si lega bene con ciò che precede, dato il legame semantico e contenutistico con i vv. 4b-16: il «noi» dei vv. 15-16, dopo l'«io» usato nei versetti precedenti, prepara il passaggio al «voi» del v. 17; inoltre il verbo στοιχέω del v. 16 si riallaccia a περιπατέω di quello successivo, in quanto entrambi usati da Paolo per descrivere la vita morale del cristiano[46]; si va quindi dall'indicativo dell'*exemplum* dei vv. 4b-14 all'imperativo della μίμησις del v. 17[47]. È chiara anche la connessione con ciò che segue, visto il collegamento lessicale e sintattico con i vv. 18-21[48]. Tutto questo rende un'inserzione redazionale altamente improbabile. Inoltre lo stile irregolare della frase

---

[45] Cf. J.-N. ALETTI, "La *dispositio* rhétorique dans les épîtres pauliniennes. Propositions de méthode", *NTS* 38 (1992) 387, 390-391, 394.

[46] ÉDART, *Philippiens*, 243.

[47] BITTASI, *Gli esempi*, 120.

[48] Cf. p. 17.

non risulta una motivazione sufficiente soprattutto se unita a quella *a priori* sul carattere tardivo di una presentazione esemplare di Paolo. In definitiva Harnisch dà l'impressione che voglia espungere il v. 17 perché un tale versetto di carattere esortativo non si adatta alla supposta *apologia* presente nel brano. Noi non possiamo invece che ribadire la sua presenza nel testo originario.

Concludendo, per le motivazioni che abbiamo addotte riteniamo i modelli retorici presentati dai suddetti autori inadeguati; in particolare le errate premesse metodologiche inficiano le conclusioni.

Dormeyer[49], pur rifacendosi alla *dispositio* di Schenk, si muove su un piano diverso. Il suo modello retorico viene giustificato a livello semiotico dalla corrispondenza con la struttura sintattica del testo. Inoltre egli giudica il brano appartenere al genere proprio delle lettere di amicizia e motiva ciò in base ai segnali testuali riguardo l'uso delle persone: essi indicherebbero sia la natura non giudiziaria ma intersoggettiva del brano, sia il fatto che autore reale e lettore reale sono stati educati allo stesso livello. Pur costituendo un interessante orientamento, questo ci appare metodologicamente scorretto per quanto riguarda la possibilità di delineare il modello retorico poiché non è in grado di giustificare lo sviluppo dell'argomentazione; la sua applicazione può invece risultare motivata e adeguata per la composizione orale.

Édart porta una nuova metodologia negli studi di carattere retorico. Egli[50] sostiene che dall'analisi dell'*elocutio* è possibile giungere alla *dispositio*. Così, a partire dal fraseggio, ritmo, scelta del vocabolario, impiego delle figure e dei tropi presenti in un versetto, si arriverebbe a scoprire il suo posto all'interno dell'argomentare. Almeno due importanti ragioni però propendono contro questi assunti: (1) l'*elocutio*, terza parte del reticolo retorico subito dopo la *dispositio*, costituisce l'insieme delle figure presenti nel testo, ma non determina primariamente il procedere dell'argomentazione, la cui struttura portante è costituita dal concatenarsi di *propositio* e *argumentatio*; (2) dal rinvenimento delle figure stilistiche usate non è possibile comprendere la specifica funzione retorica di un brano poiché una stessa figura può trovarsi sia nell'*exordium* come nella *narratio* ovvero nell'*argumentatio* o nella *peroratio*. Dobbiamo ricordare che l'autore non fa rientrare i vv. 17-21 nello

---

[49] D. DORMEYER, "The Implicit and Explicit Readers and the Genre of Philippians 3:2-4:3, 8-9. Response to the Commentary of Wolfgang Schenk", *Sm* 48 (1989) 147-159.

[50] ÉDART, *Philippiens*, 35-41.

schema perché li giudica un'aggiunta redazionale che in precedenza faceva parte di Fil A (il testo della lettera attuale tolto Fil B). Egli adduce tre ragioni per collegare questa *peroratio* a 1,1 – 3,1a: (1) la stessa terminologia utilizzata in 1,27-30 in riferimento ad oppositori pagani (a differenza dei giudaizzanti di cui si parlerebbe nel resto del c. 3); (2) l'uso di περιπατέω, φρονέω, τὰ ἐπίγεια con richiami, rispettivamente, a 1,27; 2,4-5; 2,10; (3) l'invito all'imitazione come allusione a 1,30 e con l'impiego di un termine con συν- (sette volte in 1,7 – 2,25). Non affrontando ancora la questione dell'integrità della lettera, ci limiteremo ad alcune considerazioni specifiche a riguardo. Anzitutto, vale anche qui ciò che abbiamo sostenuto a proposito del legame del v. 17 con i versetti precedenti, poi è discutibile che nei vv. 17-21 il testo si riferisca ad avversari diversi da quelli dei vv. 2-4a. Inoltre la presenza di φρονέω (v. 19) si lega alla duplice ripetizione di esso nel v. 15; infine, è naturale connettere l'invito all'imitazione del v. 17 con la presentazione esemplare dei vv. 4b-14 ben più che con 1,30, mentre la presenza di una parola con συν- è poco probativa visto, oltre a quelle ricordate, le altre otto ricorrenze nel resto dell'epistola. In generale la ripetizione dei termini risulta molto più comprensibile ammettendo l'unità della lettera e lasciando al loro posto i versetti in questione[51]. Sulla base di queste considerazioni, preferiamo tralasciare l'approfondimento del modello proposto da Édart, pur riconoscendo che nel suo studio stilistico ci sono elementi utili per l'analisi retorica.

Le proposte di Brucker e Marguerat appaiono invece le più fondate tra quelle presentate. Il primo, a partire da un punto di vista metodologicamente corretto, non determina il genere della pericope precedentemente all'analisi della *dispositio*; inoltre, pur riconoscendo, in base alla *propositio* generale di 1,27-30, il carattere deliberativo della lettera non esclude la possibilità della presenza di altri generi nei singoli brani[52]; infine giustifica il suo modello retorico a partire dalla funzione che le varie parti hanno nell'argomentazione. Nella composizione, dopo la *transitio* di 3,1, individua nei vv. 2-4a l'*exordium*, perché vi si possono ritrovare le sue tre tipiche finalità nei confronti degli ascoltatori: renderli benevoli, attenti, disposti ad imparare. Nei vv. 4b-7 Brucker evidenzia la *narratio* in quanto Paolo racconta la sua vita prima dell'incontro con Cristo. A questa seguirebbe, nei vv. 8-11, la *propositio* del brano che si riallaccia strettamente al v. 7, con il motivo del sovverti-

---

[51] Cf. p. 36 per quanto verrà detto a livello di interpretazione del v. 17.
[52] BRUCKER, „*Christushymnen*", 290-300.

mento dell'esistenza precedente a causa di Cristo, e lo sviluppa. La *probatio* dei vv. 12-14, poi, fungerebbe come prova di quanto affermato: la sua attuale vita non è improntata dalla consapevolezza della perfezione, bensì dal costante sforzo in vista del premio celeste. A ciò si aggiungerebbe, in contrapposizione, la *refutatio* dei vv. 15-16, diretta verso quanti tra i Filippesi hanno un modo di pensare contrario a quello dell'Apostolo. Infine i vv. 17-21 costituirebbero la *peroratio*, dove, conformemente alle indicazioni dei manuali, vengono ripresi gli stessi *topoi* dell'*exordium* al fine di muovere gli affetti.

Da parte sua, Marguerat presenta una strutturazione del brano in sei periodi, giustificando, seppur brevemente, la dinamica argomentativa. Dopo l'*exordium* dei vv. 2-4a, egli vede una *narratio* nei vv. 4b-6, nella quale Paolo farebbe mostra (uso della *simulatio*) di una serie di qualità di cui si potrebbe vantare. A ciò segue il ribaltamento dei valori enunciato dalla *propositio* del v. 7. La relativa *argumentatio* dei vv. 8-11 riprenderebbe ed espliciterebbe la *propositio* in due ondate successive, caratterizzate dalla ripetizione dello stesso verbo ἡγέομαι (vv. 8a e 8b-9) e si concluderebbe enunciando la finalità di tutto il ragionamento (vv. 10-11). I vv. 12-16 costituirebbero invece la *digressio*, una deviazione necessaria all'argomentazione, mostrando la riserva escatologica paolina. Infine il brano si chiuderebbe con la *peroratio* dei vv. 3,17 – 4,1, segnata dalla ripresa del motivo polemico dell'*exordium*.

Guardando al modello proposto da Brucker dobbiamo rilevare che egli applica al testo in maniera un po' rigida la *dispositio* del genere giudiziale, mentre Marguerat è più flessibile, ma alla fine non arriva a definire il tenore e il genere del testo. A parte alcune particolari e discutibili scelte[53], la questione sostanziale riguardo a queste due proposte, e anche alle precedenti, è se davvero un modello retorico-discorsivo può essere adeguato al testo. Riteniamo, infatti, che Fil 3, comunque lo si voglia delimitare, non costituisca un'argomentazione teorica. Paolo non vuol *provare* un qualche concetto o teoria, bensì *mostrare* il suo esempio. Inoltre, se riconosciamo nel brano la compresenza di autobiografia ed esortazione, rimane difficile pensare ad un'argomentazione vera e propria: i fatti della vita dell'Apostolo necessitano in effetti non di essere comprovati, bensì di essere illustrati perché gli ascoltatori ne tragga-

---

[53] L'individuazione della *narratio* nei vv. 4b-6(7) non sembra adeguata perché siamo di fronte a caratteristiche della persona più che ad avvenimenti narrati; lo stesso per la *digressio*, ritrovata da Marguerat nei vv. 12-16, dove, però, non si apre una parentesi, ma si pone una chiarificazione all'interno dell'argomentare.

no beneficio. Infine anche l'utilizzo del campo semantico relativo ai processi mentali pone in relazione il carattere del testo più ad una valutazione che ad una vera e propria argomentazione. Il modello retorico-discorsivo si mostra dunque inadatto a rendere pienamente ragione della pericope.

Nondimeno, riteniamo che un raffronto con le proposte dei diversi autori possa risultare utile soprattutto per comprendere la segmentazione e lo sviluppo dei vv. 4b-14. In questi versetti, pur non emergendo delle *propositiones*, sono presenti degli enunciati che vengono successivamente spiegati. Nel v. 4b si annuncia che Paolo ha motivo per confidare nella carne più di altri, ciò viene mostrato con una serie di elementi nei vv. 5-6. Poi, in contrapposizione con quanto detto, al v. 7, l'Apostolo afferma che quelle realtà, le quali potevano essere vantaggi, le ha considerate una perdita a motivo di Cristo: il tutto è precisato al v. 8a-d per mezzo di una *expolitio* che fa uso della figura dell'*amplificatio*. Si evidenzia così cosa risulta da questo cambiamento con tre conseguenze (vv. 8e-9.10.11). I vv. 12-13b, poi, con una duplice *correctio* si riallacciano alla posizione annunciata al v. 7, facendo un ulteriore chiarimento: Paolo non è giunto alla perfezione. Segue l'illustrazione di questo attraverso la metafora agonistica dei vv. 13c-14. Dunque, tenendo conto anche della struttura sintattica precedentemente analizzata, possiamo riconoscere nei vv. 4b-14 tre sottounità: vv. 4b-6; 7-11; 12-14. In precedenza abbiamo sostenuto che l'individuazione delle *propositiones* è determinante per conoscere il genere retorico di un brano. Per noi, da un punto di vista parzialmente diverso, l'avere enucleato in questi versetti tre diverse affermazioni (vv. 4b.7-8d.12-13b), che vengono ogni volta chiarite e sviluppate, potrà risultare utile per lo stesso scopo, per raggiungere il quale dovremo considerare anche gli enunciati delle esortazioni (con le relative giustificazioni) presenti nel resto del testo. Questa disposizione contribuirà anche a mostrare la dinamica interna del brano.

In aggiunta dobbiamo riportare l'isolato tentativo di Fields[54], il quale propone una struttura retorica basata su tre entimemi. Così si troverebbe nei vv. 2-4a un primo entimema, seguito da un *exemplum* storico (vv. 4b-6) e da uno contemporaneo (vv. 7-16) che lo spiegano, mentre i vv. 17-19 e 20-21 costituirebbero il secondo e terzo entimema. Di fronte a un simile schema si pone, anzitutto, un problema di merito: appare inadeguato l'utilizzo di entimemi, tipici del ragionamento filo-

---

[54] FIELDS, *Paul as Model*, 228-252.

sofico, in un testo dal tenore non argomentativo. Se osserviamo più da vicino la proposta dell'autore, le nostre perplessità aumentano. Il primo entimema, infatti, viene basato sul concetto di «vero popolo di Dio», mentre nei vv. 2-4a non si usa il modello di popolo né si dà un'indicazione della sua autenticità. Inoltre non ha senso dividere l'unico *exemplum* di Paolo in due *exempla*, visto che il protagonista è sempre lo stesso e che già dai vv. 4b-6, a differenza di quanto sostenuto da Fields, parla di sé e non di tutto Israele. Il secondo entimema si risolverebbe in una messa in guardia di fronte a coloro che confidano nella carne, quando, al contrario i vv. 17-19 risultano un'esortazione ad imitare l'Apostolo, seguita da una relativa giustificazione. Il terzo ed ultimo entimema si fonderebbe sulla designazione dei cristiani come cittadini del cielo, mentre questo non corrisponde, come vedremo, al significato e all'uso di πολίτευμα nei vv. 20-21. Infine, l'autore sostiene di aver mostrato come il testo sviluppi la tesi riguardante la natura di un'appropriata vita cristiana, evidenziando così un'idea non esplicitata in nessuno degli entimemi e non riuscendo in fondo a giustificare il significato e l'utilità della sua struttura retorica.

Per il momento, noi ci limitiamo a concludere con l'affermare che il modello retorico-discorsivo non è del tutto appropriato al brano di Fil 3,1 – 4,1, anche se un confronto con esso risulta utile al fine di precisare una metodologia d'indagine e di approfondire la composizione e la dinamica del testo. Rimane poi la possibilità di lettura in base ad una composizione orale, la quale, come notato, può essere diversamente articolata, pur presentando, in ogni caso, il legame, frequente nell'epistolario classico, tra esortazioni ed esempi.

1.3 Sguardo d'insieme a Fil 3,1 – 4,1

Come ultimo passo nell'osservazione del contesto daremo uno sguardo d'insieme al brano di Fil 3,1 – 4,1. Intendiamo conseguire un orientamento su di esso mediante la messa in rilievo dei lessemi prevalenti e delle loro relazioni sotto il profilo semantico. Oltre a ciò vedremo se è possibile evidenziare un filo conduttore che leghi assieme le varie unità del testo.

Anzitutto il brano è incorniciato, nei versetti iniziale e finale, da due espressioni appartenenti al campo semantico della gioia (χαίρετε; χαρά). Importante è rilevare poi, nell'ultimo versetto, i vari epiteti affettivi (ἀδελφοί μου; ἀγαπητοί [2x]; ἐπιπόθητοι; χαρὰ καὶ στέφανός μου), legati alla relazione tra autore e destinatari.

Nei vv. 2-4a si evidenzia il contrasto tra coloro che confidano nella carne (ἐν σαρκὶ πεποιθότες) e quelli che si vantano in Cristo Gesù (καυχώμενοι ἐν Χριστῷ Ἰησοῦ). I primi sono caratterizzati con tre termini spregiativi (v. 2), mentre il gruppo «noi» possiede quattro qualificazioni positive (v. 3). L'antitesi si focalizza sulla paronomasia tra κατατομή e περιτομή, richiamata dalla ripetizione di ἐν σαρκί nei vv. 3-4a. Da una parte il «confidare nella carne» risulta come «mutilazione», dall'altra il «vantarsi in Cristo Gesù» si mostra come «circoncisione». Lo schema di pensiero ruota intorno al contrasto «noi, non loro» e l'accento è posto sull'identità del gruppo «noi». Tra questi si comprende Paolo, seppur possa avere ragioni per confidare nella carne (v. 4a).

Nei vv. 4b-14, l'«io» dell'Apostolo, introdotto alla fine della parte precedente, domina la scena. Con la ripresa quasi dello stesso sintagma (v. 4b), egli comincia a spiegare i motivi per i quali potrebbe far affidamento sulla carne. Elenca così quattro qualità ricevute (al primo posto c'è di nuovo la circoncisione), alle quali si aggiungono tre caratteristiche acquisite (con insistenza sulla legge), che insieme costituiscono un profilo giudaico impeccabile (vv. 5-6). Nei vv. 7-11 invece, come nota Holloway[55], si sviluppa ciò che significa «vantarsi in Cristo Gesù». Attraverso l'uso di una terminologia finanziaria, nei vv. 7-8 si manifesta una forte contrapposizione (ζημία [2x]; ζημιόω; κέρδος; κερδαίνω). Si utilizza inoltre, per tre volte, lo stesso verbo ἡγέομαι al fine di mostrare una ri-valutazione di tutti i valori. Quei motivi di vanto che venivano rubricati sotto la voce «guadagno» ora sono sotto quella «perdita». Ancora di più: tutte le cose sono da considerare tali (πάντα [2x]), fino a diventare escrementi di fronte all'unico profitto che conta, il *possesso* di Cristo. Sono proprio lui e la sua conoscenza il criterio e il motivo per questo sovvertimento (il triplice διά). Dopo aver mostrato come la sua nuova scelta comporti il rigetto dei valori precedenti, nei vv. 9-11 Paolo tratta cosa positivamente ne consegue[56]. Ecco, con richiamo al v. 6, la nuova condizione di giustizia cristiana (δικαιοσύνη [2x]) basata sulla fede (πίστις [2x]), contrapposta a quella fondata sulla legge (v. 9). Altre conseguenze sono la conoscenza di Cristo, facendo esperienza nella fede della sua morte e risurrezione, e la speranza, che da qui deriva, di giungere al compimento finale (vv. 10-11). Infatti sono presenti due nuovi campi semantici nell'opposizione tra «risurrezio-

---

[55] P.A. HOLLOWAY, *Consolation in Philippians*. Philosophical Sources and Rhetorical Strategy (SNTSMS 112; Cambridge, UK 2001) 137.

[56] HOLLOWAY, *Philippians*, 137-138.

ne» (ἀνάστασις; ἐξανάστασις) e «morte» (πάθημα; θάνατος; νεκρός). Al primo si lega la «potenza» (δύναμις), al secondo la «partecipazione» (κοινωνία; συμμορφίζω). La ripetizione del motivo della conoscenza (γνῶσις, v. 8; γινώσκω, v. 10) insieme a quella del nome di Cristo (Χριστός [3x], vv. 8-9) e del pronome a lui corrispondente (ὅς, v. 8; αὐτός [5x], vv. 9-10) indicano il centro di questi versetti nell'esperienza che Paolo fa del conoscere il suo Signore (ὁ κύριός μου, v. 8).

Il verbo κατάντάω, «giungere», prepara il passaggio al campo semantico del movimento, collegato alla metafora di una gara di corsa con il relativo premio (vv. 13c-14). In questa prospettiva i vv. 12-14 si trovano in linea con i vv. 15-16. Infatti così potremmo leggere globalmente questi versetti: da una parte il muoversi verso l'obiettivo (διώκω [2x], vv. 12.14; ἐπεκτείνω, v. 13; στοιχέω, v. 16) senza averlo ancora conseguito ((κατα)λαμβάνω [3x] senza oggetto e due volte negato, vv. 12-13; τελειόω con negazione, v. 12), dall'altra la meta che è in vista (τοῖς δὲ ἔμπροσθεν, v. 13; κατὰ σκοπόν e εἰς τὸ βραβεῖον τῆς ἄνω κλήσεως, v. 14), mentre, in quanto si è afferrati da Cristo (κατελήμφθην, v. 12), si ha la consapevolezza di ciò che insieme agli altri è già stato raggiunto (τέλειοι; ἐφθάσαμεν, vv. 15-16)[57]. Altro campo semantico è quello relativo ai processi mentali (λογίζομαι; ἐπιλανθάνω, v. 13; φρονέω [2x], v. 15) che richiama δοκέω del v. 4b ed ἡγέομαι dei vv. 7-8, anticipando φρονέω del v. 19.

L'ultima unità (vv. 17-21) si apre al v. 17 con il linguaggio dell'imitazione (συμμιμητής; τύπος), insieme al verbo σκοπέω che richiama la meta alla quale tendere (σκοπός, v. 14). Ciò è legato al campo semantico dell'agire morale (περιπατέω [2x], vv. 17-18)[58], nel quale l'emulazione si esplica. La contrapposizione «noi-loro» viene sviluppata, dapprima, con il presentare gli avversari, attraverso l'enumerazione di elementi positivi (τέλος; θεός; δόξα; φρονέω) che vanno ad assumere valenza negativa (ἀπώλεια; κοιλία; αἰσχύνη; ἐπίγειος) (vv. 18-19). Poi, nella corrispondente descrizione del gruppo «noi», risalta in ἐν οὐρανοῖς (v. 20) l'antitesi, dal punto di vista spaziale, con la precedente espressione τὰ ἐπίγεια. Il contrasto si estende al v. 21 con il contrap-

---

[57] SCHENK, *Philipperbriefe*, 303, suggerisce anche di vedere un campo semantico spaziale nel triplice uso della locuzione ἀνα- (vv. 10.11.14).

[58] Potrebbero essere aggiunti φρονέω (v. 19) che, come nota ÉDART, *Philippiens*, 273, traducendo un orientamento interiore espresso in un comportamento esteriore, può essere considerato sia all'interno del campo semantico del pensare sia in quello dell'agire e πολίτευμα (v. 20) il quale, secondo BITTASI, *Gli esempi*, 132 n. 123, è legato, oltre alla dimensione politica, anche a quella etica.

porre al corpo di gloria (δόξα) quello di miseria (ταπείνωσις). Negli ultimi due versetti è presente una terminologia politica (πολίτευμα; σωτήρ; κύριος)[59] che si lega al campo semantico del potere (ἐνέργεια; δύναμαι; ὑποτάσσω). Infine, come sottolinea Fabris[60], il linguaggio della trasformazione al v. 21 (μετασχηματίζω; σύμμορφος) richiama il v. 10 (συμμορφίζω); al centro di questo processo in prospettiva escatologica sta come soggetto-protagonista il Signore Gesù Cristo, nominato prima con il pronome relativo ὅς e poi attraverso il triplice uso del pronome αὐτός. Alla fine, i vv. 20-21, con il loro stile elevato, fungono da *climax* di tutto il brano. Possiamo così riassumere il senso dell'unità: Paolo spinge la comunità a prendere a cuore il suo esempio offrendo due ragioni per questo: la presenza del cattivo modello costituito dagli avversari e il πολίτευμα celeste dei Filippesi[61].

In considerazione di questo quadro, non risulta facilmente enucleabile un elemento unificante, valido per tutto il brano. Possiamo però rilevare come sia posto in rilievo l'«io» di Paolo, fattore dominante nell'unità centrale e più estesa (vv. 4b-14), ma presente anche al v. 4a e ai vv. 17-18. Insieme con questo, altri due protagonisti appaiono nel testo: Cristo (come soggetto solo al v. 21, attraverso un pronome relativo, ma con il nome ai vv. 3.7.8 [2x].9.12.14.18.20) da un lato, ed il «noi» (soggetto ai vv. 3.15.16.20) e il «voi» (soggetto ai vv. 2.15.17) dei credenti dall'altro. Gli «altri», oggetto di accuse, risultano ai margini, nominati esplicitamente solo all'inizio e alla fine (vv. 2.18-19). Possiamo allora asserire che al centro del testo è presente l'esperienza personale dell'Apostolo, il suo incontro e la sua conoscenza di Cristo: ciò lo collega ad ogni cristiano, in particolare ai credenti di Filippi, esortati ad imitarlo, mentre sullo sfondo di questo duplice vitale rapporto appaiono non ben precisati oppositori, il cui esempio invita a fuggire. Tutto quanto presentato diviene motivo di gioia (cf. 3,1 e 4,1) sia per Paolo che per i Filippesi.

In conclusione, abbiamo condotto a termine il lavoro che ci eravamo proposti: contestualizzare l'appello all'imitazione di Paolo in Fil 3,17. Infatti, dopo aver delimitato la relativa pericope, ne abbiamo ricercato la composizione e compiuto un'analisi dal punto di vista se-

---

[59] Anche κοινωνία (v. 10) ha significato politico, cf. ad es. Aristoteles, *Polit* 1252a.1-7.

[60] FABRIS, "Filippesi", 196.

[61] Cf. HOLLOWAY, *Philippians*, 142-143.

mantico. Così, avendo un primo fondato orientamento sul contesto, possiamo fare oggetto del nostro studio il testo del versetto.

2. L'appello all'imitazione di Paolo

Nella cornice del brano, precedentemente delineata, vogliamo inserire il versetto oggetto del nostro studio. Così cominceremo con una puntuale analisi esegetica di Fil 3,17, poi passeremo, tenendo conto del carattere di appello all'imitazione, a una lettura retorica di esso e dell'intero testo. Concluderemo infine con la comprensione di ciò che qui significa imitare Paolo.

2.1 «Diventate miei coimitatori» (Fil 3,17)

2.1.1 *Possibili letture*

Il versetto presenta la possibilità di almeno quattro diverse letture. A beneficio di una maggiore chiarezza riportiamo il testo di 3,17:

συμμιμηταί μου γίνεσθε ἀδελφοί
καὶ σκοπεῖτε τοὺς οὕτω περιπατοῦντας
καθὼς ἔχετε τύπον ἡμᾶς

Le quattro posizioni dipendono soprattutto dalla diversa interpretazione che si fa del termine συμμιμητής, *hapax legomenon* in tutta la letteratura greca sino ad allora, e del suo prefisso συν-. Veniamo a mostrarle in una traduzione letterale:

1. «Diventate insieme a me imitatori di Cristo, fratelli, e osservate coloro che camminano così come avete per modello noi». Ciò sarebbe coerente con altri casi nella lettera in cui i composti con συν- indicano l'unità di intenti tra Paolo e i Filippesi (cf. 1,7; 2,17.18; 2,25 [2x]; 4,3.14). A sostegno di questa lettura, Schenk[62] cita 1 Cor 11,1 e 1 Ts 1,6-7, dove l'imitazione di Paolo appare conseguenza di quella di Cristo da parte dell'Apostolo. Seguendo Fee[63], l'interpretazione fornita risulta però problematica in quanto avrebbe dovuto esserci il dativo in dipendenza dal συν-, al posto del genitivo (μου) che invece risulta essere l'oggetto dell'imitazione, così come accade nelle ricorrenze del sostantivo alla forma *simplex* (1 Cor 4,16; 11,1; Ef 5,1; 1 Ts 1,6; 2,14).

---

[62] Ad es. SCHENK, *Philipperbriefe*, 320.
[63] FEE, *Philippians*, 364-365 n. 10.

Inoltre, come nota de Boer[64], è difficile pensare che Paolo abbia lascia-
to completamente l'oggetto dell'imitazione all'inferenza dei destinatari,
a maggior ragione se si trattava di Cristo.

2. «Diventate miei imitatori insieme agli altri, fratelli, e pure osservate coloro che così camminano, poiché avete per modello noi». In
questo caso «gli altri» sono coloro che già imitano Paolo e dei quali si
parla nella seconda parte del versetto (τούς). L'interpretazione suppone
che l'accento del testo venga spostato proprio qui. Ciò è possibile dal
punto di vista grammaticale se si considera che οὕτω(ς) può riferirsi a
ciò che precede e, a sua volta, καθώς può avere un significato causale[65].
Ma questa visione ha anche diversi aspetti che non convincono e debbono essere attentamente valutati. Anzitutto, come fa notare O'Brien[66],
è indebito lo spostamento di συν- dalla sua posizione enfatica in
συμμιμηταί per poi riferirlo alla frase seguente, dalla quale è separato
da καί. Proprio l'interpretazione di καί diventa discutibile quando Silva[67] lo traduce come «and also», sostenendo che in questo modo la
congiunzione servirebbe ad introdurre una frase consequenziale, riaffermazione della prima parte del versetto, ma negando così la sua normale funzione coordinativa. Inoltre, come sottolinea de Boer[68], la principale finalità della combinazione tra οὕτω e καθώς è quella di esprimere una correlazione; quando poi il BDR[69] tratta dell'uso causale di
καθώς non fornisce alcun esempio nel quale ci sia una particella corre-
lativa vicina. Infine è proprio guardando ai versetti intorno che questo
diventa improbabile: καθώς non può introdurre la motivazione per
quanto affermato in precedenza nel v. 17, perché ciò avviene successivamente nei due γάρ dei vv. 18.20[70]. Così, considerando οὕτω e καθώς
come correlativi, possiamo nel contesto leggerli insieme nel senso di
«così come», «secondo».

3. «Diventate miei imitatori, fratelli, e osservate coloro che camminano così come avete per modello noi». In questo caso συμμιμητής non
sarebbe altro che la forma tautologica di μιμητής, secondo quanto Mi-

---

[64] W.P. DE BOER, *The Imitation of Paul.* An Exegetical Study (Kampen 1962)
177.

[65] Cf. BDR § 453.

[66] O'BRIEN, *Philippians*, 445.

[67] M. SILVA, *Philippians* (BECNT; Grand Rapids, MI 1992) 207, 212.

[68] DE BOER, *Imitation*, 180.

[69] BDR § 453 n. 4.

[70] O'BRIEN, *Philippians*, 448 n. 19.

chaelis sostiene[71]. La lettura non terrebbe però conto dell'uso ricorrente, legato all'idea di compartecipazione, dei composti con συν- in Fil[72].
Soprattutto, come sostiene de Boer[73], in questo modo non si comprende
la ragione per la quale Paolo abbia usato la forma *complex* del termine,
creando un neologismo, quando, in uno stesso contesto e con la stessa
costruzione, in 1 Cor 4,16 e 11,1 usa quella *simplex*.

4. «Diventate miei coimitatori, fratelli, e osservate coloro che
camminano così come avete per modello noi». Secondo questa interpretazione con συμμιμηταί si vuol invitare gli ascoltatori ad unirsi insieme con la finalità di imitare Paolo. A sostegno di tale lettura Hawthorne[74] fornisce quattro motivazioni: (1) in questo modo si spiega
meglio il carattere di assoluto *hapax* di συμμιμητής e la sua forma *complex*; (2) si fa giustizia del genitivo μου considerandolo come oggetto
dell'azione implicata nel sostantivo; (3) si tiene conto del fatto che nel
contesto non c'è alcun richiamo all'imitazione di Cristo in connessione
con quella di Paolo; (4) si rinforza l'enfasi, propria della lettera, riguardo l'importanza dell'unione comunitaria (cf. 1,27; 2,1-4; 4,2). In considerazione delle difficoltà alle quali si espongono le altre interpretazioni,
al contrario di questa, e del contesto prossimo nel quale si pone il versetto, noi propendiamo per scegliere l'ultima proposta di lettura. Di
conseguenza, insieme a de Boer[75], vediamo nel prefisso συν- un'impli-
cita chiamata all'unità per i Filippesi, invitati a stringersi nella concordia per imitare l'Apostolo.

2.1.2 *Il significato dei termini*

È necessario tratteggiare il significato dei principali termini presenti nel versetto, così come si presentano nella lingua greca precedentemente a Paolo e nel NT stesso. Il primo da analizzare è συμμιμητής, riguardo il quale abbiamo un'attestazione, soltanto in Platone[76], del verbo etimologicamente collegato (participio συμμιμούμενοι). A fronte di
ciò molto più diffuso è il gruppo congiunto con i due termini: μιμέομαι
«imitare», μιμητής «imitatore», μίμησις «imitazione» (l'azione),
μίμημα «imitazione» (il prodotto), μῖμος «mimo» e vari aggettivi deri-

---

[71] W. MICHAELIS, "μιμέομαι κτλ.", *TWNT* IV, 669 n. 13.
[72] Si possono elencare 16 vocaboli, così formati, presenti nella lettera.
[73] DE BOER, *Imitation*, 177.
[74] HAWTHORNE, *Philippians*, 160.
[75] DE BOER, *Imitation*, 179.
[76] Plato, *Pol* 274d.

vati[77]. Questo tende ad investire sostanzialmente tre ambiti: (1) cosmo-logico: imitazione da parte dell'uomo del mondo terrestre (animali e natura)[78], il quale a sua volta è una semplice copia di quello celeste[79]; (2) artistico: l'arte come riproduzione della realtà[80]; (3) morale: emula-zione di ciò che è bene o di chi lo compie[81]. Nei LXX appaiono μιμέομαι (4 Mac 9,23; 13,9; Sap 4,2; 15,9) e μίμημα (Sap 9,8), utilizza-ti ancora nei tre suddetti campi. Per la prima volta, la letteratura pseu-doepigrafica usa questi termini per l'imitazione di Dio[82]. Nel NT tro-viamo dieci ricorrenze dei vocaboli, in particolare μιμέομαι (2 Ts 3,7.9; Eb 13,7; 3 Gv 11) e μιμητής (1 Cor 4,16; 11,1; Ef 5,1; 1 Ts 1,6; 2,14; Eb 6,12). Nei tre brani non-paolini l'imitazione è un invito ad esprime-re nella propria vita ciò che si vede testimoniato in un altro (fede, pa-zienza, bene). In Paolo ci sono cinque riferimenti all'emulazione del-l'Apostolo e dei suoi collaboratori, due di questi appaiono legati all'i-mitazione di Cristo (1 Cor 11,1; 1 Ts 1,6), mentre a parte stanno l'imi-tare altre comunità in 1 Ts 2,14 e Dio stesso in Ef 5,1. Così nel NT e in particolare nell'epistolario paolino l'uso di μιμέομαι e delle forme ad esso legate, riferito soprattutto all'ambito morale, è in continuità con quello greco e quello giudeo-ellenistico. In conseguenza di ciò, sullo sfondo si troverà l'idea non del mero copiare e riprodurre, ma quella del creativo rappresentare e ritrattare.

Per γίνομαι è da notare, con Fabris[83], che nelle cinque ricorrenze neotestamentarie del sostantivo (συμ)μιμητής, esso è sempre associato a una forma di questo verbo. Il BAGD[84] segnala, per Fil 3,17 ed altri passi, l'uso di γίνομαι insieme al nominativo con significato di «dive-nire», come «entrare in uno stato, possedere certe caratteristiche». L'u-tilizzo del presente dell'imperativo indica un'azione continuata o ripe-tuta nel tempo.

Del vocabolo ἀδελφός, secondo Beutler[85], si hanno nel NT cinque significati: «fratello carnale», «compagno di tribù, connazionale», «prossimo», «fratello cristiano», «amico, collaboratore», tra i quali solo

---

[77] Cf. DE BOER, *Imitation*, 1.
[78] Ad es. Democritus, *Fr* (B) 154.
[79] Ad es. Plato, *Tim* 48e.
[80] Ad es. Heraclitus, *Fr* (B) 10.
[81] Ad es. Democritus, *Fr* (B) 39.
[82] *TestAs* 4.3 [TLGW *TestXIIPatr* 10.4.3].
[83] FABRIS, "Filippesi", 221 n. 44.
[84] BAGD 199.
[85] J. BEUTLER, "ἀδελφός", *EWNT* I, 68-69.

il primo non comparirebbe negli scritti paolini[86]. Se il senso prevalente nelle lettere è quello di «fratello cristiano», la frequente apostrofe ἀδελφοί, con la quale l'Apostolo si indirizza ai suoi ascoltatori, può essere tradotta con linguaggio inclusivo «fratelli e sorelle». Inoltre Fee[87] sottolinea come questa espressione rappresenti una delle immagini paoline più significative per la Chiesa e venga usata per esprimere la nuova relazione esistente tra i membri della comunità cristiana. Egli elenca ben sei ricorrenze di questo uso del sostantivo plurale in Fil (1,12; 3,1.13.17; 4,1.8), volte ad indicare il profondo rapporto tra Paolo e i suoi destinatari in quanto fratelli in Cristo.

Il verbo σκοπέω possiede un primo significato, con valore anche giuridico, di «sottoporre allo sguardo con un esame discriminante» e un'ulteriore accezione di «tenere davanti agli occhi qualcosa come modello»[88]. Solo nel primo senso è presente nei LXX (Est E,7; 2 Mac 4,5). Mentre, secondo il BAGD[89] nel NT il termine, usato con l'accusativo della persona o della cosa, ha questa doppia connotazione: come ammonizione a «tenere d'occhio, esaminare attentamente» in diversi passi (ad es. Gal 6,1; Fil 2,4), mentre come invito ad «osservare qualcuno al fine di imitarlo» solo in Fil 3,17.

Il verbo περιπατέω, che significa «andare in giro», «camminare», viene ad assumere nei LXX anche l'accezione di «vivere», «comportarsi», sia in senso positivo che negativo[90]. Questo secondo uso del verbo, e dei vocaboli del suo gruppo, è basato sul significato religioso e morale dell'ebraico הלך (cf. ad es. 3 Re 20,3; Is 59,9, dove περιπατέω traduce הלך). Nelle ricorrenze del NT si mantiene questa duplicità di significato: sia il senso letterale, sia quello traslato. Paolo utilizza questo verbo nella sua parenesi, per esprimere la condotta e il tenore di vita del credente[91]. Infatti per il cristiano, da una parte, si trova il camminare secondo lo Spirito (Gal 5,16), in modo degno del Signore (1 Ts 2,12; Col 1,10) e della vocazione ricevuta (Ef 4,1; 5,8), in novità di vita (Rm 6,4), seppur in una condizione di fede e non ancora in visione (2 Cor 5,7), dall'altra, invece, sta il camminare secondo la carne (Rm 8,4;

---

[86] BEUTLER, "ἀδελφός", 71: per «compagno di tribù, connazionale» Rm 9,3; per «prossimo» 1 Ts 4,6; per «fratello cristiano» molte ricorrenze; per «amico, collaboratore» 1 Cor 1,1; 2 Cor 1,1; Col 1,1; Fm 1.

[87] FEE, *Philippians*, 110.

[88] E. FUCHS, "σκοπός κτλ.", *TWNT* VII, 416.

[89] BAGD 931.

[90] H. SEESEMANN – G. BERTRAM, "πατέω κτλ.", *TWNT* V, 942-943.

[91] SEESEMANN – BERTRAM, "πατέω", 944-945.

1 Cor 10,2-3), al modo dell'uomo (1 Cor 3,3) e dell'eone di questo mondo (Ef 2,2), in maniera disordinata (2 Ts 3,6.11). Così su questo sfondo si staglia l'uso di περιπατέω in Fil, dove conta le due sole ricorrenze, immediatamente appaiate, in 3,17.18.

Con il doppio accusativo, come nel nostro versetto, il verbo ἔχω riveste l'accezione di «avere per», «ritenere come». Dei due accusativi uno funge da oggetto diretto (nel caso, ἡμᾶς) mentre l'altro è il suo predicato (qui, τύπον) che modifica il senso del verbo[92].

Il termine τύπος sembra derivare da τύπτω «battere, colpire»[93]. Da Democrito in poi assume il suo doppio significato di «forma, ciò che plasma» e, in corrispondenza, «impronta, ciò che è plasmato»[94], insieme all'uso traslato del termine come «esempio, modello per l'agire»[95]. Nei LXX rileviamo 4 presenze di τύπος: «modello originale» (Es 25,40), «immagine di un idolo» (Am 5,26), « tenore di uno scritto» (3 Mac 3,30), «esempio (in senso etico-religioso)» (4 Mac 6,19). In un caso Filone usa μιμέομαι in diretto collegamento con τύπος, per affermare che la vita di Mosè è un modello ed un esempio che si offre all'imitazione[96]. Nel NT ritroviamo 15 ricorrenze del termine, dove τύπος è «impronta, segno» (Gv 20,25 [2x]), «immagine di un idolo» (At 7,43), «tenore di uno scritto» (At 23,25), «forma di insegnamento» (Rm 6,17), «modello originale» (At 7,44; Eb 8,5), «esempio (in senso etico-religioso)» (Fil 3,17; 1 Ts 1,7; 2 Ts 3,9; 1 Tm 4,12; Tt 2,7; 1 Pt 5,3) e, per la prima volta, «tipo (con valore ermeneutico)» (Rm 5,14; 1 Cor 10,6)[97]. In tre citazioni paoline il vocabolo è connesso con un termine del gruppo μιμέομαι (Fil 3,17; 1 Ts 1,6-7; 2 Ts 3,9), dove è chiaro il rapporto, già intravisto in Filone, tra esempio ed imitazione. In tutti e tre i casi si tratta dell'emulazione di Paolo e dei suoi collaboratori, mentre τύπος è riferito a loro solo in Fil 3,17 e 2 Ts 3,9. In conclusione possiamo intuire come τύπος implichi la possibilità di essere punto di riferimento per gli altri e, nello stesso tempo, la capacità formativa nei loro confronti, coerentemente ai significati di «modello» e «forma plasmante» che il termine possiede.

---

[92] BDR § 157, che cita come esempio anche Fil 3,17.
[93] L. GOPPELT, "τύπος κτλ.", TWNT VIII, 246.
[94] Democritus, Test (A) 135.23-30.
[95] Democritus, Fr (B) 228.
[96] Philo Alexandrinus, VitMos 1.158-159.
[97] Cf. GOPPELT, "τύπος", 248.

2.1.3   *Interpretazione*

Dopo l'analisi sull'accezione dei vocaboli presenti nel nostro versetto possiamo iniziare ad addentrarci nella sua interpretazione globale. Come con il v. 14 termina l'unità nella quale Paolo in prima persona narra la sua esperienza, così nel v. 17 sembra esplicitarsi il fine di tutto ciò: egli ha mostrato il suo esempio affinché i Filippesi diventino insieme suoi imitatori. È dunque così proposta l'applicazione. In questa direzione Bockmuehl[98] afferma che la giusta attitudine (τοῦτο φρονῶμεν) propria dei cristiani (vv. 15-16), è l'orientamento a Cristo esemplificato da Paolo (vv. 4b-14) che i Filippesi sono chiamati ad imitare (v. 17). Altre due osservazioni sulla continuità del v. 17 con quanto precede, in vista anche di quanto segue, sono addotte da O'Brien[99]: (1) la presentazione di Paolo come modello presuppone una conoscenza del suo comportamento e modo di vita, e ciò si deduce proprio dalle affermazioni dei versetti antecedenti; (2) la designazione di se stesso come τύπος sembra raccogliere ciò che è stato detto nei vv. 15-16 e nello stesso tempo costituisce una transizione ai vv. 18-21. Inoltre, considerando lo sviluppo del testo, l'invito all'imitazione di Paolo ha una prima motivazione dovuta alla presenza di coloro che si comportano da nemici della croce di Cristo, la cui fine sarà la perdizione (vv. 18-19). Così, a quelli che seguono il modello rappresentato dall'Apostolo (τοὺς περιπατοῦντας v. 17) sono contrapposti coloro che vanno in altra direzione (πολλοὶ περιπατοῦσιν v. 18). La seconda ragione, invece, sta nella speranza riposta in Cristo dai veri credenti e nel loro destino futuro (vv. 20-21).

Poiché all'inizio e alla fine del brano si parla degli oppositori (vv. 2.18-19), è lecito chiedersi se il contesto nel quale si pone il versetto sia o meno polemico. C'è chi, come de Boer[100], fa notare che i toni di grande urgenza (v. 18) usati da Paolo indicano il rilevante pericolo che la comunità corre di fronte ad essi e per questo, nel tentativo di contrastare la loro influenza, l'Apostolo presenta se stesso come esempio di vita cristiana. Ma si è andati oltre, soprattutto nell'esegesi tedesca, nel definire tutto il testo di indole polemica e finalizzato a controbattere gli avversari[101]. In una prospettiva più equilibrata Dodd[102] af-

---

[98] BOCKMUEHL, *Philippians*, 224.
[99] O'BRIEN, *Philippians*, 443.
[100] DE BOER, *Imitation*, 176.
[101] Ad es. SCHENK, *Philipperbriefe*, 250, parla di «Warnbrief».

ferma che, sebbene il contesto di Fil 3 possa avere questo carattere, i riferimenti che Paolo fa a sé mantengono una funzione parenetica, e ciò si esplicita proprio nei vv. 15-17. A partire da questi versetti, Fee[103] sostiene che la natura paradigmatica di essi e della precedente narrazione non si addice a una supposta autodifesa dell'Apostolo, non essendoci poi niente nel linguaggio del brano che faccia pensare a ciò. Peterlin[104], in aggiunta, rileva che qui gli oppositori non contestano Paolo o la sua apostolicità e d'altronde non c'è neppure una disputa con i Filippesi su qualche punto riguardante la dottrina. Così Barbaglio[105] sottolinea come l'ambito della pericope non sia polemico, bensì esortativo in quanto l'Apostolo, pur mostrando i modelli negativi da respingere, vuol richiamare l'attenzione sulla sua persona in quanto polo positivo da imitare. In definitiva questa posizione a sostegno di una lettura in chiave non polemica appare ragionevole e motivata, e si mostrerà ancora più fondata in considerazione della prospettiva retorica e con l'analisi del ruolo degli avversari. Qui ci basti soltanto ritenere che 3,17 è per sua natura una parenesi, all'interno di un contesto esortativo nel quale il versetto, legato come è sia a ciò che precede, sia a ciò che segue, diventa chiave di lettura dell'intero brano, rivelando la sua finalità: Paolo parla di sé perché i Filippesi lo imitino.

Per terminare l'esegesi di 3,17 dobbiamo affrontare alcuni problemi interpretativi presenti nelle tre diverse frasi che lo compongono. A tal proposito, abbiamo già visto come con συμμιμηταί si faccia un invito ai Filippesi ad unirsi insieme nell'imitare l'Apostolo. Ed è proprio μου, oggetto del sostantivo precedente, a mettere in rilievo l'«io» di Paolo, in corrispondenza al frequente uso del pronome o dell'aggettivo di prima persona nel brano (3,1 [2x].4 [2x].8.9.13 [2x]; 4,1 [2x]) e al carattere autobiografico dei vv. 4b-14. Questa enfasi posta sull'Apostolo può spiegarsi, oltre che per il suo temperamento autoaffermativo, sia per una strategia letteraria in cui ciò funge da base per l'argomentazione[106], sia perché l'esempio personale di Paolo rappresenta una concreta espressione della vita cristiana proposta agli ascoltatori[107]. Il vocativo

---

[102] B.J. DODD, *Paul's Paradigmatic "I"*. Personal Example as Literary Strategy (JSNTSS 177; Sheffield 1999) 181.

[103] FEE, *Philippians*, 303.

[104] D. PETERLIN, *Paul's Letter to the Philippians in the Light of Disunity in the Church* (NTS 79; Leiden – New York – Köln 1995) 77.

[105] BARBAGLIO, "Filippi", 366-367.

[106] Cf. DODD, *Paradigmatic "I"*, 180-181.

[107] BOCKMUEHL, *Philippians*, 228.

ἀδελφοί, presente già in 3,1.13 e poi in 4,1, è rivolto a tutta la comunità di Filippi e conferma il tono affettuoso dell'esortazione. In aggiunta all'evidente carattere appellativo di ἀδελφοί, è importante segnalare come, in questi quattro casi, il termine possa essere sempre ricollegato all'«io» di Paolo (tre volte con μου e una volta con ἐγώ). È il segnale linguistico atto ad indicare proprio ciò che de Boer[108] ricorda: in questo invito all'imitazione l'Apostolo fa leva sul suo profondo rapporto con Filippesi, sviluppando tutto il potere di attrazione che esso comporta.

L'imperativo σκοπεῖτε apre la seconda parte del v. 17 con un richiamo antitetico al triplice βλέπετε del v. 2: come gli ascoltatori devono guardarsi dagli avversari, così hanno necessità di osservare i modelli positivi. Se da un lato, secondo quanto visto, non possiamo spostare qui l'accento di tutto il versetto, dall'altro bisogna mantenere un certo collegamento tra le due parti che lo compongono. Infatti Michaelis[109] sostiene che se non si può equiparare σκοπεῖτε a συμμιμηταὶ γίνεσθε, viste la successione e la scelta delle parole che pongono una certa distanza tra l'Apostolo e gli οὕτω περιπατοῦντες, neppure è consigliabile isolare l'esemplarità di Paolo da quella di questi ultimi, poiché essi seguono la sua linea.

Costoro, secondo alcuni[110], sarebbero i *leader* della comunità: Paolo non potrebbe dire ai destinatari di guardare a loro se non fossero al momento presenti in Filippi; ma, come nota Fee[111], è improbabile che, se egli si sta rivolgendo a tutti i Filippesi affinché lo imitino, inviti poi gli stessi ad osservare alcuni in particolare tra di loro. Per la stessa ragione si mostra poco possibile anche l'ipotesi di Hawthorne[112], il quale, sulla scorta di 2,25-30, propone di vedervi Epafrodito ed altri cristiani di Filippi, seguaci dell'insegnamento paolino. Fee[113] invece ravvisa in essi un gruppo di persone più ampio che va oltre i Filippesi, pensando di identificarli in missionari itineranti di passaggio a Filippi. Così tra di loro ci sarebbero persone che si comportano conformemente al modello costituito da Paolo, come altre (πολλοί, v. 18) che vanno in direzione contraria. Riguardo a ciò gli ascoltatori dell'Apostolo sarebbero invitati ad esercitare un attento discernimento. Da parte nostra riteniamo che il testo, non ponendo un collegamento preciso, voglia riferirsi in modo

---

[108] DE BOER, *Imitation*, 176.
[109] MICHAELIS, "μιμέομαι", 670.
[110] Ad es. O'BRIEN, *Philippians*, 449.
[111] FEE, *Philippians*, 366 n. 16.
[112] HAWTHORNE, *Philippians*, 160.
[113] FEE, *Philippians*, 365-366.

più largo possibile a coloro che stanno vivendo secondo i principi paolini e che i Filippesi possono avere occasione di osservare. Proprio per questo, d'altra parte, non siamo d'accordo nell'identificazione di essi con missionari itineranti, delimitando indebitamente l'allusione di Paolo. Come è generale il riferimento riguardante quelli che percorrono strade sbagliate (πολλοὶ περιπατοῦσιν, v. 18), così lo è anche per il caso contrario mostrato appena prima.

Con καθώς, correlativo del precedente οὕτω, si apre l'ultima frase del versetto che vuol descrivere il modo nel quale le persone precedentemente ricordate stanno camminando. Il sostantivo τύπος, come «modello» con funzione formativa nei confronti degli altri, si riferisce, in prima istanza, all'esempio di Paolo mostrato nei vv. 4b-14. In collocazione enfatica al termine della frase si trova l'oggetto diretto ἡμᾶς, la cui interpretazione risulta alquanto problematica, visto lo strano passaggio dal singolare al plurale. Dobbiamo anzitutto affermare che, nel quadro di una lettura non causale di καθώς, è impossibile riferire ἡμεῖς agli οὕτω περιπατοῦντες. Infatti dalla logica del periodo deriva che essi rappresentano due gruppi distinti. Per Hawthorne[114] con ἡμεῖς si indicherebbe semplicemente l'Apostolo stesso come principale modello per i Filippesi, in accordo alla tendenza antica di usare il plurale letterario. Ma, come sottolinea O'Brien[115], contro questa possibilità gioca il fatto che si operi un cambiamento dal singolare μου al plurale ἡμᾶς nel mezzo della stessa frase, tanto più che Paolo, alla luce della narrazione precedente, avrebbe potuto usare il pronome di prima persona singolare se avesse voluto indicare se stesso. Certo non è facile decidere, ma in considerazione del contesto del brano, in cui non c'è alcun riferimento ad un plurale letterario, preferiamo considerare il termine secondo il significato di «noi» che gli è proprio. Resta allora da chiedersi chi si celerebbe dietro ἡμεῖς. Bittasi[116], in base alla presentazione esemplare di Timoteo ed Epafrodito proposta nella lettera (2,19-30), indica in Paolo ed in loro le persone alle quali il testo alluderebbe. Per de Boer[117] invece si farebbe riferimento all'Apostolo e ai suoi collaboratori in generale, i quali collettivamente, in quanto gruppo, costituiscono un modello (il singolare τύπος) e nello stesso tempo, tenuto conto dei paralleli di 1 Ts 1,6 e 2 Ts 3,7.9, sono oggetto di un'imitazione che se si applica

---

[114] HAWTHORNE, *Philippians*, 160-161.
[115] O'BRIEN, *Philippians*, 449-450.
[116] BITTASI, *Gli esempi*, 127-128.
[117] DE BOER, *Imitation*, 182.

primariamente a Paolo non esclude gli altri. Riteniamo che quella di de Boer sia la posizione più giusta, poiché nel versetto non c'è un legame diretto con il brano di 2,19-30 riguardante Timoteo ed Epafrodito ed inoltre Paolo, non facendo alcun collegamento specifico, intende ampliare il discorso a tutto il gruppo apostolico, nel quale egli stesso si comprende, così come anche confermano i paralleli.

In conclusione, in 3,17 l'Apostolo fa appello ai suoi fratelli nella fede perché prima di tutto si uniscano insieme nell'imitarlo e poi, in quanto ciò sarà loro di aiuto, guardino attentamente a tutti coloro che si comportano secondo il modello esemplare costituito da lui e dai suoi stretti collaboratori.

2.2   In prospettiva retorica

Il presentarsi del nostro versetto in veste di appello all'imitazione suggerisce il fatto che l'autore si rivolga agli ascoltatori con uno scopo persuasivo, richiamando dunque la dimensione propriamente retorica non solo di esso, ma di tutto il testo di Fil 3,1 – 4,1 in cui si mostra l'esempio di Paolo affinché altri lo imitino. Di conseguenza, l'approfondimento del ruolo specifico di 3,17 comporta un'analisi della logica interna a tutto il brano. Così, avendo dato uno sguardo generale al testo ed avendo delineato gli enunciati e le esortazioni che ne segnano lo sviluppo, vogliamo metterci in ricerca del genere retorico e letterario per iniziare a comprendere la dinamica del brano.

Il fatto che sia posto in primo piano l'«io» di Paolo ha portato Schenk[118], insieme ad altri, conformemente alla designazione del genere giudiziale del brano, a parlare per Fil 3 di una vera e propria *apologia*. Egli motiva la sua posizione ricorrendo alla forma letteraria dell'*autoraccomandazione* del maestro di sapienza, presente nei Vangeli in alcuni discorsi alla prima persona di Gesù (Mt 11,27-29) e avente la sua derivazione negli scritti sapienziali (Pr 1,23-33; 8,7-36; Sir 24,1-21; 51,13-30). L'autore giunge così a proporre una struttura del testo paolino ricalcata su tale forma. Paolo vi ricorrerebbe perché prima di lui gli stessi avversari, dei quali si parla nel brano, avrebbero fatto uso di questo modo di esprimersi per fini propagandistici. Lo stesso valore propagandistico e apologetico si troverebbe nei discorsi in prima persona di

---

[118] SCHENK, *Philipperbriefe*, 274-277.

tre filosofi, nello stile della diatriba, riportati da Epitetto[119], i quali richiamerebbero il testo di Fil 3.

La proposta di Schenk risulta però discutibile in diversi punti e già abbiamo fatto notare come il contesto esortativo di 3,17 non si presti a un'interpretazione in chiave apologetica. Inoltre lo schema di lettura fornito dall'autore non si adatta al testo: esso non comprende i vv. 3.15-16 e le specifiche designazioni dei vv. 17.18-19.20-21 (chiamata di invito, minaccia motivante, promessa motivante) appaiono prive di fondamento. È poi lo stesso Berger[120], al quale Schenk si appoggia, che mostra ben sei aspetti diversi tra l'*autoraccomandazione* della tradizione sapienziale e quella di Paolo, così da farne ormai due forme distinte. Di conseguenza riteniamo che soltanto a livello dello sfondo è possibile individuare un legame di Fil 3 con testi come Pr 8 e Sir 24, nei quali la Sapienza loda se stessa. Inoltre, supporre che gli avversari di Paolo usino questo modo di esprimersi è una posizione proposta dall'autore senza alcuna vera prova, volendo leggere le affermazioni dell'Apostolo come rispecchianti quelle degli oppositori. Più plausibile sarebbe il legame con il testo di Epitteto, ma risulta da dimostrare il carattere propagandistico e apologetico delle sue asserzioni. D'altra parte è Lyons[121] a ricordarci che nell'antichità l'autobiografia, usata solo inizialmente per scopi apologetici, aveva una funzione persuasiva spesso con obiettivi di natura etica, e che ciò può ben valere anche per Paolo. Oltre a Dormeyer, che abbiamo già visto negare il carattere giudiziale del brano per ragioni semiotiche, anche Brucker[122] rileva come questo non sia possibile, poiché in 3,17-21 viene chiarita la richiesta di Paolo nei confronti della comunità: l'Apostolo non vuol convincere i Filippesi della sua innocenza rispetto a certe accuse mossegli, ma spingerli a uno stile di vita conforme a quello esemplificato dal suo modello. Così egli vedrebbe presente in Fil 3 il genere deliberativo.

A questo genere appartiene l'*exemplum* segnalato da alcuni autori come forma letteraria propria del brano. Fiore[123] mostra, nella sua accurata ricerca, l'importanza che esso riveste nell'esortazione e nell'in-

---

[119] Epictetus, *Diss* 4.8.17-33.

[120] K. BERGER, *Formgeschichte des Neuen Testaments* (Heidelberg 1984) 265-267.

[121] G. LYONS, *Pauline Autobiography*. Toward a New Understanding (SBLDS 73; Atlanta, GA 1985) 53, 226.

[122] BRUCKER, „*Christushymnen*", 334.

[123] B. FIORE, *The Function of Personal Example in the Socratic and Pastoral Epistles* (AnBib 105; Rome 1986) 33-44.

segnamento retorico, filosofico ed etico-religioso del I secolo. L'autore[124] inserisce in questo contesto l'uso dell'*exemplum* nelle lettere paoline, facendo attenzione soprattutto a 1 Cor ma giungendo ad analizzare anche Fil 3. Nel nostro brano egli ritrova in particolare gli artifici retorici usati nella χρεία, «breve componimento su un fatto o detto memorabile di un qualche personaggio storico o letterario per ricavarne utili ammaestramenti»[125]. Nel contesto retorico dell'*exemplum* è previsto anche l'utilizzo degli esempi antitetici, l'allargamento ad altri del proprio modello e la συνάσκησις, la chiamata fatta al discepolo ad imitare lo sforzo del maestro verso la perfezione, tutti elementi che ben si ritrovano nel nostro testo (cf. rispettivamente vv. 2-3.18-20; 17; 12-14). Infine Dodd[126] menziona, per questa forma, il brano di Epitteto ricordato in precedenza come raro caso di utilizzo dell'«io» paradigmatico, altro elemento che si ritroverebbe anche nella pericope paolina.

Da parte nostra consideriamo fondate queste ragioni a favore di un'identificazione dell'*exemplum* nel testo di Fil 3,1 – 4,1 ma ciò non ci esime dal procedere ancora nell'analisi di altre proposte, dato che così non tutto viene spiegato: i vv. 4b-6, che possiedono caratteristiche non comprese all'interno di questa forma; i vv. 7-11, difficilmente catalogabili; soprattutto, il parlare di sé in prima persona presente nell'unità centrale.

È lo stesso Brucker[127] che, dopo aver parlato di genere deliberativo, ritrova nel brano anche quello epidittico[128]. Egli vede negli attacchi agli avversari una *vituperatio* (vv. 2.18-19) e nell'esempio di Paolo un *encomium* (vv. 4b-6). Quest'ultimo rilievo trova consenso poiché possono essere rinvenuti nel testo elementi dell'ordine di base proprio dell'*encomium*[129] di una persona: origini ed educazione (v. 5a-d), atti e virtù (vv. 5e-6), confronto (vv. 2-4.18-21)[130]. Esso è spesso usato con

---

[124] FIORE, *Example*, 185-190.

[125] B. MORTARA GARAVELLI, *Manuale di retorica* (TaB 94; Milano 1988; ⁵2000) 86.

[126] DODD, *Paradigmatic "I"*, 17-18.

[127] BRUCKER, „*Christushymnen*", 334-335.

[128] G.A. KENNEDY, *New Testament Interpretation Through Rhetorical Criticism* (SR; Chapel Hill, NC – London, UK 1984) 73-74, mostra come questa commistione di generi sia possibile nella retorica classica.

[129] Cf. J.G. SIGOUNTOS, "The Genre of 1 Corinthians 13", *NTS* 40 (1994) 248, 251.

[130] Nei vv. 2-3.18-21 il confronto è indiretto attraverso il «noi». Potremmo poi vedere il prologo dell'*encomium* nei vv. 2-3 e l'epilogo nei vv. 20-21.

finalità esortativa. Approfondendo l'indagine, Pitta[131] specifica il genere letterario individuandolo nella περιαυτολογία, una forma di *encomium* come lode di sé. La sua constatazione si basa sul lavoro di Betz[132] riguardo il trattato che Plutarco elabora sulla suddetta forma letteraria. Lo scritto plutarcheo testimonia di una pratica retorica diffusa da secoli e mostra, inoltre, alcuni interessanti richiami a Fil 3. Avendo, da subito, affermato la convenienza della lode di sé solo in certi casi, Plutarco vuol proporre dei rimedi affinché la περιαυτολογία sia accettabile e non fallisca nel suo scopo persuasivo: tra gli altri, consiglia, a colui che lo pronuncia, di unire all'elogio di sé quello degli ascoltatori e di coloro che tengono la sua stessa condotta[133]. Ciò richiama l'elogio dei destinatari ai vv. 3.20 e, in senso più lato, il coinvolgimento di coloro che seguono il modello dell'Apostolo al v. 17 del brano. Altro accorgimento da tener presente è di introdurre nella lode di sé anche qualche difetto per renderla più tollerabile[134], aspetto che rimanda alla confessione di imperfezione presentata da Paolo nei vv. 12-13. Trattando infine della sua utilità, Plutarco insiste con l'asserire che la περιαυτολογία deve diventare un mezzo per indurre all'emulazione, un'esortazione contenente nell'autore stesso un esempio e un oggetto di imitazione, il più possibile familiare ai suoi ascoltatori[135]. Come conclude Betz[136], da questo assunto risulta chiaro che per Plutarco la liceità della forma letteraria, da lui presentata, sta sostanzialmente nel fatto che sia utilizzata con un preciso fine etico. Tutto ciò si può riferire congiuntamente alla presentazione esemplare di Paolo in prima persona dei vv. 4b-14 e all'appello all'imitazione del v. 17.

Ma è Pernot[137] ad illustrare la dinamica del procedere periautologi-

---

[131] A. PITTA, "Paolo e il giudaismo farisaico", *RStB* 11 (1999/II) 91-92.

[132] H.D. BETZ, "De laude ipsius (Moralia 539A-547F)", *Plutarch's Ethical Writings and Early Christian Literature* (ed. H.D. BETZ) (SCHNT 4; Leiden 1978) 367-393.

[133] Plutarchus, *Mor* 542b-c.

[134] Plutarchus, *Mor* 543f.

[135] Plutarchus, *Mor* 544d-e.

[136] BETZ, "De laude ipsius", 393.

[137] L. PERNOT, "*Periautologia*. Problèmes et méthodes de l'éloge de soi-même dans la tradition éthique et rhétorique gréco-romaine", *RevEtGr* 111 (1998) 113-117. Utile per comprendere il procedere dell'argomentazione può essere anche M. VALLOZZA, "Osservazioni sulle tecniche argomentative del discorso di lode nel «De laude ipsius» di Plutarco", *Strutture formali dei «Moralia» di Plutarco*. Atti del III convegno plutarcheo, Palermo, 3-5 maggio 1989 (edd. G. D'IPPOLITO – I. GALLO) (Napoli 1991) 327-334.

co, individuandola in un vero e proprio *transfert*[138], attuato in ordine all'accettazione degli ascoltatori. Se l'elogio di sé ha per formula: «Io mi lodo davanti ad un pubblico», tutta l'arte retorica consisterà nel dissociare l'«io» dal «me» o l'oratore dall'uditorio. La dissimulazione dell'«io» attraverso una sorta di prosopopea non avviene in Fil 3, mentre è presente quella del «me»: si tesse la propria lode attraverso quella degli altri. In questo modo si ascrivono i meriti all'intervento della Fortuna o della divinità, come fa Paolo nei vv. 7-8.12, si mescola al proprio elogio quello dell'uditorio e colui che parla si mostra rappresentante per eccellenza della categoria che esalta, come nei vv. 3.15.20. Nel brano paolino non si attua un vero e proprio distacco dell'oratore dall'uditorio attraverso un'apostrofe diretta all'avversario, ma, nondimeno, si fa ricadere su di lui la responsabilità della περιαυτολογία, in quanto reazione alle sue posizioni (v. 4). Sempre in quest'ottica l'elogio si nasconde sotto il biasimo della condotta avversa, come nei vv. 2.18.19, e si serve della confessione di difetti minori lasciando in risalto i suoi elementi salienti, come nei vv. 12-13. Condizione fondamentale dell'elogio di sé, oltre a quella di possedere un fine etico superiore, è la veridicità, ciò che pienamente si verifica nel testo paolino visto che esso è fondato su una reale autobiografia.

In conclusione ci sembra che vedere nel brano una περιαυτολογία in chiave esemplare sia la proposta più fondata in ordine alla comprensione del testo. Tuttavia non è immediata una piena identificazione con essa di Fil 3,1 – 4,1, soprattutto perché non si riesce a dar ragione dei vv. 7-11. Infatti, a differenza di quanto avviene nella περιαυτολογία, l'autore non parla delle lodevoli azioni compiute ma dell'opera realizzata in lui dal Cristo; si narra non il suo successo ma il perdere tutto per un bene più grande; soprattutto non è posto al centro il suo «io» quanto invece la persona di Cristo. Così da una parte il motivo del vanto diventa paradossale, consistendo in una perdita, dall'altra il processo di *transfert* viene attuato in maniera radicale, essendo l'identità dell'«io» paolino totalmente trasformata. Tutto questo ci rivela la libertà con la quale Paolo utilizza i canoni letterari e ci spinge ad un ulteriore approfondimento dell'originale dinamica retorica che egli dispiega nel testo.

---

[138] In questo contesto la parola ha un significato prettamente retorico, come traslazione ad altri soggetti dello stato di referente primo del discorso, anche se può richiamare l'accezione specificatamente psicologica.

In conseguenza delle considerazioni riguardo la composizione e di queste sulla forma letteraria[139], emerge come il genere retorico di Fil 3,1 – 4,1 sia formalmente epidittico (tipico della περιαυτολογία) ma con finalità deliberativa (con riferimento all'*exemplum*). Questo significa che nel brano si vuole mostrare agli ascoltatori ciò che è buono affinché, aderendovi, agiscano anche di conseguenza; invito che si manifesta in special modo al v. 17. Il rimando all'*apologia*, invece, non può essere giustificato, neppure con un ricorso al genere artificiale, grazie al quale un discorso di difesa cela un vanto di sé[140], poiché nel testo non ci si rivolge agli avversari e non ci si difende da essi, mentre il loro ruolo, come vedremo, risulta subordinato.

2.3   L'imitazione di Paolo

A differenza di quanto viene proposto dalla maggioranza degli autori, non faremo una lettura trasversale dell'epistolario paolino, ma cercheremo di determinare il senso che ha l'imitazione di Paolo esclusivamente in Fil 3,17 e nel contesto della sua pericope. Questo non solo perché il versetto è oggetto specifico del nostro studio ma anche per il motivo che, contrariamente a quanto normalmente viene attuato, riteniamo inadeguata un'interpretazione generale valida per tutti i passi paolini riguardanti il tema[141].

Prima di affrontare il contenuto del concetto che si evince dal versetto, dobbiamo risolvere una questione preliminare: Paolo è davvero imitabile? Bittasi[142] sostanzialmente lo nega, in quanto in Fil la sua dinamica esistenziale, come per Cristo, ma a differenza di Timoteo ed Epafrodito, non sarebbe più reiterabile. Tuttavia già ad un primo raffronto con il testo di 3,17 la sua posizione risulta problematica: in questo modo non si comprende il senso stesso di un appello all'imitazione dell'Apostolo (a differenza dell'esempio di Cristo dove ciò non si tro-

---

[139] Dobbiamo ricordare che alcuni trovano nel brano lo stile di una *diatriba*: U.B. MÜLLER, *Der Brief des Paulus an die Philipper* (THKNT 11/1; Leipzig 1993) 164, nei vv. 12-16, mentre J. SCHOON-JANßEN, *Umstrittene „Apologien" in den Paulusbriefen*. Studien zur rhetorischen Situation des 1. Thessalonicherbriefes, des Galaterbriefes und des Philipperbriefes (GTA 45; Göttingen 1991) 144, nei vv. 4-6, affermando altresì il carattere non apologetico di questi versetti.

[140] Cf. A. PITTA, *Il paradosso della croce*. Saggi di teologia paolina (Casale Monferrato 1998) 34.

[141] Cf. DODD, *Paradigmatic "I"*, 18-29, per uno *status quaestionis* generale sull'imitazione di Paolo.

[142] BITTASI, *Gli esempi*, 215, 218.

va) e neppure si giustifica il riferimento a coloro che vivono seguendo il suo modello. Inoltre, è lo stesso Fiore[143], sul quale Bittasi basa l'argomentazione, ad affermare che in Fil 3 l'esempio di Paolo funge come modello per il confronto e prototipo per l'imitazione. Infine è alla luce di un raffronto con il concetto classico di μίμησις che emerge la possibilità di imitare l'Apostolo. Come dimostra chiaramente la Brant[144], nel mondo antico questa nozione non indica una mera riproduzione dell'originale, bensì un processo nel quale si porta ad espressione, secondo le proprie capacità, le caratteristiche essenziali di ciò che si imita. Ad esempio, l'imitazione della natura da parte dell'artista non può essere compresa come copiare la realtà quanto invece l'esprimere un aspetto o un'idea derivante da essa. Di conseguenza, i Filippesi non sono invitati a *mimare* l'Apostolo, ad essere semplicemente specchio del modello, ma ad appropriarsi dell'ideale mostrato nel suo agire e ad applicarlo al loro stesso comportamento. Se dunque ci muoviamo su questa linea, diventa possibile comprendere la plausibilità dell'imitazione di Paolo e il suo contenuto.

Dalla nostra analisi è emerso lo stretto collegamento tra la narrazione autobiografica dei vv. 4b-14 e l'appello del v. 17: i Filippesi sono chiamati ad emulare l'esempio dell'Apostolo. Dobbiamo però ancora esaminare in che cosa consista questo processo di imitazione e in quale sfera si esplichi. Alcuni autori[145] fanno riferimento all'abnegazione di sé e al sacrificarsi per gli altri a scapito dei propri interessi, in conformità non solo con il modello di Paolo ma anche di Cristo (2,6-11). Sulla stessa scia, Nicolet[146] afferma che in Fil 3,17 si chiede ai Filippesi di orientare la loro fede, così come l'Apostolo, all'avvenimento di salvezza mostrato nell'abbassamento e nell'innalzamento di Cristo e di conformarvi la loro vita. Noi riteniamo però che si debba ricercare il senso di questo processo mimetico dal contesto prossimo di 3,1 – 4,1, almeno a livello del significato primario. Questa visione, inoltre, presuppone sostanzialmente una lettura di συμμιμηταί con riferimento diretto all'imitazione di Cristo da parte dell'Apostolo, dimostratasi poco attendibile. Infine in questo modo si riduce la presentazione di Paolo ad imma-

---

[143] FIORE, *Example*, 186.

[144] J.-A.A. BRANT, "The Place of *mimēsis* in Paul's Thought", *SR* 22 (1993) 285-300.

[145] Ad es. HAWTHORNE, *Philippians*, 159-162.

[146] P. NICOLET, "Le concept d'imitation de l'apôtre dans la correspondance paulinienne", *Paul* (éds. DETTWILER – KAESTLI – *e.a.*) 410-411.

gine speculare di quella di Cristo, leggendo, in partenza, il brano non in se stesso ma come riproposta di 2,6-11[147].

Michaelis[148] risolve invece l'imitazione in obbedienza[149]: in Fil 3,17 l'Apostolo esigerebbe dalla comunità l'ascolto della sua predicazione, in base all'autorità che gli è stata conferita. A parte il fatto che l'autore nega in maniera pregiudiziale la possibilità dell'emulazione di Paolo[150], la sua posizione non appare giustificata a livello testuale. Infatti nel brano sembra evidenziarsi uno spiccato senso di comunione tra l'Apostolo e i Filippesi: l'uso ripetuto di ἀδελφοί (3,1.13.17.4,1), il «noi» inclusivo (3,3.15-16.20-21), l'allargamento ad altri del suo modello (3,17bc), l'appello finale con tono affettuoso (4,1). A ciò possiamo aggiungere anche i riferimenti dei vv. 12-14, nei quali Paolo, manifestando la sua imperfezione, riduce la distanza tra il modello e gli ascoltatori, rendendo allo stesso tempo più plausibile l'imitazione[151]. D'altra parte, colui che si presenta come esempio da emulare presume di possedere una certa autorevolezza nei confronti degli altri e ciò ben si addice a Paolo, apostolo e fondatore della comunità di Filippi. Questo, però, non implica che imitare significhi obbedire, in considerazione anche dei paralleli coevi nei quali si parla di emulazione in un contesto paritario e di amicizia[152].

De Boer[153] interpreta Fil 3,17 come un'esortazione ad esprimere nella propria vita il modello di esistenza cristiana mostrato da Paolo; ciò viene precisato da alcuni nell'avere lo stesso φρονεῖν[154] dell'Apo-

---

[147] Questo non significa che vogliamo negare le somiglianze tra l'esempio di Paolo e quello di Cristo, ma che il testo va analizzato prima di tutto nella sua specificità. Nel seguito del nostro studio procederemo a un confronto tra Fil 2,6-11 e 3,4b-14.

[148] MICHAELIS, "μιμέομαι", 670.

[149] In modo poco diverso E.A. CASTELLI, *Imitating Paul. A Discourse of Power* (LCBI; Louisville, KY 1991) 96, vede nell'imitazione una chiamata all'unità nella dipendenza gerarchica da Paolo e da Cristo.

[150] In maniera non dissimile H.D. BETZ, *Nachfolge und Nachahmung Jesu Christi im Neuen Testament* (BHT 37; Tübingen 1967) 186-189, considera μιμέομαι paolino equivalente ad ἀκολουθέω dei Vangeli, facendo dell'imitazione di Paolo una versione solo terminologicamente diversa della sequela di Cristo.

[151] Marcus Fabius Quintilianus, *InstOr* 1.2.26, sottolinea la possibilità e l'importanza, per gli studenti incipienti, dell'imitazione dei compagni loro vicini.

[152] Ad es. Lucius Anneus Seneca Jr., *Ep* 6.3-6.

[153] DE BOER, *Imitation*, 186.

[154] Ad es. BOCKMUEHL, *Philippians*, 224.

stolo, da altri nel rimanere come lui fedele a Cristo anche nella sofferenza[155].

Questa ultima prospettiva risulta per noi la più fondata, in quanto
tiene conto della presenza di περιπατεῖν nel versetto, il quale suggerisce come ambito dell'imitazione la condotta di vita in generale. Infatti,
secondo quanto visto a proposito del modello orale, si potrebbe parlare,
a partire dal v. 17, di «retto agire», conseguente al «retto pensare» mostrato nei vv. 2-16. Propendiamo poi a identificare il significato e il
contenuto dell'imitare in base al contesto della pericope, al centro della
quale si trovano l'incontro e la conoscenza che Paolo fa di Cristo. Così,
rivolgendosi ai membri della comunità, in Fil 3,17 li invita a sviluppare
in se stessi un processo[156] di imitazione che, secondo le caratteristiche
di ognuno, esprima un'appropriazione creativa dell'esistenza cristiana
resa visibile nella sua vicenda (vv. 4b-14). Imitare l'esempio autorevole
dell'Apostolo significa allora per i Filippesi porre tutto in secondo piano di fronte al conoscere Cristo, ripensare la propria esistenza a partire
da ciò, in un cammino di progressiva e continua crescita del rapporto e
della conformazione a lui sino al compimento celeste. Infine, nell'invito all'imitazione possiamo ravvisare anche un sottile richiamo all'unità
per la Chiesa di Filippi, il quale si evidenzia in almeno tre elementi:
l'uso della *forma complex* συμμιμηταί, l'appellativo αδελφοί e la contiguità con i vv. 15-16 che fanno riferimento ad uno stesso sentire ecclesiale. Così nella comune emulazione del loro evangelizzatore e fondatore i Filippesi sono chiamati a rafforzare anche i reciproci vincoli di
comunione.

3. Conclusione ed apertura

Alla fine dello studio è da valutarsi la scelta di 3,17 come campione
indicativo per la conoscenza del tessuto del brano. Questo versetto raccoglie quanto precedentemente affermato dall'autore, mostra il valore
paradigmatico dell'autopresentazione paolina dei vv. 4b-14 e lo applica
agli ascoltatori, facendo passare dalla dimensione dell'esempio a quella
conseguente dell'imitazione. Inoltre il v. 17 introduce i successivi che

---

[155] Ad es. P. OAKES, *Philippians*. From People to Letter (SNTSMS 110; Cambridge, UK 2001) 106, 121.
    [156] Questo è coerente con l'uso nella frase dell'imperativo presente γίνεσθε che
esprime un'azione duratura.

costituiscono due giustificazioni, tra loro antitetiche, dell'esortazione in esso contenuta (vv. 18-19.20-21).

Se la posizione del versetto appare rilevante nello snodarsi del brano, lo è anche nel delinearne il carattere ed il genere. Nella nostra ricerca, dopo aver delimitato il testo in Fil 3,1 – 4,1, abbiamo proceduto con l'individuare la composizione, nel confronto con il modello orale e quello retorico-discorsivo. Uno sguardo d'insieme ci ha poi introdotto all'analisi approfondita del v. 17. In quanto appello all'imitazione, esso ci ha rimandato alla dimensione persuasiva del brano e alla conseguente ricerca del suo genere retorico e letterario. Il ricorso all'eredità classica è risultato proficuo nel confronto con le forme letterarie dell'*exemplum* e soprattutto della περιαυτολογία. Così facendo si comprende come un brano, sostanzialmente epidittico, abbia la conclusione con finalità deliberativa sottolineata al v. 17. Nel versetto si evidenzia il tono esortativo e non polemico del testo e allo stesso tempo se ne prospetta anche lo scopo. Il modello esemplare mostrato in Paolo e nei suoi collaboratori, non è una pura illustrazione della fede cristiana a vantaggio dei Filippesi, ma un incitamento, loro rivolto, ad agire secondo un modo di vita improntato alla nuova identità in Cristo. Infine, a partire dal v. 17, è possibile comprendere la legittimità della περιαυτολογία presente nel testo: infatti nell'appello all'imitazione del buon esempio dell'autore si palesa il superiore fine etico che solo rende accettabile la lode di sé[157].

Complessivamente, la possibilità di questo appello all'imitazione emerge se, liberandoci dalle precomprensioni moderne, ritorniamo al concetto classico di μίμησις. Di conseguenza in Fil 3,17 i Filippesi non sono invitati a copiare, come mimi, l'originale ed unico percorso dell'Apostolo, ma a riprodurre in maniera creativa, secondo la propria condizione, il cammino cristiano da lui esemplificato. In tutto ciò, in quanto suoi coimitatori, troveranno anche motivo per una maggiore unità comunitaria. Il versetto, mostrandoci dunque la finalità e la legittimità dell'autopresentazione di Paolo, costituisce così un'importante chiave di lettura per tutto il brano di Fil 3,1 – 4,1[158].

---

[157] Come vedremo, il fatto che i vv. 7-11 costituiscano un rovesciamento del vanto non risolve del tutto il problema: l'«io» di Paolo continua ad essere preponderante ed invadente agli orecchi degli ascoltatori. In un certo senso un vanto rimane, anche se cristiano. Per questo i vv. 12-14 provvederanno ad attenuarlo.

[158] B.B. THURSTON, "Philippians", B.B. THURSTON – J.M. RYAN, *Philippians and Philemon* (SPg 10; Collegeville, MN 2005) 136, ritiene il v. 17 la chiave per

In aggiunta, vogliamo menzionare altri elementi che richiamano la dimensione pragmatica del v. 17 e di tutto il testo, cioè il suo effetto sull'ascoltatore. Come abbiamo avuto modo di osservare, l'autore si trova direttamente collegato ai lettori attraverso il «noi» (vv. 3.15-16.20-21) e l'appellativo αδελφοί (3,1.13.17.4,1). Schoenborn[159] sottolinea che la possibilità da parte di Paolo di unire a sé i destinatari è basata sul comune orientamento a Cristo. Perciò nei vv. 7-11, che mettono in forte rilievo questo elemento, il lettore si sentirebbe coinvolto nel discorso sino ad identificarsi con l'«io» dell'autore. In base all'attitudine metalinguistica dell'«io» presente nella narrazione, ogni credente di Filippi sarebbe invitato a sostituirsi a Paolo e a percepire attraverso di lui la sua nuova identità. Questo appello all'identificazione del lettore con l'autore si manifesterebbe con chiarezza proprio in συμμιμηταί μου γίνεσθε al v. 17. In accordo e in continuità con la proposta di Schoenborn, noi sosteniamo che, in questo modo, l'Apostolo stesso si propone come modello facendo leva sull'autorevolezza che ha la sua persona agli occhi dei fedeli di Filippi, da lui evangelizzati, e mettendo a frutto tutta l'efficacia comunicativa e persuasiva della testimonianza della propria vita in Cristo.

In conclusione, questo primo capitolo vuol rappresentare un iniziale orientamento sul testo di Fil 3,1 – 4,1 e sulla dinamica retorica tra esempio ed imitazione che si palesa proprio a partire dal v. 17. Siamo quindi invitati a proseguire il percorso, andando ad esaminare l'esempio costituito da Paolo stesso. Questa narrazione, segnata dalla presenza preponderante dell'«io», ci obbligherà anche ad approfondire il procedere proprio della περιαυτολογία, che già è risultata decisiva per la comprensione del ruolo del v. 17, così come per una lettura globale di tutto il brano.

In appendice desideriamo menzionare il problema della legittimità etica di una chiamata all'imitazione, questione maggiormente considerata in passato. In prospettiva ampia riteniamo che l'accettabilità e la plausibilità di questo appello stiano nella singolare coscienza che Paolo ha di sé in forza della nuova identità ricevuta in Cristo. Nel confronto con il passato egli vede la propria vita radicalmente trasformata ed espropriata da lui (cf. Fil 1,21), così da poter parlare del proprio «io»

---

comprendere tutta la struttura della lettera, nella quale si alternano esempi personali, indicativi del comportamento che si esorta a seguire.

[159] U. SCHOENBORN, "El yo y los demás en el discurso paulino", *RevBne* 35 (1989) 178-179.

come quello di un altro e proporlo all'imitazione degli ascoltatori. In conclusione la sua è diventata un'«esistenza teologica» che è modello per gli altri, secondo quanto von Balthasar afferma:

> [...] Paulus der gleichfalls die Blicke auf sich zieht, bei jeder Gelegenheit empfiehlt, ihn nachzuahmen, weil er das konkreteste Bild des Herrn für die Kirche ist, das Bild auch des Apostels katexochen [*sic*], der mehr gearbeitet hat als alle anderen, das Bild der personifizierten Sendung, der somit befugt ist, seine Existenz zur Schau zu stellen, mit seiner Existenz zu exemplifizieren, an seiner Existenz die Lehre zu demonstrieren, das volle Licht der Gnade Gottes auf seine Existenz fallen zu lassen. Nicht nur seine Lehre, nicht seine Taten sind der Inhalt seiner Sendung, sondern ausdrücklich er selbst, sein Leben und sein Benehmen, seine Schicksale und die Begegnungen mit ihm[160].

Così, a partire dagli elementi raccolti riguardo a tutto il brano, e in particolare all'imitazione di Paolo, siamo in grado di passare all'analisi del suo esempio.

---

[160] H.U. VON BALTHASAR, *Schwestern im Geist*. Thérése von Lisieux und Elisabeth von Dijon (Einsiedeln 1973) 53-54.

CAPITOLO II

L'esempio di Paolo

Lo sviluppo e il significato di Filippesi 3,4b-14.15-16

0. Premessa

Nel precedente capitolo, abbiamo fatto oggetto del nostro studio l'appello all'imitazione di Paolo, così come risuona in Fil 3,17. La sua analisi è stata compiuta in stretto collegamento con l'insieme della pericope, nel circolo ermeneutico di testo e contesto, dove l'uno serve ad illuminare l'altro. Il versetto in esame è risultato un campione significativo per la conoscenza del tessuto del brano di 3,1 – 4,1 e ha contribuito a fornirci una sua prima fondata interpretazione.

L'appello paolino all'imitazione, però, non è in sé conchiuso, ma rimanda necessariamente all'autopresentazione in forma di esempio che l'Apostolo dona nei vv. 4b-14. È, infatti, del modello esemplare costituito da Paolo e dai suoi collaboratori che i Filippesi al v. 17 sono chiamati ad appropriarsi, riproducendolo creativamente nelle loro esistenze. L'invito all'imitazione ci segnala dunque la presenza di un esempio, in modo che è possibile risalire dall'imperativo della μίμησις all'indicativo dell'*exemplum*. Ciò è ulteriormente confermato dal modello orale di lettura del brano, che, in base ad entrambe le ipotesi, evidenzia un legame tra le esortazioni e l'autobiografia esemplare dell'Apostolo. Dalla composizione si può comprendere come la narrazione sia la motivazione della parenesi e, allo stesso tempo, la parenesi appaia la finalità della narrazione. Questo congiungersi di esortazione ed esempio è ben presente nell'epistolario classico, e l'imitazione di un modello costituisce un perno dell'educazione retorica, filosofica e religiosa nel I secolo. Così sono il testo stesso e la sua dinamica argomentativa che ci spingono a passare dalla chiamata all'imitazione (v. 17) all'esempio (vv. 4b-14), al quale questo appello è inscindibilmente legato.

Vogliamo quindi fare oggetto di studio i vv. 4b-14, nei quali, in prima persona, Paolo si dà come modello da imitare a beneficio dei suoi ascoltatori. Insieme a questi analizzeremo anche i vv. 15-16: siamo autorizzati a farlo perché, come abbiamo visto a proposito del primo modello orale, ci sono buone ragioni per collegarli con l'insieme dei vv. 4b-14 (in particolare con i vv. 12-14)[1], ed inoltre preferiamo affrontarli separatamente dai vv. 2-4a e dai vv. 17-21, i quali, invece, hanno in comune la presenza degli avversari. Scopo della nostra analisi sarà comprendere lo sviluppo e il significato dell'esempio di Paolo, in considerazione anche del contesto di tutto il brano. In questo senso approfondiremo alcuni orientamenti che sono già emersi nel capitolo precedente, il quale costituisce una buona base di partenza per l'esegesi dei nostri versetti.

Cominceremo, nella prima parte, con il soffermarci sull'*exemplum* dal punto di vista retorico, in quanto categoria generale, e poi, come in precedenza visto, sulle forme letterarie della χρεία e della περιαυτολογία, con un riferimento finale alla *diatriba*. Il confronto con questi modelli formali ci aiuterà a far luce sia sugli elementi tradizionali dai quali Paolo parte, sia sullo sviluppo successivo che vi apporta al fine di presentare la sua vicenda.

In un secondo momento, per analizzare la logica e il procedere dei nostri versetti, partiremo dagli elementi raccolti, specialmente dal raffronto con il genere letterario della περιαυτολογία che già ci è apparso decisivo. Cercheremo di comprendere la dinamica dei vv. 4b-14 servendoci anche della segmentazione precedentemente evidenziata: vv. 4b-6; 7-11; 12-14; a questi si aggiungono i vv. 15-16, i quali costituiscono una conclusione esortativa. Inoltre sarà necessario esaminare le varie figure retoriche dell'*elocutio* e compiere un'analisi del lessico in modo da risalire poi, con l'ausilio dei modelli formali, all'*inventio*, cioè alle idee sottostanti il testo, esplicitando così l'argomento riguardante l'esempio di Paolo.

Nella terza parte ci volgeremo verso le possibili letture globali. Affronteremo il dibattito aperto dalla *New Perspective* che, a fronte della lettura tradizionale del brano come esempio del rifiuto totale del vanto nella legge e dell'affermazione della propria giustizia, vi vede invece il superamento della legge, in quanto segno di un'esclusiva ed escludente identità etnico-religiosa, e il passaggio dalla giustizia da essa derivante a quella della fede. Subito dopo dovrà essere esaminata la recente pre-

---

[1] Cf. pp. 17-18.

sentazione di una prospettiva stoica di interpretazione del brano, delineata da Engberg-Pedersen[2], la quale comporta anche notevoli ricadute a livello metodologico. In conseguenza dell'analisi da noi compiuta, suggeriremo poi una proposta di lettura complessiva dell'esempio di Paolo.

Nella conclusione riepilogheremo i risultati raggiunti e vedremo le successive aperture che si offrono alla nostra ricerca.

1. Genere letterario

Nel capitolo precedente abbiamo già affrontato la questione del genere letterario a proposito di tutto il brano di Fil 3,1 – 4,1. Ora si tratta di approfondire gli orientamenti iniziali con una disamina degli aspetti salienti della forme letterarie già individuate e con un confronto più puntuale di queste con i vv. 4b-14.15-16. La lettura dei suddetti versetti attraverso l'ausilio dei modelli formali risulta importante al fine di comprendere l'*inventio* e il procedere del testo.

1.1 L'*exemplum* e la χρεία

Generalmente, nella letteratura esegetica, ci si riferisce ai vv. 4b-14 definendoli un esempio. Questo significa richiamare una categoria che ha avuto grande importanza nella tradizione retorica. L'*exemplum*[3], storico o inventato, è di solito un racconto citato a conferma di ciò di cui si sta parlando: è usato come prova tecnica, funzionante per induzione, di un'argomentazione. Talvolta questo procedimento serve per arrivare a conclusioni che hanno una validità solo particolare: si va da una situazione specifica ad un'altra, applicando all'ultima una regola desunta dalla prima, attraverso un ragionamento simile all'analogia. Inoltre l'*exemplum* viene utilizzato come elemento dell'*ornatus* in quanto antonomasia, allusione o allegoria. Infine, nel confronto tra due importanti realtà o personaggi storici, si trasforma in *typus*. Nella classicità si trovano molte raccolte di *exempla* relativi a personaggi e avvenimenti memorabili, sfruttati nell'oratoria laica o religiosa a motivo di edificazione dell'uditorio. Così nell'insegnamento la storia consiste in un repertorio di detti e fatti memorabili, e l'educazione morale dei giovani greci e romani è alimentata da una scelta di esempi offerti alla loro

---

[2] T. Engberg-Pedersen, *Paul and the Stoics* (Edinburgh, UK 2000).

[3] Cf. Mortara Garavelli, *Manuale*, 24, 73, 76, 251 e H. Lausberg, *Elemente der literarischen Rhetorik* (München 1949; [2]1967) § 404.

ammirazione e imitazione[4]. In aggiunta a tutto questo è utile riportare le considerazioni riassuntive di Fiore[5] sull'uso dell'*exemplum* nell'educazione retorica:

1. Esso è essenzialmente un importante mezzo pedagogico. Così l'oratore stesso è un modello dell'arte che insegna, la quale consiste non solo nel ben parlare ma anche nel vivere secondo ciò che è giusto. L'insegnante è considerato un'estensione del genitore e la sua competenza tecnica è inestricabilmente legata all'esortazione morale e all'ammonimento.

2. Più che una prova, o un artificio a servizio di essa, è piuttosto una dimostrazione.

3. Esprime la migliore strada da seguire o la peggiore da evitare: ha quindi un carattere protrettico o apotrettico.

4. Vuole attestare convincentemente la desiderabilità o il vantaggio di un'azione, attitudine o dovere raccomandati, e il danno di quelli disapprovati.

5. Non è fornito semplicemente al fine di una maggiore comprensione, ma per il compiersi di azioni e atteggiamenti virtuosi che imitino o evitino i modelli presentati.

In particolare, in un contesto epistolare di esortazione, l'*exemplum*[6] è: (a) un esemplare o un campione, inventato o reale, di una realtà personale o oggettuale, presentato per l'individuazione e la conoscenza di una persona o cosa da parte dei destinatari; (b) un prototipo o modello mostrato perché ad esso si cerchi di conformare il proprio comportamento fino a poterlo imitare; (c) un'esperienza istruttiva, basata su circostanze personali o su eventi storici, utile per future decisioni in casi simili.

Nel confronto tra la forma dell'*exemplum* e il testo dei vv. 4b-14 emergono alcuni elementi utili che meritano di essere evidenziati. Anzitutto abbiamo già visto come i versetti servano per motivare ciò di cui si sta trattando, nel nostro caso, le esortazioni che li incorniciano (vv. 2.15-16.17). Nuovo invece è il passaggio dal particolare al particolare attraverso un procedimento analogico. Questo sembra descrivere ciò che avviene per l'esempio dell'Apostolo, quando il suo *particolare* cammino di vita cristiana diventa paradigmatico di quello *particolare*

---

[4] H.I. MARROU, *Histoire de l'éducation dans l'antiquité* (Paris 1948; ²1950) 320, 382.

[5] FIORE, *Example*, 36-37.

[6] FIORE, *Example*, 90-91.

di ciascun credente di Filippi, in base alla comune appartenenza a Cristo. Appare poi chiaro che in questi versetti Paolo lega l'insegnamento alla vita, in quanto la sua vicenda è l'oggetto stesso dell'istruzione che impartisce ai destinatari. A questo proposito si può parlare di dimostrazione nel senso che la narrazione dell'Apostolo mostra e illustra ciò che a lui è accaduto. Inoltre il carattere protrettico dell'esempio di Paolo si rileva non solo nella chiamata all'imitazione del v. 17, ma anche nel v. 15, dove con l'esortativo φρονῶμεν si invitano coloro che vogliono vivere da cristiani maturi ad avere la stessa mentalità mostrata nei versetti immediatamente precedenti. Infine, della dimensione legata all'agire, nella quale si esplica l'imitazione dell'esempio dell'Apostolo, abbiamo già parlato a sufficienza. Sarà importante però riprendere in questo contesto, soprattutto a proposito dei vv. 12-14, la prospettiva della συνάσκησις, l'invito fatto al discepolo perché imiti lo sforzo del maestro verso la perfezione. Tale comune impegno viene anche espresso nella letteratura con un linguaggio legato all'ambito della competizione e dell'agone, così come accade nei vv. 12-14, nei quali si trova in rilievo la metafora della corsa[7].

Rimanendo nell'ambito dell'*exemplum* in quanto categoria generale, si propone di vedere in Fil 3,1 – 4,1 gli elementi peculiari della forma letteraria della χρεία. Mack[8] riporta lo schema di base di quest'esercizio proprio dei προγυμνάσματα: lode (di colui che ha parlato o agito), riaffermazione del detto o dell'azione (tesi o elemento centrale), sua prova e giustificazione, confutazione della posizione contraria, illustrazione con un'analogia o con un esempio in forma di aneddoto, prova d'autorità, esortazione conclusiva. Fiore[9] applica, con alcuni adattamenti, lo schema suddetto al nostro brano: esempio negativo (3,2-4a), esempio di Paolo (3,4b-11), metafora della corsa (3,12-14), affermazione del giusto atteggiamento (3,15a), promessa della sua prova (3,15b), riaffermazione (3,16), comando (3,17), contrasto (3,18-19), sentenza gnomica e sua elaborazione (3,20-21), comando conclusivo (4,1).

A fronte di questa proposta, vogliamo intraprendere il confronto soltanto con i versetti che sono ora oggetto del nostro studio. È da rilevare come la lettura che Fiore fa dei vv. 15-16 sposti il baricentro di

---

[7] Ad es. Lucius Anneus Seneca Jr., *Ep* 34.1-4.

[8] B.L. MACK, *Anecdotes and Arguments*. The Chreia in Antiquity and Early Christianity (OPIAC 10; Claremont, CA 1987) 15-18.

[9] FIORE, *Example*, 189 n. 77.

Fil 3,1 – 4,1 proprio qui. Infatti, se questi due versetti costituissero l'enunciazione del giusto atteggiamento, essi, secondo lo schema della χρεία, rivestirebbero il ruolo di ciò che si vuol affermare, la tesi propria del testo. Noi, diversamente da tale autore, e utilizzando parte dello schema di Mack, potremmo leggere in questo modo i vv. 4b-16: enco-mio di Paolo (vv. 4b-6); il modo di essere di Paolo (vv. 7-14, con meta-fora della corsa nei vv. 12-14); esortazione conclusiva per una retta mentalità (vv. 15-16). Così facendo l'elemento centrale rimarrebbe la narrazione della storia dell'Apostolo, e sia i versetti che precedono sia quelli che seguono manterrebbero il loro specifico carattere, rispettiva-mente encomiastico ed esortativo. Da questo confronto con la χρεία siamo spinti ad andare oltre, visto che essa non ci fornisce indicazioni particolarmente significative per la comprensione dei vv. 4b-16, se non nell'invito a far luce sulla funzione dei vv. 15-16, soggetto che necessi-ta di un approfondimento. Infine, come abbiamo già visto a proposito di tutto il brano, questa forma riguarda soprattutto personaggi storici del passato e non viventi come Paolo, e si presenta alla terza persona, men-tre l'«io» dell'Apostolo è preponderante in questi versetti.

1.2 La περιαυτολογία

La nostra preferenza riguardo al genere letterario della pericope è andata alla περιαυτολογία in chiave esemplare, dove il soggetto tesse il proprio elogio per essere imitato. Vogliamo approfondire l'intuizione iniziale ponendo attenzione ai vari elementi dell'*encomium*, poiché ciò che in esso è alla terza persona, nella περιαυτολογία viene direttamente adattato alla prima[10]. I *topoi* di base dell'*encomium* di una persona comprendono: origini, educazione, atti e virtù, con la possibilità di in-cludervi anche l'elemento del confronto. Questa forma, che ha una grande popolarità all'epoca ellenistica, facendo parte dei προγυμνάσματα ed essendo il soggetto di concorsi letterari, si serve di diversi elementi che variano da autore ad autore[11]. Tra i *topoi*[12] gli atti e le virtù hanno il ruolo principale, sono al centro dell'*encomium*, poi-ché rappresentano le qualità e i beni per eccellenza che dimostrano i meriti propri della persona, e quindi il motivo principale del suo elogio.

---

[10] C. FORBES, "Comparison, Self-Praise and Irony. Paul's Boasting and the Con-ventions of Hellenistic Rhetoric", *NTS* 32 (1986) 8.

[11] MARROU, *Histoire*, 273-274.

[12] Cf. L. PERNOT, *La rhétorique de l'éloge dans le monde gréco-romain*. Tome I: *Histoire et technique* (CEASA 137; Paris 1993) 129-178.

D'altra parte, le origini (γένος) sono menzionate sempre per prime e possono includere la patria (nazione, città) e la famiglia (antenati, genitori). In questo ambito la famiglia riveste il ruolo più importante, in quanto designa la provenienza e l'estrazione della persona, la sua stirpe. Subito dopo possono seguire i *topoi* relativi agli oracoli e ai sogni che hanno accompagnato la nascita (γένεσις), alle caratteristiche fisiche e spirituali e alla natura divina o umana del soggetto (φύσις). La categoria dell'educazione fa entrare in gioco le qualità intellettuali e morali della persona ed essa può venire suddivisa in: infanzia (ἀνατροφή), educazione propriamente detta (παιδεία), condotta e tipo di vita abbracciati sin dalla giovinezza (ἐπιτηδεύματα). Si passa così dal tempo dei doni (infanzia e adolescenza) a quello delle virtù (età adulta). La rubrica più importante giunge alla fine, dove le azioni (πράξεις) del soggetto sono suddivise secondo le diverse virtù (ἀρεταί): sapienza (σοφία), temperanza (σωφροσύνη), coraggio (ανδρεία), giustizia (δικαιοσύνη), alle quali si può aggiungere anche la pietà (εὐσέβεια). In conclusione si possono inserire altri due *topoi* minori: i beni ottenuti dalla Fortuna o per il favore divino (τύχη) e il tipo di morte (τελευτή). Pur non essendo una biografia, l'*encomium* segue un certo ordine cronologico.

Un discorso a parte merita il confronto o comparazione (σύγκρισις), che Forbes[13] sottopone ad un attento studio, ripercorrendo gli scritti di diversi autori. Questo procedimento retorico, appropriato soprattutto per il genere epidittico, può essere usato come parte dell'argomentazione o come mezzo per l'amplificazione (αὔξησις). Si possono mettere a confronto persone o realtà impersonali, a patto che tra loro ci sia una base di similarità. La comparazione viene praticata al fine di far risaltare il soggetto o la cosa che si vuol elogiare, e ciò risulta ancor più evidente quando l'elemento di paragone adottato ha già valore in se stesso. Nella σύγκρισις tra persone, propria dell'*encomium*, sono da giustapporre innanzitutto le origini, l'educazione, la parentela, la posizione, il prestigio, le qualità fisiche[14].

L'accostamento con la περιαυτολογία era già apparso significativo a livello di tutto il brano; ora si tratta di approfondire l'analisi a proposito dei vv. 4b-14.15-16. Anzitutto questa forma rende pienamente ragione dell'uso, sino al v. 14, della prima persona come soggetto di quasi tutti i verbi: c'è un «io» che si racconta narrando la propria vicenda nel passato, presente, futuro. Nei vv. 5-6 riconosciamo alcuni *topoi* del

---

13 FORBES, "Comparison", 2-8.
14 Cf. Aelius Theon, *Prog* 10.14-18 [TLGW 112-113].

genere encomiastico: γένος (circoncisione all'ottavo giorno, dalla stirpe di Israele[15], dalla tribù di Beniamino, ebreo da ebrei), ἐπιτηδεύματα (il vivere da fariseo)[16], πράξεις (persecutore della Chiesa, divenuto irreprensibile) basate sulle ἀρεταί (zelo e giustizia). Possiamo distinguere anche l'età dei doni (primi quattro elementi) da quella delle virtù (gli altri tre). È da rilevare il fatto che, contraddicendo il normale ordine cronologico, la circoncisione venga messa al primo posto ed inoltre che il termine περιτομή ricorra già nel v. 3, nella paronomasia con κατατομή: tutto ciò segnala una certa enfasi su questa realtà. In aggiunta, il γένος assume un posto sproporzionato rispetto agli altri *topoi* (ben quattro qualificazioni), mentre gli atti e le virtù, contrariamente dal solito, non risultano centrali: anzi essi sembrano derivare dal primo elemento, in quanto aspetti collegati all'identità giudaica. La famiglia poi viene messa in risalto nominando il capostipite della tribù e sottolineando l'appartenenza dei genitori al popolo ebraico. In base alle caratteristiche elencate, è chiaro che ci troviamo di fronte all'utilizzo tipico della σύγκρισις tra persone (v. 4b), preparata già precedentemente (vv. 2-4a). A questo livello si fa anche uso dell'amplificazione, sostenendo che nel confronto si vale di più (μᾶλλον, v. 4b), e lo si dimostra attraverso l'elenco delle proprie qualità sino ad affermare di essere irreprensibili (ἄμεμπτος, v. 6). Nei vv. 4b-6 siamo quindi di fronte a un vero e proprio vanto, con le relative ragioni, la cui responsabilità è però fatta ricadere sull'avversario, così come accade nei procedimenti propri della περιαυτολογία.

Un grande cambiamento interviene poi nei vv. 7-11 dove il vanto si rovescia: i guadagni precedenti diventano una perdita (v. 7). La σύγκρισις è posta tra l'«io» di Paolo passato e quello presente con l'uso accentuato dell'amplificazione. Il Cristo, che trasforma la vita dell'Apostolo, prende in un certo modo il posto della τύχη dispensatrice di doni. Essi, paradossalmente, si risolvono nella perdita di ciò che si era e si aveva per una nuova giustizia la quale, però, comporta l'esperienza della sofferenza e della morte, nella speranza della risurrezione. Questo elogio paradossale, con il rovesciamento del vanto, appare elemento centrale del brano, cosicché il «confidare nella carne» si trasforma in un «vantarsi in Cristo» (v. 3), attuando un *transfert* periautologico dall'«io» di Paolo a Cristo. Nei vv. 12-14 è posta poi una nuova

---

[15] Si usa proprio la parola γένος.

[16] Si potrebbe considerare ciò anche come παιδεία, in quanto rappresentante la formazione religiosa.

σύγκρισις tra l'«io» presente dell'Apostolo e quello futuro, ma più che un'amplificazione si opera un'attenuazione, quasi per mitigare il nuovo vanto in Cristo a beneficio degli ascoltatori. Il *transfert* proprio di questa forma si compie allora da Paolo stesso ai destinatari, affinché anch'essi diventino soggetti del vantarsi in Cristo (vv. 15-16).

Dal punto di vista dei paralleli coevi, è da segnalare il saggio della Quet[17] su Elio Aristide, autore del II secolo. La studiosa nota come questi utilizzi la περιαυτολογία, parlando di sé e dei suoi successi come oratore, al fine di lodare il suo dio Asclepio, suscitando così la meraviglia dell'uditorio. Trattando dei doni ricevuti, e soprattutto della miracolosa guarigione di cui ha beneficato, Elio Aristide[18] narra soltanto l'essenziale della sua esperienza perché vuol far conoscere non se stesso, ma la potenza del dio da lui sperimentata. Egli fa memoria del suo passato di miracolato per prolungare, a proprio beneficio, i grandi momenti dell'esperienza religiosa iniziale ancora vivente in lui, e per affermare davanti a tutti il suo statuto di salvato, celebrando così i meriti di Asclepio.

Infine, nel nostro utilizzo di questa forma letteraria per l'interpretazione del testo paolino siamo incoraggiati dallo studio della Mitchell[19], la quale mostra come Giovanni Crisostomo[20] difenda l'autoelogio di Paolo in 2 Cor 11,1 – 12,13 usando le stesse motivazioni adottate da Plutarco riguardo all'accettabilità della περιαυτολογία. Questo brano paolino possiede, come vedremo, molti elementi comuni con Fil 3,1 – 4,1. Inoltre è da notare come proprio commentando il passaggio di Fil 3,4-6, lo stesso Giovanni Crisostomo[21] usi la terminologia propria del genere epidittico per definire il γένος di Paolo. La nostra interpretazione del testo a partire dalla περιαυτολογία non sarà così né anacronistica né riduttiva, considerato che prima di noi un autore antico ha usato queste stesse categorie retoriche.

---

[17] M.-H. QUET, "Parler de soi pour louer son dieu: le cas d'Aelius Aristide (du journal intime de ses nuits aux *Discours sacrés* en l'honneur du dieu Asklépios)", *L'invention de l'autobiographie d'Hésiode à saint Augustin*. Actes du deuxième colloque de l'Équipe de recherche sur l'hellénisme post-classique (Paris, École normale supérieure, 14-16 juin 1990) (éds. M.F. BASLEZ – P. HOFFMANN – *e.a.*) (ELA 5 ; Paris 1993) 226, 228, 230.

[18] Cf. Aelius Aristides, *Or* 47.1; 48.2 [TLGW 273.28-274.9; 291.10-22].

[19] M.M. MITCHELL "A Patristic Perspective on Pauline περιαυτολογία", *NTS* 47 (2001) 354-371.

[20] Joannes Chrysostomos, *LaudPaul* 5.

[21] Joannes Chrysostomos, *HomPhil* 10.2 [PG/TLGW 62.257-258]

1.3 La *diatriba*

Da ultimo dobbiamo ricordare che alcuni autori trovano nel brano lo stile di una *diatriba*. Nell'epoca ellenistica, secondo quanto afferma Stowers[22], la situazione più comune per questa forma è il discorso pubblico finalizzato alla conversione alla filosofia dell'uomo della strada. L'origine si troverebbe, però, nelle discussioni proprie delle scuole filosofiche, dove l'insegnante adotta un metodo socratico fatto di rimprovero ed esortazione. Suo scopo non sarebbe solo il trasmettere delle conoscenze, ma anche il trasformare la percezione degli studenti, in modo che imparino a riconoscere l'errore e vi sappiano rimediare. Berger[23] segnala poi alcuni elementi propri della *diatriba*: ci si rivolge direttamente all'ascoltatore dandogli un appellativo (spesso offensivo), viene manifestato il suo pensiero, lo si interroga e lo si interpella con enfasi. Inoltre l'«io» di colui che parla, sottolineato anche attraverso l'uso del «noi», afferma la sua tesi cominciando con il confutare le asserzioni erronee. L'elemento dialogico è dunque centrale, ma si tratta spesso di un dialogo fittizio, soprattutto all'interno della letteratura epistolare.

Nel confronto con il testo dei vv. 4b-14.15-16 possiamo notare nuovamente l'enfasi sull'«io» e l'uso del «noi» inclusivo. Ma più interessante è osservare il v. 4b, nel quale si rileva la presenza del pronome τις per designare un avversario. Édart[24] fa notare che questo è un elemento tipico della *diatriba* e costituisce un semplice artificio letterario, il quale dimostra, probabilmente, come l'interlocutore di Paolo non sia reale. Ciò significa che nell'argomentare l'Apostolo può sì partire dalla posizione di supposti avversari, ma fa questo soltanto per mostrare la sua tesi, quello che gli sta veramente a cuore, senza aver di mira una risposta ad accuse a lui mosse. I nostri versetti avranno quindi carattere non polemico ma enunciativo e propositivo. Infine è da menzionare la posizione di alcuni, i quali hanno ritrovato lo stile diatribico nei vv. 12-14[25]. I versetti però presentano solo un vago richiamo alla dimensione dialogica nell'appellativo ἀδελφοί (v. 13), senza introdurre la posizione di questi «fratelli». Paolo infatti non si rivolge a degli interlocutori reali o fittizi, ma la sua duplice *correctio* è in relazione alle affermazioni dei

---

[22] S.K. STOWERS, *The Diatribe and Paul's Letter to the Romans* (SBLDS 57; Ann Arbor, MI 1981) 75-76.

[23] BERGER, *Formgeschichte*, 110-111.

[24] ÉDART, *Philippiens*, 229-230.

[25] Ad es. T. SCHMELLER, *Paulus und die Diatribe*. Eine vergleichende Stilinterpretation (NTANF 19; Münster 1987) 420.

vv. 7-11, immediatamente precedenti. Preferiamo allora non riconoscere nei vv. 12-14 gli elementi formali della *diatriba*.

1.4   Conclusioni

Abbiamo compiuto una lettura dei vv. 4b-14.15-16 in riferimento
ad alcuni generi letterari[26], certi che il nostro brano possa essere interpretato da una pluralità di punti di vista, in ragione della libertà con la
quale Paolo spesso fa uso dei diversi canoni retorici del suo tempo.
Nondimeno, come abbiamo mostrato riguardo a tutta la pericope, e ribadito specificatamente per questi versetti, proponiamo la
περιαυτολογία come la forma letteraria alla quale il testo si avvicina di
più e che risulta maggiormente utile, ai fini dell'interpretazione. Da ultimo, questa analisi dei modelli formali ci è sembrata proficua non solo
e non tanto per comprendere la composizione strutturale dei versetti,
quanto invece per cominciare ad intravedere il procedere del brano e le
idee ad esso sottostanti. Sarà nostro compito approfondire, nella prossima parte del capitolo, gli elementi emersi qui, utilizzandoli per l'esegesi dei versetti in esame.

2.   Analisi dei vv. 4b-14.15-16

Si tratta ora di affrontare direttamente l'analisi dei nostri versetti,
visti all'interno dell'autobiografia che Paolo presenta. Vogliamo quindi
comprendere come l'autore proceda, scegliendo i vari argomenti, e come li sviluppi. Abbiamo già fornito una suddivisione dei vv. 4b-14 in
tre sottounità : vv. 4b-6; 7-11; 12-14. Ciascuna di esse contiene un e-
nunciato (o dichiarazione) che viene successivamente illustrato e precisato. Esamineremo le sottounità, prima singolarmente, così da comprenderne la logica, e poi insieme, per delineare la progressione del testo. Collegheremo a questi versetti la conclusione esortativa dei vv. 15-
16, per scoprire quale chiave di lettura essa ci offre dell'esempio di Paolo. Ogni volta ci soffermeremo, dopo la composizione, sull'*elocutio*
con le varie figure che la contraddistinguono, in considerazione del suo
importante legame, mostratosi a più riprese nella retorica paolina, con
l'*inventio* (come insieme delle idee sottostanti uno scritto)[27]. Questo

---

[26] Per la *diatriba* si discute se sia un vero e proprio genere letterario, noi abbiamo parlato più genericamente di stile della *diatriba* a proposito dei vv. 4b-16.

[27] Cf. ALETTI, "Paul et la rhétorique", 41.

studio sarà affiancato ad un approfondimento del lessico utilizzato nei
versetti.

2.1   La sottounità dei vv. 4b-6

2.1.1   *Composizione ed* elocutio

La composizione dei vv. 4b-6 consiste di: un enunciato (v. 4b) seguito da una lista (vv. 5-6). L'elenco è da suddividersi in sette elementi,
che possono essere, ulteriormente distinti in: doni ricevuti (i primi quattro) e meriti acquisiti (gli altri tre). Così, per mezzo di queste caratteristiche, si vuol mostrare che Paolo ha motivo di confidare nella carne
più di altri.

L'enunciato iniziale è una ripetizione dello stesso sintagma già presente due volte nei vv. 3-4a: πεποιθ- ἐν σαρκί. Attraverso un'anadiplo-
si, si vuol cominciare con enfasi ribadendo ciò che è stato appena affermato. Mentre ἐγὼ μᾶλλον costituisce uno zeugma tendente a introdurre e sottolineare l'«io» di Paolo che campeggerà nei versetti seguenti. Inoltre all'interno dei sette elementi sono da rintracciare due salite
climatiche, una per ciascuno dei due gruppi. Riguardo i doni ricevuti, si
afferma che l'Apostolo non è semplicemente un circonciso, come potevano esserlo anche i proseliti, ma appartiene al popolo di Israele, e non
solo è un israelita ma viene da una tribù prestigiosa, quella di Beniamino, in conclusione è un ebreo purosangue (*climax*). Allo stesso modo si
sviluppa la parte relativa alle virtù acquisite con il suo agire (da notare
l'uso anaforico di κατά): per quanto riguarda la legge segue il rigoroso
taglio farisaico, anzi a motivo del suo zelo per essa è diventato persecutore della chiesa, e, ancor più, secondo la giustizia legale, è risultato irreprensibile (*climax*). Questo utilizzo del *climax* e dell'accumulazione
ci indicano un duplice uso dell'amplificazione (quindi una retorica
dell'eccesso), come ben si addice ad un *encomium*. Come ha notato Fabris[28], nei vv. 4b-6 l'accumularsi di brevi frasi, accostate l'una l'altra
attraverso l'asindeto, produce un certo *pathos*. A questo contribuisce
anche la sintassi della frase formata da un unico periodo, con il verbo
principale collegato ad un infinito e la presenza, solo alla fine, di due
participi. Sembra che l'autore voglia affermare con foga la sua posizione, enumerando succintamente gli argomenti a favore. Secondo Édart[29]
l'argomentazione portata avanti in questi versetti è costituita da una

---

[28] FABRIS, "Filippesi", 206.
[29] ÉDART, *Philippiens*, 213.

concessio, mentre de Silva[30] suggerisce un ragionamento dal maggiore al minore. Se la *concessio* non serve a correggere ma ad ammettere il punto di vista dell'interlocutore (reale o fittizio), rilanciando quasi sempre l'argomentazione per mostrare i limiti di una posizione considerata per acquisita[31], allora qui ci troviamo di fronte a questa figura retorica. Infatti Paolo concede al suo avversario la possibilità di «confidare nella carne», ma poi, proprio in questo ambito, lo soppianta, avvalorando con argomenti incontrovertibili la sua superiorità. La *concessio* mostra in maniera adeguata il procedere della sottounità dei vv. 4b-6; al contrario l'uso del principio retorico *a minori ad maius* (o del *qāl wāḥômer*) potrebbe solo spiegare il v. 4b (se qualcuno pensa di confidare nella carne, l'Apostolo a maggior ragione può farlo). Attraverso poi l'utilizzo della σύγκρισις (presente già nei vv. 2-4a) e della amplificazione appare l'eccellenza della posizione del soggetto.

2.1.2 Inventio

Passando al livello dell'*inventio*, siamo chiamati ad esaminare l'enunciato iniziale e gli elementi che Paolo adduce, per rinvenire le idee portanti del testo. Si tratta di comprendere ciò che l'autore vuol mostrare e quali siano le sue ragioni. L'enunciato del v. 4b è costituito da una protasi, con verbo al presente unito ad un sintagma ripreso dai vv. 3-4a (ai quali si lega anche a motivo della σύγκρισις), e da un'apodosi con l'ellissi di un verbo che indichi potenzialità. In un periodo ipotetico dell'obiettività, qual è il nostro, non si allude ad un giudizio personale riguardo la realtà, ma si pone una semplice supposizione con la sua logica conseguenza[32], non si può quindi sapere se c'è un riferimento a qualcuno *in particolare* che pensa di far affidamento sulla carne. Potrebbe semplicemente trattarsi di un tipico rappresentante di quel gruppo contro il quale Paolo si è scagliato nei versetti precedenti[33]. Inoltre, come abbiamo visto nel confronto con la *diatriba*, l'interlocutore è probabilmente fittizio: l'autore lo introduce al fine di rendere più serrata e persuasiva la propria argomentazione. Così noi riteniamo che la supposta posizione dell'altro sia per Paolo solo un punto di partenza, una base sulla quale sviluppare e illustrare la propria. Per il momento

---

[30] D.A. DE SILVA, "No Confidence in the Flesh. The Meaning and Function of Philippians 3:2-21", *TRJNS* 15 (1994) 37.

[31] ALETTI, "Paul et la rhétorique", 43 n. 2.

[32] Cf. BDR § 371.

[33] FABRIS, "Filippesi", 206.

non entriamo nella discussione riguardante il profilo degli avversari, se essi siano personaggi reali e attivi nella comunità di Filippi: ciò che ci interessa sottolineare è la funzione che gli oppositori rivestono in questi versetti.

2.1.2.1 L'enunciato del v. 4b

Cominciando dal punto di vista lessicale, il primo termine da esaminare nel v. 4b è il verbo δοκέω. Opportunamente O'Brien[34] indica, con riferimento anche a Mt 3,9; Lc 24,37; 1 Cor 7,40, il suo significato di «pensare», «considerare», utilizzato per esprimere un'opinione soggettiva; inoltre nel caso di Fil 3,4b avrebbe un carattere ironico. Da parte nostra tendiamo a trascurare questa sfumatura, tenuto conto sia dell'attenzione dell'autore a proporre la propria opinione più che a controbattere quella dell'avversario, sia, soprattutto, del contesto nel quale si trova δοκέω. Infatti questo verbo anticipa la sottounità successiva, nella quale si utilizza ἡγέομαι [3x] nei vv. 7-8. Ugualmente, nei vv. 12-14, si ritrovano altri verbi appartenenti allo stesso campo semantico della percezione: λογίζομαι; ἐπιλανθάνω, e così nei vv. 15-16: φρονέω [2x]. Pertanto, attraverso l'uso di δοκέω, in considerazione anche dei vv. 5-6, si vuol affermare un punto di partenza nella concezione di sé e della propria identità che sarà ribaltato e sviluppato nei versetti successivi per mezzo di verbi dello stesso campo semantico.

Il sintagma attorno al quale ruota l'enunciato iniziale è il «confidare nella carne», ripetuto per la terza volta nei vv. 3-4. Esso è presente solo qui in tutto il NT, e non si trova neppure nei LXX. Nel v. 3, attribuito agli avversari, è chiaramente posto in contrapposizione al «vantarsi in Cristo Gesù». Per il verbo πείθω al perfetto con valore di presente, il BAGD[35] fornisce i significati di «essere convinto» e «avere fiducia», mentre la persona o cosa sulla quale questa fiducia è fondata può essere indicata dalla preposizione ἐν (così anche in Fil 3,4b); come unico parallelo dei LXX, viene citato Gdt 2,5. Nel NT questa costruzione con πείθω è presente solo negli scritti paolini, in altri quattro casi: Gal 5,10, Fil 1,14; 2,24; 2 Ts 3,4, dove l'oggetto della preposizione ἐν è sempre κύριος. L'uso all'interno di Fil assume così rilevanza e sembra porre una contrapposizione tra il «confidare nella carne» e il «confidare nel Signore», o, come dice il v. 3, il «vantarsi in Cristo Gesù».

---

[34] O'BRIEN, *Philippians*, 368.
[35] BAGD 792.

Più problematico appare il significato di ἐν σαρκί, tipica espressione paolina con 15 ricorrenze sulle 18 complessive del NT. La parola
stessa σάρξ, poi, è presente 99 volte in Paolo su un totale di 147 nel NT.
Il BAGD[36] individua otto diversi significati del termine nella grecità e
nel NT: ciò che copre le ossa di un uomo o di un animale, il corpo stesso, parte dell'uomo costituito da carne e sangue, la natura umana mortale, la limitata vita terrena, il lato esteriore dell'esistenza, lo strumento
del peccato, la fonte del desiderio sessuale. Per Fil 3,3-4 la σάρξ sarebbe il lato esteriore dell'esistenza, e, di conseguenza, il «confidare nella
carne» coinciderebbe con il porre fiducia in realtà terrene e in vantaggi
fisici. Insieme ad altri, Hawthorne[37], invece, opta qui per leggere la parola come riferita alla natura umana non redenta che si sforza di raggiungere con le proprie forze un adeguato *status* di fronte a Dio, fuori
dalla dipendenza e dalla sottomissione a lui. Da parte sua O'Brien[38]
vede nel termine, oltre ad un'allusione alla circoncisione, sia un'espressione comprensiva per denotare tutto ciò in cui gli esseri umani pongono la loro fiducia, sia un riferimento ai privilegi e ai risultati ottenuti da
Paolo, in quanto ebreo, ai vv. 5-6. Infine Dunn[39] ritrova nel vocabolo,
considerato nel contesto, soprattutto il segno dell'appartenenza ad Israele, un'identità etnica esclusiva che si va a saldare con la presunzione
di essere graditi a Dio. Noi propendiamo a rapportare σάρξ, dapprima,
con la circoncisione, dato che di questa si parla sia nel v. 3, sia nel v. 5,
i quali fanno da cornice al «confidare nella carne»; inoltre σάρξ traduce
l'ebraico בָּשָׂר che può indicare il membro maschile[40]. Ma il riferimento
si amplia poi alla serie dei privilegi e dei risultati acquisiti da Paolo nei
vv. 5-6, poiché il v. 4b, dove si trova il termine, funge da enunciato, e
questi versetti da elementi probativi, così da essere chiaramente collegati; peraltro la circoncisione costituisce il segno più visibile di queste
caratteristiche. Infine, se poniamo attenzione all'opposizione presente
al v. 3 tra il «confidare nella carne» e il «gloriarsi in Cristo Gesù» appare che σάρξ, in senso più ampio, è tutto ciò in cui si confida come e-
scludente e contrapposto al credere e all'affidarsi a Cristo. Il discorso
relativo alla natura umana non redenta, che vuol raggiungere con le
proprie forze uno *status* di fronte a Dio, ci sembra andare al di là del

---

[36] BAGD 914-916.

[37] HAWTHORNE, *Philippians*, 127-128.

[38] O'BRIEN, *Philippians*, 363-364.

[39] J.D.G. DUNN, *The Theology of Paul the Apostle* (Grand Rapids, MI 1998) 69-
70.

[40] DE SILVA, "No Confidence", 36.

contesto, mentre per verificare il carattere d'identità etnica esclusiva del termine dovremo considerare più approfonditamente la natura delle caratteristiche addotte nei vv. 5-6.

Riassumendo dunque l'enunciato del v. 4b, dobbiamo affermare che Paolo sostiene di avere più ragioni di chiunque altro nel porre fiducia nella propria circoncisione e, in senso più globale, nei privilegi ricevuti e nei meriti acquisiti, come alternativi al confidare in Cristo. Sembra così partire, nella sua autopresentazione, assumendo il punto di vista del gruppo degli avversari per poi superarlo, secondo il procedere della *concessio*[41].

2.1.2.2 La lista dei vv. 5-6

La lista dei vv. 5-6 è composta di sette elementi che dovremo attentamente analizzare per comprendere il procedere del testo. Ci occuperemo all'inizio dei primi quattro che definiscono il γένος di Paolo, poi degli altri che costituiscono i meriti da lui acquisiti.

2.1.2.3 Gli elementi relativi al γένος

Tra queste caratteristiche al primo posto è evidenziata la circoncisione, elemento che, come abbiamo visto, non rispetta un normale ordine cronologico. Inoltre è ulteriormente enfatizzato dato che περιτομή compare già nella paronomasia con κατατομή dei vv. 2-3 e che anche il termine σάρξ vi può riferirsi. Sembra così che la questione della circoncisione sia importante all'interno del discorso di Paolo: per questo già dall'inizio del capitolo la introduce nel confronto con gli avversari. Il termine nell'epistolario paolino può significare: (a) un rito religioso (Gal 5,11); (b) lo stato di essere circonciso (ad es. Rm 2,25-28; 1 Cor 7,19); (c) un riferimento alla circoncisione spirituale (Rm 2,29; Col 2,11); (d) una metonimia per indicare gli Ebrei o i giudeo-cristiani (ad es. Rm 3,30; Gal 2,7-9)[42]. Se in Fil 3,5 la parola certamente indica il rito della circoncisione, denota anche, in senso più ampio, il segno

---

[41] In questo senso l'espressione ἐγὼ μᾶλλον non ha un valore solo di contrapposizione, ma soprattutto intensivo indicando la superiorità indiscussa della sua posizione quale che sia l'interlocutore, la cui situazione è un punto di partenza per il discorso paolino.

[42] O'BRIEN, *Philippians*, 358.

dell'alleanza con Dio (Gn 17,10). Secondo McEleney[43] sono almeno tre le ragioni per la pratica della circoncisione nel giudaismo del I secolo: obbedienza al precetto della legge[44], segno di fedeltà all'alleanza (soprattutto dal periodo maccabaico)[45], simbolo d'identificazione con il popolo ebraico (particolarmente in tempo di crisi)[46]. In questo senso Dunn[47] afferma che l'uso metonimico di περιτομή negli scritti paolini (con il corrispondente ἀκροβυστία) conferma la circoncisione come elemento costitutivo dell'identità giudaica del tempo.

In Fil 3,5 il termine περιτομή, usato al dativo di relazione, possiede forza passiva e si trova unito a ὀκταήμερος, aggettivo *hapax legomenon* in tutta la grecità fino a Paolo. Non si sottolinea soltanto il fatto di essere stato circonciso, ma anche che questo sia avvenuto l'ottavo giorno, secondo quanto la legge prescrive (Gn 17,12; Lv 12,3; cf. Lc 1,59; 2,21). L'Apostolo è circonciso dunque da parenti fedeli osservanti delle tradizioni religiose ebraiche, e allo stesso tempo si differenzia da un proselita che soltanto da adulto veniva sottoposto al rito. Se appare chiaro il significato di questa caratteristica, presentata per definire la propria identità, dobbiamo però chiederci perché la circoncisione è stata scelta come primo tra gli elementi della lista. Come si è visto, c'è una certa enfasi attorno ad essa e, in considerazione dei vv. 2-4, si può sostenere che la controversia con gli avversari vi ruoti attorno.

Williams[48] arriva a considerare la *vera* circoncisione il tema cardine di tutto il testo di Fil 3,1-21, indicando nei vv. 3-4a la tesi che Paolo vuole dimostrare. Pur riconoscendo l'importanza del soggetto, questa posizione non ci pare corretta. Anzitutto, i vv. 3-4a introducono sì il discorso sulla circoncisione, in contrapposizione alla mutilazione degli avversari, ma anche altre caratteristiche, che costituiscono in positivo il profilo dei credenti in Cristo. Inoltre vogliamo ricordare che, tra le modalità di *transfert* proprie della περιαυτολογία, l'oratore è invitato a mescolare il proprio elogio con quello dell'uditorio e a mostrarsi come

---

[43] N.J. McELENEY, "Conversion, Circumcision and the Law", *NTS* 20 (1974) 333.

[44] Flavius Iosephus, *Ant* 20.44-45.

[45] 1 Mac 1,60; 2 Mac 6,10.

[46] Flavius Iosephus, *Ant* 1.192.

[47] J.D.G. DUNN, "Who Did Paul Think He Was? A Study of Jewish-Christian Identity", *NTS* 45 (1999) 189.

[48] D.K. WILLIAMS, *Enemies of the Cross of Christ. The Terminology of the Cross and Conflict in Philippians* (JSNTSS 223; London, UK – New York, NY 2002) 159-162.

il rappresentante per eccellenza della categoria che esalta[49]. Così Paolo nei vv. 3.5 collega il «siamo la circoncisione» del gruppo «noi» con la sua «circoncisione all'ottavo giorno», in modo che egli si presenta come un esponente di questa compagine e tessendo la propria lode determina anche la loro. In termini più argomentativi ciò significa che quello che verrà evidenziato a proposito dell'Apostolo sarà valido anche per i suoi ascoltatori, i quali vi si potranno identificare. La tesi o, per meglio dire, l'idea principale del testo, dunque, non sarà basata in primo luogo sull'identità del gruppo ἡ περιτομή, ma su quella di Paolo, che attraverso il sintagma περιτομῇ ὀκταήμερος si collega all'uditorio, in piena coerenza con l'appello all'imitazione del v. 17 dove gli ascoltatori sono chiamati ad immedesimarsi nella sua vicenda. Se poi al v. 3, come afferma Williams[50], ἡ περιτομή, nella paronomasia con κατατομή, è un *topos* retorico per descrivere lo *status* «in Cristo» contrapposto a quello nel giudaismo, qui, al v. 5, sembra invece indicare la caratteristica più in vista dell'identità giudaica. Come abbiamo visto, per più di un motivo la circoncisione assume notevole importanza nel giudaismo del I secolo e costituisce, anche in quanto segno impresso nella carne, un fattore identificativo. Così l'Apostolo comincia a mostrare le ragioni della sua possibilità di «confidare nella carne» partendo da un elemento che più di ogni altro contraddistingue l'ebreo e sul quale, probabilmente, gli oppositori fanno leva.

Si passa poi a riferirsi al γένος, compiendo un gradino nella salita climatica per affermare l'appartenenza alla schiatta di Israele, cosa che la circoncisione non assicura. Il sostantivo γένος in merito ad una persona è usato nel NT per denotare la razza, la discendenza, la famiglia o la nazione: in Fil 3,5 riveste il primo significato, in collegamento con il genitivo appositivo Ἰσραήλ[51]. A sua volta questo termine, insieme a ἰσραηλίτης, è da distinguersi con attenzione da ἰουδαῖος. Infatti, i primi due nel giudaismo designano l'autocomprensione degli Ebrei in quanto stirpe eletta da Dio, mentre l'altro aggettivo viene usato dai non Ebrei per determinarli come popolo[52]. L'uso di Ἰσραήλ in Paolo appare coerente con tutto ciò: dichiara di far parte per nascita di Israele (1 Cor 10,18; 2 Cor 3,7.13), ma precisa che non tutti quelli che discen-

---

[49] Cf. PERNOT, *"Periautologia"*, 113-117.

[50] WILLIAMS, *Enemies*, 160.

[51] O'BRIEN, *Philippians*, 370.

[52] G. VON RAD – K.G. KUHN – W. GUTBROD, "Ἰσραήλ κτλ.", *TWNT* III, 360-366.

dono dalla stirpe eletta fanno parte di essa (Rm 9,6) e che, allo stesso tempo, Dio non ha ripudiato il popolo da lui scelto (Rm 11,2). Così Ἰσραήλ in Fil 3,5 implica un'identità allo stesso tempo etnica e religiosa che l'Apostolo, grazie alla sua famiglia, possiede sin dalla nascita, insieme ai privilegi che ne conseguono.

Non solo egli è a pieno titolo proveniente dalla schiatta e dal popolo di Israele, ma è membro della tribù di Beniamino, che si è distinta in modo particolare nella storia biblica. L'antenato Beniamino, infatti, è il solo figlio di Giacobbe ad essere nato nella terra promessa (Gn 35,16-18); Saul, il primo re di Israele, viene da questa tribù (1 Sam 9,1-2), che insieme con Giuda rimase fedele alla casa di Davide (1 Re 12,21) e fornì, dopo l'esilio, il nucleo del nuovo popolo (Esd 4,1). Nel NT ci sono altre tre ricorrenze di φυλὴ Βενιαμίν (At 13,21; Rm 11,1; Ap 7,8). Proprio in Rm 11,1, come avviene in Fil 3,5, si unisce l'essere israelita al discendere da questa tribù, che doveva essere tenuta in particolare considerazione nel giudaismo anche per il fatto di avere all'interno del suo territorio la città di Gerusalemme e il suo tempio (Gdc 1,21). La scelta del nome che ricorda il re Saul (At 9,4; 13,9) e insieme la duplice ricorrenza riguardante la tribù (Rm 11,1; Fil 3,5) intendono probabilmente sottolineare come la possibilità di far risalire le proprie radici a Beniamino fosse per Paolo un indiscutibile titolo d'orgoglio.

Nel *climax* di questa enumerazione legata al γένος viene di nuovo messa in rilievo la famiglia, composta da genitori entrambi ebrei. L'aggettivo ἑβραῖος ricorre nei LXX, in contesti nei quali gli Ebrei sono posti a confronto con i Filistei o gli Egiziani[53]. L'uso del termine nelle diverse ricorrenze, sia nella letteratura ellenistica, come in quella giudaica, ha sostanzialmente due significati: la lingua scritta e parlata (ebraico o aramaico), il riferimento all'antico popolo di Israele o, in maniera volutamente arcaicizzante, all'attuale[54]. Nel NT, in At 6,1 il vocabolo si riferisce ai giudeo-cristiani che parlano aramaico, mentre in 2 Cor 11,2, in parallelo con il nostro testo, l'essere israelita è accostato all'essere ebreo. Probabilmente in Fil 3,5 con l'espressione Ἑβραῖος ἐξ Ἑβραίων ci si riferisce al fatto che Paolo provenga da una famiglia con entrambi i genitori ebrei, dove si parla l'aramaico. Ma, come sottolinea Dunn[55], se si tiene conto dell'arcaismo che poteva trovarsi dietro l'uso del termine, l'espressione di Fil 3,5 indica la volontà da parte del-

---

[53] Cf. FABRIS, "Filippesi", 208 n. 25.
[54] VON RAD – KUHN – GUTBROD, "Ἰσραήλ", 366-370, 374-376.
[55] DUNN, "Who Did Paul", 185-186.

l'Apostolo di identificare se stesso con le antiche origini e caratteristiche del suo popolo, in una prospettiva tradizionalista e conservatrice. Possiamo dunque sostenere che l'autore afferma di far parte di una famiglia che ha strettamente osservato il modo di vita ebraico e conservato gelosamente la sua cultura, cosicché in quanto alla provenienza egli è un ebreo *al cento per cento*. In questo senso si può comprendere perché l'espressione giunge come *climax* dei diversi elementi che compongono il suo γένος: ha un significato riassuntivo e comprensivo di ciò che è stato detto, il valore e la purezza delle sue origini sono encomiabili.

Come abbiamo notato nel confronto con l'*encomium*, è normale la sottolineatura della famiglia all'interno del γένος, mentre inconsueto è lo sviluppo qui riservato a questo stesso *topos* rispetto agli altri. È quindi necessario chiedersi il perché della scelta compiuta dall'autore. Una prima possibilità è vedervi una risposta alla posizione degli avversari che probabilmente insistono sulla circoncisione e sul «confidare nella carne», e cioè sulla propria derivazione etnico-religiosa. Così Paolo all'inizio si vuol porre proprio sul loro stesso piano, dimostrando che in quanto a *pedigree* non solo non è da meno, ma è anche loro superiore, visto il prestigio e il valore delle sue origini.

Spinti poi dal carattere esortativo del testo di Fil 3,1 – 4,1 e della sua conseguente preoccupazione per gli ascoltatori, preferiamo non fermarci a questo primo livello interpretativo, che comunque risulta valido e fondato. Desideriamo verificare anche la possibilità di evidenziare nel v. 5 un rimando alla situazione dei Filippesi. Secondo quanto già osservato, è probabile che il brano intenda collegare la posizione dell'Apostolo a quella dei destinatari attraverso il duplice uso del termine περιτομή nei vv. 3.5. Inoltre, secondo la maggioranza degli autori[56], Paolo, quando usa il vocabolo πολίτευμα al v. 20 del nostro testo, fa riferimento all'identità del fiero cittadino romano di Filippi, alla quale si contrappone quella dei cristiani. C'è chi[57] poi evidenzia anche un richiamo al πολίτευμα ebraico di Alessandria, di cui si fa menzione nelle fonti giudaiche. Così, sebbene la cittadinanza stessa sia indicata in greco piuttosto con la parola πολιτεία, come ha dimostrato Cohen[58], è possibile vedere nel v. 20, in base all'uso del termine πολίτευμα, che

---

[56] Ad es. BITTASI, *Gli esempi*, 131-132.

[57] Ad es. FABRIS, "Filippesi", 225.

[58] S.J.D. COHEN, *The Beginning of Jewishness*. Boundaries, Varieties, Uncertainties (HellCS 31; Berkeley, CA – Los Angeles, CA – London, UK 1999) 125-129.

analizzeremo in seguito, un'allusione alla partecipazione alla vita della πόλις romana e anche un riferimento all'appartenenza alla comunità giudaica. La possibilità di una lettura del v. 5, con un richiamo tra l'identità giudaica di Paolo e quella romana dei destinatari risulta quindi plausibile.

In prospettiva storica dobbiamo ricordare che Filippi era una colonia di Roma, i cui abitanti godevano del diritto di cittadinanza, e la comunità, inserita in questo ambiente, era composta da pagano-cristiani[59]. Pilhofer[60] mostra, attraverso uno studio delle epigrafi ritrovate a Filippi, la grande importanza attribuita dai Filippesi alla loro condizione di *cives romani*. Tutti questi, anche quelli provenienti dalle colonie, erano annoverati all'interno di una *tribus* (famiglia, tribù in quanto divisione etnica); l'appartenenza ad essa significava automaticamente essere cittadini a tutti gli effetti. I Filippesi erano legati alla *tribus Voltinia*, e nelle varie iscrizioni questo viene sottolineato ponendo accanto al nome proprio la sigla *VOL*. L'autore[61] va oltre queste constatazioni, facendo notare che se il richiamo alla φυλὴ Βενιαμίν potrebbe essere superfluo per definire l'identità ebraica di Paolo, diventa comprensibile sullo sfondo della *tribus Voltinia* degli abitanti di Filippi, poiché il corrispondente latino di φυλή è proprio *tribus* (questo fatto è confermato dalla *Vulgata* che traduce l'espressione di Fil 3,5 con *de tribu Beniamin*). Così la menzione della tribù diventa la garanzia e la specificazione dell'essere ἐκ γένους Ἰσραήλ, come l'appartenere alla *tribus Voltinia* assicura il fatto di essere *civis romanus* e lo concretizza. Pilhofer ricorda poi come nelle iscrizioni ritrovate a Filippi si puntualizzi ulteriormente la propria origine con la menzione della famiglia secondo il modello *Cai filius*, proprio allo stesso modo in cui Paolo afferma di essere Ἑβραῖος ἐξ Ἑβραίων. Alla fine l'autore propone, secondo il *climax* popolo – tribù – famiglia, il seguente parallelo tra l'identità romana dei Filippesi e quella ebraica dell'Apostolo in Fil 3,5:

civis Romanus	↔	ἐκ γένους Ἰσραήλ
tribu Voltinia	↔	φυλῆς Βενιαμίν
Cai filius	↔	Ἑβραῖος ἐξ Ἑβραίων

---

[59] Cf. ad es. BARBAGLIO, "Filippi", 314-318.

[60] P. PILHOFER, *Philippi*. Band I: *Die erste christliche Gemeinde Europas* (WUNT 87; Tübingen 1995) 116, 121.

[61] PILHOFER, *Philippi*, 123-127.

Pilhofer suggerisce anche la possibilità di un'ulteriore corrispondenza, usufruendo dell'elemento della circoncisione, segno di appartenenza al γένος Ἰσραήλ. I giovani romani, tra i 15 e i 18 anni, durante una cerimonia a carattere religioso, indossavano la *toga virilis*, simbolo del conseguimento della piena cittadinanza in quanto adulti. L'autore vede quindi, in base alla sua interpretazione, la *toga virilis* in parallelo con la περιτομὴ ὀκταήμερος.

Ci sembra che il parallelismo ritrovato da Pilhofer tra l'identità ebraica di Paolo in Fil 3,5 e quella romana dei Filippesi sia motivato e significativo. D'altra parte riteniamo che non sia necessario far corrispondere tutti gli elementi per poter dimostrare un riferimento del testo paolino alla situazione dei destinatari. I primi tre appaiono ben accostati, soprattutto quello relativo alla tribù, mentre il parallelo tra la circoncisione all'ottavo giorno e la vestizione della *toga virilis* appare forzato. La circoncisione, come abbiamo notato, riveste un'importanza di gran lunga maggiore rispetto alla *toga virilis*, essendo elemento costitutivo dell'identità ebraica, ed inoltre, più che un segno di appartenenza ad una cittadinanza, è espressione soprattutto della consacrazione a Dio della persona, all'interno del patto di alleanza. Nondimeno, l'analisi di Pilhofer ci fornisce delle indicazioni a conferma della lettura, emersa su base testuale, del nostro versetto[62]. Così, con una certa sicurezza, possiamo affermare che al v. 5 c'è un duplice riferimento, sia direttamente all'identità ebraica sia indirettamente a quella romana.

Entriamo dunque dentro la logica con la quale è presentato il γένος paolino per comprenderla all'interno del contesto esortativo di Fil 3,1 – 4,1. Abbiamo più volte sottolineato che l'Apostolo si indirizza anzitutto ai suoi destinatari, mentre il confronto con gli avversari è strumentale alla sua esortazione. A prima vista può essere difficile trovare questo riferimento al v. 5, cosicché il versetto sembra semplicemente diretto contro gli oppositori, e gli elementi elencati risultano assolutamente personali e inimitabili[63]. Ma il fatto che Paolo al v. 17 chieda ai Filippesi di imitarlo, facendo della sua vicenda un modello di vita cristiana, ci spinge ad arrischiarci oltre. Noi riteniamo, in base al contesto del

---

[62] J.H. HELLERMAN, *Reconstructing Honor in Roman Philippi. Carmen Christi as Cursus Pudorum* (SNTSMS 132; Cambridge, UK – New York, NY 2005) 121-127, riprendendo e integrando gli studi epigrafici di Pilhofer, conferma la sua interpretazione e designa i vv. 5-6 come una lista di privilegi e di acquisizioni strutturata secondo il *cursus honorum* romano, presente nel testo delle iscrizioni e molto importante e considerato nella mentalità dei Filippesi.

[63] Cf. DODD, *Paradigmatic "I"*, 31.

brano, confermato anche da altre fonti, che al v. 5 l'Apostolo si metta non solo sul piano degli avversari, ma anche su quello degli ascoltatori, facendo riferimento sia all'identità ebraica sia a quella romana. In aggiunta affermiamo che gli oppositori sono qui semplicemente un punto di partenza, un mezzo attraverso il quale Paolo costruisce la sua parenesi a beneficio dei destinatari. Tutto ciò è coerente anche con le indicazioni che gli autori forniscono a proposito della περιαυτολογία: perché essa possa essere accettabile, si consiglia di presentarla come risposta alle accuse dei nemici. Mentre è con arguzia, attraverso un'insinuazione, che Paolo induce gli ascoltatori a vedere nei motivi d'orgoglio derivanti dalla sua origine ebraica, i loro per la cittadinanza romana. E insinua questo riferimento non affrontando direttamente la questione, ma facendo apparire il suo discorso come motivato dalla presenza degli avversari, così da condurre gradualmente i destinatari, come un buon psicagogo, a comprendere il contenuto della sua parenesi. Essa poi consisterà nell'affermare che ciò che conta per il cristiano non è né l'identità ebraica né quella romana, ma l'appartenere a Cristo e l'essere afferrati da lui (v. 12), così come ha scoperto Paolo stesso nella rivalutazione della sua esistenza a seguito dell'incontro con il Risorto (vv. 7-11).

2.1.2.4 Gli elementi relativi ai meriti acquisiti

Abbiamo notato che è difficile classificare sotto un'unica voce gli elementi riguardanti i meriti acquisiti, possiamo però affermare che nei vv. 5e-6 si opera un passaggio dall'età dei doni a quella delle virtù, da ciò che si è ricevuto a ciò si è compiuto con le proprie forze. Si deve poi separare l'essere fariseo secondo la legge in quanto ἐπιτήδευμα, che rappresenta il modo di vivere abbracciato, dalle due πράξεις (persecutore della Chiesa, divenuto irreprensibile) catalogate in base alle ἀρεταί (zelo e giustizia). Anche qui siamo in presenza di una salita climatica, sottolineata dall'anafora (con κατά) che scandisce ciascuna delle tre parti, a loro volta disposte secondo una lunghezza crescente (rispettivamente tre, cinque, sette membri). Da notare poi la ripetizione del sostantivo νόμος nel primo e terzo elemento.

L'espressione che all'inizio ci troviamo ad affrontare è discussa. La prima parte di essa, κατὰ νόμον, è traducibile: «riguardo la legge». Il BAGD[64] individua diversi significati di νόμος: «una legge», «principio», «la legge mosaica», «il Pentateuco e la Sacra Scrittura ebraica»,

---

[64] BAGD 677-678.

«la nuova legge cristiana». Westerholm[65] ha mostrato, nel suo studio lessicografico, che Paolo in Fil 3,5-6, usa νόμος per significare l'insieme degli obblighi imposti ad Israele al Monte Sinai, equivalente a ciò che la letteratura deuteronomistica e più tarda dell'AT indica con תּוֹרָה. Inoltre, coerentemente alla tendenza giudaica a trattare la parola come nome proprio, nel nostro testo manca l'articolo[66].

Il termine Φαρισαῖος è presente nella lingua greca solo a partire dal NT, con l'unica ricorrenza, al di fuori dei Vangeli e di At, in Fil 3,5. Secondo gli autori[67], il nome viene dall'ebraico פְּרוּשִׁים e dall'aramaico פְּרִישַׁיָּא e significa «i separati». Il problema concernente il fariseismo è la scarsità di testimonianze prima del 70 d.C, visto che fuori del NT la più antica citazione dei farisei è in Flavio Giuseppe[68] il quale, insieme a Paolo, è l'unico ad affermare di essere stato educato come fariseo[69]. Affidandoci a queste fonti a nostra disposizione, possiamo tracciare un ritratto di massima del movimento farisaico. Esso rappresentava un gruppo conservatore molto stimato, il cui interesse prevalente era lo studio della legge e il mantenimento delle tradizioni nazionali contro le tendenze pagane. Così gli aderenti si distinguevano per l'intransigenza nell'osservare tutte le prescrizioni legali e tendevano a separarsi da coloro che non ritenevano al loro stesso livello di purità (ad es. Mt 9,11.14; Mc 7,1-5; Lc 6,2.7)[70]. In At 23,6; 26,5 Paolo stesso dice di essere fariseo, figlio di farisei ed educato come tale. Nonostante il fatto che questa sua identità emerga da Fil 3,5 e appaia anche più consistente di quella di Flavio Giuseppe[71], c'è chi la nega. Così anche recentemente Overman[72] afferma, riguardo Fil 3,5, che Paolo vuol mostrare una conoscenza approfondita della legge e delle tradizioni giudaiche, nell'ambito della controversia con gli avversari, e, per sostenere questa posizione, si attribuirebbe il titolo di fariseo. Da parte nostra riteniamo

---

[65] S. WESTERHOLM, *Perspectives Old and New on Paul*. The "Lutheran" Paul and His Critics (Grand Rapids, MI – Cambridge, UK 2004) 326, 340.

[66] O'BRIEN, *Philippians*, 373.

[67] Ad es. BOCKMUEHL, *Philippians*, 197.

[68] Flavius Iosephus, *Ant* 13.171-172.

[69] Flavius Iosephus, *Vit* 12.

[70] Cf. Flavius Iosephus, *Vit* 191.

[71] Cf. PITTA, "Paolo", 93-94.

[72] J.A. OVERMAN, "*Kata Nomon Pharisaios*. A Short History of Paul's Pharisaism", *Pauline Conversations in Context*. Essays in Honor of Calvin J. Roetzel (eds. J.C. ANDERSON – P. SELLE – *e.a.*) (JSNTSS 221; London, UK – New York, NY 2002) 180-193.

questo assunto insostenibile per tre ragioni. Prima di tutto, prendendo il
significato immediato dell'espressione, è chiaro che l'autore si consideri appartenente a questo gruppo. Inoltre, si può mettere in dubbio la sto-
ricità delle due referenze di At, ma quando esse trovano conferma in un
brano paolino allora molto dubbia diviene la diffidenza degli studiosi.
Infine, come mostra Pitta[73], ci sono diverse tematiche comuni tra Paolo
e il giudaismo farisaico, secondo quanto appare dalle fonti a nostra disposizione: la globalità della legge scritta e orale, l'importanza della
tradizione e del culto, la sottolineatura dell'elezione di Israele, la relazione tra fato e responsabilità personale, la risurrezione finale e la purità alimentare. Così è possibile affermare l'appartenenza di Paolo alla
setta dei farisei. Di tutto ciò egli fa un titolo d'onore e un motivo di
vanto, con il quale attesta il suo rigoroso impegno nell'osservanza della
legge. Questa è anche la cornice dentro la quale si inseriscono le due
espressioni che seguono.

Il termine ζῆλος ha, sia nei LXX sia nel NT, la stessa duplice accezione che lo contraddistingue nel greco. Da una parte, in senso positivo,
significa «ardore» o «fervore», mentre dall'altra, in senso negativo,
«rivalità» o «invidia»[74]. Nei LXX si trova legato a Dio e alla sua legge,
così lo zelante è pronto a proteggere, con la forza e a rischio della vita,
il tempio e la legge (Nm 25,6-11; 1 Mac 2,54.58; Sal 68,10). Nel NT ci
sono altre dieci ricorrenze paoline: in senso positivo, riferito
all'impegno spirituale (Rm 10,2; 13,13; 2 Cor 7,7.11; 9,2; 11,2 [2x]), in
senso negativo, in relazione alle contese presenti nelle comunità
(1 Cor 3,3; 2 Cor 12,20; Gal 5,20). Lo zelo di Fil 3,6, che appare di natura religiosa, si trova in parallelo con Gal 1,13-14, in cui si parla della
persecuzione della Chiesa da parte di Paolo a motivo del suo essere
ζηλωτής. Come nota sinteticamente O'Brien[75], nel contesto l'espressione greca κατὰ ζῆλος, in considerazione dello sfondo anticotestamentario e del parallelo con Gal 1,13-14, è riferita allo zelo per la legge, ideale importante per il giudaismo del I secolo.

Il verbo διώκω significa «correre», «perseguitare», «cacciare via»,
«perseguire»[76]. Il participio presente in questo caso non ha valore temporale, ma iterativo, diventando quasi un appellativo come «il persecu-

---

[73] PITTA, "Paolo", 103. Egli si serve a questo scopo anche dei due brani, che considera paralleli, di Gal 1,13-17 e Fil 3,2-14.

[74] BAGD 427.

[75] O'BRIEN, *Philippians*, 375-376.

[76] BAGD 254.

tore»[77]. Nel NT è associato due volte con ἐκκλησία ad indicare la persecuzione della Chiesa da parte di Paolo (1 Cor 15,9; Gal 1,13), così come appare nel nostro testo. Questo secondo termine è utilizzato per lo più nei LXX per il popolo di Israele radunato in assemblea (ad es. Gdc 20,2; Gl 2,16), in corrispondenza dell'ebraico קָהָל. È discusso il riferimento alla Chiesa di Fil 3,6: se si tratti di singole comunità radunate in assemblea o della Chiesa universale. Considerando l'uso del singolare nei tre passi paolini succitati, a differenza del plurale ἐκκλησίαι che si riscontra in 1 Ts 2,14, Bockmuehl[78] propende per il significato collettivo. Se guardiamo al contesto, poi, risulta chiaro che l'importante è il fatto di aver perseguitato la Chiesa in generale, non una particolare comunità, e questo costituisce per Paolo un altro motivo di confidenza nella carne.

Con il terzo elemento si raggiunge il *climax* dell'enumerazione. Anche qui ci troviamo di fronte all'uso di κατά nel senso di «riguardo, in relazione a». Alla preposizione è legato il sostantivo δικαιοσύνη, il cui significato verrà approfondito a proposito del v. 9. Westerholm[79], a partire dall'utilizzo che ne fanno i LXX (3 Re 8,32; 2 Cr 6,23; Ez 3,20; 18,5), ritrova qui l'accezione ordinaria, propria del vocabolario morale, legata al bene che uno deve fare compiendo ciò che la legge di Dio prescrive, e in base al quale si è riconosciuti giusti. Ciò è confermato poi dall'uso nel versetto dell'espressione τὴν ἐν νόμῳ, che precisa il termine δικαιοσύνη senza articolo, mostrando l'ambito nel quale si fonda e si esplica la giustizia.

La costruzione participiale γενόμενος ἄμεμπτος indica poi un processo che ha raggiunto il suo termine nell'irreprensibilità di Paolo. L'aggettivo ἄμεμπτος nel greco classico significa «irreprensibile» e può essere riferito ad una persona o ad una cosa[80]. Nei LXX si trovano 16 ricorrenze, di cui ben 11 in Gb (ad es. Gn 17,10; Gb 1,1; 11,4; Sap 10,5), dove l'uomo giusto, se compie ciò che Dio richiede, è irreprensibile. Come sottolinea Grundmann[81], a differenza dell'uso greco che riguarda più una posizione davanti agli uomini, per i LXX si tratta di irreprensibilità di fronte a Dio e in questo senso il termine viene utilizzato nel NT. Qui troviamo altre quattro ricorrenze (Lc 1,6; Fil 2,15;

---

[77] Cf. ZERWICK – GROSVENOR, *A Grammatical Analysis*, 599.

[78] BOCKMUEHL, *Philippians*, 201.

[79] WESTERHOLM, *Perspectives*, 267, 272.

[80] W. GRUNDMANN, "μέμφομαι κτλ.", *TWNT* IV, 576.

[81] GRUNDMANN, "μέμφομαι", 576-578.

1 Ts 3,13; Eb 8,7). Nei due testi paolini l'aggettivo ha un riferimento escatologico, riguardo il comportamento opportuno dei cristiani in vista del giudizio di Dio, mentre in Lc 1,6 sembra più legato all'impeccabilità che deriva dall'aver compiuto tutto ciò che la תּוֹרָה richiede, fuori dell'ambito morale si trova invece in Eb 8,7 (con un richiamo negativo all'antica alleanza). In Fil 3,6, come sostiene Fabris[82], c'è sia il riferimento legale sia quello escatologico, cosicché Paolo, in base alla giustizia connessa con l'adempiere le prescrizioni della legge, potrebbe guardare con fiducia al giudizio di Dio. Inoltre Fee[83] suggerisce che l'uso di ἄμεμπτος è legato ad un comportamento osservabile per il quale la persona è giudicata irreprensibile. Così O'Brien[84] giustamente afferma che qui la questione non riguarda un giudizio soggettivo fornito da Paolo su di sé, quanto invece un fatto oggettivo basato su dati incontrovertibili. Questo si accompagna, secondo Bittasi[85], alla coscienza di una posizione raggiunta all'interno della propria identità personale, segnalata plasticamente dai due participi modali διώκων e γενόμενος.

L'aggettivo ἄμεμπτος si collega anzitutto, in quanto *climax*, ai tre elementi che concernono i successi conseguiti da Paolo. Essi sono accomunati dall'insistenza sulla tematica della legge, mostrata con la ripetizione del termine νόμος e con ζῆλος, ad esso strettamente legato. Condividiamo così la posizione di Pitta[86], secondo il quale l'autore esprime nella sua irreprensibilità la tipica acribia farisaica per l'adempimento della legge, scritta e orale, di cui parla Flavio Giuseppe[87]. I tre meriti di Paolo riguardano, allora, da una parte, il suo ottemperare in maniera piena a ciò che Dio stesso domanda all'ebreo, ma, dall'altra, concernono i suoi successi personali e singolari. Non solo egli afferma di aver seguito il gruppo giudaico più rigoroso nei confronti della legge, ma anche, a causa del suo zelo per essa, di aver perseguitato la Chiesa e, ancor più di essere divenuto, secondo la giustizia legale, irreprensibile. A confronto con i *topoi* dell'*encomium*, siamo invitati a vedere in queste tre caratteristiche i meriti acquisiti dal soggetto, sia a causa della carriera intrapresa, sia per le virtù dimostrate nei suoi atti. Virtù pagane presenti nella letteratura epidittica, come la δικαιοσύνη e la εὐσέβεια, richiamano proprio quelle manifestate attraverso questi a-

---

[82] FABRIS, "Filippesi", 209.
[83] FEE, *Philippians*, 244-245.
[84] O'BRIEN, *Philippians*, 380.
[85] BITTASI, *Gli esempi*, 103.
[86] PITTA, "Paolo", 100.
[87] Flavius Iosephus, *Vit* 191.

spetti. Quindi se il primo riferimento è alla rettitudine propria dell'ebreo Paolo, è ipotizzabile anche un collegamento con i suoi destinatari gentili, i quali possono considerarsi irreprensibili a motivo delle opere compiute. La loro integrità morale apparirebbe più vicina all'accezione tipicamente greca di ἄμεμπτος, riguardante il riconoscimento da parte degli uomini del giusto comportamento (in conformità all'esercizio delle virtù), che a quella dei LXX, più legata alla posizione della persona di fronte a Dio. Così il discorso, a nostro avviso, potrebbe funzionare come a proposito del motivo del γένος: il primo riferimento è all'ineccepibile condotta di Paolo nel giudaismo, in risposta alle posizioni degli avversari, ma si sfrutta tutto questo per arrivare, ad un secondo livello, attraverso un'insinuazione, a riferirsi ai Filippesi, che sono i veri destinatari della comunicazione paolina.

Fabris[88] conduce poi ad osservare il legame del nostro brano con Gn 17,1 [LXX], dove ad Abramo viene detto dal Signore, riguardo alla sua condotta: γίνου ἄμεμπτος. Per noi il testo è ancora più interessante poiché nei vv. 1-14 si tratta della posizione privilegiata di Abramo, a motivo dell'alleanza e della circoncisione. L'irreprensibilità si lega dunque al comportamento del giusto, ma nello stesso contesto si configura anche come risposta ai privilegi ricevuti da Dio all'interno della relazione di alleanza. Così ἄμεμπτος in Fil 3,6 si può riferire, in primo luogo, all'ineccepibile osservanza della legge da parte di Paolo (ultimi tre elementi), ma allo stesso tempo ricorda come questa sia una risposta ai doni ricevuti essendo membro del popolo di Abramo (prime quattro caratteristiche). L'aggettivo, dunque, costituisce un duplice *climax*, relativo sia alla seconda parte della lista, sia poi alla prima, volto a sottolineare l'incomparabilità della posizione paolina.

2.1.3 *Conclusioni*

È necessario dare uno sguardo d'insieme alla sottounità dei vv. 4b-6 al fine di dedurne alcune conclusioni. Nell'enunciato del v. 4b Paolo afferma di poter confidare nella carne più di altri, ciò significa avere motivo di fiducia e di vanto prima di tutto per i doni ricevuti in virtù del suo γένος, e poi per i risultati conseguiti adempiendo le prescrizioni della legge. All'inizio egli si pone sullo stesso piano degli avversari, partendo dall'elemento della circoncisione, particolarmente enfatizzato nei vv. 2-3, per poi ampliare il discorso alle sue origini e alle sue rea-

---

[88] FABRIS, "Filippesi", 209.

lizzazioni. Così l'Apostolo si presenta come un ebreo modello, vantando la sua superiorità rispetto a qualsiasi interlocutore. Da qui procede oltre, insinuando nel suo vanto anche quello dei Filippesi, ai quali si era già legato al v. 3 con il «noi» inclusivo. Come abbiamo visto *topoi* dell'*encomium* paolino possono essere letti e riportati anche alla situazione dei destinatari del discorso. Di conseguenza il testo si riferisce sia all'ebreo sia al gentile, i quali possono avere motivo per confidare nella carne, in modo da vantarsi delle proprie origini e dei propri atti. La retorica dell'eccesso qui sviluppata attraverso il *climax*, l'accumulazione e le qualificazioni altisonanti è funzionale alla σύγκρισις con gli avversari, ma allo stesso tempo preannuncia quella ancor più significativa, che sarà sviluppata nella sottounità successiva, tra l'identità di Paolo prima e dopo l'incontro con il Cristo. Il magnificare la posizione precedente nel giudaismo servirà ad esaltare la svolta impressa alla sua vita: in questi versetti si prepara dunque il passaggio seguente, che renderà ragione della scelta paolina di ricorrere al vanto.

Questo ritratto del suo passato, che l'Apostolo presenta, non è né ironico, né negativo: egli è stato un ebreo osservante e fervente, secondo la linea farisaica. I vv. 4b-6 sottolineano che se Paolo, successivamente, ha scelto Cristo non lo ha fatto per compensare un suo insuccesso nel giudaismo, né come prospettiva di riscatto per una vita fallimentare. Egli non poteva essere invidioso dei suoi correligionari, né tormentato di fronte a Dio per non aver fatto ciò che gli richiedeva, bensì era soddisfatto e convinto del suo «io» in base ai privilegi ricevuti e alle azioni compiute. La successiva svolta effettuata da Paolo non si potrà dunque comprendere in ragione di una difficile situazione interiore, ma per un evento esterno a lui che ne sconvolgerà radicalmente l'esistenza. Proprio in questa direzione si sviluppano i vv. 7-11, immediatamente seguenti.

2.2 La sottounità dei vv. 7-11

2.2.1 *Composizione ed* elocutio

I vv. 7-11 risultano complessi da qualsiasi punto di vista: retorico, sintattico, esegetico. Sembra che l'Apostolo, per dire l'indicibile del suo incontro con Cristo, forzi la lingua a tal punto da sfruttarne tutte le possibilità evocative, rendendo il testo *inafferrabile* come l'esperienza da lui fatta. Premesso ciò, ci accostiamo dunque a i vv. 7-11, ricordando la composizione da noi enucleata: un enunciato (v. 7) e la relativa *expolitio* (v. 8a-d), a cui segue un'illustrazione attraverso tre elementi (vv. 8e-11). L'affermazione iniziale presenta la scelta compiuta da Paolo, con il rivolgimento della sua vita a causa di Cristo. I tre elementi, uniti in una serie, possono essere considerati sia come ciò che risulta positivamente dalla decisione espressa nell'enunciato, sia come l'attestazione, con la messa risalto di quello che ora davvero conta, della realtà del cambiamento avvenuto: guadagnare Cristo, cioè essere trovato in lui con la giustizia della fede che è da Dio (vv. 8e-9); conoscere Cristo nella conformità alla sua morte e risurrezione (v. 10); nutrire la speranza della propria risurrezione dai morti (v. 11).

L'affermazione del v. 7 si presenta come ripresa e sviluppo, in antitesi, dei motivi del vanto dei vv. 5-6, ai quali ci si riferisce con ἅτινα. C'è una chiara contrapposizione con tutta la sottounità precedente, non solo sul piano del contenuto, ma anche su quello della retorica. Come nota Édart[89], si passa infatti da un periodo lungo (nove *cola*) a uno breve (due *cola*). Il parallelismo antitetico tra le due parti del v. 7 accentua il confronto tra «prima» e «dopo», con la sottolineatura di διὰ τὸν Χριστόν che sfasa la struttura. Ancora di più possiamo rilevare l'*anticlimax* che si forma nei vv. 7-8d: quelle cose che erano guadagni, diventano una perdita, anzi tutto è perdita e tutto si può abbandonare, considerandolo come escremento. Davvero difficile sottolineare maggiormente la σύγκρισις con i vv. 4b-6! Questa retorica dell'eccesso, utilizzata nel passaggio dal v. 7 al v. 8, si avvale di un ripresa amplificativa di alcuni elementi: si accentua la contrapposizione con ἀλλὰ μενοῦνγε καί, si passa da ταῦτα a πάντα, da ἥγημαι a ἡγοῦμαι, da διὰ τὸν Χριστόν a διὰ τὸ ὑπερέχον τῆς γνώσεως Χριστοῦ Ἰησοῦ τοῦ κυρίου μου, da ζημία a σκύβαλα. È da notare al v. 8 l'assonanza in ου nel sintagma relativo alla conoscenza di Cristo e l'epanadiplosi tra πάντα ζημίαν e πάντα ἐζημιώθην. Nel v. 9 poi è presente il parallelismo antitetico tra τὴν ἐκ νόμου e τὴν ἐκ θεοῦ. Al v. 10 si rileva l'epifora basata sulla quadruplice ripetizione del pronome αὐτός, e al v. 11 una figura etimologica con ἐξανάστασιν in ripresa di ἀναστάσεως e una breve *expolitio* introdotta dal secondo τήν[90]. Negli elementi dei vv. 8e-11 è poi possibile vedere un *climax* legato al rapporto con Cristo: dall'essere trovato in lui con la giustizia basata sulla fede, al conoscerlo nella partecipazione alla sua morte e risurrezione, sino a raggiungere la risurrezione dai morti. Alla discesa climatica dell'enunciato iniziale e della re-

---

[89] ÉDART, *Philippiens*, 214.
[90] Cf. ÉDART, *Philippiens*, 232, 236.

lativa *expolitio* (vv. 7-8d) corrisponderebbe, in antitesi, la salita climatica della serie conseguente (vv. 8e-11), in conformità al carattere, rispettivamente negativo e affermativo, delle due sequenze. Dal punto di vista stilistico va sottolineato il passaggio dalle frasi nominali della sottounità dei vv. 4b-6 a quelle sintatticamente complesse dei vv. 7-11. Questi versetti sono dunque caratterizzati dalla σύγκρισις con quelli precedenti, non più nel confronto con gli avversari, ma tra l'identità paolina del passato e quella del presente, tra il «confidare nella carne» e il «vantarsi in Cristo Gesù».

2.2.2 Inventio

Il ricorso alla περιαυτολογία aiuta a comprendere l'uso della σύγκρισις e, al contempo, il *transfert* che Paolo attua da sé a Cristo in questi versetti. Nel testo non è riportato quello che di solito risulta motivo di vanto, così come, invece, accade ai vv. 4b-6, ma si esalta ciò che costituisce una perdita e comporta sofferenza e morte, anche se in prospettiva della risurrezione. È questo vanto rovesciato o paradossale che è necessario analizzare per comprendere la logica profonda dei vv. 7-11. Alcune inversioni dell'*encomium* dei vv. 4b-6 possono essere notate: dal considerare le propri origini e meriti come motivi per confidare nella carne a ritenerli nulla (vv. 7-8), dal basarsi sul proprio γένος all'essere in Cristo (v. 9), dalla giustizia della legge a quella della fede (v. 9), dall'elenco dei successi ottenuti alla comunione con le sofferenze di Cristo, essendo conformati alla sua morte (v. 10). Infine, come mostra Fabris[91], il punto centrale dell'intera costruzione, formata da questi versetti, è διὰ τὸ ὑπερέχον τῆς γνώσεως Χριστοῦ Ἰησοῦ τοῦ κυρίου μου, espressione che costituisce la motivazione della scelta di Paolo.

2.2.2.1 L'enunciato e l'expolitio dei vv. 7-8d

Anzitutto, come abbiamo già visto, ἅτινα e ταῦτα si riferiscono ai vanti elencati nei vv. 5-6, che, in questo modo, sono posti in particolare evidenza. È da sottolineare poi, con Bittasi[92], il passaggio dai participi del v. 6 agli indicativi del v. 7, i quali mostrano, in contrapposizione ad una posizione raggiunta, la scelta fatta. I motivi di vanto precedenti costituivano per Paolo, secondo una terminologia commerciale, «guada-

---

[91] FABRIS, "Filippesi", 193.
[92] BITTASI, *Gli esempi*, 104 n. 51.

gni». Il sostantivo κέρδος infatti si riferisce sia a ciò che è ottenuto attraverso l'attività economica, sia a qualcosa di vantaggioso che si possiede[93]. Ma questi elementi sono rivalutati e considerati ζημία. Il termine fa da perfetto *pendant* a quello precedente designando ciò che si è perduto. Come nota Hawthorne[94], questa metafora commerciale è presente nel NT e nella letteratura rabbinica ed è legata a un giudizio su ciò che è più importante e necessario[95].

Proprio in questa prospettiva si attua il confronto valutativo tra presente e passato, espresso nel v. 7 dal perfetto ἥγημαι. Secondo il BAGD[96] il verbo ἡγέομαι nel greco biblico significa sia «guidare, condurre» sia «pensare, considerare» e in Fil 3,7-8 è usato nella seconda accezione. È da rilevare che, delle sei ricorrenze di Fil, tre si trovano in questi versetti. Secondo il testo del v. 7 si tratta dunque di considerare una perdita quelle realtà che erano guadagni: il giudizio, compiuto nel passato, resta valido, con i suoi effetti nel presente. Il riferimento diretto alla conversione, intravisto da diversi autori[97], non sembra corretto, infatti, in tal caso, al posto di un perfetto avrebbe dovuto esserci un aoristo ad indicare un momento preciso nel tempo. Inoltre l'accento del discorso non è posto tanto su un avvenimento particolare, quanto sul processo che ha condotto a una riconsiderazione della propria identità. A tal proposito, avevamo già fatto notare in Fil 3,1 – 4,1 la presenza di verbi legati a procedimenti mentali: in particolare, ἥγημαι del v. 7 si trova collegato e contrapposto a δοκεῖ del v. 4b. Si va dunque dalla valutazione delle ragioni per confidare nella carne alla rivalutazione di esse a causa di Cristo. Il motivo di questo cambiamento è sottolineato proprio dal sintagma διὰ τὸν Χριστόν. L'importanza dell'espressione è ribadita ulteriormente con la doppia ripresa di essa nel v. 8, anche se in forma leggermente diversa. La preposizione διά con l'accusativo indica dunque la causa del riconsiderare[98]. È soltanto a motivo di Cristo che l'Apostolo è giunto ad una nuova valutazione della sua eredità e dei suoi meriti in quanto ebreo, così le realtà che erano in sé guadagni sono diventate una perdita. Questo è il criterio determinante la differenza tra prima e dopo, tra l'identità giudaica e quella cristiana di Paolo, così come emerge dal parallelismo sfasato della frase.

---

[93] BAGD 541.

[94] HAWTHORNE, *Philippians*, 135.

[95] Cf. Mt 16,26; Mc 8,36; Lc 9,25; Str-B III, 622.

[96] BAGD 272.

[97] Cf. ad es. HAWTHORNE, *Philippians*, 136.

[98] Cf. BDR § 222.

L'*expolitio* del v. 8a-d ritorna, amplificandolo, su quanto detto nell'enunciato del v. 7. L'enfasi è già manifesta nell'espressione iniziale ἀλλὰ μενοῦνγε καί, che accumula tre diverse congiunzioni e due particelle. Questa sequenza non si trova nella letteratura greca prima di Paolo. Invece ἀλλὰ καί, secondo quanto riporta O'Brien[99], ricorre nel caso in cui si voglia introdurre, in senso progressivo e con forza, un punto addizionale a quanto detto. All'interno dell'*expolitio* può essere poi individuato, seguendo Byrnes[100], il seguente parallelismo, che comporta una *reversio*:

a. ἡγοῦμαι
  b. πάντα ζημίαν εἶναι
  c. διὰ τὸ ὑπερέχον τῆς γνώσεως Χριστοῦ Ἰησοῦ τοῦ κυρίου μου
  c'. δι' ὃν
  b'. τὰ πάντα ἐζημιώθην
a'. καὶ ἡγοῦμαι σκύβαλα

L'elemento centrale della composizione si trova nella motivazione cristologica e nella conoscenza di lui. Inoltre, al v. 8, non si utilizza più il perfetto ma il presente di ἡγέομαι a significare ed enfatizzare la stabilità della decisione precedentemente presa. Oggetto diretto del verbo non è più ταῦτα ma πάντα e il predicato è prima ζημίαν, e poi diventa σκύβαλα. Questo procedere rappresenta dunque una generalizzazione, in corrispondenza con un nuovo richiamo ai destinatari: Paolo ha mostrato prima i suoi privilegi e i suoi meriti perché comprendano che tutto è niente in confronto a Cristo, così come lui stesso ha scoperto.

Il testo non descrive solo una valutazione ma anche un'esperienza effettiva compiuta dall'Apostolo, e ciò è evidenziato dall'uso del verbo ζημιόω al passivo. Infatti nel NT, utilizzato soltanto in questa forma, indica lo sperimentare la perdita di qualcosa andando incontro a sofferenze[101]. In Fil 3,8, il verbo, con l'oggetto diretto τὰ πάντα, subisce probabilmente un certo spostamento di significato verso l'attivo, nel senso di «perdere»[102]. Per Fee[103] il sintagma è una ripetizione di quanto detto con πάντα ζημίαν εἶναι, in ragione della figura etimologica

---

[99] O'BRIEN, *Philippians*, 386.
[100] M. BYRNES, *Conformation to the Death of Christ and the Hope of Resurrection. An Exegetico-Theological Study of 2 Corinthians 4,7-15 and Philippians 3,7-11* (TGT 99; Roma 2003) 184.
[101] BADG 428.
[102] Cf. BDR § 159 n. 2.
[103] FEE, *Philippians*, 319.

che lega il sostantivo con il verbo. Da parte nostra, invece, notiamo una progressione anche in questo passaggio: infatti l'uso di ζημιόω vuole indicare una decisione reale presa da Paolo[104] (e non solo una considerazione) di rinunciare non a un generico «tutto» ma a un più concreto «tutte le cose»[105].

Interessante è inoltre l'utilizzo di un'espressione forte come σκύβαλα. Il termine σκύβαλον è di derivazione incerta e ha diversi significati: «rifiuto», «spazzatura», «resti», «sporco», «sterco»; il plurale τὰ σκύβαλα è usato per gli escrementi umani[106]. Nei LXX si trova solo in Sir 27,4, usato in senso metaforico per gli errori umani, mentre per il NT è presente esclusivamente nel nostro testo. L'espressione costituisce opportunamente il fondo della discesa climatica, in forte contrapposizione con ἄμεμπτος del v. 6. L'enfasi retorica vuol così catturare l'attenzione dei destinatari e nello stesso tempo sottolineare il carattere sconvolgente e paradossale della scelta compiuta.

Questa è avvenuta a motivo della conoscenza di Cristo Signore, che si trova al centro dell'*expolitio* ed espande la breve espressione διὰ τὸν Χριστόν del v. 7. L'assonanza presente nell'ultima parte del lungo sintagma del v. 8 è volta a colpire gli orecchi dell'ascoltatore, inducendolo a fermarsi sull'espressione. Anzitutto viene utilizzato il participio neutro sostantivato del verbo ὑπερέχω, che nel NT ha altre quattro ricorrenze, tutte alla forma participiale (Rm 13,1; Fil 2,3; 4,7; 1 Pt 2,13). Come sottolinea Fee[107], se il verbo significa «superare, eccellere», nel nostro contesto, permeato da una metafora commerciale, è posto in relazione al valore. Così con τὸ ὑπερέχον, legato al genitivo epesegetico τῆς γνώσεως, si mette in evidenza come il conoscere Cristo è il bene che sopravanza tutti gli altri.

Discussi poi sono il significato e lo sfondo del nome γνῶσις. Come rileva Bockmuehl[108], il termine ha nel mondo greco-romano un'accezione religiosa e filosofica, in riferimento ad un'esperienza conoscitiva profonda, sia intellettuale che mistica. A questo proposito emblematico è il caso dei culti misterici. Nei LXX la parola è legata al concetto vei-

---

[104] In considerazione del valore di azione puntuale tipico dell'aoristo sarebbe da pensare al momento della conversione, ma potrebbe semplicemente trattarsi di un aoristo complessivo che indica globalmente il fatto della rinuncia compiuta da Paolo.

[105] Cf. O'BRIEN, *Philippians*, 389-390, che ipotizza anche alcuni riferimenti specifici.

[106] BADG 932.

[107] FEE, *Philippians*, 317 n. 19.

[108] BOCKMUEHL, *Philippians*, 205.

colato dai verbi οἶδα e, soprattutto, γινώσκω che traducono l'ebraico ידע, il quale, a sua volta, significa «venire a conoscere (attraverso l'esperienza)». La conoscenza di Dio riguarda un rapporto di comunione con lui, sia al livello di tutto il popolo (Am 3,2) che di singoli (1 Sam 3,7), e comporta, da parte di Dio, la fedeltà alla sua elezione e grazia (Es 33,12.17) e, dal lato umano, l'amore e l'obbedienza ai suoi comandamenti (Os 4,1-2), all'interno di un contesto di alleanza (Ger 31,34); con accenti simili, si tratta del conoscere Dio anche nella letteratura extra-biblica (OrSib 3.693), inclusi i testi di Qumran (1QS 1.12; 4.22)[109]. Nel NT ci sono altre 29 ricorrenze di γνῶσις, di cui 26 nelle lettere paoline, dove riguarda direttamente la conoscenza di Dio (Rm 11,33; 2 Cor 4,6; 10,5), inoltre è inseparabile dall'amore per il fratello (1 Cor 8,1 [2x].7; 13,2) ed è, in quanto esperienza religiosa, un carisma donato da Dio (ad es. Rm 15,14; 1 Cor 1,5)[110]. Soltanto in Fil 3,8 e in 2 Pt 3,18 il riferimento è alla conoscenza di Cristo. Nella sua accurata ricerca la Koperski[111] ha escluso una derivazione misterico-gnostica per il linguaggio del nostro testo cosicché l'unico sfondo da tener presente è quello biblico-giudaico; in particolare ella nota la connessione con la tradizione sapienziale, in specie con il testo di Sap 7,7-10 dove la sapienza è preferita ad ogni altro bene. In ragione di questo, il termine γνῶσις in Fil 3,8 vuol esprimere una relazione preferenziale di comunione e d'appartenenza reciproca.

Il genitivo Χριστοῦ Ἰησοῦ ha, in base al contesto, un valore chiaramente oggettivo. Ad esso è unita l'apposizione τοῦ κυρίου μου, che in tutto l'epistolario paolino è presente solo qui. L'espressione è utilizzata dai LXX per la relazione del servo con il padrone (ad es. Gn 24,37), nel rivolgersi ad uno straniero potente (ad es. 1 Re 25,25), al re stesso (ad es. 1 Re 26,18) e a Dio (ad es. Sal 34,23). Nel NT si hanno altre ricorrenze, con riferimento al rapporto servile (Lc 12,45; 16,3), con senso di rispetto verso un estraneo (Ap 7,14) e in relazione a Gesù risorto o già visto come tale (ad es. Mt 22,44; Gv 20,13.28). L'espressione di Fil 3,8 indica quindi la personalissima esperienza di Paolo nell'incontro con il Risorto, scoperto come proprio Signore. Questa γνῶσις è un termine complessivo che non si riferisce semplicemente ad un momento specifico, quello della conversione, ma ad una relazione

---

[109] Cf. BOCKMUEHL, Philippians, 205.

[110] Cf. FABRIS, "Filippesi", 211 n. 30.

[111] V. KOPERSKI, The Knowledge of Christ Jesus My Lord. The High Christology of Philippians 3:7-11 (CBiE 16; Kampen 1996) 65, 299.

vitale, che ancora nell'oggi si attua e porta l'Apostolo a considerare (da notare il presente ἡγοῦμαι) tutto il resto come un valore infinitamente più piccolo, come nulla.

Per riassumere la posizione proposta dall'enunciato e dalla relativa *expolitio* dei vv. 7-8d, si può sostenere che l'autore afferma di essere arrivato a ritenere quelle cose, considerate da lui guadagni, come una perdita a motivo di Cristo; anzi ormai tutto è perdita a causa del valore sovreminente della conoscenza di Cristo, sperimentato come il proprio Signore e per il quale Paolo si è privato di tutte le cose, considerandole come escrementi. Diventa così chiara la progressione del testo nel passaggio dall'enunciato del v. 4b a questo del v. 7. I motivi per confidare nella carne, che l'Apostolo ancora avrebbe (vedi il participio presente ἔχων al v. 4), sarebbero realtà positive, di cui vantarsi, ma di fronte a Cristo e al rapporto con lui, essi hanno perso ogni significato, anzi tutto è ormai niente e può essere abbandonato. Si passa da una considerazione (δοκεῖ v. 4b) di essi ad una loro totale rivalutazione (ἡγέομαι [3x], vv. 7-8d), in base al nuovo criterio della conoscenza di Cristo. Per descrivere questa come il valore al di sopra di tutti gli altri si usa una retorica dell'eccesso dove i privilegi e i meriti più grandi diventano insignificanti. L'Apostolo ha scelto, contrariamente a quello che pensava, ciò che è davvero il guadagno della sua vita.

Williams[112] fa notare come il linguaggio relativo al guadagno sia proprio del genere deliberativo. Infatti, in questo modo si vuol consigliare l'uditorio perché scelga ciò che è utile ed eviti ciò che è nocivo. Possiamo affermare che già dall'enunciato di questa sottounità l'Apostolo si rivolge ai destinatari, invitandoli a fare una scelta per quello che veramente conta, l'unica cosa (ἕν, v. 13) per la quale si può lasciare tutto, perché scoperta come il sommo bene. La relativa giustificazione di quanto affermato sta nelle conseguenze che immediatamente seguono.

2.2.2.2 *La serie dei vv. 8e-11*

Nei vv. 8e-11 vengono mostrati i motivi, per i quali Paolo può sostenere che egli considera tutto come una perdita a confronto con Cristo, e le conseguenze del cambiamento intervenuto nella sua vita. I tre elementi della serie, qui presente, sono disposti in una salita climatica in contrapposizione con la discesa che si è avuta nei vv. 7-8d. Questo

---

112 WILLIAMS, *Enemies*, 174.

movimento retorico si adatta bene anche al contenuto dei versetti, infatti, dopo aver descritto la scelta di Cristo in negativo come superamento dell'identità precedente, ora invece si mostra ciò che positivamente ne consegue, delineando la nuova identità assunta. C'è dunque un passaggio, evidenziato dal lessico, da ciò che si è perso (ζημία; ζημιόω, vv. 7-8d) a ciò che si è guadagnato (κερδαίνω, v. 8e). Allo stesso modo intravediamo anche un movimento temporale, se i vv. 7-8d procedono dal passato al presente, i vv. 8e-11 vanno dal presente al futuro. Infine per comprendere meglio lo snodarsi del testo è necessario riprendere brevemente la struttura sintattica dei vv. 8e-11. Noi ne presentiamo una, motivata e rispondente al contenuto dei versetti, sebbene altre possano essere proposte.

Anzitutto al v. 8e si trova una proposizione che, introdotta da ἵνα con un verbo all'aoristo congiuntivo e dipendente da ἡγοῦμαι, è da considerarsi finale. È poi opportuno legare la frase con l'inizio del v. 9, così come mostrato dal parallelismo, di tipo *reversio*, proposto da Byrnes[113]:

    a. ἵνα Χριστὸν
      b. κερδήσω
      b'. καὶ εὑρεθῶ
    a'. ἐν αὐτῷ

Inoltre la Koperski[114] fa notare come εὑρεθῶ sia correzione dell'espressione troppo forte Χριστὸν κερδήσω che potrebbe suggerire un possesso di Cristo. Così il καί va a rivestire una funzione epesegetica. La lunga frase participiale del v. 9 chiarisce la modalità dell'azione espressa dai due suddetti verbi principali. I vv. 8e-9 risultano dunque il primo elemento della serie: essere in Cristo con una giustizia basata sulla fede.

Con un passo ulteriore, si introduce l'infinito con articolo τοῦ γνῶναι che, in dipendenza da κερδήσω, assume valore consecutivo. L'oggetto αὐτόν è spiegato attraverso l'introduzione di un καί epesegetico, mentre il participio seguente esprime la modalità con la quale si attua la conoscenza. Il v. 10 rappresenta quindi il secondo elemento, in conseguenza della giustizia dalla fede che si è ricevuta: conoscere Cristo nella comunione alla sua morte e risurrezione.

---

[113] BYRNES, *Conformation*, 184.
[114] KOPERSKI, *The Knowledge*, 165-166.

Il v. 11, infine, è costituito da un'ipotetica che indica aspettazione, in dipendenza da συμμορφιζόμενος del v. 10, e rappresenta l'ultimo elemento e la fine del percorso cominciato con il ricevere la giustizia basata sulla fede: la risurrezione futura che è dai morti. Giustamente costituisce il *climax* della nuova identità del credente in Cristo.

Sarebbe possibile anche ritrovare una *reversio* che unisce assieme i vv. 10-11:

a. τοῦ γνῶναι αὐτὸν καὶ τὴν δύναμιν τῆς ἀναστάσεως αὐτοῦ
b. καὶ κοινωνίαν παθημάτων αὐτοῦ,
b'. συμμορφιζόμενος τῷ θανάτῳ αὐτοῦ,
a'. εἴ πως καταντήσω εἰς τὴν ἐξανάστασιν τὴν ἐκ νεκρῶν

Essa indicherebbe il legame tra la conoscenza della risurrezione (a.a'.) e l'unione alle sofferenze e alla morte (b.b'.) di Cristo. Noi preferiamo la composizione precedentemente presentata a causa di alcune ragioni. Anzitutto è meglio considerare a parte il sintagma τοῦ γνῶναι αὐτόν come introduzione alla costruzione successiva che lo esplicita. Inoltre δύναμις τῆς ἀναστάσεως αὐτοῦ e κοινωνία παθημάτων αὐτοῦ formano una sola realtà in dipendenza dell'unico articolo τήν e pongono l'accento sui sostantivi δύναμις e κοινωνία, fatto di cui la *reversio* non terrebbe in conto. Infine il v. 11 costituisce una frase a sé rispetto al v. 10, essendo introdotto da εἴ πως.

2.2.2.3 L'elemento relativo alla giustizia dalla fede dei vv. 8e-9

Cominciando con l'analisi dettagliata, notiamo che al v. 8e il congiuntivo aoristo del verbo κερδαίνω richiama in antitesi il sostantivo κέρδη del v. 7. Così, in conseguenza dell'abbandono dei precedenti guadagni, si può guadagnare il vero valore, cioè Cristo. Il verbo non si trova nei LXX, mentre nel NT ha 13 ricorrenze. Byrnes[115] mostra come il termine significhi «acquistare», con lo sforzo o con un investimento: si guadagnano cose, come il denaro (Mt 25,16), il mondo intero (Mc 8,36) o persone, come il fratello (Mt 18,15), il debole (1 Cor 9,19), il marito non credente (1 Pt 3,1). Quando è riferita agli uomini, la parola denota l'attività di portare qualcuno all'interno di un rapporto, con se stesso, con la Chiesa, con Dio o il suo Regno; in questa direzione si muoverebbe Paolo in Fil 3,8. Unica però è la ricorrenza con Χριστός come oggetto di κερδαίνω, a conferma del fatto che il verbo possiede una sfumatura di appartenenza e di proprietà, la quale potrebbe essere

---

[115] BYRNES, *Conformation*, 194.

mal compresa rispetto a Cristo. In ragione di questo, l'autore nel nostro testo intende spiegarsi.

L'espressione seguente è posta proprio allo scopo di fornire una chiarificazione. Nei LXX il passivo di εὑρίσκω è utilizzato per indicare il giudicare di Dio riguardo la persona. Nel NT il verbo è molto comune e assume diverse accezioni a partire dal significato-base di «trovare». C'è chi[116] vede in Fil 3,9 un riferimento alla parusia e al giorno del giudizio di Dio, basandosi sull'aspetto di azione futura dei due congiuntivi aoristi κερδήσω ed εὑρεθῶ e sulla somiglianza con 2 Cor 5,3. Al contrario Schenk[117], citando altri brani come Lc 12,43; 1 Cor 4,2; Gal 2,17, afferma che il verbo, nel nostro testo, significa semplicemente «essere», senza alcuna sfumatura escatologica e giudiziale. Se consideriamo che la frase participiale alla quale l'espressione è legata ha un orientamento presente, e che i due congiuntivi aoristi denotano una situazione conseguente la rivalutazione dei vv. 7-8d, ma precedente l'evento della risurrezione del v. 11, anche noi siamo orientati a dare ad εὑρεθῶ un valore non escatologico. Il passivo del verbo sottolinea l'azione divina precedente e soggiacente alla scelta di Paolo: non è l'Apostolo a guadagnare Cristo, ma è Cristo che lo fa trovare in lui; allo stesso modo al v. 12 si utilizzerà, prima, la forma attiva e, poi, quella passiva del verbo καταλαμβάνω. Infine ἐν αὐτῷ vuol indicare la profonda unione e intimità con Cristo, in contrapposizione all'essere ἐν σαρκί del v. 4b. Le due espressioni equivalenti κερδήσω Χριστόν ed εὑρεθῶ ἐν αὐτῷ esprimono dunque il profondo legame di Paolo con il Signore, il suo nuovo *ubi consistam*, in contrapposizione al γένος ebraico del v. 5.

Da εὑρεθῶ dipende la lunga costruzione participiale che segue. Questa ha una funzione modale e serve ad esplicitare l'azione espressa dal verbo. Non è però una semplice parentesi, come diversi autori[118] sostengono, ma parte integrante del discorso paolino, in antitesi a quanto detto nel v. 6. Per chiarezza proponiamo la composizione della frase, la quale spesso non viene correttamente evidenziata:

verbo con negazione	predicato	oggetti diretti
μὴ ἔχων	ἐμὴν δικαιοσύνην	τὴν ἐκ νόμου
		ἀλλὰ τὴν διὰ πίστεως Χριστοῦ τὴν ἐκ θεοῦ δικαιοσύνην ἐπὶ τῇ πίστει

---

[116] Ad es. HAWTHORNE, *Philippians*, 140.

[117] SCHENK, *Philipperbriefe*, 307.

[118] Ad es. MÜLLER, *Philipper*, 155.

Dal punto di vista grammaticale, secondo quanto abbiamo notato, la contrapposizione non è tra ἐμὴν δικαιοσύνην e τὴν ἐκ θεοῦ δικαιοσύνην (come avverrebbe nel caso ci fosse τὴν ἐμὴν δικαιοσύνην), ma tra τὴν ἐκ νόμου e τὴν διὰ πίστεως Χριστοῦ τὴν ἐκ θεοῦ δικαιοσύνην ἐπὶ τῇ πίστει. Questo avrà conseguenze importanti sull'esegesi del passaggio, focalizzando l'attenzione non sulla natura della giustizia (propria o da Dio) ma sul suo fondamento (la legge o la fede in Cristo).

La frase inizia, dopo la negazione, con il participio ἔχων, in richiamo dello stesso del v. 4, e di quelli del v. 6, tutti volti a descrivere l'identità precedente di Paolo[119]. Nel v. 9 viene quindi fissata la sua nuova condizione, definita in base alla giustizia. Con il termine δικαιοσύνη, già incontrato al v. 6, i LXX traducono per lo più l'ebraico צְדָקָה o צֶדֶק per indicare soprattutto la fedeltà e la solidarietà, cosicché la giustizia di Dio è posta in parallelo con l'intervento di lui a favore del popolo (ad es. Es 15,13; Is 51,6.8)[120]. Sulle 92 ricorrenze del NT ben 53 sono in Paolo. Westerholm[121] nel suo attento studio ha indicato tre accezioni paoline del termine: (1) ordinaria: legata al compiere ciò che si deve (in conseguenza di ciò si è riconosciuti giusto), seguendo quello che la legge prescrive (come in Fil 3,6); (2) straordinaria: relativa al perdono del peccatore, il quale viene reso giusto da Dio, in base alla fede in Cristo; (3) divina: in collegamento con l'azione salvifica di Dio che riconosce il giusto e, a allo stesso tempo, giustifica, con la sua assoluzione, il peccatore. In ogni caso, il vocabolo riguarda la posizione del singolo davanti a Dio, la propria identità in relazione a lui.

Se seguiamo la composizione della frase, dobbiamo riconoscere che il testo parla di «mia giustizia» (ἐμὴν δικαιοσύνην ha valore predicativo): l'Apostolo afferma dunque di possederla, al contrario di quanto si ritiene nell'interpretazione più comune. Alcuni[122] infatti, senza avvedersi della differenza, interpretano il versetto sulla scorta di Rm 10,1-3, dove è presente τὴν ἰδίαν in antitesi alla giustizia τοῦ θεοῦ. Invece, in questo primo uso nel v. 9, è da vedere nel termine δικαιοσύνη un riferimento generale alla posizione del singolo, in quanto giusto, di fronte a Dio. Successivamente, l'oggetto diretto τήν sottintende ancora δικαιοσύνην, questa volta qualificata con l'espressione ἐκ νόμου, per

---

[119] Cf. BITTASI, *Gli esempi*, 108.
[120] FABRIS, "Filippesi", 214 n. 35.
[121] WESTERHOLM, *Perspectives*, 261-296.
[122] Ad es. HAWTHORNE, *Philippians*, 141.

significare un tipo particolare di giustizia. Siamo di fronte all'accezione ordinaria, riguardante il compiere di ciò che è richiesto, in particolare, seguendo le prescrizioni della legge di Dio. Nel versetto c'è poi il richiamo ad un'altra giustizia, τὴν διὰ πίστεως Χριστοῦ, in contrapposizione alla precedente (ἀλλά). È quella che riveste il significato straordinario, in relazione al perdono del peccatore per la fede in Cristo. Paolo ha scelto questa, abbandonando la precedente (cf. v. 6), poiché ha preso la sua decisione per Cristo, cosicché, di fronte a Dio, non risulta giusto per mezzo della sua osservanza della legge, ma per la fede. Nell'ultimo riferimento alla giustizia, con τὴν ἐκ θεοῦ δικαιοσύνην ἐπὶ τῇ πίστει, Westerholm[123] ritrova anche l'accezione divina della parola, per sottolineare la provenienza dall'azione salvifica di Dio del perdono che giustifica il peccatore. Più semplicemente potremmo, però, vedere nell'espressione una specificazione della precedente e segnalare nel testo una contrapposizione di base tra la giustizia dalla legge e quella che si riceve per mezzo della fede in Cristo, e quindi proveniente da Dio.

L'espressione ἐκ νόμου richiama, sempre legata a δικαιοσύνη ἐν νόμῳ del v. 6. La preposizione ἐκ può essere intesa sia indicante l'origine sia il mezzo[124], in questo senso ben si dimostra l'antitesi, oltre che ovviamente con ἐκ θεοῦ, anche con διὰ πίστεως Χριστοῦ, sintagma con valore strumentale. A motivo di quanto già affermato sulla giustizia, conviene leggerla come «derivata dalla legge» e quindi privilegiando la sfumatura legata all'origine.

In opposizione all'espressione precedente si trova διὰ πίστεως Χριστοῦ, di cui bisogna determinare il riferimento. Il dibattito sulla lettura oggettiva o soggettiva del genitivo Χριστοῦ, qui e nel NT, è ampio e non ancora concluso, forti ragioni vengono portare a favore di ciascuna delle due posizioni. Ad esse si è aggiunta una terza, intermedia, secondo la quale si tratterebbe di un genitivo di qualità tipicamente semitico, atto ad indicare la fede cristica, cioè quella propria di Cristo che il credente è chiamato a riprodurre[125]. Il sintagma πίστις Χριστοῦ ricorre altre quattro volte nelle lettere paoline (Rm 3,22; Gal 2,16 [2x]; 3,22). Dovendo operare una scelta, emerge il fatto che in Fil 3,9 il modo più normale di intenderlo, supportato dalla lettura tradizionale, sia di vedervi un genitivo oggettivo. Infatti nel contesto prossimo non si parla

---

[123] WESTERHOLM, *Perspectives*, 284-285.

[124] Cf. BYRNES, *Conformation*, 202.

[125] Cf. BYRNES, *Conformation*, 204-208, per una valida presentazione delle tre posizioni.

dell'opera di salvezza di Cristo e quindi della sua fedeltà. Inoltre la frase participiale vuol spiegare e completare ἵνα Χριστὸν κερδήσω καὶ εὑρεθῶ ἐν αὐτῷ, dove Cristo è l'oggetto. Nel v. 9, poi, l'espressione è ripresa ed enfatizzata da ἐπὶ τῇ πίστει, che quasi tutti gli autori attribuiscono all'azione del credente e non a quella di Cristo. Infine il credere in Cristo richiama le altre espressioni relative al conoscere lui dei vv. 8.10. Dunque la giustizia scelta da Paolo è quella che si riceve mediante (διά) la fede in Cristo.

Si specifica poi che essa è ἐκ θεοῦ, per segnalare l'origine della δικαιοσύνη cristiana in Dio. Nel NT il sintagma è usato per mostrare la provenienza da Dio dei cristiani e degli inviati (Gv 1,13; At 5,39; 2 Cor 2,17), oppure di qualcosa donato (1 Cor 7,7; 2 Cor 5,1). In questo ultimo senso si muove Fil 3,9, nel quale l'espressione sottolinea il dono della giustizia che è elargita da Dio e non conquistata dall'uomo.

A chiusura del versetto si ripete, con enfasi, come la base di questa giustizia riposi sulla fede. Come nell'unico altro caso di At 3,16, ἐπὶ τῇ πίστει indica nel credere in Cristo il motivo fondamentale per il quale si attua un passaggio nella persona: nel brano di At è quello dalla malattia alla guarigione, in Fil 3,9, invece, quello dalla giustizia proveniente dalla legge a quella che è da Dio. Inoltre, a tal proposito, Bockmuehl[126] fa notare l'antitesi tra ἐπὶ τῇ πίστει ed ἐν σαρκί (vv. 3-4), il fondamento opposto sul quale si potrebbe confidare.

I vv. 8e-9 mostrano allora la prima conseguenza della rivalutazione compiuta da Paolo ed esplicitata nei vv. 7-8d. Si tratta dell'aver guadagnato Cristo, e cioè dell'essersi ritrovato con un nuovo «io», il quale basa il proprio essere su un γένος diverso da quello ebraico. Questo cambiamento è legato al fatto che la propria giustizia non viene dal compiere la legge, ma da Dio, per mezzo della fede in Cristo. Inoltre, mettendo insieme il v. 6 con il v. 9, possiamo affermare, in prima battuta, che ci si riferisce a una giustizia ottenuta mediante la legge (v. 6) e proveniente dalla legge (v. 9). Paolo ha scelto però, in base alla rivalutazione dei precedenti valori, quella basata sulla fede in Cristo, in un passaggio non da una realtà in sé negativa ad una positiva, ma da un bene inferiore a qualcosa di infinitamente più grande. Questa interpretazione risulta confermata all'interno di una lettura corretta della frase participiale del v. 9, dove l'enfasi non è posta su una giustizia conquistata con le proprie forze, in contrapposizione con quella che viene da Dio, ma sul fondamento su cui basarla: la legge o la fede in Cristo. In-

---

[126] BOCKMUEHL, *Philippians*, 213.

fine è interessante la considerazione di Bittasi[127], secondo il quale Paolo si riferisce all'identità del credente di fronte a Dio, determinata non in rapporto alla legge, ma alla fede e contrapposta ad ogni definizione ἐν σαρκί; riguardo a tutto ciò egli si presenta come un esempio per i destinatari. Per il momento ci fermiamo a queste considerazioni, tenuto conto che, nel prosieguo del capitolo, dovremo tornare ancora sulla questione della δικαιοσύνη in Fil 3.

2.2.2.4 L'elemento relativo al conoscere Cristo del v. 10

Con il v. 10 si apre una nuova frase, in dipendenza dalla precedente, con valore consecutivo e introdotta dall'infinito con articolo τοῦ γνῶναι. In un altro gradino della salita climatica, conseguente alla decisione per Cristo, si trova, dopo la nuova condizione di giustizia, il conoscerlo nell'essere a lui conformati. Si assiste ad una ripresa del motivo della γνῶσις di Cristo, presentato al v. 8. Ma, se al v. 8 si sottolineava il *fatto* di conoscere Cristo, al v. 10 si pone l'attenzione sull'*azione* stessa e su che cosa comporti; se prima si sottolinea il dono concesso all'Apostolo, dopo ci si riferisce alla tensione che anima la sua vita. Fee[128] contesta, negando il valore puntale dell'aoristo, coloro che scorgono in γνῶναι un riferimento alla futura risurrezione di Paolo. Anche noi riteniamo che il richiamo alla risurrezione non sia convincente: da una parte, il verbo assume un aspetto complessivo, unito come è al participio presente συμμορφιζόμενος, mentre dall'altra la formulazione del v. 11 segnala un evento successivo a quella del v. 10. Quindi, nel contesto, il conoscere Cristo intende abbracciare tutta l'esistenza di Paolo, dall'inizio dell'incontro con lui sino alla morte (v. 10), prima di giungere alla risurrezione finale (v. 11). L'esperienza appare legata alla profonda e personale relazione dell'Apostolo con il suo Signore, in un cammino di conformazione che plasma il presente quotidiano, sino a costituirne il vero scopo.

L'oggetto αὐτόν è chiarito, attraverso un καί epesegetico, dalle due espressioni, tra loro unite, che immediatamente seguono. Esse sono segnate da uno ὕστερον-πρότερον con l'inversione, diversamente dall'ordine usuale, dell'elemento della risurrezione di Cristo rispetto a quello delle sue sofferenze. È necessario domandarsi la ragione della scelta operata dal testo. Noi riteniamo che, come visto al v. 8, Paolo speri-

---

[127] BITTASI, *Gli esempi*, 109-110.
[128] FEE, *Philippians*, 326 n. 48.

menti anzitutto la conoscenza del κύριος, il Risorto: è questo l'elemento primo e determinante della sua esistenza cristiana, mentre gli altri aspetti risultano derivati. Così al v. 10 è logico, ripetendo lo stesso fondamentale motivo, premettere la potenza della risurrezione alla comunione con le sue sofferenze. Inoltre il testo vuol indicare agli ascoltatori che solo se il credente ha conosciuto il Cristo, con tutta la sua forza di Risorto, potrà poi vivere l'unione con lui anche nella tribolazione.

Il termine δύναμις nel greco e nel NT ha diverse accezioni: «potenza, forza», «abilità, capacità», «significato», «miracolo, meraviglia», «risorsa», «spirito soprannaturale», «ciò che dà potere»[129]. Nel nostro brano mostra di riferirsi alla potenza della risurrezione di Cristo. Fabris[130] segnala che questo sostantivo negli scritti paolini è associato all'azione salvifica di Dio (ad es. Rm 1,16.20; 1 Cor 2,4-5), manifestata in maniera paradossale nella debolezza della morte di Cristo e dei cristiani (ad es. 1 Cor 1,18; 2 Cor 12,9 [2x].12), ma anche nella vittoria sulla morte propria della risurrezione di Gesù (Rm 1,4; 1 Cor 6,14). Così in Fil 3,10 la potenza di Dio, rivelata nella risurrezione di Cristo dai morti, è sperimentata dai credenti attraverso la relazione con il Risorto. Questa esperienza è anche, allo stesso tempo, quella della condivisione dei patimenti di Cristo, i quali sono inseparabili dalla sua risurrezione. L'espressione del v. 10 si collega, poi, con il v. 21 dove il Risorto trasformerà il corpo della miseria secondo l'energia del suo potere (κατὰ τὴν ἐνέργειαν τοῦ δύνασθαι αὐτόν). La stessa azione dinamica, espressa nel risorgere di Gesù, alla fine sarà esercitata proprio dal Cristo, che viene nella gloria, a favore dei suoi[131]. Così per il cristiano, lo sperimentare al presente la potenza della risurrezione è un *già e non ancora*, in attesa della trasformazione finale, mentre egli condivide le sofferenze del suo Signore.

L'espressione κοινωνία παθημάτων αὐτοῦ, in riferimento a Cristo, richiama brani come 1 Pt 4,13 e, soprattutto, 2 Cor 1,5-7, nei quali sia Paolo e i suoi collaboratori, sia i cristiani di Corinto sono partecipi delle sofferenze di Cristo. Nei LXX il termine κοινωνία ricorre solo tre volte (Lv 5,21; 3 Mac 4,6; Sap 8,18), legato al concetto di associazione e in continuità con l'uso greco classico[132]. Nel NT si trova 13 volte su 19 nell'epistolario paolino, secondo il significato di «partecipazione, con-

---

[129] BAGD 262-263.
[130] FABRIS, "Filippesi", 215.
[131] Cf. KOPERSKI, *The Knowledge*, 244.
[132] Cf. BYRNES, *Conformation*, 219.

divisione». Il sostantivo πάθημα, il quale generalmente significa «sofferenza», non è mai presente nei LXX mentre lo è nel NT, quasi sempre al plurale. C'è chi legge in Fil 3,10 un riferimento alle tribolazioni messianiche[133] oppure a quelle specifiche della passione di Cristo, che il cristiano sperimenta nel martirio[134]. Per una corretta interpretazione è opportuno leggere il termine all'interno della locuzione formata dalle due espressioni δύναμις τῆς ἀναστάσεως αὐτοῦ ε κοινωνία παθημάτων αὐτοῦ. Siamo di fronte a un merismo, nel quale si fa riferimento sia all'estremo della risurrezione che a quello delle sofferenze per indicare tutto l'evento pasquale di Cristo. Coerentemente con la nostra posizione, la Koperski[135] afferma che in Fil 3,10 sia «la potenza della risurrezione» sia la «condivisione delle sofferenze» esprimono la modalità con la quale il Cristo è conosciuto come Signore (e quindi il Risorto); questa conoscenza coinvolge tutta la vita di Paolo, così anche la sua sofferenza non risulta fine a se stessa ma inseparabile, come lo è l'esperienza della risurrezione, dal rapporto con Cristo.

Nel sintagma che chiude il versetto, in dipendenza da τοῦ γνῶναι αὐτόν, si trova il participio presente passivo del verbo συμμορφίζω che appare per la prima volta nella lingua greca ed è un *hapax legomenon* nel NT. C'è però l'aggettivo corrispondente σύμμορφος in Rm 8,29 e, dato importante per noi, in Fil 3,21. Così in Fil 3 la conformazione alla morte di Cristo prelude a quella piena al corpo glorioso di lui, che si compie per la potenza della sua risurrezione. La forma passiva del verbo indica un processo attraverso il quale Paolo è reso conforme, da Dio, alla morte di Cristo. In questa direzione O'Brien[136] ritrova in συμμορφιζόμενος τῷ θανάτῳ αὐτοῦ una metafora relativa all'incorporazione, che si lega al pensiero del «morire e risorgere con Cristo» ben presente nell'epistolario paolino. Da parte sua, Wolter[137] fa notare che il termine κοινωνία e il prefisso συν- di συμμορφιζόμενος costituiscono un riferimento al tema della κοινωνία, il quale riveste un ruolo centrale all'interno del concetto greco di amicizia[138]. Inoltre il motivo è presente nella grecità anche in merito al condividere le sofferenze e al morire

---

[133] Ad es. BOCKMUEHL, *Philippians*, 215.

[134] Ad es. M. WOLTER, "Der Apostel und seine Gemeinden als Teilhaber am Leidensgeschick Jesu Christi. Beobachtungen zur paulinischen Leidenstheologie", *NTS* 36 (1990) 544.

[135] KOPERSKI, *The Knowledge*, 259-260.

[136] O'BRIEN, *Philippians*, 410.

[137] WOLTER, "Der Apostel", 544-545.

[138] Plato, *Gorg* 507e.

dell'amico, segno di un vero legame con lui[139]. Così, secondo Wolter[140], Paolo, nella comunione alle sofferenze di Cristo e nella condivisione del suo stesso destino di morte, dimostra la sua appartenenza a lui, coerentemente a quanto già asserito con l'espressione εὑρεθῶ ἐν αὐτῷ del v. 9.

Conclusivamente possiamo affermare che nel v. 10 l'attenzione del testo è posta sulla conoscenza di Cristo, la quale comporta un'effettiva esperienza di lui (da notare la quadruplice ripetizione di αὐτός) nella vita personale. Se il v. 9 descriveva la posizione di Paolo di fronte a Dio in seguito all'incontro con Cristo, il v. 10 sottolinea invece la dinamica della sua vita cristiana. Questa diventa una conseguenza e un'illustrazione dell'enunciato iniziale che afferma la rivalutazione, a motivo di Cristo, di tutta l'esistenza dell'Apostolo. Come suggerisce Barbaglio[141], il v. 10 mostra come Paolo viva un'attuale conformazione alla morte di Gesù, ma non ancora alla sua risurrezione, seppure ne sperimenti la potenza vivificante: c'è il morire con Cristo ma non ancora il risorgere con lui. Ciò fa parte dell'esperienza quotidiana, mentre, al contrario, la risurrezione appartiene al futuro. Così il testo, procedendo oltre e raggiungendo la vetta della salita climatica, passa dal *già e non ancora* del v. 10 alla prospettiva del compimento del v. 11.

2.2.2.5 L'elemento relativo alla risurrezione del v. 11

Con il *climax* del v. 11 si giunge al termine dell'itinerario di Paolo, conseguente l'incontro con Cristo: la risurrezione dai morti. L'espressione εἴ πως, con la quale si apre il versetto, ha suscitato un ampio dibattito. Noi pensiamo, lo abbiamo visto, che indichi un'attesa, «se solo» o «se in qualche modo», come negli altri passi del NT (At 27,12; Rm 1,10; 11,14), cosicché non introduce un dubbio vero e proprio, quanto invece un'aspettativa. A tal proposito, Bockmuehl[142] sostiene che per Paolo la risurrezione è un profondo desiderio e non un fatto compiuto, una speranza che non dipende dalla sua volontà, ma da quella di Dio.

A sua volta καταντάω significa: «arrivare», «ottenere», «accadere» e con la preposizione εἰς segnala un movimento verso un luogo o una

---

[139] Aeschylus, *Ch* 976-979.
[140] WOLTER, "Der Apostel", 546.
[141] BARBAGLIO, "Filippi", 373.
[142] BOCKMUEHL, *Philippians*, 217.

realtà da raggiungere[143]. Nell'epistolario paolino indica il muoversi di Dio verso l'uomo (1 Cor 10,11; 14,36) o dei credenti verso l'unità della fede e della conoscenza del Figlio di Dio (Ef 4,13). Il verbo al v. 11 sottolinea dunque la dinamica dell'esistenza credente di Paolo protesa verso la risurrezione. Allo stesso campo semantico, legato al movimento, appartengono anche i verbi dei vv. 12-16.

L'ultima espressione del versetto, εἰς τὴν ἐξανάστασιν τὴν ἐκ νεκρῶν, non trova paralleli. In particolare ἐξανάστασις ha una sola ricorrenza nei LXX, nella quale sta ad indicare un essere vivente (Gn 7,4), mentre non ne ha nel NT, dove è presente la sua *forma simplex*, con significato di «risurrezione», talvolta in corrispondenza del genitivo νεκρῶν. Il prefisso ἐξ- è inteso da Bockmuehl[144] semplicemente come intensificante. Ma Byrnes[145], opportunamente, nota che in 1 Cor 6,14 si usa il verbo ἐγείρω per la risurrezione di Cristo, mentre ἐξεγείρω per quella dei credenti: allo stesso modo, in Fil 3,10-11, si può riferire ἀνάστασις a Cristo ed ἐξανάστασις ai cristiani. Così la risurrezione di Cristo costituisce il fondamento e la prova di quella dei credenti. Con la breve *expolitio* di τὴν ἐκ νεκρῶν si indica che si tratta di quella finale alla fine dei tempi, la quale è dai morti (cf. 1 Ts 4,16), e non l'esperienza attuale dei missionari del Vangelo i quali trovano nuova vitalità in mezzo a condizioni difficili[146]. Seguendo Fee[147], ritroviamo in εἰς τὴν ἐξανάστασιν τὴν ἐκ νεκρῶν, attraverso il raddoppio dell'articolo e la ripetizione della stessa preposizione, un'enfasi indirizzata in due direzioni: (1) in contrasto con la precedente menzione della risurrezione di Cristo, la cui potenza è già disponibile, qui ci si riferisce a quella futura dei credenti; (2) si sottolinea che la risurrezione è a seguito della morte, con un richiamo alla conformazione a quella di Cristo.

Il terzo elemento è dunque costituito dal v. 11 il quale, al termine della salita climatica, presenta la meta del cammino di Paolo in conseguenza del suo incontro con Cristo e del cambiamento avvenuto nella sua esistenza. Il punto di arrivo della risurrezione è agognato e desiderato, ma non ancora raggiunto e ottenuto. Così il primo elemento della serie descrive la nuova posizione assunta (vv. 8e-9), il secondo la di-

---

[143] BAGD 523.
[144] BOCKMUEHL, *Philippians*, 218.
[145] BYRNES, *Conformation*, 233.
[146] Cf. HOLLOWAY, *Philippians*, 139-140.
[147] FEE, *Philippians*, 335 n. 68.

namica (v. 10), il terzo il fine (v. 11), sempre in relazione alla vita in Cristo per il quale l'Apostolo ha abbandonato tutto (vv. 7-8d). L'enunciato iniziale è dunque illustrato attraverso le conseguenze e i motivi fondanti della nuova esistenza di Paolo, con ciò che veramente conta all'interno del suo itinerario cristiano. Il tema della risurrezione chiude questa sottounità e, nello stesso tempo, introduce la nuova dei vv. 12-14, dove verrà precisato il carattere di incompiutezza, già qui suggerito, del cammino dell'Apostolo.

2.2.3 Conclusioni

Abbiamo parlato a proposito dei vv. 7-11 di un vanto rovesciato, poiché ciò che costituiva motivo per un elogio di sé diventa perdita e niente. Alla fine della nostra indagine su questi versetti siamo in grado di comprendere meglio il procedere del testo paolino. Ci troviamo anzitutto di fronte a una σύγκρισις posta tra ciò che Paolo era e ciò che è, in altre parole tra l'«io» senza Cristo e l'«io» in Cristo[148]. La retorica dell'eccesso segna questo passaggio, attraverso le varie figure e per mezzo della discesa climatica formata dall'enunciato iniziale e della sua *expolitio*, a cui si oppone la salita climatica composta dagli elementi che seguono in serie. L'enunciato dei vv. 7-8d si contrappone, a sua volta, alla salita climatica dei vv. 4b-6 ed ha il centro nel motivo dell'incontro e della conoscenza di Cristo che conduce ad una rivalutazione della propria esistenza. La retorica dell'eccesso, qui utilizzata, vuol mostrare che la scelta di Cristo è eccedente tutti i valori umani, siano essi privilegi oppure meriti. Il vanto dei vv. 4b-6 viene capovolto così come la vita dell'Apostolo è capovolta dall'incontro con Cristo.

È importante anche comprendere come Paolo utilizzi in maniera del tutto originale e personale i canoni dell'*encomium*. Traiamo, a tal proposito, alcuni suggerimenti dal già citato articolo di Forbes[149] sulla περιαυτολογία di 2 Cor 10 – 12. Pur non trovandoci nello stesso contesto, è da sottolineare come, anche in questo passaggio, venga proposta la σύγκρισις tra Paolo e gli oppositori in base alle origini e ai meriti

---

[148] Z.A. CROOK, *Reconceptualising Conversion*. Patronage, Loyalty and Conversion in the Religions of the Ancient Mediterranean (BZNW 130; Berlin – New York 2004) 119, 179-186, parla di una σύγκρισις tipica del rapporto di patronato, nella quale il cliente onora ed esprime gratitudine al patrono, mettendo a confronto l'esistenza prima e dopo l'elargizione dei benefici da lui ricevuti. In questo contesto è utilizzato anche il linguaggio commerciale riguardante il perdere e il guadagnare.

[149] FORBES, "Comparison", 1-30.

(11,22-23) e sia utilizzata l'αὔξησις per un vanto rovesciato, basato sulle proprie debolezze (11,24-30). L'elogio paradossale è usato nell'antichità solo raramente e non è rapportato al parlante, ma a realtà infime, al fine di dimostrare le straordinarie capacità artistiche dell'oratore[150]. Nel testo di 2 Cor 10 – 12 invece, come rileva Forbes[151], in relazione al soggetto stesso si seguono le forme tradizionali dell'*encomium* e i relativi *topoi*, ma il contenuto viene radicalmente invertito perché si amplifica ciò che si dovrebbe minimizzare e si minimizza ciò che si dovrebbe amplificare. Ci risulta che proprio questo paradosso sia presente anche nel brano di Fil 3, e in particolare nei vv. 7-11. Infatti, nella discesa climatica dei vv. 7-8d si riducono a niente i vanti precedenti basati sui privilegi e i meriti, mentre nella salita climatica dei vv. 8e-11 si esalta non la giustizia raggiunta con l'osservanza della legge, ma quella che è da Dio, e, soprattutto, si mette in rilievo la condivisione delle sofferenze e la conformazione alla morte di Cristo, nella speranza della risurrezione. Procedendo oltre, Forbes[152] afferma che in 2 Cor il vanto delle proprie debolezze (11,30) attesta il fatto che per l'Apostolo la lode di sé non è mai legittima, poiché il vantarsi che non è «nel Signore» risulta privo di senso. In questa direzione, possiamo ribadire che Fil 3,7-11 corrisponde al «vantarsi in Cristo Gesù» di cui si parla al v. 3: questo è l'unico vanto possibile per Paolo, il quale rende giustificabile il ricorso alla περιαυτολογία. Infine Forbes[153] conclude sostenendo che il gloriarsi delle proprie debolezze è uno straordinario paradosso, il quale fa luce sia sulla relazione di Paolo con Cristo sia sulla sua autorità apostolica: da una parte egli porta nella sua esistenza i segni della morte di Gesù, dall'altra invita la sua comunità ad imitarlo. Il linguaggio paradossale di Fil 3,7-11 procede nella stessa direzione: l'Apostolo, infatti, sperimenta l'essere in Cristo nella condivisione delle sue sofferenze e nella conformazione alla morte di lui (vv. 9-10), e nello stesso tempo esorta i Filippesi ad imitarlo vivendo secondo la stessa logica (v. 17).

In questa prospettiva, Aletti[154] evidenzia come la retorica paradossale paolina, a causa della croce di Cristo che sovverte i canoni e le convenzioni, sia una retorica dell'umiltà, capace di fare l'elogio di ciò che è di solito disprezzato (umiliazioni, insuccessi, fragilità). Così

---

[150] Cf. MARROU, *Histoire*, 281.
[151] FORBES, "Comparison", 19.
[152] FORBES, "Comparison", 20.
[153] FORBES, "Comparison", 22.
[154] ALETTI, "Paul et la rhétorique", 48.

conclude l'autore: «Paradoxe et *auxèsis* deviennent ainsi essentiels pour exprimer le mystère de l'excès, de la démesure divine en Christ»[155]. Crediamo che proprio tutto ciò spieghi e giustifichi la retorica dell'eccesso e del paradosso presente in Fil 3,7-11 e dimostri altresì il carattere unico di quella paolina, la quale si serve con libertà dei diversi modelli adattandoli ai propri intendimenti.

Infine dobbiamo ritornare sul *transfert* periautologico che si crea in questi versetti. Andando ben oltre i consigli dei retori i quali, riguardo la περιαυτολογία, invitavano ad attribuire alla Fortuna o agli dei parte dei propri successi, Paolo considera questi ultimi niente a motivo di Cristo, e soprattutto sposta il centro del brano dal proprio «io» alla persona del suo Signore (ben 11 riferimenti nei vv. 7-11!). Interessante a riguardo è ancora il brano di 2 Cor: in 12,1-5 l'Apostolo afferma la sua disponibilità a fare l'elogio di una persona che ha avuto visioni e rivelazioni, è il suo «io» in Cristo, non più se stesso di cui non può vantarsi. Allo stesso modo in Fil 3 egli può comporre un encomio in quanto tratta di un altro uomo diverso da se stesso, trovandosi ormai in Cristo (v. 9): di costui potrà dunque vantarsi. Nei vv. 7-11 siamo dunque di fronte a un elogio di Cristo, o all'elogio dell'«io» di Paolo in Cristo. Privata di valore l'identità precedente, di una nuova si può parlare solo in relazione a Cristo, un «essere in lui» contrapposto a qualsiasi identità basata ἐν σαρκί, sia essa giudaica o pagana; l'ottica dell'Apostolo si dimostra ancora una volta quella di un esempio di esistenza credente fornito a beneficio dei destinatari[156].

Questo elogio di Paolo in Cristo presente nei vv. 7-11 potrebbe far supporre ad un punto di arrivo nell'esistenza dell'Apostolo, una sua compiutezza e perfezione. A correggere il possibile fraintendimento penserà la sottounità dei vv. 12-14. Nello stesso contesto mentre da una parte si opererà una correzione del vanto «in Cristo», dall'altra si continuerà nel rovesciamento di quello «nella carne» dei vv. 4b-6, così come apparirà dai richiami presenti.

2.3   La sottounità dei vv. 12-14

2.3.1   *Composizione ed* elocutio

Tracciamo nel seguente modo, in base anche alla sintassi, la composizione della sottounità dei vv. 12-14: enunciato (vv. 12-13b) e rela-

---

[155] ALETTI, "Paul et la rhétorique", 49.
[156] Cf. BITTASI, *Gli esempi*, 109-111.

tiva illustrazione (vv. 13c-14). Nei versetti si vuol mostrare l'affermazione secondo la quale Paolo non è ancora un arrivato nel suo cammino cristiano, ma cerca con forza di procedere innanzi (vv. 12-13b). Ciò è chiarito attraverso una metafora agonistica capace di descrivere il suo atteggiamento: dimentico del passato e proteso verso il futuro, persegue il premio celeste che è in Cristo (vv. 13c-14).

L'enunciato dei vv. 12-13b è messo in rilievo dalla duplice *correctio*, costruita sull'opposizione οὐ(χ)/δέ, alla quale si aggiungono, nel v. 12, un'ipotetica d'aspettazione introdotta da εἰ καί e una causale con ἐφ' ᾧ. La *correctio* costituisce una precisazione di quanto affermato nei vv. 7-11. È da notare poi una figura etimologica, sulla quale si vuol porre particolare attenzione, basata sul richiamo tra λαμβάνω e καταλαμβάνω. L'ellissi è presente all'inizio del v. 12, al v. 13 con ἓν δέ e, nel contesto, con l'omissione dell'oggetto per quattro volte. Nella descrizione dei vv. 13c-14 viene sviluppata una metafora sportiva presente specificatamente qui, anche se il campo semantico legato al movimento si trova altrove nei vv. 12-16[157]. Questa espressione figurata, come rileva Édart[158], è valorizzata dall'anastrofe κατὰ σκοπόν del v. 14 che sottolinea la tensione e lo sforzo diretti verso la meta ultima della corsa, alla quale corrisponde l'assonanza in ου di τῆς ἄνω κλήσεως τοῦ θεοῦ ἐν Χριστῷ Ἰησοῦ. Proprio come al v. 8, riguardo la conoscenza di Cristo, anche qui il ritmo sembra farsi più lento per catturare l'attenzione dell'ascoltatore; la chiamata celeste da parte di Dio in Cristo Gesù costituisce così un elemento fondamentale dell'unità.

2.3.2 *Inventio*

Nelle nostre precedenti considerazioni[159] abbiamo notato, nel confronto con l'*exemplum*, come il motivo della συνάσκησις, in collegamento con la metafora della corsa, sia caratteristico di questi versetti. La sottounità vuole affermare la condizione d'imperfezione di Paolo e, allo stesso tempo, mostrare il suo impegno verso il compimento del cammino.

L'accostamento con la περιαυτολογία risulta ancora una volta importante per la comprensione del testo. Infatti, utilizzando questa forma, si consiglia di menzionare alcuni difetti al fine di mitigare l'inva-

---

[157] Cf. p. 28.
[158] ÉDART, *Philippiens*, 235, 237, 242.
[159] Cf. p. 57.

denza dell'«io» che è al centro di essa: così avviene nei vv. 12-13b, nei quali si afferma l'incompiutezza del percorso di Paolo. Si insiste poi sulla suddetta prospettiva attraverso la metafora agonistica dei vv. 13c-14, la quale costituisce la descrizione e l'illustrazione di ciò che si è appena enunciato. In questo modo tutta la sottounità rappresenta un'attenuazione del nuovo vanto in Cristo, come si palesa immediatamente attraverso la duplice *correctio*. Ci troviamo così di fronte ad una retorica più dimessa e meno incline all'amplificazione, al servizio di una σύγκρισις, meno marcata della precedente, tra l'identità cristiana di Paolo al presente e quella al futuro. Nell'oggi, infatti, si nega di possedere la perfezione (ἔλαβον; τετελείωμαι; κατειληφέναι, vv. 12-13), si è soltanto in cammino (διώκω [2x]; ἐπεκτεινόμενος; vv. 12-14) nella consapevolezza di ciò che si è già raggiunto mediante Cristo (κατελήμφθην ὑπὸ Χριστοῦ Ἰησοῦ, v. 12); mentre il passato si mostra come qualcosa da cui andare oltre, lasciandolo dietro (τὰ ὀπίσω, v. 13). Al futuro appartengono invece, oltre la perfezione negata per il presente, ciò che sta davanti (τὰ δὲ ἔμπροσθεν, v. 13), ossia la meta (σκοπός, v. 14) e il premio (βραβεῖον, v. 14). Nondimeno, continua ad essere in vista il rovesciamento del vanto giudaico dei vv. 4b-6, attraverso il richiamo antitetico presente in due coppie di espressioni: tra ἄμεμπτος del v. 6 e οὐχ ὅτι ἤδη ἔλαβον ἢ ἤδη τετελείωμαι del v. 12 e tra κατὰ ζῆλος διώκων τὴν ἐκκλησίαν del v. 6 e κατὰ σκοπὸν διώκω εἰς τὸ βραβεῖον del v. 14.

Inoltre, sempre al fine di comprendere la dinamica dei vv. 12-14, sarà necessario approfondire, insieme alla duplice *correctio*, la metafora agonistica qui sviluppata. L'orientamento temporale espresso nella sottounità è direttamente legato a questi elementi e d'altra parte mette in luce la progressione del testo che va dal passato (vv. 4b-6), al passato riletto a partire dal presente (vv. 7-11), al presente visto in chiave futura (vv. 12-14).

2.3.2.1 L'enunciato dei vv. 12-13b

L'enunciato iniziale dei vv. 12-13b si presenta come una duplice *correctio*[160]. L'«io» di Paolo continua ad essere il soggetto dei verbi ed

---

[160] Cf. BOCKMUEHL, *Philippians*, 220, fa invece riferimento alla *concessio*. Che si tratti di *correctio* e non di *concessio* appare chiaro dal fatto che in nei vv. 12-13b si pone una chiarificazione e una correzione attraverso un'antitesi, volta ad evitare un'incomprensione. Cf. ALETTI, "Paul et la rhétorique", 43: la *concessio* ha come scopo non il correggere, ma l'ammettere il punto di vista dell'interlocutore.

è messo in rilievo con l'uso di due pronomi di prima persona nel v. 13a. Il v. 12 poi è legato con ciò che precede attraverso οὐχ ὅτι che, secondo quanto affermato da diversi autori[161], è un idioma della lingua greca utilizzato in riferimento a qualcosa di precedentemente detto, per prevenire un'errata deduzione. C'è chi[162] vede in questa *correctio* un rimando polemico ad avversari che asseriscono o perseguono una loro perfezione, ma il contesto non ci autorizza a compiere un *mirror-reading* delle affermazioni paoline, vedendo riflesse in esse le posizioni di costoro. Dal brano invece emerge la plausibilità di un correttivo inserito da Paolo stesso per evitare fraintendimenti riguardo alla propria esistenza cristiana (in conformità alla funzione della *correctio*) e attenuare il suo nuovo vanto in Cristo. Se già il v. 11 aveva immesso una percezione d'incompiutezza e di modestia con l'uso di εἴ πως, il v. 12 riprende la stessa prospettiva attraverso un'altra ipotetica di aspettazione introdotta da εἰ καί; allo stesso modo, al v. 11 era presente il verbo καταντάω proprio del campo semantico del movimento, il quale viene poi sviluppato nei vv. 12-14. Oltre al chiaro legame con il v. 11, riteniamo che il riferimento della *correctio* sia anche più ampio in correlazione a tutta la sottounità precedente, in ragione della σύγκρισις, presente nei vv. 12-14, tra l'identità presente e futura di Paolo. Con l'enunciato dei vv. 12-13b si comincerebbe dunque ad attenuare quel vanto in Cristo, che potrebbe indurre a considerare l'Apostolo un arrivato nella vita cristiana, senza peraltro aver di mira alcuna confutazione di posizioni erronee di supposti perfezionisti, dentro o fuori la comunità di Filippi.

All'inizio del v. 12 l'espressione οὐχ ὅτι corrisponde, secondo il BDR[163], a οὐ λέγω ὅτι. L'aoristo del verbo λαμβάνω, poi, pone alcuni problemi poiché può assumere una pluralità di significati e inoltre manca dell'oggetto diretto[164]. Il contesto dei vv. 12-13b mostra anche la presenza del verbo καταλαμβάνω, per due volte senza la specificazione dell'oggetto. Appare dunque come il testo tenda a sottolineare il processo stesso evidenziato nei verbi, piuttosto che l'oggetto e il fine di es-

---

[161] Ad es. FEE, *Philippians*, 342.

[162] Ad es. V.C. PFITZNER, *Paul and the Agon Motif*. Traditional Athletic Imagery in the Pauline Literature (NTS 16; Leiden 1967) 142.

[163] BDR § 480 n. 6.

[164] A questo proposito l'aggiunta ἢ ἤδη δεδικαίωμαι, presente in 𝔓[46] ed in alcuni manoscritti della tradizione occidentale, rappresenta un tentativo per chiarire l'ambiguità, intendendo probabilmente come oggetto il sostantivo δικαιοσύνη, così PFITZNER, *Agon*, 143.

so. Al contrario, nei vv. 13c-14 l'attenzione sarà posta, passando alla prospettiva futura del cammino, sulla meta escatologica che, come abbiamo visto, viene esplicitamente nominata. Le varie proposte elaborate dagli esegeti per l'identificazione dell'oggetto di λαμβάνω possono essere interessanti[165], ma, a nostro avviso, esso è semplicemente costituito dalla fine di quell'itinerario cominciato con l'incontro con Cristo e che ha generato una nuova esistenza, descritta nei suoi vari aspetti nella sottounità precedente. Al verbo poi conviene attribuire un significato generale di «ottenere, prendere», conformemente all'ambiguità derivante dall'assenza di riferimenti. In ragione anche della presenza dell'avverbio ἤδη, leggiamo l'aoristo come globale, riferito al complesso del cammino compiuto da Paolo, fino a questo momento, in relazione a Cristo. Nella duplice ripetizione di ἤδη si vuol sottolineare di non essere *già* arrivati alla meta finale dell'itinerario.

Il verbo τελειόω, qui nella sua unica ricorrenza nel *corpus paulinum*, può assumere diversi significati: «completare, finire» «portare a compimento, rendere perfetto» e, come termine delle religioni misteriche, «consacrare, iniziare»[166]. Come sottolinea Fabris[167], nel verbo è inserita la prospettiva escatologica del τέλος, nel senso di compimento. Inoltre è da notare che la congiunzione ἤ lo pone in relazione con ἔλαβον che precede, fornendo un suo approfondimento. Infatti, il cambio dall'aoristo al perfetto e il significato stesso di τελειόω indicano il passaggio dal processo, e dal relativo obiettivo, alla conseguente condizione che ne risulta. Così Paolo afferma, con un passivo che può indicare l'iniziativa divina, di non essere ancora stato reso perfetto, concetto che sarà ulteriormente chiarito nel confronto con τέλειοι del v. 15.

Il verbo διώκω, che appare nel versante positivo della *correctio*, si trova già al v. 6 e verrà ripetuto al v. 14, nell'ambito della metafora agonistica. Così, da una parte, costituisce un riferimento antitetico al v. 6 e, dall'altra, prepara lo sviluppo del v. 14. Nei vv. 12.14 significa «correre» o meglio «perseguire», come in altre ricorrenze paoline (ad es. Rm 12,13; 1 Ts 5,15). Nel v. 12 il contenuto di questa ardente ricerca è espresso dall'ipotetica di aspettazione introdotta da εἰ καί che, come al v. 11, indica una sfumatura di attesa e di speranza.

Con καταλαμβάνω, ripetuto tre volte nei vv. 12-13a, si assiste ad un'intensificazione della *forma simplex* utilizzata in precedenza. Se-

---

[165] Cf. O'BRIEN, *Philippians*, 420-422.
[166] Cf. BAGD 996.
[167] FABRIS, "Filippesi", 217.

condo quanto segnala O'Brien[168], nei LXX il verbo è utilizzato per Dio che tiene in mano il mondo (Is 10,14), per la sua comprensione dell'incomprensibile (Gb 5,13) e per il conseguimento da parte dell'uomo della sapienza (Sir 15,1) e della giustizia (Sir 27,8). Nel NT è connesso con l'impossessarsi di qualcuno con violenza (Mc 9,18), la sopraffazione (Gv 1,5), l'essere sorpresi da un ladro (1 Ts 5,4) e, con significato positivo, legato alla comprensione (At 4,13), all'ottenere la giustizia (Rm 9,30) e alla conquista di un premio (1 Cor 9,24). La ricorrenza di 1 Cor 9,24 è posta, in un contesto agonistico simile al nostro così propendiamo per leggere il verbo in Fil 3,12 come «afferrare», senza l'oggetto espresso. In questo modo si esprime l'ardente attesa di Paolo che persegue, con la speranza di afferrarla, la meta ultima del proprio cammino. L'enfasi è posta sull'impegno dell'Apostolo che non è ancora giunto all'arrivo. Viene poi introdotta con ἐφ' ᾧ una frase causale che ripete lo stesso verbo ma nella forma passiva. Si tratta di un espediente retorico che sottolinea la preminenza dell'azione di Cristo sul cammino di Paolo. L'espressione κατελήμφθην ὑπὸ Χριστοῦ Ἰησοῦ richiama sia il motivo della conoscenza di Cristo, il Signore (v. 8), sia l'essere trovato in lui (v. 9). È un riferimento all'iniziativa divina per la quale l'Apostolo è stato conquistato da Gesù Cristo, dal momento dell'incontro con lui. Il riferimento all'evento di Damasco potrebbe sembrare congeniale, ma preferiamo vedervi un aoristo complessivo che descrive, conformemente al significato del verbo, la presa di possesso della vita di Paolo da parte di Cristo, esercitando su di lui la sua signoria. Questa realtà è la vera ragione per la quale l'Apostolo si trova in cammino senza però averne raggiunto la fine: egli è stato preso da Cristo, ma, paradossalmente, da parte sua non lo ha ancora afferrato.

Con l'appellativo ἀδελφοί si apre il v. 13ab, che riafferma la *correctio* del v. 12 riproponendone la stessa struttura. Nel vocativo iniziale c'è l'intento di richiamare in modo particolare l'attenzione dei destinatari e coinvolgerli nella sua esperienza. Come abbiamo sottolineato, questa prospettiva è già presente dall'inizio della narrazione a partire dal v. 4b, ma solo ora l'autore la rende palese, anche in vista dell'appello all'imitazione che sarà fatto poco dopo al v. 17.

Il verbo λογίζομαι ha nella lingua greca e nel NT due accezioni di base: la prima, legata al vocabolario commerciale, di «contare, calcolare» e la seconda, in relazione ai processi mentali, di «riflettere, conside-

---

[168] O'BRIEN, *Philippians*, 424-425.

rare, ponderare»[169]. Su 40 ricorrenze, 34 sono paoline e rivestono entrambi i significati: quello riferito al tenere in conto (ad es. 1 Cor 13,5; 2 Cor 12,6) e quello in relazione alla riflessione (ad es. 2 Cor 10,11; Fil 4,8). Nel nostro contesto propendiamo decisamente per la seconda accezione, nel senso di una considerazione che Paolo fa di sé. Questa interpretazione è confermata dal legame con i verbi che descrivono nelle altre due sottounità la valutazione compiuta sulla propria identità. Infatti, come abbiamo notato, si passa da δοκέω del v. 4b, in riferimento ai meriti e ai privilegi giudaici, ad ἡγέομαι [3x] dei vv. 7-8 per la rivalutazione di essi a motivo di Cristo. Nel v. 13a si pone così una terza ulteriore considerazione riguardo all'«io» dell'Apostolo. In connessione con una nuova menzione del verbo καταλαμβάνω senza oggetto – questa volta con il perfetto dell'infinito, quasi ad indicare un possesso pieno e duraturo – si ribadisce, con nuova enfasi, la coscienza della propria incompiutezza. Un giudizio che, secondo O'Brien[170], non è puramente soggettivo, ma è anche basato, come nell'uso di λογίζομαι in Rm 4,3-8, su solide ragioni; nel nostro caso sul fatto incontrovertibile dell'unione dell'Apostolo con Cristo e del suo conseguente cammino in divenire.

Sul lato positivo della *correctio* si trova soltanto l'espressione ellittica ἓν δέ che è posta in parallelo con διώκω δέ del v. 12. In base al contesto, l'ellissi può essere supplita da un nuovo uso del verbo λογίζομαι, oppure essere letta come un'interiezione con il senso di «ma soltanto una cosa». In ogni caso si vuol indicare ciò che più conta rispetto al proprio cammino, e nei vv. 13c-14 questo lo si spiegherà attraverso la metafora agonistica. La formula quindi è, da una parte, la conclusione dell'enunciato, mentre dall'altra funge da introduzione per la conseguente illustrazione.

L'affermazione dei vv. 12-13b è quindi costituita da una duplice *correctio* che precisa come Paolo non abbia conseguito la meta del proprio itinerario, ma si muova in questa direzione, coinvolgendo con sé anche gli ascoltatori, nella consapevolezza dell'azione di Cristo e della propria imperfezione. Come spiegazione di tutto ciò nei vv. 13c-14 si descrive quali siano la sua condizione e il suo atteggiamento attraverso una metafora sportiva.

---

[169] BAGD 597-598.
[170] O'BRIEN, *Philippians*, 427.

2.3.2.2 L'illustrazione attraverso la metafora dei vv. 13c-14

Il periodo costituito dai vv. 13c-14 è introdotto dalla costruzione ellittica ἐν δέ e ne rappresenta anche l'esplicazione. Dal punto di vista sintattico i due participi con valore modale del v. 13c dipendono dalla proposizione principale del v. 14. In questi versetti si vuol mostrare ciò che era asserito dall'enunciato dei vv. 12-13b. Se per quest'ultimo si trattava sostanzialmente di una riflessione sulla situazione dell'io, la relativa illustrazione si configura di più come la descrizione dell'atteggiamento del soggetto nel suo protendersi verso la meta, finalmente nominata. Nei vv. 13c-14 da un lato ci si riallaccia a ciò che precede attraverso il participio ἐπιλανθανόμενος, il quale appartiene allo stesso campo semantico di λογίζομαι, e la ripetizione di διώκω; ma, dall'altro si ha un nuovo sviluppo nel protendersi (ἐπεκτεινόμενος) verso quello che diventa un obiettivo sempre più chiaro (τοῖς δὲ ἔμπροσθεν; σκοπός; βραβεῖον), appartenente alla dimensione celeste (ἡ ἄνω κλῆσις τοῦ θεοῦ).

Come ha mostrato Pfitzner[171], il linguaggio dei versetti richiama il contesto di una gara di corsa: σκοπός è la linea d'arrivo, διώκω indica lo sforzo compiuto, e la costruzione τὰ μὲν ὀπίσω ἐπιλανθανόμενος τοῖς δὲ ἔμπροσθεν ἐπεκτεινόμενος descrive l'atteggiamento dell'atleta che corre, senza guardarsi indietro, tutto proteso verso ciò che sta davanti, costituito da βραβεῖον in quanto premio per la vittoria. Inoltre c'è chi[172] vede nel termine κλῆσις la pubblica proclamazione del vincitore della gara. Anche in 1 Cor 9,24-27 si utilizza, con la ricorrenza dello stesso termine βραβεῖον, l'immagine della corsa. In aggiunta Édart[173] segnala nel NT l'uso metaforico di τρέχω (Rm 9,16; Gal 2,2; 5,7, Fil 2,16; 2 Ts 3,1) e del sostantivo δρόμος (At 13,25; 20,24; 2 Tm 4,7-8).

Nel reperire lo sfondo della metafora agonistica, utilizzata in rapporto alla corsa, diverse sono le proposte degli studiosi. A proposito di 1 Cor 9,24-27, testo con molti punti in comune con Fil 3,13c-14, Barbaglio[174] rileva che probabilmente l'Apostolo è stato influenzato dall'ambiente greco ad assumere l'immagine di una gara di velocità, poiché essa era frequentemente utilizzata nella filosofia popolare del tempo (anche nella *diatriba* stoico-cinica), in relazione alla lotta per la vir-

---

[171] PFITZNER, *Agon*, 139-141, 153.
[172] Ad es. HAWTHORNE, *Philippians*, 154.
[173] ÉDART, *Philippiens*, 255-256.
[174] G. BARBAGLIO, *La prima lettera ai Corinzi* (ScOC 7; Bologna 1996) 451.

tù e i valori spirituali[175]. Pfitzner[176] vede anche uno sfondo giudeo-ellenistico per la metafora: ad esempio con simili espressioni parla dell'agone morale Filone[177]. Infine Metzner[178], pur non rigettando la provenienza dell'immagine dalla filosofia popolare e dal giudaismo ellenistico, afferma, in base alle dettagliate descrizioni fornite da 1 Cor 9,24-27 e Fil 3,12-16, la sua derivazione soprattutto dall'esperienza diretta di Paolo, il quale avrebbe assistito di persona a queste competizioni. Se la proposta di Metzner può essere considerata come ipotesi[179], in quanto difficilmente dimostrabile, le origini ellenistiche o quelle giudeo-ellenistiche, in base ai testi che riportano la metafora agonistica, appaiono invece entrambe possibili. In ogni caso, a noi interessa soprattutto comprendere come questo *topos*, derivante dall'ambiente culturale, venga utilizzato nel nostro testo e lì adattato a specifiche finalità. Per far questo dovremo analizzarne più da vicino il lessico.

Con il parallelismo antitetico del v. 13c si mette in rilievo il contrasto tra ciò che sta dietro e davanti all'atleta che corre. Riguardo al primo aspetto è impiegato il participio del verbo ἐπιλανθάνομαι, che ha nel NT due significati basilari: «dimenticare» (ad es. Mt 16,5; Gc 1,24) e «trascurare, non prestare attenzione» (ad es. Lc 12,6; Eb 6,10). In base al contesto, in Fil 3,13 ci si riferisce all'atleta che non presta attenzione né al percorso compiuto né all'avversario che potrebbe stargli dietro. L'oggetto del participio è dato da τὰ ὀπίσω: il riferimento potrebbe essere al passato giudaico ma, in base all'uso della forma presente del participio, indicante un'azione in corso, sarebbe meglio vedere nel sintagma il dimenticare, non tenendone conto, tutto quanto già vissuto. Opportunamente Pfitzner[180] nota come l'espressione, nel suo insieme (verbo e oggetto), serva soprattutto per elaborare l'immagine più che per indicare un periodo specifico della vita di Paolo.

Come da *pendant* al precedente, si trova il participio presente di ἐπεκτείνω, *hapax legomenon* biblico, rafforzato dal duplice suffisso

---

[175] Cf. ad es. Lucius Anneus Seneca Jr., *Ep* 78.16.

[176] PFITZNER, *Agon*, 140.

[177] Philo Alexandrinus, *VitMos* 1.48.

[178] R. METZNER, "Paulus und der Wettkampf. Die Rolle des Sports in Leben und Verkündigung des Apostels (1 Kor 9,24-27; Phil 3,12-16)", *NTS* 46 (2000) 565.

[179] Cf. anche P.F. ESLER, "Paul and the *Agon* Motif in Its Cultural and Visual Context", *Picturing New Testament* (eds. A. WEISSENRIEDER – F. WENDT – *e.a.*) (WUNT 2/193; Tübingen 2005) 383, secondo il quale Paolo conoscerebbe l'atletica, oltre che per esperienza diretta, per le rappresentazioni di essa su statue e vasi.

[180] PFITZNER, *Agon*, 149.

preposizionale. In base al significato del verbo nella lingua greca, possiamo leggere in ἐπεκτεινόμενος la tensione e lo sforzo del corridore che si protende con tutte le sue forze per giungere all'arrivo. Proprio questo è indicato con il sintagma τοῖς δὲ ἔμπροσθεν che, per la prima volta nell'unità, fa intravedere la meta. L'accento di tutta la costruzione antitetica, come Pfitzner[181] segnala, non sta nell'entità del cammino percorso, bensì nel fatto che non si abbia ancora raggiunto il traguardo.

All'inizio del v. 14 è messo in evidenza il termine σκοπός che nel NT si trova solo qui, mentre nel greco è usato secondo due principali significati: ciò verso cui si fissa lo sguardo (uso più comune) oppure, metaforicamente, il fine verso il quale la persona orienta la propria vita; nella sua seconda accezione, nel senso di meta del cammino cristiano, viene utilizzato in Fil 3,14[182]. Collegata al verbo διώκω, come nel nostro caso, la parola indica il punto di arrivo nell'ambito della metafora dell'agone morale[183]. La preposizione κατά nel versetto indica la direzione della corsa.

Il premio ricevuto all'interno di una competizione è indicato attraverso il termine βραβεῖον, con εἰς che segnala il fine[184]. Il sostantivo ricorre nel NT soltanto in 1 Cor 9,24, in un contesto molto simile. Per determinarne il significato in Fil 3,14 sarà necessario esaminare la lunga costruzione al genitivo che segue.

L'espressione τῆς ἄνω κλήσεως τοῦ θεοῦ ἐν Χριστῷ Ἰησοῦ può essere interpretata in base a tre diverse modalità, secondo quanto è presentato da O'Brien[185]:

1. La costruzione è letta come un genitivo epesegetico, in apposizione a τὸ βραβεῖον: il premio diventa dunque la chiamata di Dio alla vita con lui. Prima l'autore si esprimerebbe metaforicamente e poi *apertis verbis* parlando di una stessa realtà celeste. Dal punto di vista grammaticale, però, sembra più logico considerare τὸ βραβεῖον come oggetto del verbo διώκω, e attribuire alla costruzione un valore di specificazione. Inoltre, come sottolinea Bockmuehl[186], in coerenza con la metafora, il fine della corsa deve rimanere il premio e non la chiamata, la quale in Paolo normalmente denota l'atto divino del chiamare più che ciò a cui si è chiamati.

---

[181] PFITZNER, *Agon*, 141.
[182] FUCHS, "σκοπός", 415-416.
[183] Epictetus, *Diss* 4.12.15.
[184] Cf. FEE, *Philippians*, 348 n. 45.
[185] O'BRIEN, *Philippians*, 431-432.
[186] BOCKMUEHL, *Philippians*, 222-223.

2. L'espressione è presa come parte dell'immagine atletica dei giochi, e con valore di genitivo oggettivo. A tal proposito si fa riferimento alla consuetudine, in atto nelle olimpiadi, secondo la quale, per la consegna del premio, veniva fatta la chiamata del vincitore da parte di alti ufficiali[187]. Questa lettura non appare convincente: infatti, come è segnalato da Fee[188], il termine κλῆσις è proprio di Paolo ed è da lui utilizzato per la chiamata da parte di Dio dei credenti (ad es. Rm 11,29; 1 Cor 1,26); inoltre non si trova alcuna testimonianza nella quale la parola è usata per designare la suddetta proclamazione del vincitore.

3. Infine κλῆσις è interpretata come l'atto divino della chiamata, con la costruzione letta secondo un genitivo soggettivo. Allora il premio è quello annunciato e promesso dalla chiamata, ed esprime comprensivamente l'approdo escatologico della salvezza. Appare questa l'interpretazione più corretta, in ragione della grammatica e dell'uso paolino. In questo senso l'avverbio ἄνω descrive, piuttosto che la direzione, la provenienza dell'appello («dall'alto»), in coerenza con ἐξ οὗ del v. 20.

Müller[189] trova riferimenti riguardo a questa espressione in Filone, dove l'anima è attirata da Dio al cielo[190]; in particolare coloro che cercano la sapienza e la conoscenza, riempiti dello spirito di Dio, sono da lui chiamati[191]. Il contesto di Fil 3,14 però, anche se sottolinea l'origine divina della chiamata attraverso il genitivo τοῦ θεοῦ, non si riferisce semplicemente all'anima ma a tutta la persona; inoltre si giunge a sottolineare un aspetto molto specifico con l'uso del sintagma ἐν Χριστῷ Ἰησοῦ. Il cammino dell'Apostolo parte così dall'essere trovato in Cristo all'inizio (ἐν αὐτῷ, v. 9) e termina con il ritrovarsi in Cristo alla fine. La relazione con lui è dunque l'elemento fondante dell'itinerario paolino, mentre l'appello proveniente da Dio ne annuncia il compimento.

La metafora presa dalla tradizione ha condotto Paolo più lontano rispetto allo scopo per la quale era solitamente impiegata. Egli si distanzia, come afferma Pfitzner[192], dal motivo stoico della προκοπή, spesso legato alla metafora agonistica per significare il progresso individuale nelle virtù. A questo potremmo anche aggiungere il distacco, anche se meno accentuato, dall'aspetto della συνάσκησις, in quanto sforzo co-

---

[187] Cf. G. GLOTZ, "Hellanodikai", *DAGR* III/I, 63.
[188] FEE, *Philippians*, 349 n. 49.
[189] MÜLLER, *Philipper*, 169.
[190] Philo Alexandrinus, *RerDivHer* 70.
[191] Philo Alexandrinus, *Plant* 23.
[192] PFITZNER, *Agon*, 151-152.

mune al maestro e al discepolo per giungere alla perfezione. Infatti il testo si allontana prima di tutto dal concetto di προκοπή poiché l'impegno di Paolo non è puramente individuale, ma tende a coinvolgere anche i destinatari (v. 13a). La differenza emerge poi nei confronti di entrambi i motivi: la perfezione paolina non è di ordine morale, ma escatologico, legata alla chiamata celeste; inoltre all'uomo è richiesto di tendere ad essa, ma senza poterla afferrare, se non come ricevuta da Dio. In positivo, secondo Metzner[193], l'immagine si riferirebbe sia alla vita cristiana di Paolo, sia al suo impegno e ministero apostolico, nel quale coinvolge anche i destinatari. Se sul primo aspetto non sembrano esserci dubbi, visto il contesto nel quale si parla del suo rapporto con Cristo, sul secondo invece si possono sollevare delle obiezioni. Il brano parallelo di 1 Cor 9,24-27 rinvia chiaramente all'annuncio del Vangelo da parte dell'Apostolo (κηρύξας, v. 27), mentre in Fil 3,13c-14 non è possibile trovarvi alcuna menzione. Sosteniamo quindi che l'immagine agonistica si riferisca all'attuale cammino di fede di Paolo nel quale egli desidera coinvolgere anche i cristiani di Filippi, così come appare dal testo (v. 13a).

Se l'Apostolo nei vv. 12-13b afferma di non considerarsi ancora arrivato alla perfezione nella sua esistenza cristiana, ai vv. 13c-14 mostra questo assunto attraverso l'uso della metafora della corsa. Così, la cosa più importante, in relazione al suo atteggiamento presente, è che, senza curarsi del cammino già percorso, egli si protende verso ciò che gli sta davanti, la meta dell'itinerario, al fine di ricevere il premio donato da Dio in Cristo[194]. Nel suo agire egli dimostra dunque ciò che afferma, proprio come nell'educazione classica doveva fare il maestro con i suoi discepoli, così da risultare per loro un esempio da imitare. Paolo, infatti, inviterà i Filippesi ad assumere la sua stessa mentalità (v. 15) e direttamente li esorterà all'imitazione (v. 17).

2.3.3 Conclusioni

Il ragionamento sviluppato nei vv. 12-14 si caratterizza come un'attenuazione del vanto in Cristo proposto nei vv. 7-11. Al fine di evitare fraintendimenti, si utilizza una duplice *correctio* che costituisce

---

[193] METZNER, "Paulus und der Wettkampf", 580-583.

[194] La più recente monografia sulla metafora agonistica in Paolo, non aggiunge niente di nuovo riguardo ai nostri versetti: U. POPLUTZ, *Athlet des Evangeliums*. Eine motivgeschichtliche Studie zur Wettkampfmetaphorik bei Paulus (HBS 43; Freiburg im Breisgau – Basel – Wien – Barcelona – Rom – New York 2004) 293-328.

l'enunciato iniziale dei vv. 12-13b. Essa intende affermare come Paolo
non si consideri giunto alla perfezione, ma ancora in cammino. L'illustrazione dei vv. 13c-14, attraverso la metafora agonistica, descrive
l'atteggiamento attuale dell'Apostolo, mentre fa intravedere la fine del
percorso nel premio derivante dall'appello divino. Nella σύγκρισις tra
l'identità cristiana di Paolo al presente e quella al futuro si mostra il significato della sottounità: oggi egli non è ancora arrivato alla meta del
cammino che appartiene al domani, ma si sforza di conseguirla perché
è stato conquistato da Cristo. Il compimento è già in vista, ma non si
ottiene semplicemente con il proprio sforzo, bensì dipende dalla chiamata di Dio.

Tutto questo riguarda l'Apostolo in prima persona, così come avviene anche nella περιαυτολογία, dove al soggetto è suggerito di riconoscere le proprie imperfezioni, ma attraverso il collegamento con l'u-
ditorio del v. 13a, che diventerà un *transfert* nei vv. 15-16, è poi applicabile anche ai Filippesi. Paolo è dunque un modello incompiuto, il suo
vanto in Cristo è incompleto, non essendo egli all'arrivo ma ancora in
corsa. Con fine pedagogia coinvolge i suoi nel proprio sforzo (la
συνάσκησις) mentre, allo stesso tempo, sottolineando la sua imperfezione, riduce la distanza con loro per rendere più plausibile l'emulazione. I
destinatari sono così invitati a leggersi alla luce del paradigma paolino
e, di conseguenza, sono incoraggiati a fare passi ulteriori nel cammino
della vita cristiana.

2.4   L'esortazione dei vv. 15-16

2.4.1   *Composizione ed* elocutio

Con il v. 15 l'«io», utilizzato ininterrottamente a partire dal v. 4b, si
muta nel «noi» inclusivo, segnando il passaggio ad una parenesi basata
su verbi dal valore di congiuntivo esortativo (φρονῶμεν; στοιχεῖν,
vv. 15-16). Con la particella οὖν del v. 15 si introduce una conclusione
nel discorso che, attraverso il riassuntivo πλήν, termina nel v. 16. Al livello della composizione orale abbiamo visto due possibili collocazioni
dei versetti, le quali danno luogo anche a due diverse letture interpretative.

Nella prima ipotesi colleghiamo i vv. 15-16 ai vv. 12-14. Si possono rinvenire alcuni significativi legami: a τετελείωμαι del v. 12 corri-

sponde τέλειοι del v. 15, formando un'antanaclasi[195], mentre i verbi φταίνω e στοιχέω del v. 16 appartengono allo stesso campo semantico relativo al movimento presente nei vv. 12-14. I vv. 15-16 allargano dunque l'orizzonte dei vv. 12-14, passando dall'«io» al «noi» inclusivo e preparando l'esortazione generale con il «voi» del v. 17. Come sottolinea de Silva[196], i verbi al congiuntivo esortativo dei vv. 15-16 si differenziano dall'imperativo usato al v. 17 e, insieme al pronome ὅσοι, costituiscono un linguaggio di tipo associativo.

In base alla seconda ipotesi i vv. 15-16 vengono considerati a parte, e costituiscono lo sbocco parenetico dei vv. 4b-14. Essi sono in simmetria antitetica con l'esortazione, con relativa giustificazione, dei vv. 2-4a: conformemente a quanto visto nel confronto con l'*exemplum*, essi infatti hanno carattere protrettico, che si contrappone a quello apotrettico degli altri. I legami tra i vv. 4b-14 e i vv. 15-16 sono poi costituiti dall'utilizzo di verbi appartenenti allo stesso campo semantico relativo ai processi mentali. Così i vv. 15-16 pongono la loro attenzione sul «pensare» e forniscono la chiave di lettura dell'esempio di Paolo dei vv. 4b-14. Inoltre, proprio in questi ultimi versetti si preparerà, mediante il ricorso al «noi» e al carattere protrettico, l'appello all'imitazione del v. 17, a sua volta concentrato sull'«agire».

Dal punto di vista dell'*elocutio*, notiamo l'anastrofe ὅσοι οὖν τέλειοι, attraverso la quale si opera una *captatio benevolentiae* nei confronti dei destinatari, insieme all'antanaclasi che si forma con il v. 12. Al v. 15 è da segnalare anche la duplice ripetizione di φρονέω. Infine il v. 16 conclude l'esortazione con uno stile laconico.

2.4.2 Inventio

Il v. 15 si apre con il pronome correlativo plurale ὅσοι, che spesso nell'uso paolino non ha un valore partitivo, quanto piuttosto tende ad includere tutti quelli dei quali si fa menzione (ad es. Rm 6,3; Gal 3,10). In base al contesto del brano, appare il riferimento a Paolo, ai Filippesi e, in generale, ai cristiani. Essi sono designati con l'aggettivo τέλειος, che riprende il linguaggio di perfezione del v. 12. Questo lessico in passato veniva collegato con le religioni misteriche e con lo gnosticismo, mentre oggi si notano di più i legami con la filosofia greca, in par-

---

[195] L'antanaclasi è la ripetizione di una stessa parola (o corpo di parola) in due sensi differenti, cf. LAUSBERG, *Elemente* § 292.
[196] DE SILVA, "No Confidence", 50.

ticolare lo stoicismo, e con l'AT e i testi di Qumran. Così Holloway[197] ricorda i filosofi stoici che negano di aver raggiunto la perfezione del saggio[198]. O'Brien[199], invece, in base all'uso dell'aggettivo nei LXX, fa riferimento a ciò che è «intero», «perfetto», «intatto», in relazione alla persona o al cuore profondamente legati con Dio (ad es. Gn 6,9; Dt 18,13); in questo senso si muovono anche i testi di Qumran, che attribuiscono la designazione di תָּמִים a colui che osserva la legge di Dio e cammina perfettamente nelle sue vie (1QS 1.8; 2.2). Nel NT l'aggettivo greco denota l'integrità morale di fronte a Dio (ad es. Mt 5,48; Rm 12,2), una realtà celeste ed escatologica (1 Cor 13,10; Eb 9,11), la maturità spirituale (ad es. 1 Cor 14,20; Eb 5,14). In Fil 3,15 la definizione del significato diventa problematica, visto che al v. 12 si negava di essere giunti alla perfezione (τετελείωμαι). Per spiegare questa apparente contraddizione alcuni autori[200] vedono in τέλειοι, da tradurre con «perfetti», un riferimento ironico contro avversari fuori o dentro la comunità. Il contesto non autorizza questa lettura, in quanto Paolo non si sta rivolgendo ai destinatari con il linguaggio della polemica, ma usa l'inclusivo ὅσοι ponendo se stesso tra coloro che sono τέλειοι. Mentre l'utilizzo ironico del termine non ha paralleli nel NT, l'accezione di «maturi», come visto, è invece ben testimoniata. Propendiamo dunque per riconoscere all'aggettivo questa accezione, individuando, nel confronto con il v. 12, un'antanaclasi con l'uso di parole simili ma con significato diverso. Successivamente, ci soffermeremo sulla suddetta figura retorica, che ci aiuterà a comprendere la terminologia utilizzata nel testo.

Il congiuntivo esortativo di φρονέω viene riferito ai maturi nella fede. Il verbo è particolarmente significativo in Fil con ben dieci ricorrenze. Come segnala Bittasi[201], il termine denota nella grecità un sentire legato all'agire etico, una capacità di discernimento per vivere nel caso concreto secondo virtù. Nei LXX il verbo, insieme ai suoi derivati, ha a che fare soprattutto con il pensare e il discernere (ad es. Sal 93,8; Sap 1,1). Nel NT su 25 ricorrenze, 22 sono paoline: «pensare, giudicare» (ad es. 1 Cor 13,11; Fil 1,7), «essere intento, porre la mente a» (ad es. Rm 12,16, Col 3,2), «avere una mentalità o un'attitudine» (Gal 5,10;

---

[197] HOLLOWAY, *Philippians*, 141 n.50.

[198] Ad es. Epictetus, *Diss* 3.7.17.

[199] O'BRIEN, *Philippians*, 434.

[200] Ad es. J. GNILKA, *Der Philipperbrief* (HTKNT 10/3; Freiburg im Breisgau – Basel – Wien 1968) 201.

[201] BITTASI, *Gli esempi*, 57.

Fil 2,5)[202]. In questo ultimo senso appare impiegato in Fil 3,15, dove Paolo invita i Filippesi ad avere quella mentalità manifestata nel suo modo di pensare e di agire (τοῦτο è analettico). Lo stesso verbo viene poi ripreso per affermare l'eventualità di una differenza (ἑτέρως) di pensiero tra l'Apostolo e i destinatari. Si tratta, come nel v. 4b, di un'ipotetica dell'obiettività e quindi pone semplicemente una condizione: non è detto che in realtà ciò si verifichi. Sarebbero comunque divergenze su punti di poca importanza (τι), rispetto all'attitudine paolina che si è esortati a seguire.

Con riferimento a τι, nell'apodosi si utilizza di nuovo τοῦτο, introdotto da un καί dal valore avverbiale di «anche». Il verbo ἀποκαλύπτω, che significa «rivelare, portare alla luce», è usato per la pubblica rivelazione data da Dio con o senza una coloritura escatologica (ad es. Rm 1,17; Gal 3,23) o per una manifestazione divina nella vita individuale (ad es. Gal 1,16; 1 Cor 14,30); in base a questa seconda accezione, il termine viene impiegato in Fil 3,15[203]. Nel caso ci siano delle discordie tra l'Apostolo e i suoi, riguardo ad altri aspetti minori, rispetto a quello del φρονεῖν, Dio provvederà ad illuminare i Filippesi con un suo ulteriore rivelarsi. Anche qui la lettura in chiave ironica e polemica del verbo ἀποκαλύπτω, fatta da alcuni autori[204], stona con il carattere irenico e d'incoraggiamento della frase nel suo insieme.

Con la congiunzione conclusiva πλήν si apre il v. 16. Il verbo φθάνω nel NT significa «giungere» o «precedere» in senso stretto (ad es. Mt 12,28; 1 Ts 4,15) e, con significato più ampio, «ottenere» (Rm 9,31). Nella seconda accezione è utilizzato in Fil 3,16, in riferimento al livello di maturità cristiana raggiunta (εἰς ὅ), sia da Paolo che dai destinatari. L'ultimo verbo, all'infinito, con valore esortativo in ragione del contesto, è στοιχέω, il quale originariamente fa parte del lessico militare legato alla marcia e successivamente assume l'accezione di «essere in linea con», «seguire», sia in riferimento ad una realtà che ad una persona[205]. Nel NT è utilizzato per indicare il rispetto di una norma (At 21,24; Gal 6,16), la sequela di qualcuno (Rm 4,12), la condotta di vita secondo un certo stile (Gal 5,25). A questo ultimo uso appare rifarsi il testo di Fil 3,16. Inoltre, in connessione con l'espressione τῷ αὐτῷ, στοιχέω non significa semplicemente conformarsi a ciò che si

---

[202] Cf. BAGD 1065-1066.
[203] Cf. O'BRIEN, *Philippians*, 438-439.
[204] Ad es. GNILKA, *Philipperbrief*, 201.
[205] Cf. BAGD 946.

è ottenuto nella comprensione del Vangelo, come alcuni affermano[206],
ma, a partire dal livello di vita cristiana conseguito, procedere oltre, in
base proprio all'accezione militare del verbo. Nel v. 16 si vuol affermare ciò che è necessario per il comune cammino di fede di Paolo e dei
suoi: a partire dal punto raggiunto insieme si deve andare oltre, in consonanza con l'invito rivolto già nei vv. 12-14, nei quali si trovano termini appartenenti allo stesso campo semantico del movimento. Infine il
verbo στοιχέω prepara l'uso di περιπατέω dei vv. 17-18 e la relativa
parenesi.

2.4.3 Conclusioni

L'esortazione dei vv. 15-16 può assumere due funzioni diverse, ma,
complementari, a seconda del riferimento che in essa si vuol vedere:
unita ai vv. 12-14, riveste il ruolo di una conclusione parenetica della
sottounità, collegando l'«io» di Paolo ai destinatari attraverso il «noi».
La parenesi riguarda il contenuto dei vv. 12-14: gli ascoltatori sono infatti invitati ad assumere il φρονεῖν (il modo di pensare e quindi di agire) che il testo ha appena presentato, anche per evitare possibili fraintendimenti (vedi la *correctio*). In questa prospettiva possiamo leggere
anche l'antanaclasi. In un primo tempo l'autore afferma di non essere
stato ancora reso perfetto (τετελείωμαι, v. 12), mentre successivamente,
con un termine della stessa radice, dichiara di appartenere, insieme a
tutti gli ascoltatori, ai «maturi» (τέλειοι, v. 15). L'antanaclasi si trova
dunque in connessione con la duplice *correctio* dei vv. 12-13b. Questo
modo di procedere non è nuovo per Paolo, infatti già in Rm 7,14-25 le
due figure retoriche rappresentano elementi importanti dell'argomentazione[207]. Nel nostro testo il collegamento così creatosi è finalizzato ad
esprimere la posizione paolina: la vera perfezione e maturità cristiana si
trova paradossalmente nel riconoscimento della propria imperfezione.
Si è ancora in cammino e non già alla meta, per questo è necessario
procedere oltre, tenendo conto anche di ciò che si è raggiunto nella
nuova vita in Cristo.

In base alla seconda ipotesi di composizione, l'esortazione dei
vv. 15-16 è riferita all'insieme dei vv. 4b-14. Essi vogliono mostrare il
fine esortativo della narrazione autobiografica, l'orientamento per leg-

---

[206] Ad es. FEE, *Philippians*, 361. Questa interpretazione potrebbe essere giustificata nel caso si accolga la variante κανόνι, meno supportata dai testimoni, e che rappresenta la *lectio facilior*.

[207] Cf. ALETTI, "Paul et la rhétorique", 43-44.

gere l'esempio di Paolo. La duplice ripetizione di φρονέω nel v. 15 riprende i verbi appartenenti al campo semantico dei processi mentali, presenti nei vv. 4b-14, cosicché il modo di pensare dell'Apostolo è ciò che è posto sotto la categoria esemplare e presentato come la retta mentalità valida per tutti i cristiani. Così nei vv. 15-16 si mostrerebbe il «retto pensare», preparando il passaggio all'appello all'imitazione del v. 17 che riguarda il «retto agire». Inoltre li dovremo poi interpretare alla luce dei vv. 2-4a che si trovano ad essi contrapposti.

A differenza delle altre due esortazioni presenti nel brano, i vv. 15-16 utilizzano il congiuntivo esortativo con la prima persona plurale anziché l'imperativo con la seconda plurale. Riteniamo di dover sottolineare questo fatto. Infatti, ciò significa che, come sottolinea Williams[208], l'Apostolo non utilizza la propria autorità per costringere i Filippesi ad accettare il suo punto di vista, bensì fa uso di una sottile persuasione. L'iniziale *captatio benevolentiae* e l'appello ad una divina rivelazione del v. 15, insieme al linguaggio inclusivo di entrambi i versetti, provano tale assunto. Fee[209] legge questa parenesi all'interno delle convenzioni proprie dell'amicizia, secondo le quali Paolo evita qualsiasi accenno ad una relazione tra superiore ed inferiore, propone un'esortazione e non un comando ed infine lascia la possibilità anche di un diverso modo di pensare. Insieme a tutto ciò, riteniamo che il testo rivolga anche, soprattutto nel v. 16, un richiamo all'unità nelle cose più importanti, nei fondamenti dell'esistenza cristiana mostrati nella vicenda dell'Apostolo: da questa base comune si è invitati a progredire ancora. Così nel v. 16 si trova un riferimento ai versetti precedenti, e, allo stesso tempo, viene introdotto, sia attraverso il linguaggio proprio del movimento, sia con l'invito alla concordia, l'appello seguente all'imitazione dell'Apostolo.

Il procedere dell'esortazione dei vv. 15-16 diventa ancor più chiaro attraverso l'individuazione di un *transfert* che non è attuato, come in precedenza, da Paolo a Cristo, bensì da Paolo ai destinatari. Infatti la *captatio benevolentiae* del v. 15 mette in atto espedienti tipici del *transfert* periautologico, laddove l'oratore mescola il proprio elogio a quello dell'uditorio e si presenta come un rappresentante per eccellenza della categoria che esalta. In questo modo si realizza la possibilità per i Filippesi di leggere in controluce, nella vicenda dell'Apostolo, la dinamica della loro stessa vita cristiana: quanto è stato detto di lui è riferibi-

---

[208] WILLIAMS, *Enemies*, 208.
[209] FEE, *Philippians*, 358-359.

le anche a ciascuno di loro. L'insieme dei vv. 15-16 porta dunque in primo piano il richiamo agli ascoltatori, in parte già coinvolti al v. 13a, i quali, subito dopo al v. 17, sono invitati ad imitare l'Apostolo.

2.5 Chiusura

Dopo aver analizzato ciascuna delle tre sottounità dei vv. 4b-14 e l'esortazione dei vv. 15-16, siamo in grado di delineare la progressione delle idee che sta a fondamento del testo. Gli enunciati delle tre sottounità descrivono questo percorso: Paolo avrebbe motivo più di altri per «confidare nella carne», cioè nei privilegi ricevuti e nei meriti acquisiti (v. 4b), ma ha scelto di valutare queste cose come una perdita a motivo di Cristo, anzi tutto giudica niente e da abbandonarsi in confronto alla conoscenza di lui (vv. 7-8d); con ciò non si considera un arrivato nella nuova vita in Cristo, ma soltanto uno in cammino, che sa di essere stato conquistato da lui (vv. 12-13b). Lo sviluppo è scandito anche secondo un orientamento temporale: dal passato, al passato nel confronto con il presente, al presente in relazione con il futuro[210]. Inoltre, dal contenuto degli enunciati e dal confronto con la περιαυτολογία, è emerso il motivo del vanto che caratterizza le tre sottounità: il vanto giudaico (vv. 4b-6), il suo rovesciamento per giungere al vanto in Cristo (vv. 7-11), l'attenuazione del vanto cristiano perché ancora incompleto (vv. 12-14)[211]. I diversi sviluppi che seguono giustificano e mostrano quanto è affermato in ciascuno degli enunciati: l'elenco dei privilegi e dei meriti acquisiti come motivo per confidare nella carne (vv. 5-6), ciò che è a fondamento dell'essere in Cristo e ciò che ne consegue (vv. 8e-11), la propria situazione di imperfezione che necessita di un compimento (vv. 13c-14). Complessivamente nelle tre sottounità è presente un dinamismo che produce una nuova definizione del soggetto: l'identità nella carne, quella in Cristo come superamento della prima, quella cristiana che resta ancora in divenire. L'elemento che mette in moto tutto il processo è la persona di Cristo (v. 7), l'incontro e conoscenza di lui (v. 8), i quali segnano l'esistenza sino alla piena comunione con lui alla

---

[210] J.P. SAMPLEY, *Walking Between the Times*. Paul's Moral Reasoning (Minneapolis, MN 1991) 7-24, mostra come siano due gli orizzonti fondamentali del pensiero paolino riguardo la vita del credente in Cristo risorto: *non più-ora* e *già-non ancora*. In base a quanto visto, possiamo ben ritrovarli anche nel nostro testo.

[211] Da notare come il percorso periautologico inizi con l'«io» di Paolo (ἐγώ, v. 4b) e termini in Cristo (ἐν Χριστῷ Ἰησοῦ, v. 14).

fine (v. 14). Possiamo dunque affermare che nei vv. 4b-14 viene descritta globalmente la dinamica della vita cristiana di Paolo.

L'esortazione dei vv. 15-16, attraverso il *transfert* periautologico, nel passaggio dall'«io» del soggetto al «noi» inclusivo, provvede a coinvolgere gli ascoltatori in questo cammino, preparando l'appello all'imitazione dell'Apostolo proprio del v. 17.

3. Lettura complessiva

L'insieme di Fil 3, in particolare i versetti centrali, è stato fatto oggetto di alcune interpretazioni le quali cercano di ritrovarvi un motivo unificante. Noi affronteremo qui le due prospettive che più hanno una ricaduta sull'esegesi. La prima concerne il dibattito apertosi, e ancora molto vivo, a proposito delle posizioni assunte dalla *New Perspective*. La seconda è invece più recente ed è legata ad un solo studioso, Engberg-Pedersen, che propone un modello stoico di lettura dell'epistolario paolino. Ci soffermeremo soprattutto, in entrambi i casi, sugli elementi direttamente legati al nostro brano, senza entrare nel discorso più ampio. Al termine, in base allo studio del testo sin qui compiuto, proporremo una lettura complessiva dei vv. 4b-14.15-16.

3.1   Fil 3,6.9 e il concetto di δικαιοσύνη

I vv. 6.9 del nostro brano costituiscono un *pomo della discordia* all'interno della discussione provocata dal rivoluzionamento di Sanders e proseguita da coloro che seguono la sua strada. Nel dibattito possiamo vedere, schematizzando, sostanzialmente tre posizioni: quella che deriva da Bultmann, la reazione ad essa della *New Perspective*, e una risposta in contrapposizione a ciò con la riconsiderazione della prospettiva luterana e bultmanniana[212]. Analizzeremo i due versetti in questione soprattutto separatamente, anche se diversi autori tendono ad affrontarli insieme. Inoltre gli esegeti li interpretano spesso in base ad altri passaggi di Rm e di Gal riguardanti la legge, la fede e la giustizia; noi intendiamo invece attenerci soltanto al nostro testo.

---

[212] Cf. C.H. TALBERT, "Paul, Judaism, and the Revisionists", *CBQ* 63 (2001) 1-22 e M. BACHMANN (Hrsg.), *Luterische und Neue Paulusperspektive. Beiträge zu einem Schlüsselproblem der gegenwärtigen exegetischen Diskussion* (WUNT 182; Tübingen 2005) per una presentazione delle varie posizioni riguardo il dibattito più ampio, e non solo sui nostri versetti.

Bultmann[213] legge Fil 3,6 in connessione con Rm 7,7-25: nel primo passo si riflette l'autocoscienza erronea di Paolo giudeo che andava dietro alla legge, mentre nel secondo quella del Paolo cristiano che descrive la situazione disperata dell'uomo sotto la legge. L'Apostolo condanna dunque la sua condotta precedente in quanto inganno del peccato che, servendosi dell'ἐπιθυμία suscitata dalla legge, lo aveva portato, proprio come sostiene Fil 3,6, ad un falso zelo legalista[214]. Quindi il v. 6 affermerebbe che le richieste della legge possono essere adempiute, ma tutto ciò non conduce alla vita perché essa è in sé negativa e produce disperazione[215]. Infatti il suo compimento è il vero peccato perché porta a considerarsi giusti di fronte a Dio: un «confidare nella carne» che il giudeo manifesta con il suo vanto (vv. 3-4)[216].

La *New Perspective*, al contrario, interpreta positivamente l'asserzione di Fil 3,6 riguardo alla giustizia legale. Per Sanders[217] in questo versetto Paolo non esclude la possibilità dell'irreprensibilità dell'uomo, derivante dall'osservanza della legge. L'apparente conflitto tra questo e altri brani come Rm 5,12, dove si sostiene la condizione peccaminosa di tutta l'umanità, sarebbe presente anche nella letteratura rabbinica e giudaica. Infatti in questi scritti da una parte si afferma che ognuno, anche il giusto, in un qualche momento, commette peccato, mentre dall'altra si invita, soprattutto a Qumran, ad essere perfetti adempiendo la legge[218]. Allo stesso modo Paolo penserebbe che obbedire perfettamente alla legge è difficile ma non interamente impossibile, mentre è certo possibile incorrere nelle trasgressioni. In definitiva, secondo questo autore[219], si può comprendere l'irreprensibilità paolina sullo sfondo di una concezione del giudaismo come *Covenantal Nomism*, dove l'osservanza dei comandamenti di Dio è da leggersi in dipendenza dalla cornice dell'elezione e dell'alleanza e nell'ambito di un sistema di sacrifici adibito per l'espiazione dei peccati. L'Apostolo da

---

[213] R. BULTMANN, *Theologie des Neuen Testaments* (NTG; Tübingen 1953) 263.

[214] BULTMANN, *Theologie*, 243-244.

[215] R. BULTMANN, "Römer 7 und die Anthropologie des Paulus", *Imago Dei*. Beiträge zur theologischen Anthropologie. Gustav Krüger zum siebzigsten Geburtstage am 29. Juni 1932 dargebracht (Hrsg. H. BORNKAMM) (Giessen 1932) 54.

[216] BULTMANN, "Römer 7", 55.

[217] E.P. SANDERS, *Paul, the Law and the Jewish People* (Philadelphia, PA 1983) 23-24.

[218] Cf. E.P. SANDERS, *Paul and Palestinian Judaism. A Comparison of Patterns of Religion* (Philadelphia, PA 1977; ²1983) 111-116, 287-298.

[219] SANDERS, *Paul and Palestinian Judaism*, 75, 203-204, 550.

parte sua vedrebbe lo zelo e la pratica della legge come realtà positive, le quali non implicano né una gretta obbedienza né un'autogiustificazione; la questione sarebbe che, come in Fil 3,4-11, a paragone dell'essere con Cristo, tutto ciò non ha alcun valore.

Molte sono state le reazioni alle posizioni espresse da Sanders, ci limitiamo a citare quelle che riguardano le questioni più importanti. Das[220], pur condividendo parte delle sue affermazioni riguardo il v. 6, sottolinea come l'irreprensibilità di Paolo non derivi solamente dall'appartenenza al popolo dell'alleanza, ma anche dai suoi personali successi nell'adempiere la legge. Nelle fonti giudaiche si richiede infatti l'obbedienza e il compimento dei comandamenti: così il testo non tratterebbe soltanto di realtà legate alla propria identità etnico-religiosa, ma anche di elementi del comportamento personale che sono pubblicamente osservabili. Da parte sua, Kim[221] sostiene che nel contesto di Fil 3,6 non c'è alcun legame con l'espiazione dei peccati, poiché Paolo si pone a confronto con gli avversari affermando la sua superiorità, mostrata dall'irreprensibile giustizia nell'osservare i comandamenti secondo l'interpretazione farisaica. Infine Westerholm[222] vede coinvolta nell'aggettivo ἄμεμπτος la giustizia basata sulla legge, pertinente al comportamento umano, per la quale uno può essere irreprensibile.

Abbiamo già fornito la nostra spiegazione del v. 6 *ad locum*. Ci limitiamo ora ad alcune considerazioni sulle questioni più discusse tra gli studiosi. Anzitutto Paolo sostiene di essere veramente divenuto (γενόμενος) irreprensibile, e lo afferma come dato di fatto. La sua irreprensibilità è legata all'adempimento della legge, e quindi a una pratica dei comandamenti, senza che ci sia alcun riferimento alla possibile espiazione dei peccati. A ciò è connesso l'essere fariseo secondo la legge e lo zelo per essa, tutti elementi riguardanti i risultati personali conseguiti nel giudaismo. Con l'aggettivo ἄμεμπτος, che funziona da *climax*, ci si riferisce in primo luogo ai tre aspetti summenzionati. In secondo luogo, come visto, in base alla ricorrenza di Gn 17,1 [LXX] e al contesto dei vv. 5-6, l'aggettivo qualifica anche la risposta dell'uomo ai doni ricevuti da Dio a causa dell'alleanza con il suo popolo. In questo senso riteniamo opportuno parlare, come fa Marguerat[223] in risposta a

---

[220] A.A. DAS, *Paul, the Law and the Covenant* (Peabody, MA 2001) 7-9, 220-221.

[221] S. KIM, *Paul and the New Perspective*. Second Thoughts on the Origin of Paul's Gospel (Grand Rapids, MI – Cambridge, UK 2002) 149-150.

[222] WESTERHOLM, *Perspectives*, 272 n. 26.

[223] MARGUERAT, "Paul et la Loi", 263-264.

Sanders, di un *nomismo sinergico* nel quale si manifesta una polarità tra
la grazia divina dell'alleanza e l'obbedienza ai comandamenti richiesta
al credente. Infine il giudizio dell'Apostolo sulla propria irreprensibilità
appare non negativo, infatti egli avrebbe ancora motivo per confidare
nella carne (ἔχων, v. 4), in ciò che era, secondo la sua coscienza giudaica, un guadagno (v. 7). In definitiva, proprio non denigrando ma ap-
prezzando la sua irreprensibilità farisaica Paolo può metter in risalto la
sconvolgente scelta compiuta per Cristo.

Direttamente legato al v. 6 è il v. 9, riguardo al quale il dibattito, se
possibile, diventa ancora più acceso concentrandosi attorno al termine
δικαιοσύνη. Pressoché tutti i commentatori sono concordi nell'affermare che in Fil 3,9 vengono contrapposte due forme di giustizia; c'è però
disaccordo sulla natura di ciascuna delle due. Dobbiamo ancora rilevare
come nella maggior parte dei casi il versetto non sia analizzato correttamente dal punto di vista sintattico, con una conseguente ricaduta sul-
l'esegesi.

La posizione derivante da Bultmann[224] si basa sulla lettura del testo
secondo la contrapposizione tra ἐμὴν δικαιοσύνην e τὴν ἐκ θεοῦ, con
riferimento anche a Rm 10,3 dove si parla della giustizia peculiare
dell'ebreo come ἰδία. In Fil 3,9 sarebbe presente dunque il contrasto tra
la propria giustizia, basata sull'impegno umano per osservare la legge,
e quella vera che è dono di Dio per la fede. La prima genera una peccaminosa attitudine di vanto (καύχημα) di fronte a Dio, mentre la seconda l'umile sottomissione a lui.

La *New Perspective* vede nel versetto soprattutto l'opposizione tra
ciò che è per mezzo di Cristo e ciò che non lo è, in particolare la legge.
In coerenza con la sua confutazione di una lettura del giudaismo come
religione legalista, Sanders[225] reagisce alla posizione bultmanniana affermando anzitutto la presenza di due vere giustizie in Fil 3,9. Inoltre la
giustizia fondata sulla legge non si baserebbe sui meriti acquisiti in ragione delle opere compiute, poiché questa interpretazione richiede la
combinazione di Fil 3,9 con Rm 3,27 e Rm 4,2 e la comprensione del
vanto in senso individuale, piuttosto che nel particolare *status* di Israele. Infatti, secondo l'autore, si riterrebbero così veri due assunti di cui
Paolo, al contrario, non farebbe menzione: da una parte la giustizia per
la legge è raggiunta per i propri meriti, e quindi richiede un premio da

---

[224] BULTMANN, *Theologie*, 263, 280.
[225] SANDERS, *Paul, the Law*, 43-45, 140. MARGUERAT, "Paul et la Loi", 266, ribadisce la legge come via di salvezza per Israele ma a proposito dei vv. 5-6.

Dio, dall'altra essa è evidentemente negativa. Il vanto giudaico dell'Apostolo poi non risulterebbe errato perché il vantarsi è sbagliato, ma poiché comporta il porre la propria fiducia in qualcosa di diverso rispetto alla fede in Cristo. Dunque «la mia propria giustizia» di Fil 3,9 non sarebbe il rendersi giusto da sé, ma corrisponderebbe a «la loro propria giustizia» di Rm 10,3, in riferimento a quella propria di ogni ebreo osservante. Questa, in se stessa positiva, si mostrerebbe imperfetta di fronte alla rivelazione della giustizia di Dio che è per la fede in Cristo. Così in Fil 3,9 ci sarebbero due tipi di giustizie, legati a due diverse dispensazioni e in definitiva a due vie di salvezza. In conclusione, secondo Sanders[226] ciò che in questo passaggio appare sbagliato della legge è che essa non conduce a Cristo e, secondariamente, impedisce ai Gentili di stare allo stesso passo degli Ebrei.

Soprattutto questa ultima affermazione apre la strada a Dunn[227] e alla sua teoria degli *identity markers*, cioè particolari prescrizioni legali, come la circoncisione o la legge di purità, le quali separano, dal punto di vista etnico, Israele dalle altre nazioni. Per questo esegeta[228] «la mia propria giustizia» di Fil 3,9 non significa «ottenuta da me» ma «appartenente a me». Gli elementi dei vv. 5-6, ai quali l'espressione del v. 9 si riferisce, non sarebbero un conseguimento autonomo, ma mostrerebbero la giustizia del giudeo, propria di Israele. Il problema sollevato dal testo riguarderebbe soprattutto la convinzione giudaica secondo la quale la giustizia di Dio è unicamente per il popolo eletto ed applicabile ai Gentili soltanto se, divenendo credenti, assumono le obbligazioni distintive dell'alleanza, dunque gli stessi *identity markers*[229].

Le numerose reazioni alla *New Perspective* conducono a riaffermare alcune delle posizioni bultmanniane[230]. Tra gli altri, O'Brien[231] ri-

---

226 E.P. SANDERS, "Paul on the Law, His Opponents, and the Jewish People in Philippians 3 and 2 Corinthians 11", *Anti-Judaism in Early Christianity*. Volume I: *Paul and the Gospels* (eds. P. RICHARDSON – D. GRANSKOU) (SCJud 2; Waterloo, IA 1986) 79.

227 DUNN, *The Theology*, 356.

228 DUNN, *The Theology*, 369-371.

229 Cf. J.D.G. DUNN, "Philippians 3.2-14 and the New Perspective on Paul", *The New Perspective on Paul*. Collected Essays (WUNT 185; Tübingen 2005) 464-484, dove sostanzialmente si ripropongono i precedenti assunti.

230 Anche uno degli ultimi contributi sulla questione più ampia, R.H. GUNDRY, "The Inferiority of the New Perspective on Paul", *The Old is Better*. New Testament Essays in Support of Traditional Interpretations (WUNT 178; Tübingen 2005) 205, 208 n. 44, ripropone per Fil 3 semplicemente la posizione di Bultmann a proposito del

badisce la presenza in Fil 3,9 dell'attitudine della propria giustizia, in sé errata, ottenuta con l'obbedienza alla legge, la quale presenta una rivendicazione di fronte a Dio in vista del giudizio. Come nuovo elemento, l'autore[232] rileva la stretta connessione sintattica e concettuale tra l'«essere trovato in Cristo» e il resto del versetto, cosicché la giustizia proveniente da Dio è basata su una giusta relazione con lui e non è separata dalla conoscenza di Cristo. Da parte sua Gathercole[233] mostra come nella letteratura giudaica del secondo tempio si possano ritrovare alcuni esempi di un vanto individuale basato sull'obbedienza alla legge e non sullo *status* e le prerogative di Israele, cosicché Paolo in Fil 3,5-9 esprimerebbe la propria irreprensibilità e giustizia da cui aveva tratto motivo per una lode di sé. Inoltre Kim[234] si scaglia soprattutto contro Dunn, asserendo come non ci sia alcun riferimento in Fil 3,9 alla questione dell'accettabilità dei Gentili di fronte a Dio e alla legge come elemento di separazione proprio di Israele, mentre, in base al contesto, «la mia propria giustizia» di cui si parla è quella puramente umana ed ottenuta da Paolo con l'obbedienza ai comandamenti. Infine Westerholm[235] vede in Fil 3,9 il contrasto tra «la mia propria giustizia» basata sulle opere della legge, per la quale egli è irreprensibile, e quella che si riceve, in base alla fede in Cristo, da Dio come dono; Paolo rigetta la prima, che include sia l'eredità ebraica sia la conformità del suo agire ai comandamenti, in favore della seconda.

Anche a proposito del v. 9 abbiamo fornito la nostra interpretazione *ad locum*. Qui vogliamo ripetere che l'Apostolo afferma di possedere una propria giustizia, la quale può dipendere da due diverse prospettive. Secondo una prima possibilità, questa giustizia gli deriverebbe dal compimento, in risposta ai doni ricevuti, delle prescrizioni della legge: riguardo a tale aspetto egli sarebbe irreprensibile (vv. 5-6). Paolo ha scelto però di avere come propria quella che si riceve da Dio, basata sulla fede in Cristo. Così, come sottolinea Barbaglio[236], il contrasto nel v. 9 non sta nella contrapposizione tra «la propria giustizia», conquista

---

peccato della propria giustizia, con una accenno anche all'impossibilità di ottenere la giustizia dalla legge.

[231] O'BRIEN, *Philippians*, 394-396.

[232] O'BRIEN, *Philippians*, 415-417.

[233] S.J. GATHERCOLE, *Where is Boasting? Early Jewish Soteriology and Paul's Response in Romans 1 – 5* (Grand Rapids, MI – Cambridge, UK 2002) 176-182.

[234] KIM, *Paul*, 53-57, 79-80.

[235] WESTERHOLM, *Perspectives*, 278-281, 401-403.

[236] BARBAGLIO, "Filippi", 370.

meritoria dell'ebreo, e quella che è dono divino ai credenti, quanto invece nell'antitesi legge-fede. In questione è quindi il principio sul quale si fonda la giustizia della persona e cioè la sua posizione di fronte a Dio: il compimento dei comandamenti o la fede in Cristo. Approfondendo il testo da un punto di vista relazionale, la Koperski[237] sostiene che nel v. 9 sono contrapposte la vecchia percezione paolina della giustizia e quella nuova, fondata sulla prospettiva della conoscenza di Cristo e sul concetto di partecipazione. Ci sembra questa una posizione valida, giustificata anche sintatticamente dal fatto che la costruzione participiale del v. 9 vuol spiegare il senso di καὶ εὑρεθῶ ἐν αὐτῷ, espressione che, a sua volta, descrive una conseguenza del conoscere Cristo (v. 8). A partire dal rapporto con Cristo, dunque, la giustizia proveniente dal compimento della legge, motivo del vanto giudaico (v. 6), appare meramente umana e imperfetta. La vera giustizia è quella della fede perché l'unica che è da Dio (ἐκ θεοῦ, v. 9) e che quindi può condurre alla salvezza. Si opera il superamento di una realtà in sé positiva, la quale però, posta in antitesi alla fede in Cristo, non riveste ormai alcun valore, mostrandosi come un «confidare nella carne» (v. 4). Nel contesto di Fil 3,9 il vanto che Paolo sviluppa è in riferimento allo *status* particolare di Israele (v. 5), ma anche ai meriti che derivano dall'adempiere i comandamenti (v. 6), ed ha soprattutto carattere personale, come si deduce dall'uso dell'«io» nei vv. 4b-6. Così la giustizia legale è, in prima istanza, in relazione al comportamento del soggetto in obbedienza ai comandamenti della legge (ἐν νόμῳ, v. 6; ἐκ νόμου, v. 9) e poi, secondariamente, all'appartenenza al popolo dell'alleanza. Certamente non può però essere ritrovata nel versetto la funzione di separazione etnica tra Ebrei e Gentili che, secondo la *New Perspective*, sarebbe propria della legge. Da ultimo notiamo, seguendo Bird[238], che Fil 3,9 collega la giustificazione con la risurrezione di Cristo e del credente (vv. 10-11) e ciò dovrebbe portare, sulla scorta anche di altri brani (ad es. Rm 4,23-25; 1 Cor 15,17), a una riconsiderazione della tematica paolina non solo nel contesto di una *theologia crucis*, come fa la maggior parte degli autori, ma nell'ambito di tutto il mistero pasquale.

---

[237] KOPERSKI, *The Knowledge*, 225.
[238] M.F. BIRD, "Justified by Christ's Resurrection. A Neglected Aspect of Paul's Doctrine of Justification", *SBET* 22 (2004) 72-91.

Anche l'importanza stessa, assunta dal tema della δικαιοσύνη all'interno di Fil 3, è abbastanza discussa[239]. Si tratta soprattutto di stabilire se la giustizia sia l'elemento chiave dei versetti. Dalla nostra analisi appare come i vv. 6.9 non siano centrali nello sviluppo del testo, poiché non fanno parte degli enunciati iniziali delle sottounità e quindi di ciò che Paolo vuol direttamente mostrare, ma contengono elementi funzionali e illustrativi di queste affermazioni. Nondimeno la duplice ripetizione di tale motivo segnala una sua rilevanza nel contesto, e pertanto noi propendiamo per individuarlo come un tema non marginale dei vv. 4b-14.15-16, ma da leggersi, in ogni caso, dipendente dalla dimensione della conoscenza e della relazione di Paolo con Cristo, che determina la dinamica dei versetti[240].

In appendice vogliamo segnalare che, in merito al v. 9, si è sviluppato anche il dibattito, interno alla teologia paolina, riguardante la prospettiva della partecipazione e quella, alternativa, della giustificazione. La discussione sull'interpretazione del versetto non ha coinvolto molti autori, ma, tuttavia, riveste una certa importanza. Per primo Schweitzer[241], nell'ambito della sua lettura mistica del pensiero paolino, risolve il concetto di giustizia, presente nel versetto, all'«essere in Cristo» e, seguendo questa prospettiva della partecipazione, Sanders[242] arriva ad affermare che la soteriologia di Fil 3 avrebbe potuto essere presentata senza l'utilizzo del termine δικαιοσύνη. Dall'altra parte si trovano certuni i quali concentrano il significato del testo nel tema della giustizia, così Bonnard[243] sostiene che, dando ad εὑρίσκω un significato giudiziale, nel v. 9 «essere trovato in lui» corrisponde ad essere giustificato. In realtà, il testo nel quale il v. 9 è inserito, come suggerisce Tannehill[244], non mostra una preferenza tra le due prospettive, piuttosto una complementarità. Abbiamo già ricordato l'importanza dell'elemento della

---

[239] Cf. V. KOPERSKI, *What Are They Saying About Paul and the Law?* (WATSA; New York, NY – Mahwah, NJ 2001) 3-4 per le diverse posizioni a riguardo.

[240] MARGUERAT, "Paul et la Loi", 274, parlando di una *rinquadratura* della legge a partire dalla conoscenza di Cristo, afferma: «"Connaître Christ" est donc un lieu de *vérité théologique* pour Paul ; la réflexion sur la Loi ne part pas d'une théorisation de la Loi, mais de l'événement cristique».

[241] A. SCHWEITZER, *Die Mystik des Apostels Paulus* (Tübingen 1930) 125.

[242] SANDERS, *Paul and Palestinian Judaism*, 505.

[243] P. BONNARD, "L'Épître de Saint Paul aux Philippiens", P. BONNARD – C. MASSON, *L'Épître de Saint Paul aux Philippiens - L'Épître de Saint Paul aux Colossiens* (CNT 10; Neuchâtel – Paris 1950) 65.

[244] R.C. TANNEHILL, *Dying and Rising with Christ*. A Study in Pauline Theology (BZNW 32; Berlin 1967) 114-123.

giustizia, presente nei vv. 6.9, e, nello stesso tempo sottolineato, l'«essere in Cristo» di Paolo, legato alla conoscenza (vv. 8.10) e alla partecipazione alla morte e risurrezione di Cristo stesso (vv. 10-11). In fondo è lo stesso v. 9 che ci mostra l'unità tra la lettura legata alla partecipazione e quella connessa alla giustificazione: secondo la nostra interpretazione, da una parte, l'«essere trovato in lui» (v. 9a), con significato non giudiziale, esplicita l'espressione «guadagnare Cristo» (v. 8e), riferendosi alla nuova identità di Paolo, basata sul legame con il suo Signore, dall'altra, la lunga costruzione participiale con valore modale (v. 9bc) chiarisce che questa situazione comporta, per l'Apostolo, il possesso di una giustizia fondata soltanto sulla fede.

3.2 Il modello stoico di Engberg-Pedersen

La lettura tradizionale e più accreditata dei nostri versetti, in particolare dei vv. 7-11, vedeva in essi il racconto della conversione di Paolo. Negli ultimi 40 anni si è preferita un'interpretazione più legata al concetto di vocazione profetica, evidenziando nel brano non un passaggio ad un'altra religione, ma una chiamata di Dio indirizzata all'Apostolo, con la rivelazione di Gesù come Messia[245]. Questa discussione riguardo il concetto di conversione o di chiamata sembra ormai diventata più dominio dell'antropologia religiosa che dell'esegesi, cosicché preferiamo lasciarla da parte e volgerci altrove.

Più interessante per noi risulta il tentativo di Engberg-Pedersen che utilizza un modello stoico per la lettura del brano, evidenziando in esso soprattutto un cambio d'identità. Come l'autore[246] stesso afferma, lo scopo del suo libro è duplice: fornire un'esegesi storica di Paolo, la quale comprende una tesi riguardo il suo rapporto con lo stoicismo, e sviluppare una lettura che serva come «opzione per noi». Per poter raggiungere i suoi obiettivi, egli[247] pone alcune importanti premesse ermeneutiche e metodologiche. Comincia così col descrivere il tipo d'interpretazione «dal di dentro», la quale porta a comprendere un autore parlando il suo stesso linguaggio e analizzando il suo punto di vista come distinto da quello del lettore, con l'aspettativa di cogliervi una verità o un'«opzione reale». Questa prospettiva, riguardo all'Apostolo,

---

[245] Cf. W.L. HURTADO, "Convert, Apostate or Apostle to the Nations. The «Conversion» of Paul in Recent Scholarship", *SR* 22 (1993) 273-284.

[246] T. ENGBERG-PEDERSEN, risposta alle recc. di ENGBERG-Pedersen, *Paul*, *RBL* 3 (2001) 31.

[247] ENGBERG-PEDERSEN, *Paul*, 16-20.

dovrebbe confrontarsi con la consapevolezza del *gap* storico che ci divide da lui e con la percezione di parte dei testi paolini come qualcosa di distante da noi, dei quali perciò non è possibile effettuare una lettura «dal di dentro». In conseguenza, la visione del mondo apocalittica e cosmologica, che Paolo aveva, non potrebbe essere compresa in se stessa dall'interprete moderno perché non costituirebbe per noi una vera opzione. È necessario dunque, secondo l'autore, cessare di insistere sulla lettura «dal di dentro» della *theologia cum cosmologia* paolina, accettando invece che le verità formulate sul testo siano colte dall'esterno, poiché riguardano il discorso paolino su Dio, senza poter comprendere le verità insite nel discorso stesso su Dio.

Date queste premesse, Engberg-Pedersen[248] delinea il suo metodo di interpretazione che consiste in tre diversi gradini. Ad un primo livello si tiene conto del metodo storico-critico e si insiste sulla distanza storica tra l'Apostolo, con la sua visione del mondo, e noi. In un secondo passo si utilizzano soprattutto i moderni approcci letterari, i quali permettono di enucleare un modello logico per l'interpretazione globale delle molte e differenti idee paoline. In questo modo il materiale di Paolo diviene intelligibile al lettore moderno che può vedervi delle analogie con una forma di vita per lui attuale. In un terzo momento si cerca invece di articolare una serie di modalità e prospettive di comprensione genuinamente paoline che costituiscano una vera opzione per l'uomo moderno. Così, in base all'applicazione del concetto di «opzione reale», si accantonerà la *theologia cum cosmologia* per occuparsi dell'antropologia e dell'etica paoline. I primi due elementi potranno essere analizzati solo in riferimento al loro legame con i secondi, i quali sono parte di quella visione più ampia sulla vita cristiana, presentata da Paolo ai destinatari, e che costituisce una possibilità anche per noi.

Dopo aver introdotto il metodo, l'autore presenta il modello[249] dal carattere euristico che, a suo parere, sottostà a molto del pensiero antropologico ed etico paolino, e che è in comune con lo stoicismo. Esso non ha un'esistenza propria, ma serve per compiere una lettura globale e coerente dei testi di Paolo. Lo schema si basa sostanzialmente sul concetto stoico di οἰκείωσις, il quale indica un cambiamento nel soggetto riguardo la percezione dell'identità personale e dei valori. Si parte dal livello I dove la persona si percepisce come un individuo, un «io», ed è preoccupata soltanto dal soddisfacimento dei propri desideri. Poi

---

[248] ENGBERG-PEDERSEN, *Paul*, 22-28.
[249] ENGBERG-PEDERSEN, *Paul*, 33-36.

avviene un cambiamento che la conduce al livello S, nel quale si comprende non solo come individuo, ma anche uno tra altri, all'interno di un «noi» e, conseguentemente, si volge verso il soddisfacimento dei desideri di questo «noi». Il modello è dinamico in modo che il soggetto passa da uno stato precedente e negativo ad uno nuovo e positivo. Il cambiamento è determinato dall'essere colpito da ciò che sta al livello X, il quale per l'Apostolo è Dio, mentre per gli stoici è la Ragione; la persona può ora percepire di appartenere ad X, basandovi anche la propria identità. Così il soggetto, situato al livello S, è, nello stesso tempo, uno di coloro che appartengono ad X e ciò diventa principio comune di identificazione. Questo fatto è dovuto in Paolo all'evento di Cristo, negli stoici al carattere speciale della Ragione. Lo schema ha una prospettiva antropologica ed etica e non teologica, anche se non esclude la possibilità di un intervento dall'alto. Può seguire una scansione temporale, descrivendo come una storia il fenomeno della conversione, oppure, in modo non temporale, presentando la relazione tra egoismo (livello I) ed altruismo (livello S) in un essere umano.

Presentato il modello, Engberg-Pedersen[250] procede alla sua applicazione in Fil, con lo scopo di rinvenire la coerenza e l'unitarietà tra i diversi motivi presenti nella lettera. In particolare affronta 3,4-14, riguardante la chiamata di Paolo, in cui si descriverebbe un cambio nella percezione della sua identità. I valori che costituivano il suo profilo ebraico non rivestirebbero ormai alcun significato per lui. Secondo l'autore, l'Apostolo non attribuisce più importanza a se stesso, cosicché la sua identità normativa risiede fuori di lui in Cristo: egli è diventato una «Christ person». Questo racconto di una nuova identificazione sarebbe molto simile a quello fatto dagli stoici riguardo il cambiamento intervenuto nella comprensione di sé al momento dell'acquisizione del Bene. In entrambi i casi ciò che determina il rivolgimento della persona è una realtà esterna ad essa (Cristo o la Ragione), in base alla quale il soggetto giunge ad osservare il proprio «io» dall'alto. Così in Fil 3,4-14 si svilupperebbe una logica della chiamata conforme a quella espressa nel modello stoico I→X→S per l'identificazione normativa di sé. La prospettiva soggettiva rimarrebbe completamente dietro, poiché l'individuo, al livello X, vede se stesso come appartenente a Cristo o alla Ragione e il proprio «io», diventato altro, ormai localizzato fuori da sé. L'evento che determina il cambio sarebbe sia per Paolo sia per gli stoici di carattere cognitivo, anche se con accentuazioni diverse: il cono-

---

[250] ENGBERG-PEDERSEN, *Paul*, 81, 92-96.

scere per esperienza Cristo come Signore o, per riflessione, la Ragione
che è inerente a tutta la realtà.

In un secondo momento Engberg-Pedersen[251] analizza, in coerenza
con lo schema delineato, la logica della *paraclesis* paolina all'interno di
Fil. In particolare, l'Apostolo in 3,2-16 si presenterebbe ai Filippesi
come modello narrando la sua esperienza affinché anch'essi la vivano e
giungano al suo stesso livello di conoscenza. Egli metterebbe in pratica
la propria comprensione volgendosi verso i destinatari: non ha ancora
raggiunto la meta, ma si protende ardentemente verso di essa (vv. 12-
14), e così devono fare i suoi (vv. 15-16). Nella sua strategia Paolo riduce la distanza tra sé e i destinatari, mantenendo il suo ruolo di modello. Secondo l'autore, l'Apostolo scende verso i Filippesi come Cristo
verso l'umanità (2,4-6), applicando la sua conoscenza di lui appena acquisita, allo stesso modo il saggio stoico si china sugli altri perché ha
appreso la propria identità di essere razionale in mezzo agli uomini suoi
compagni. Il modello ci mostrerebbe che Paolo, nella parenesi di Fil, si
volge dal polo X a quello I dove si trovano i Filippesi con l'intento di
farli progredire fino al suo stesso grado di conoscenza di Cristo (livello
X) perché siano capaci di praticarla nelle reciproche relazioni (livello
S).

Riguardo la proposta di Engberg-Pedersen, si pone alla nostra attenzione prima di tutto il suo punto di vista ermeneutico e metodologico. Il concetto di «opzione reale» o di «opzione per noi» ci sembra positivo per rendere significativo il messaggio paolino all'uomo di oggi.
D'altra parte, in base a questo principio, si opera un'indebita selezione
del contenuto del pensiero di Paolo, considerandone solo l'etica e l'antropologia. Potrebbe anche essere vero che la sua *cosmologia cum theologia* non costituisca più un'«opzione reale» per noi oggi, ma chi ci assicura che lo siano invece gli altri due aspetti? Inoltre non appare corretto analizzare gli elementi antropologici ed etici paolini se non in
stretta connessione con quelli teologici, a meno di compiere una lettura
del tutto parziale. Infine la sostanziale sfiducia in un metodo storico di
ricerca, in ragione dell'impossibilità da parte dello studioso di ricostruire un orizzonte di pensiero diverso dal proprio, apre la strada ad un forte soggettivismo interpretativo[252]. Il ricercatore sarebbe autorizzato a
leggere i testi dell'Apostolo con lo scopo di giungere non ad una loro
fondata interpretazione, ma ad una comprensione che egli possa ragio-

---

[251] ENGBERG-PEDERSEN, *Paul*, 105, 115-119.
[252] Cf. ENGBERG-PEDERSEN, *Paul*, 303.

nevolmente *abitare*. Dal nostro punto di vista siamo consapevoli dell'impossibilità da parte dello studioso di mettere da parte la sua *Weltanschauung* moderna, tuttavia, riteniamo che, seguendo la prospettiva di Engberg-Pedersen, si giunge ad una lettura in base alla quale lo scritto paolino viene utilizzato per confermare le idee dello stesso esegeta e la sua visione globale. Secondo noi resta la sfida di concepire un approccio storico, conscio sì dell'influenza del pensiero proprio del ricercatore ma che si sforzi di leggere il testo in se stesso, entrando in dialogo, per quanto è possibile, con il mondo di cui esso è espressione.

Il modello proposto da Engberg-Pedersen appare oggettivamente molto complicato e celebrale, utile forse nelle linee-guida, ma eccessivo nel suo sviluppo. La Gaca[253] lo critica perché l'autore afferma la derivazione stoica dello schema, senza confrontarsi con altre possibili origini; inoltre il cambio della propria identità, in un processo di conversione, non è certo esclusivo appannaggio dello stoicismo. Lo studio non farebbe così progredire di molto le ricerche riguardo i rapporti tra Paolo e la filosofia stoica. In positivo, però, il modello ci fornirebbe un'interessante chiave d'interpretazione per evidenziare la coerenza dei testi paolini. Secondo noi, questo aiuto ad una lettura unitaria è ben mostrato proprio riguardo a Fil 3. Il cambio d'identità a motivo della conoscenza di Cristo, narrato nei vv. 4b-14, è interpretato da Engberg-Pedersen attraverso l'utilizzo dello schema e conduce a conclusioni vicine a quella da noi raggiunte a proposito di questi versetti. Diversamente dall'autore, desideriamo però sottolineare la connotazione specifica del conoscere Cristo che Paolo sperimenta, in quanto realtà onnicomprensiva e dal carattere personale e relazionale. D'altra parte, utilizzando il modello proposto, rimane difficile cogliere nel brano l'azione di Cristo e la conseguente ricerca di lui, cioè la dimensione passiva della chiamata, secondo la quale l'Apostolo è stato da lui afferrato (v. 12), è trovato in lui con una giustizia che è da Dio (v. 9), mentre viene conformato alla sua morte, nella speranza di giungere alla risurrezione (vv. 10-11). Infine, riguardo all'aspetto parenetico presente in Fil 3, e in particolare nei vv. 12-16, le nostre posizioni si sono dimostrate non molto dissimili da quelle espresse dall'autore, anche se l'elemento della conoscenza di Cristo e della sua trasmissione viene letto soprattutto in prospettiva etica, senza un vero riferimento al rapporto di fede che i Filippesi sono invitati ad avere con lui.

---

[253] K.L. GACA, rec. di ENGBERG-PEDERSEN, *Paul*, RBL 3 (2001) 14.

Così il modello stoico di Engberg-Pedersen si presenta per noi di sicuro interesse in ragione della sua descrizione del cambio di identità e della dimensione esortativa e paradigmatica dei nostri versetti. Tuttavia ne abbiamo notato i limiti dal punto di vista ermeneutico e metodologico, e la parzialità di lettura del testo, dovuta all'esclusione degli elementi più specificatamente teologici a favore di quelli antropologici ed etici. La sua non può quindi costituire un'adeguata interpretazione globale dei vv. 4b-14.15-16 perché non riesce a cogliere il significato profondo dell'esempio di Paolo.

3.3   Il motivo unificante

Riguardo ai vv. 4b-14.15-16 abbiamo già analizzato lo sviluppo delle idee qui presenti, ora si tratta di evidenziare quale elemento possa costituire l'unità dell'insieme. Da un punto di vista prettamente grammaticale e sintattico, abbiamo rilevato la preponderanza dell'«io» di Paolo. Insieme a questo, il vanto è risultato il motivo ricorrente delle tre sottounità dei vv. 4b-14: da quello giudaico al vanto in Cristo e infine alla sua attenuazione. In collegamento con tutto ciò, l'esortazione dei vv. 15-16, attraverso un *transfert* dall'«io» al «noi», permette l'applicazione agli ascoltatori. La presenza contemporanea di questi aspetti richiama il genere letterario della περιαυτολογία in quanto lode che il soggetto fa di sé. Il motivo unificante dei versetti a nostro avviso si trova proprio nell'uso di questa forma letteraria, la quale ci dà una prospettiva globale di lettura, accompagnata dalla sottolineatura che il vanto dell'Apostolo non è in se stesso ma in Cristo.

Il modello orale che sottostà al brano di Fil 3,1 - 4,1 ci ha precedentemente mostrato come l'esempio di Paolo funga da motivazione per le esortazioni che lo contornano. Possiamo anche affermare che la vicenda dell'Apostolo è narrata perché i Filippesi accolgano e mettano in pratica la sua parenesi. Risulta dunque vera l'affermazione di Dodd[254], secondo la quale Paolo usa il suo personale esempio come base ed illustrazione dell'argomento che tratta. In ragione della nostra analisi, il tema esplicitato nella narrazione dei vv. 4b-14(16) è quello relativo al cammino di vita cristiana condotto dall'Apostolo, che, a sua volta, va a costituire il supporto delle esortazioni presenti nel testo. Questo modo di procedere, inoltre, si lega bene all'elemento dell'*ethos* retorico, in base al quale l'oratore non persuade gli ascoltatori solo attraverso il ra-

---

[254] DODD, *Paradigmatic "I"*, 32.

gionamento (*logos*), ma anche con la sua autorevolezza. Secondo Marshall[255] l'*ethos* è la relazione stessa, costruita dentro il discorso, tra il retore e l'uditorio: essa induce a prestare fede a colui che parla e va ad esercitare un forte potere persuasivo. Ciò è poi basato sul modo di vita e sul carattere morale dell'oratore, in ragione dei quali egli risulta credibile. In Fil Paolo attuerebbe così un processo di identificazione, sia con Cristo e Dio sia con i destinatari, per sostanziare la sua autorità e affidabilità. Secondo noi, questo si mostra proprio in 3,4b-14.15-16, versetti nei quali c'è un richiamo tra la vicenda di Paolo e quella di Cristo (cf. 2,6-11) e viene inoltre utilizzato il «noi» inclusivo. Infine Pernot[256] evidenzia come anche questa istanza sia contemplata all'interno della περιαυτολογία, nella quale il lodare se stesso e il mettersi in mostra vengono considerati utili a causa del ruolo essenziale attribuito all'autorità dell'oratore nel meccanismo della persuasione.

Il motivo unificante di Fil 3,4b-14.15-16 si trova dunque, a nostro avviso, nel vanto che Paolo fa di sé, basato sulla nuova identità in Cristo: esso, da una parte costituisce il suo *ethos* all'interno del brano, e dall'altra assume una finalità parenetica a vantaggio degli ascoltatori.

4. Conclusione

Al termine del capitolo è necessario valutare il percorso compiuto nello studio dei vv. 4b-14.15-16 che costituiscono la parte centrale e più consistente del brano di Fil 3,1 – 4,1 e descrivono l'esempio stesso di Paolo.

Siamo partiti mettendo a confronto il testo con i generi letterari dell'*exemplum* (in collegamento anche con la χρεία) e della περιαυτολογία, insieme alla *diatriba*. Dalla nostra analisi, la περιαυτολογία è risultata la forma che nel complesso meglio spiega i diversi elementi in esso presenti, pur essendo utile anche il ricorso all'*exemplum*.

A seguito dello studio del genere letterario, si è giunti all'analisi dei versetti e della loro logica, dove abbiamo evidenziato una dinamica dominata dal motivo del vanto. Crediamo che, riguardo al procedere del testo, siano stati rilevati elementi nuovi, i quali permettono di com-

---

[255] J.W. MARSHALL, "Paul's Ethical Appeal in Philippians", *Rhetoric and the New Testament*. Essays from the 1992 Heidelberg Conference (eds. S.E. PORTER – T.H. OLBRICHT) (JSNTSS 90; Sheffield 1993) 358-360, 364-366.
[256] PERNOT, *"Periautologia"*, 122.

prendere meglio la retorica paradossale e dell'eccesso propria dell'Apostolo, insieme all'originale uso dei canoni e dei modelli ricevuti dalla tradizione. Si parte da quella che appare una περιαυτολογία basata su caratteristiche assolutamente personali e irripetibili, ma che, gradualmente, viene ad insinuare dei sottili riferimenti ai destinatari. In uno sviluppo successivo, la περιαυτολογία continua ad essere utilizzata, ma in modo rovesciato e trasformato, così da fare dell'elogio di sé quello di Cristo, o meglio di sé in Cristo, visto che l'identità del soggetto è ormai completamente espropriata. Il vanto è poi sapientemente attenuato e il modello paolino presenta una sua fisionomia, proprio nella sua imperfezione, mostrandosi in divenire e, nello stesso tempo, avvicinandosi agli ascoltatori. Nel complesso il *transfert* periautologico non è attuato soltanto da Paolo a Cristo, ma anche da Paolo ai Filippesi, testimoniando la finalità esortativa presente nell'esempio paolino.

Infine ci siamo dovuti confrontare anche con le letture complessive proposte in merito ai nostri versetti. Il motivo della giustizia presente nei vv. 6.9 è elemento molto discusso tra gli studiosi. Pur ammettendo una certa importanza del tema, esso non può costituire, in ragione dell'analisi da noi condotta, la base per una lettura globale del brano. Allo stesso modo, il tentativo di un'interpretazione secondo un modello stoico da parte di Engberg-Pedersen non sembra cogliere il senso d'insieme del testo ed apre anche spinose questioni a livello ermeneutico. A nostro avviso, il motivo del vanto di Paolo in Cristo, a cui è associata anche la costruzione dell'*ethos* all'interno del discorso, fornisce invece il vero quadro di riferimento per una lettura complessiva.

In una considerazione globale, possiamo affermare che anche riguardo alla comprensione della dinamica dell'esempio dei vv. 4b-14.15-16, l'utilizzo della περιαυτολογία risulta decisivo, così come lo era a proposito dell'appello all'imitazione del v. 17. L'insieme dei versetti è segnato dalla logica del vanto che si evidenzia in ciascuna delle tre sottounità ed è poi finalizzato all'esortazione. Se dunque per i vv. 4b-14 possiamo parlare specificatamente di una περιαυτολογία, dobbiamo altresì notare come la sua influenza si estenda oltre, prima di tutto ai vv. 15-16 e poi al resto del brano. Infatti, abbiamo precedentemente ritrovato nei vv. 2-4a.17-21 la presenza di caratteristiche tipiche del procedere periautologico, che ben si accordano con quanto emerso a proposito dei nostri versetti. Così, in coerenza con il modello orale di Fil 3,1 – 4,1, si evidenzia il legame tra l'esempio di Paolo e le esortazioni che lo contornano. La parenesi è motivata sulla vicenda personale dell'Apostolo, colui che ha creato la Chiesa di Filippi, in pieno accordo con la prospettiva propria della περιαυτολογία, in base alla quale è il soggetto stesso che si mette in gioco e fonda su di sé tutto il discorso.

Dal punto di vista pragmatico, qui si rivela la forza di un argomento non basato su un esempio storico e lontano dall'uditorio, ma su quello di colui che parla. I destinatari sono invitati ad identificarsi nell'«io» dell'Apostolo e fondatore della comunità, a dimostrazione di tutta l'efficacia persuasiva del suo *ethos* costruito fuori e dentro il discorso. Il cammino di vita cristiana di Paolo, dal passato della chiamata iniziale, al presente della vita di fede, sino al futuro del compimento, si lega e si rispecchia in quello di ognuno dei credenti filippesi. Così fortemente interpellati e motivati, gli ascoltatori saranno indotti ad accogliere le relative esortazioni che spingono a seguire il modello paolino e ad evitare gli antimodelli ad esso contrapposti.

Per compiere dunque un altro passo in avanti nella comprensione di Fil 3,1 – 4,1 e della sua logica, siamo invitati a procedere dallo studio dell'esempio alle esortazioni connesse con quest'ultimo (con le loro giustificazioni) dei vv. 2-4a.17-21. È ciò che attueremo nel prossimo capitolo, prestando attenzione, oltre al contenuto della parenesi, all'uso degli avversari che costituiscono il cattivo modello, posto in antitesi proprio a quello buono di Paolo, che abbiamo appena esaminato, e a quello dei Filippesi e di tutti i fedeli.

CAPITOLO III

Gli avversari dei Filippesi e di Paolo

La funzione e il significato di Filippesi 3,2-4a.17-21

0. Premessa

Nel capitolo precedente l'analisi dell'esempio di Paolo in Fil 3,4b-14.15-16 ci ha rinviato alle esortazioni che su di esso si appoggiano, con le relative giustificazioni, dei vv. 2-4a.17-21. Già i vv. 15-16 costituiscono una parenesi ma, a differenza delle due appena citate, non sono segnati dalla presenza degli avversari, i quali nel testo fanno da *pendant* al modello paolino e a quello dei credenti. Inoltre le esortazioni proprie dei vv. 2-4a.17-21 trovano, da una parte, la loro motivazione nei vv. 4b-14 e, dall'altra, forniscono la prospettiva interpretativa di questi ultimi, così come spesso avviene a livello di un modello orale ABA', in cui si evidenzia la successione parenesi-esempio-parenesi. Questo profondo legame è emerso già nel primo capitolo, a proposito dell'appello all'imitazione del v. 17, con il quale si invita a seguire l'esempio dell'Apostolo, illustrato nei versetti immediatamente precedenti, e, allo stesso tempo, si mostra la finalità della sua autopresentazione in forma di vanto. Dovremo così approfondire le due esortazioni a «non imitare» (v. 2) e ad «imitare» (v. 17) in collegamento con le relative giustificazioni che presentano la contrapposizione tra avversari e «noi» dei credenti (vv. 3-4a.18-21). Esaminando la parte iniziale e finale del testo di Fil 3,1 - 4,1 lasceremo da parte, per il momento, i vv. 3,1 e 4,1, che fungono da cornice.

Obiettivo della nostra analisi è comprendere la presenza e la funzione degli oppositori, posti in contrasto con il gruppo «noi» e con Paolo, nel contesto delle due esortazioni dei vv. 2-4a.17-21 e delle relative giustificazioni.

Cominceremo il percorso di ricerca mettendo a confronto il testo dei suddetti versetti con le forme letterarie dell'*invectiva*, dell'*exem-*

plum e della περιαυτολογία al fine di comprendere il procedere e la logica delle due parenesi.

In un secondo passo, dopo aver delineato la composizione di ciascuna delle due unità, ne analizzeremo l'*elocutio* e il lessico in modo da risalire, anche con l'ausilio dei modelli formali, all'*inventio* dei vv. 2-4a.17-21 e al loro ruolo nel testo.

Nella terza parte studieremo il motivo unificante dei vv. 2-4a.17-21, ossia la presenza degli avversari nella loro contrapposizione ai credenti. A tal proposito sarà necessario proporre prima uno *status quaestionis* ed indicare alcuni elementi metodologici per una corretta interpretazione, così si potrà poi discutere il numero, l'identità e il ruolo degli oppositori.

Nella conclusione riassumeremo i risultati conseguiti e indicheremo il successivo percorso di ricerca da compiersi.

1. Elementi del genere letterario

A differenza dei vv. 4b-16, non siamo di fronte ad un testo unificato e continuo, ma a due diverse unità che hanno in comune aspetti strutturali, letterari e tematici. Mettendo a confronto i vv. 2-4a.17-21 con i modelli formali potremmo dunque far emergere alcuni elementi di natura letteraria che li caratterizzano, i quali ci aiuteranno successivamente a risalire all'*inventio* e alla funzione dei versetti stessi.

1.1 L'*invectiva*

Gli oltraggi e le connotazioni negative degli avversari presenti ai vv. 2.18-19 conducono a pensare alla presenza nel testo di una duplice *invectiva*. Essa è un genere letterario che consiste, per lo più, in un discorso segnato dall'inveire contro qualcuno, un attacco *ad personam* allo scopo di distruggerne per sempre la credibilità di fronte all'uditorio[1]. L'*invectiva* può essere utilizzata all'interno di ciascuno dei tre generi retorici; nel contesto di quello epidittico essa è considerata il perfetto *pendant* dell'*encomium*, tanto che spesso ne segue i *topoi*, ma al fine opposto di biasimare il soggetto. Neumann[2] segnala diversi artifici retorici usati in questa forma: paragoni infamanti, metafore, citazioni caricaturali e confutative dell'avversario, συγκρίσεις di esso con una

---

[1] Cf. M.G. MASSELLI, *Il rancore dell'esule*. Ovidio, l'*Ibis* e i modi di un'invettiva (Scrinia 20; Bari 2002) 19-20 e U. NEUMANN, "Invektive", *HWR* IV, 549.

[2] NEUMANN, "Invektive", 555.

persona irreprensibile, generalizzazioni, accuse infondate, giochi di parole, deprezzamento di concetti positivi attraverso ironia e neologismi. Da parte sua Fiore[3] sottolinea che l'*invectiva* fa leva sulle emozioni, volta com'è ad influenzare i sentimenti dell'uditorio a vantaggio dell'oratore stesso e della sua argomentazione. L'elemento del *pathos* viene ancor di più posto in rilievo attraverso il ricorso alla tattica retorica dell'*indignatio* (o δείνωσις), la quale tende ad evidenziare ed amplificare in senso negativo le prerogative dell'avversario.

Dopo aver rinvenuto queste caratteristiche formali è necessario comprendere la ragione e la finalità dell'*invectiva* secondo il pensiero classico. Come opportunamente afferma Neumann[4], l'oratore giustifica l'attacco all'antagonista in quanto lo considera e lo rappresenta come un nemico sociale da cui difendersi: la finalità sarà dunque di confermare, *ex negativo*, la società stessa nelle sue norme e valori. In una *shame culture* come quella ellenistica, il gettare discredito su un individuo attraverso la derisione e il biasimo può arrivare a rovinare per sempre la sua reputazione, e quindi ad estrometterlo dalla comunità civile e da ogni possibilità di azione in essa.

Più di un aspetto di questa forma letteraria si ritrova nei nostri versetti. Anzitutto c'è la vituperazione degli avversari con epiteti ingiuriosi (vv. 2.18-19), al fine di distruggerne la credibilità, proprio presso quell'uditorio che è più volte coinvolto (vv. 2-3.17-18.20-21). Inoltre l'*invectiva* è in chiara contrapposizione all'*encomium* delineato degli ascoltatori e di Paolo (vv. 3-4a.20-21). Diversi sono gli artifici retorici utilizzati: paragoni infamanti (vv. 2.19), συγκρίσεις tra i rivali e il gruppo dei credenti irreprensibili (vv. 2-4a.17-21), generalizzazione (v. 18), giochi di parole (vv. 2-3), deprezzamento e inversione di concetti positivi attraverso l'ironia (v. 19). L'elemento del *pathos* si evidenzia nel richiamo alle lacrime (v. 18) e nella duplice serie di epiteti spregiativi (vv. 2.18-19). Infine, già ad un primo esame, risulta evidente che nei nostri versetti la ragione dell'attacco agli avversari è quella di confermare la comunità stessa nei suoi valori, allontanando i possibili pericoli (vv. 3.17.20-21).

Nonostante questi rilevanti legami con l'*invectiva*, non possiamo identificare i vv. 2-4a.17-21 con questa forma letteraria in quanto in essi manca anzitutto il caratteristico elemento dell'apostrofe. Nel testo

---

[3] B. FIORE, "Invective in Romans and Philippians", *PEGLMBS* 10 (1990) 181-183.

[4] NEUMANN, "Invektive", 550-551.

non si trova infatti il distacco dall'uditorio per rivolgersi ed inveire direttamente contro gli avversari. Al contrario, i vv. 2.17 sono segnati dagli imperativi di seconda persona plurale (in riferimento agli ascoltatori) ai quali seguono, in ciascuna delle due unità, frasi all'indicativo per giustificare quanto asserito (vv. 3-4a.18-21). Come abbiamo visto a proposito dell'esortazione del v. 17 e come approfondiremo per quella del v. 2, la comunicazione si svolge tra autore e destinatari, all'interno di un contesto parenetico nel quale la presenza degli oppositori rimane funzionale a tale rapporto. Così se i nostri versetti non si prestano ad un'interpretazione *tout court* in chiave d'*invectiva*, nondimeno gli aspetti in comune con essa, sopra rilevati, ci potranno essere utili al livello dell'*inventio*.

Non resta che volgerci allora ad un confronto con le due forme letterarie che, com'è stato notato, caratterizzano Fil 3,1 – 4,1 nel suo insieme: l'*exemplum* e soprattutto la περιαυτολογία.

1.2 L'*exemplum*

In precedenza, a proposito dei vv. 4b-14, abbiamo evidenziato il carattere protrettico dell'esempio di Paolo. Ora, riguardo al nostro contesto, dovremo prendere in considerazione anche la dimensione apotrettica. Da questo punto di vista l'*exemplum* esprime la strada da evitare, al fine di convincere gli ascoltatori in merito alle conseguenze negative di un'azione disapprovata. Così allo scopo esortativo del protrettico corrisponde quello dissuasivo dell'apotrettico, tanto quanto la virtù è contrapposta al vizio. Come mostra Fiore[5], l'uso del cattivo esempio nella letteratura classica serve per dare più forza e credibilità a quello buono, che l'autore propone ai suoi destinatari, e a porlo in risalto. Da parte loro, Perelman e Olbrechts-Tyteca[6] affermano che nella retorica l'antimodello è presentato spesso in maniera convenzionale per suscitare repulsione, così da indurre la persona a scegliere un comportamento opposto a quello proprio dell'esempio negativo; è da notare però che, sovente, è impossibile dedurre, nel confronto, un determinato atteggiamento positivo. Infine Fiore[7] ritrova in Fil 3 l'uso antitetico degli *exempla*, così Paolo porrebbe in contrasto se stesso e il suo insegnamento alle persone che turbano la comunità con un erroneo messaggio; in

---

[5] FIORE, *Example*, 49, 72.

[6] C. PERELMAN – L. OLBRECHTS-TYTECA, *Traité de l'argumentation*. La nouvelle rhétorique (Logos; Paris 1958) § 80.

[7] FIORE, *Example*, 187.

particolare nel v. 2 il riferimento è più preciso, mentre nei vv. 18-19 i modelli negativi, collocati in antitesi all'appello all'imitazione del v. 17, risultano più difficili da identificare.

Nell'insieme del brano di Fil 3,1 – 4,1 è riconoscibile l'utilizzo e la contrapposizione degli *exempla*, a partire dall'appello all'imitazione del v. 17 e al contrapposto invito al «guardarsi da» del v. 2, ai quali si aggiunge l'esortazione ad assumere una determinata mentalità del v. 15. L'antimodello degli avversari (vv. 2.18-19) si contrappone al modello di Paolo (vv. 4b-14), ma nello stesso tempo è in contrasto anche con quello costituito dall'Apostolo insieme agli ascoltatori (vv. 3-4a.20-21) e ai suoi collaboratori (v. 17). Già nel triplice βλέπετε e negli epiteti spregiativi del v. 2 si evidenziano il carattere apotrettico e la finalità dissuasiva dell'*exemplum*; queste caratteristiche vengono ulteriormente sviluppate nella descrizione in negativo dei vv. 18-19. Inoltre, come accade nella letteratura classica, il cattivo esempio pone in rilievo quello buono: infatti al v. 4 Paolo parte dal «confidare nella carne», attribuito agli oppositori, per tratteggiare la propria autopresentazione, e giunge a proporre l'imitazione di sé motivandola sul fatto della loro presenza (vv. 18-19). La descrizione convenzionale degli antimodelli, al fine di suscitare repulsione, appare chiara nel testo, sia al v. 2 sia ai vv. 18-19. L'esempio degli avversari indica dunque ciò che non si deve seguire, senza però mostrare il corrispondente atteggiamento positivo. A questo provvede il successivo ricorso al gruppo credente (vv. 3-4a.20-21). Proseguendo su questa linea, pensiamo che sia importante verificare nel nostro testo la possibilità di un uso tipologico dell'*exemplum* dove l'autore descrive un esemplare, un campione di una categoria perché gli ascoltatori lo riconoscano e lo adattino alla loro realtà[8]. Così al *typos* dell'avversario della fede si contrapporrebbe nel nostro testo quello del credente. Tutto ciò potrà avere conseguenze, non solo al livello dell'*inventio*, ma anche nella ricerca dell'identità e del ruolo degli oppositori.

1.3   La περιαυτολογία

Gli *officia* propri del genere epidittico sono sia la lode sia, all'opposto, il biasimo. Così nel nostro testo al vanto presente nei vv. 4b-14 corrisponde il biasimo dei vv. 2.19-20, mentre nei vv. 3.20-21 si introduce un altro elogio, quello degli ascoltatori (già annunciato nei vv. 15-16). Il linguaggio dei versetti ruota attorno a ciò che è degno di lode e di

---

[8] Cf. FIORE, *Example*, 90.

onore (καυχάομαι, v. 3; δόξα [2x], vv. 19.21) e ciò che non lo è (κύων; κακός; κατατομή, v. 2; ἐχθρός, v. 18; ἀπώλεια; αἰσχύνη, v. 19; ταπείνωσις, v. 21). Siamo pertanto invitati a considerare nuovamente la forma letteraria della περιαυτολογία che risulta determinante per comprendere lo sviluppo dei vv. 4b-14 e nello stesso tempo rende ragione dell'appello all'imitazione del v. 17.

Riguardo alla περιαυτολογία è da ricordare, con Pernot[9], che la sua più corrente giustificazione consiste nell'invocare la necessità per la quale si è costretti a lodare se stessi a motivo delle circostanze, soprattutto se ci si trova sotto l'attacco degli avversari. Il biasimo della condotta di questi ultimi può servire, indirettamente, da elogio della propria, nascondendo il vanto di sé dietro la confutazione del nemico. Molto interessante è ciò che Plutarco[10] afferma in merito al vantaggio della lode di sé in questa situazione di confronto con il rivale e con un possibile elogio di quest'ultimo. Nel caso di pubblici nemici egli vede come profitto quello di abbassare la loro arroganza e allo stesso tempo di incoraggiare i propri concittadini. Così l'uomo di stato dovrebbe far guerra agli avversari affinché il loro sbagliato modo di pensare e i loro cattivi costumi non siano imitati, mostrando all'uditorio la differenza con la retta condotta e conducendolo verso ciò che è bene. Il vanto di sé diventa così un utile mezzo politico per la difesa della città.

Altri due elementi tipici della περιαυτολογία debbono essere richiamati. In primo luogo l'uso della σύγκρισις (propria non solo della lode ma anche del biasimo) che nel confronto tende a sottolineare l'oggetto della lode, utilizzando anche il procedimento della αὔξησις. Altra caratteristica è quella di unire l'elogio di sé a quello dell'uditorio, talvolta presentandosi come il rappresentante per eccellenza della categoria di cui si parla.

Il confronto con questa forma letteraria è apparso fecondo già per il v. 17, dove nell'appello all'imitazione di Paolo si palesa il superiore fine etico della περιαυτολογία e nello stesso tempo si allarga il modello di riferimento anche a tutti coloro che seguono la condotta dell'Apostolo. Se nei vv. 2-4a.18-21 non possiamo vedere direttamente una lode di sé, nondimeno vi si ritrovano elementi tipici di questa forma. In primo luogo è evidenziato il motivo del nemico, che costituisce la giustificazione più ricorrente per il ricorso all'autoelogio. Inoltre, è presente il biasimo dell'avversario, sotto il quale si nasconde la lode della propria

---

9 PERNOT, *"Periautologia"*, 113-114.
10 Plutarchus, *Mor* 544f-545f.

condotta e di quella degli amici, costituendo, allo stesso tempo, un punto di partenza per sviluppare la περιαυτολογία (v. 4b). Anche lo scopo di difendere la comunità dai nemici e, allo stesso tempo, incoraggiare e dissuadere i propri dal seguire questi cattivi esempi, si ritrova nel nostro testo. Paolo infatti si scaglia contro gli oppositori, ma restando all'interno di una comunicazione esortativa a beneficio dei Filippesi.

L'utilizzo della σύγκρισις segna, già ad un primo sguardo, la logica dei versetti. Infatti è posta una duplice σύγκρισις tra gli avversari e il gruppo «noi» dei credenti (vv. 2-3.18-21). In aggiunta è da notare anche la σύγκρισις tra coloro che seguono il modello paolino e coloro che vanno in altra direzione (vv. 17-18). In entrambi i casi è presente anche una σύγκρισις indiretta tra i rivali e Paolo, la quale si espliciterà, come visto, soprattutto nel v. 4b. Il procedimento della αὔξησις risalta soprattutto a proposito degli epiteti contro gli oppositori (vv. 2.18-19), ma è presente pure nella descrizione della condizione dei credenti (v. 3) e della venuta del Salvatore (vv. 20-21). Infine nel nostro testo si mescola alla lode di sé quella dell'uditorio (vv. 3.20-21), anche con un accenno al ruolo dell'«io» come rappresentante della categoria che viene esaltata (v. 4a).

Dunque, pur non trovandoci più di fronte ad una περιαυτολογία propriamente detta, visto che non è l'«io» che si loda, si possono ritrovare diversi elementi peculiari di questa forma nei vv. 2-4a.17-21. Inoltre il motivo del vanto e, in antitesi, del biasimo appaiono di notevole rilevanza al fine di comprendere la logica con la quale procedono questi versetti. Allo stesso modo, la tematica del nemico e del confronto con lui assume in questa prospettiva una particolare sottolineatura da non trascurare.

1.4 Conclusioni

Al termine del confronto tra i vv. 2-4a.17-21 e i generi letterari, emerge la possibilità di un utilizzo molteplice e variato dei modelli formali da parte dell'autore. Abbiamo letto i nostri versetti servendoci dei generi letterari dell'*invectiva*, dell'*exemplum* e della περιαυτολογία[11]. Dal nostro studio emerge soprattutto come gli elementi che richiamano la περιαυτολογία siano i più numerosi e rilevanti.

---

[11] BETZ, *Nachfolge*, 150, propone di vedere nell'avvertimento del v. 19, alla non sopravvalutazione del cibo (κοιλία) e della sessualità (αἰσχύνη), un *topos* della *diatriba*. Il suo suggerimento non appare ben fondato, visto che non fornisce né una spiegazione né una documentazione a riguardo.

Questo risultato dovrà essere confermato sia nell'analisi dei versetti, sia nel delineare il profilo degli avversari. Nel complesso il raffronto con le diverse forme ci ha fornito una valida base per la lettura della dinamica del testo e delle idee ad esso sottostanti. Nella prossima parte del capitolo affronteremo quindi l'esegesi dei vv. 2-4a.17.21 con attenzione al loro procedere.

2. Analisi dei vv. 2-4a.17-21

Prima di inoltrarsi nell'analisi dei vv. 2-4a.17-21 è importante ricordare che ci troviamo di fronte a due unità testuali distinte, le quali dovranno essere esaminate anzitutto separatamente. Inizieremo dunque con il delineare la composizione dei vv. 2-4a, soffermandoci poi sulle varie figure che compongono l'*elocutio*. A seguito di ciò risaliremo al livello dell'*inventio* con un approfondimento del lessico e delle questioni interpretative più decisive. In base allo stesso procedimento affronteremo anche l'altra unità dei vv. 17-21. A conclusione cercheremo di comprendere la dinamica delle due unità, tenendo conto del contesto più ampio dato dall'insieme del brano. Nel confronto reciproco tra i vv. 2-4a e i vv. 17-21, sia la ripresa di motivi, sia la presenza di elementi nuovi, dovranno essere giustificate, al fine di individuare la progressione del testo.

2.1 L'unità dei vv. 2-4a

2.1.1 *Composizione ed* elocutio

La composizione dei vv. 2-4a si presenta così: un'esortazione (in negativo) (v. 2) e la relativa giustificazione (vv. 3-4a). Il triplice utilizzo della stessa forma verbale all'imperativo di seconda persona plurale indica un ammonimento rivolto ai destinatari, mentre con il γάρ si introduce una proposizione che dà ragione di quanto asserito. Alla triplice scansione del v. 2 corrisponde quella del v. 3, il cui ultimo elemento è ripreso nel v. 4a, a sua volta collegato con quanto precede da καίπερ.

La proposizione del v. 2 possiede una forte valenza retorica. Nel triplice βλέπετε troviamo, oltre che una ripetizione, l'uso dell'anafora. Brucker[12] vede nel verbo un mezzo retorico, attraverso il quale, metaforicamente, si pone davanti agli occhi degli ascoltatori ciò che possono soltanto udire. I relativi complementi oggetti, ciascuno dei quali è usato

---

[12] BRUCKER, „*Christushymnen*", 326.

come metonimia, formano un omeottoto e sono scanditi da un'allitterazione in κ, τ e σ che produce un effetto spiacevole in corrispondenza
con il contenuto e con il motivo del biasimo[13]. Nell'accumulazione, per
asindeto, delle tre brevi frasi è possibile rintracciare un *climax* che raggiunge il suo apice nel termine κατατομή, ulteriormente sottolineato attraverso la paronomasia con περιτομή, a sua volta metonimia, del v. 3.
Questo versetto, immettendo un elogio che funge da *captatio benevolentiae*, inizia con un'anastrofe a sottolineare il «noi» dei destinatari,
poi è segnato anch'esso dall'accumulazione di diversi elementi e si
conclude con οὐκ ἐν σαρκὶ πεποιθότες, così da formare una *reversio*
con καυχώμενοι ἐν Χριστῷ Ἰησοῦ e una con il v. 4a. Sul primo sintagma l'autore vuol fermare l'attenzione del lettore, cosicché lo ripete
di nuovo nel v. 4b. Nell'insieme dei versetti l'utilizzo delle varie figure
produce l'amplificazione, quindi una retorica dell'eccesso al servizio di
una σύγκρισις tra ciò che merita biasimo e ciò che è degno di lode.
Questa opposizione contraddistingue i vv. 2-4a, i quali accentuano le
differenze tra i due gruppi e fanno leva sull'aspetto del *pathos*.

2.1.2 Inventio

Al livello dell'*inventio* dobbiamo anzitutto evidenziare che ci troviamo di fronte ad un'esortazione di carattere apotrettico (v. 2), motivata al contrario da una serie di frasi con valenza positiva (vv. 3-4a).
Mentre si delinea la posizione del gruppo «noi», allo stesso tempo ci si
contrappone a quanto detto degli avversari. È poi da esaminare dove sia
posto l'accento di questa σύγκρισις, basata sul motivo del biasimo e del
vanto, al fine di rinvenire la logica propria dell'unità. Congiuntamente
a tutto ciò, va considerata la posizione iniziale dei vv. 2-4a nell'insieme
del brano e quanto essa abbia un riflesso sulla funzione degli stessi versetti. A tal proposito, il ruolo del v. 4a dovrà essere attentamente va-
gliato in quanto conclusivo della σύγκρισις tra nemici e fedeli, ed introduttivo di quella tra Paolo e gli avversari, con il conseguente autoelogio paolino. Inoltre, come visto al livello della composizione orale, i
vv. 2-4a possono essere collegati con i vv. 17-21, ma anche, in altra i-
potesi, con i vv. 15-16: dalle due composizioni scaturiscono due diverse possibilità di lettura.

---

[13] Cf. ÉDART, *Philippiens*, 211.

2.1.2.1 L'esortazione in negativo del v. 2

Per quanto riguarda l'utilizzo dell'imperativo di βλέπω, abbiamo già sostenuto[14], in base al contesto letterario e retorico, la nostra preferenza per una lettura del verbo come «guardarsi da», ulteriormente suffragata da Mc 13,9 e 2 Gv 8 e in corrispondenza con l'espressione latina *cave canem*. L'esortazione rivolta ai destinatari è poi sottolineata attraverso la triplice ripetizione, al fine di catturare la loro attenzione. Questa reiterazione, insieme alle varie figure impiegate, serve a produrre un potente effetto retorico che rende più urgente l'appello, dimostrando, nello stesso tempo, la poca attendibilità dell'ipotesi sulla presenza di un triplice fronte di avversari nel v. 2[15]. Infine l'uso dell'imperativo presente fa oggetto dell'esortazione un'azione continuata o ripetuta.

Il termine κύων è un epiteto spregiativo associato nei LXX con un atteggiamento riprovevole, spesso legato ad una condizione di impurità. Infatti il cane mangia carogne animali (Es 22,30) e cadaveri umani (ad es. 3 Re 16,4; 4 Re 9,36) ed inoltre può essere sacrificato nel culto idolatrico (Is 66,3). La parola in senso traslato è invece riferita a coloro che sono dediti alla prostituzione sacra (Dt 23,19), a persone senza valore e codarde (ad es. 1 Re 17,43; 2 Re 9,8) ed è impiegata per descrivere l'aggressività degli avversari nei confronti del fedele (Sal 21,17. 21; 58,7.15). Nelle ricorrenze del NT il vocabolo è usato in senso concreto (Lc 16,21), poi per designare persone impure alle quali non si devono dare le cose sante (Mt 7,6), cristiani immorali e apostati (2 Pt 2,22) e una categoria particolare tra coloro che sono esclusi dalla Gerusalemme celeste (Ap 22,15). Secondo quanto segnala Garland[16], nella *Mishna* il cane è menzionato, quasi esclusivamente, in collegamento con i cibi impuri, la carne di carogne e cadaveri e l'azione di frugare tra i rifiuti[17]. In conseguenza di tutto ciò, questa immagine teriomorfa costituisce un insulto ricorrente nella polemica anti-pagana da parte degli Ebrei[18]. Dobbiamo infine segnalare che nel mondo greco, anche nell'epoca ellenistica, «cane» è una delle offese utilizzate contro

---

[14] Cf. p. 11 n. 13.

[15] Cf. ad es. BITTASI, *Gli esempi*, 96.

[16] D.E. GARLAND, "The Composition and Unity of Philippians. Some Neglected Literary Factors", *NT* 27 (1985) 167 n. 92.

[17] Ad es. m. Sab 24,4; m. Ohol 11,7; m. Tah 8,6.

[18] Ad es. Flavius Iosephus, *Ap* 2.85 [testo latino].

il nemico[19], oppure, in alcuni casi, è in riferimento ai filosofi cinici[20]. In Fil 3,2 il termine κύων appare dunque un insulto adatto per designare degli avversari: con esso, in base alla preponderante testimonianza biblica e giudaica[21], si vuol esprimere un'idea di immondezza ed impurità associata spesso con i Gentili. Il riferimento può però essere ulteriormente ampliato a qualsiasi nemico, in ragione dell'uso nella grecità.

Il secondo appellativo è κακοὶ ἐργάται, senza paralleli né nei LXX né nel NT. Possiamo però ritrovare tre sintagmi simili: οἱ ἐργάται τῆς ἀνομίας di 1 Mac 3,6, dove ci si riferisce probabilmente a Giudei apostati, ἐργάται ἀδικίας di Lc 13,27, per coloro che sono condannati al momento del ritorno del Signore ed ἐργάται δόλιοι di 2 Cor 11,13, espressione che designa concorrenti di Paolo dall'origine giudaica. Nel NT ἐργάτης indica sia il lavoratore (ad es. Mt 20,1; Gc 5,4) sia, in senso più largo, il missionario del Vangelo (ad es. Mt 9,37; Lc 10,2). In Fil 3,2 possiamo dunque, con una certa probabilità, riferire l'espressione a missionari cristiani, i quali svolgono un'attività negativa secondo la valutazione di Paolo, e vedervi anche un possibile collegamento ad elementi giudaici o giudeo-cristiani. Il significato del termine, ipotizzato da alcuni[22], in relazione a «coloro che compiono le opere della legge» trovandovi motivo di vanto e superiorità sugli altri, non ha un vero appiglio testuale, e appare fornito in base ad un'interpretazione non esegetica.

Ultimo elemento dell'accumulazione è κατατομή, la cui interpretazione non può prescindere dal riferimento a περιτομή, a cui fa da *pendant* all'interno della paronomasia. Köster[23] mostra che nella lingua greca κατατομή, derivante da κατατέμνω, è utilizzato nell'ambito tecnico come «incisione» o «superficie di taglio»; inoltre il verbo, dal significato di «tagliare a pezzi» e «mutilare», può assumere una colorazione metaforica ed ironica. Il sostantivo è un *hapax legomenon* neotestamentario e non ricorre neppure nei LXX, eccetto che nella versione di Simmaco in Ger 31 (48),37, dove significa, in ambito cultuale, «incisione sulla pelle». Ci sono però nei LXX quattro esempi del verbo

---

[19] Ad es. Callimachus, *Cer* 63.

[20] Ad es. Plutarchus, *Mor* 717c.

[21] Cf. J. SCHWARTZ, "Dogs in Jewish Society in the Second Temple and in the Time of the Mishna and Talmud", *JJS* 55 (2004) 246-277, per un'approfondita ricerca, che conferma il prevalente sottofondo giudaico in merito all'utilizzo simbolico del cane.

[22] Ad es. HAWTHORNE, *Philippians*, 125.

[23] H. KÖSTER, "τέμνω κτλ.", *TWNT* VIII, 109-110.

κατατέμνω (Lv 21,5; 3 Re 18,28; Os 7,14; Is 15,2), nei quali si fa riferimento alla suddetta pratica propria degli aderenti ai riti pagani, proibita dalla legge di Israele. Concordando con Köster[24], riteniamo che, in base all'uso metaforico del termine nella grecità e a quello specifico dei LXX, κατατομή in Fil 3,2 abbia una connotazione ironica ed ostile, la quale, attraverso la paronomasia, fa risultare la «circoncisione» come «mutilazione».

Il gioco di parole con περιτομή, la quale, come abbiamo visto, indica l'elemento essenziale per l'identità giudaica, segnala l'importanza del termine e ne conferma il ruolo di *climax* all'interno dell'accumulazione. Di conseguenza pensiamo che con κατατομή si evidenzi il prevalente sottofondo giudaico degli insulti presenti nel versetto. In aggiunta O'Brien[25] afferma che i tre epiteti ingiuriosi di Fil 3,2 sono l'inversione di motivi di vanto propri degli Ebrei. Secondo Williams[26], siamo di fronte ad una manovra retorica con la quale si riversano sull'avversario le stesse accuse da lui pronunciate, caratterizzandolo così in maniera molto negativa[27]. Però se la «circoncisione» diventa «mutilazione» e la purità delle persone si trasforma nell'impurità dei «cani», è più difficile vedere il corrispondente positivo dei «cattivi operai», a meno di pensare ad un'attività missionaria giudaica al tempo di Paolo[28]. Inoltre per il fatto stesso di rinviare nel primo e nel terzo elemento a caratteristiche ingiuriose normalmente riferite ai Gentili e in considerazione dell'uso che di esse si fa nella grecità, siamo portati a vedere nel testo un'allusione anche pagana. Confermiamo altresì che lo sfondo prevalente è quello giudaico, senza dimenticare l'elemento cristiano presente nei «cattivi operai» ed emergente dalla logica stessa del richiamo dell'Apostolo. Infatti esso ha la finalità di mettere in guardia i Filippesi da persone che potrebbero esercitare su di loro una cattiva influenza, probabilmente proprio perché condividono la stessa fede. Sulla questione dell'identità degli oppositori torneremo più ampiamente in seguito, accontentandoci per il momento di aver delineato la necessaria base filologica per raggiungere un'interpretazione esegeticamente fondata.

---

[24] KÖSTER, "τέμνω", 111.

[25] O'BRIEN, *Philippians*, 354.

[26] WILLIAMS, *Enemies*, 154.

[27] Cf. Aristoteles, *Rhet* 1398a.

[28] Le ricerche più recenti negano che il giudaismo del I secolo abbia una tendenza missionaria. Cf. R. RIESNER, "L'héritage juif de Paul et les débuts de sa mission", *Paul* (éds. DETTWILER – KAESTLI – *e.a.*) 137-144, per l'argomentazione e la bibliografia riguardo a ciò.

Il v. 2 si configura dunque come una messa in guardia dell'autore a beneficio dei suoi ascoltatori. Questa esortazione in negativo a «guardarsi da» appare improvvisa e preventiva, poiché il suo oggetto, riguardante gli oppositori, non è stato in precedenza introdotto. Non si tratta di una polemica ma di un avvertimento proposto all'uditorio, anche attraverso l'uso di un'ironia che tende a beffeggiare e a screditare gli avversari. Come afferma Standaert[29], i tratti di questi ultimi sono vaghi e generici, e il linguaggio di Paolo si carica di disprezzo e di denigrazione affinché i Filippesi prendano distanza da ciò che potrebbe costituire un pericolo minaccioso. L'esortazione del v. 2, con il suo carattere apotrettico, si contrappone a livello della composizione sia a quella del v. 17 che a quella dei vv. 15-16. Secondo la prima ipotesi, il v. 2 fa appello a «non imitare» il modello negativo dei rivali, all'opposto del v. 17 che invita ad «imitare» quello positivo costituito da Paolo e anche dai suoi collaboratori. In base all'altro punto di vista, il v. 2 esorta al «retto pensare» di fronte al pericolo degli avversari, mentre i vv. 15-16 riguardano il «retto pensare» proprio dell'esempio dell'Apostolo. Entrambe le prospettive sono utili all'interpretazione ed insieme al motivo del biasimo, qui presente, caratterizzano il v. 2, il quale si trova immediatamente collegato alla relativa giustificazione dei vv. 3-4a per mezzo della paronomasia e di γάρ.

2.1.2.2 La giustificazione dei vv. 3-4a

Il v. 3 si apre con ἡμεῖς in prima posizione, il pronome assume così valore enfatico. Il riferimento immediato è ai Filippesi insieme a Paolo, infatti la comunicazione al v. 2 inizia con il rivolgersi dell'autore ai destinatari: di conseguenza, essendoci un passaggio diretto tra i due versetti, è logico pensare che i soggetti coinvolti siano gli stessi. Inoltre Fee[30] mostra come sovente, nel mezzo del discorso, allorché va a trattare di realtà salvifiche che concernono tutti i credenti, l'Apostolo passi al «noi» inclusivo (ad es. Rm 8,15; 1 Ts 1,9-10). In forza di questa considerazione possiamo estendere ulteriormente il riferimento a tutti i cristiani, l'identità dei quali è descritta nel versetto[31].

---

[29] B. STANDAERT, "Prenez garde aux chiens! À la recherche des opposants visés par Paul en Philippiens 3", *Per me il vivere è Cristo (Filippesi 1,1 – 3,21)* (ed. P. LUNARDON – K.P. DONFRIED – *e.a.*) (SMBenBE 14; Roma 2001) 166.

[30] FEE, *Philippians*, 298 n. 55.

[31] Cf. BARBAGLIO, "Filippi", 367 n. 198.

La particella γάρ è stata fatta oggetto di discussione. Secondo alcuni autori[32] essa introduce la ragione per la quale si è utilizzato il linguaggio del v. 2, in particolare il termine κατατομή, mentre per altri[33] indica la motivazione dell'esortazione del v. 2. Noi riteniamo che un'ammonizione così forte e perentoria abbia bisogno di una giustificazione, e non solo sul piano linguistico; inoltre il confronto tra i due gruppi coinvolge più elementi, nella corrispondenza presente tra i tre richiami del v. 2 e le tre affermazioni, seguite da una negazione, del v. 3. Propendiamo dunque per la seconda ipotesi, vedendo nel v. 3 la giustificazione alla messa in guardia del v. 2.

Il gruppo «noi» è qualificato anzitutto attraverso il termine περιτομή, indicante l'elemento costitutivo dell'identità giudaica, segno di fedeltà all'alleanza e condizione per partecipare al culto (cf. Es 12,44-48; Ez 44,7). Nel testo non si contrappone la circoncisione carnale a quella spirituale, come pensano alcuni[34], bensì si rovesciano i termini della questione: paradossalmente i non circoncisi sono «la circoncisione», mentre i circoncisi (o coloro che vogliono esserlo) risultano «la mutilazione». Così si inizia a definire l'identità dei credenti, in quanto comunità dell'alleanza con Dio, legata ad Abramo e alla sua discendenza. Attraverso le tre frasi participiali che seguono si descrivono le prerogative di questo gruppo, nel contrasto con quello degli oppositori[35].

La prima qualificazione è determinata dal participio del verbo λατρεύω, il quale nei LXX è utilizzato, come nota Bockmuehl[36], in maniera pressoché esclusiva per il servizio di culto, sia in relazione a Dio che agli dei pagani, in corrispondenza con l'ebraico עבד. Nel NT il termine ha la stessa accezione liturgica (ad es. Mt 4,10; At 7,42) e ricorre due volte nelle lettere paoline (Rm 1,9.25). In Rm 1,9, come probabilmente anche in Lc 1,74, viene ad assumere il senso più ampio di «servire» Dio, legato non solamente al culto ma a tutta l'esistenza. Il servizio in Fil 3,3 è ulteriormente precisato con il sintagma al dativo πνεύματι θεοῦ[37], che in base al contesto e alle altre due ricorrenze pao-

---

[32] Ad es. O'BRIEN, *Philippians*, 358.

[33] Ad es. FEE, *Philippians*, 298 n. 52.

[34] Ad es. DE SILVA, "No Confidence", 35.

[35] Cf. O'BRIEN, *Philippians*, 359-360.

[36] BOCKMUEHL, *Philippians*, 192.

[37] La variante θεῷ ha un'attestazione inferiore e risulta la *lectio facilior*, in quanto fornisce un oggetto al verbo λατρεύω, così come di solito avviene. Inoltre 𝔓[46] ripor-

line (Rm 8,14; 2 Cor 3,3) ha valore modale o strumentale. Ma, come afferma Bittasi[38], ciò che è più importante non è la definizione del dativo quanto il legame indissolubile tra λατρεύω e πνεύματι θεοῦ. Il testo suggerisce che i credenti possono servire Dio, con il culto e con la vita, solo attraverso il suo Spirito, senza altre condizioni previe, come può essere la circoncisione. Inoltre in questa frase participiale è acuto il contrasto con gli avversari che risultano impuri in quanto «cani» e «mutilazione» e quindi inabili a rendere il loro servizio a Dio, a differenza dei cristiani, i quali, come «circoncisione», esercitano la vera λατρεία guidati dallo Spirito.

La seconda caratteristica è precisata dal participio del verbo καυχάομαι, utilizzato spesso nei LXX in contesti critici verso il «vantarsi, gloriarsi» (ad es. 3 Re 21,11; Sal 93,3). Per noi è importante soprattutto il testo di Ger 9,22-23, nel quale da una parte si esclude il vanto del sapiente, del forte e del ricco per le proprie possibilità, mentre dall'altra si afferma che chi vuol gloriarsi si glori per il fatto di conoscere il Signore. Nel NT il verbo ricorre, con lo stesso significato, altre 32 volte di cui ben 30 negli scritti paolini, e in particolare in collegamento con la preposizione ἐν (ad es. Rm. 2,17.23; Gal 6,13-14) che, conformemente all'uso dei LXX, indica l'oggetto e la ragione del vanto[39]. Questo motivo, che dominerà nell'autopresentazione di Paolo, è già presente a proposito del gruppo «noi» ed indica come il v. 3 sia l'inizio di un elogio dei credenti contrapposto al biasimo degli avversari.

L'ultima prerogativa dei fedeli si esprime nel sintagma οὐκ ἐν σαρκὶ πεποιθότες, il quale costituisce una *reversio* con quello precedente ed intende completarne il significato. I credenti non possono confidare nella carne cioè, come abbiamo visto a proposito del v. 4b, porre la loro fiducia nei privilegi e nei meriti posseduti, ma devono basare la propria vita su Cristo. A conferma della nostra lettura, in Gal 6,13-14 è presente una contrapposizione molto simile tra il «vantarsi nella carne» e il «vantarsi nella croce del Signore nostro Gesù Cristo», proprio in un contesto dove si parla di oppositori legati alla circoncisione. Possiamo dunque affermare che questa alternativa è di grande importanza per l'insieme del nostro brano. Infatti nella scelta degli ascoltatori di porre il loro vanto in Cristo e non nella carne sta la differenza tra la loro iden-

---

ta soltanto πνεύματι, essendo il solo testimone a riguardo dobbiamo pensare ad un'omissione accidentale a causa di una svista.

[38] BITTASI, *Gli esempi*, 97 n. 34.

[39] Cf. O'BRIEN, *Philippians*, 362.

tità e quella degli avversari. Poi, attraverso una *reversio*, il «confidare nella carne» è ripetuto, in forma positiva, a riguardo di Paolo al v. 4a, e ancora ribadito al v. 4b. Da qui parte il suo vanto giudaico (vv. 4b-6) che sarà rovesciato nel vanto in Cristo (v. 7-11). Alla fine del testo questo contrasto è di nuovo ripreso a proposito degli oppositori, i quali pongono la loro mente alle cose terrestri, mentre i fedeli dipendono dal πολίτευμα che è nei cieli (vv. 18-21).

Il v. 4a si lega attraverso il καίπερ con valore concessivo a quanto precede, ed introduce enfaticamente, con ἐγώ, l'«io» di Paolo. Come nota giustamente O'Brien[40] il participio presente ἔχων indica un'attuale possibilità per il soggetto di fare affidamento sulla carne, o per meglio dire, *anche* (καί) in essa, oltre che nel giusto motivo di vanto che è Cristo. Il versetto ha quindi la funzione di suggerire un accenno alla περιαυτολογία di Paolo che sarà poi sviluppata: così egli, da una parte, si collega agli ascoltatori e dall'altra, indirettamente, si contrappone agli avversari. In forza del legame con il gruppo «noi», ciò che sarà detto dell'Apostolo, in quanto esempio di vita cristiana, varrà anche per i Filippesi.

La giustificazione dei vv. 3-4a si muove ad un livello diverso rispetto all'esortazione in negativo del v. 2. Il biasimo degli oppositori è motivato con l'elogio dei credenti. Standaert[41] afferma che qui Paolo vuol elevare il dibattito ponendo, secondo le regole della retorica, una *quaestio finita* nell'orizzonte di una *quaestio infinita*. La vituperazione degli avversari, aspetto contingente e limitato, è giustificata dal fatto che è in gioco l'identità stessa dei credenti, questione molto più rilevante ed ampia. Il problema principale è allora mostrare su che cosa si basa la fisionomia dei cristiani. Essi, in forza dello Spirito, rendono culto al Signore per mezzo di una relazione di vita con lui. Il loro segno identificativo non è la circoncisione, elemento più evidente del «confidare nella carne», come visto a proposito dei vv. 4b-6, ma il «vantarsi in Cristo Gesù», ponendo in Cristo la base e la ragione dell'esistenza. Infine i vv. 3-4a sono da collegare con i corrispondenti vv. 20-21, nei quali l'esortazione ad imitare l'Apostolo sarà giustificata dallo statuto peculiare dei credenti, in attesa del ritorno del loro Signore.

---

[40] O'BRIEN, *Philippians*, 367.
[41] STANDAERT, "Prenez garde", 167-168.

2.1.3 *Conclusioni*

La posizione iniziale dei vv. 2-4a all'interno del testo appare determinarne anche la funzione. Anzitutto vengono introdotti i soggetti protagonisti del brano: gli avversari, gli ascoltatori, il Cristo stesso e l'autore, ma anche i motivi come il biasimo e il vanto e, in corrispondenza, il «confidare nella carne» e il «vantarsi in Cristo Gesù». Pur non essendo un vero *exordium*, visto che il modello retorico-discorsivo non è applicabile e che si tratta di un'esortazione con relativa giustificazione, si possono però rinvenire nei versetti alcuni elementi propri di esso. Così Brucker[42] ritrova le sue tre tipiche finalità riguardo gli ascoltatori: renderli benevoli attraverso la loro positiva definizione, a fronte del biasimo riservato agli avversari, renderli attenti, con l'uso di numerosi mezzi stilistici, ed infine renderli curiosi, grazie all'introduzione dell'«io» di Paolo. In aggiunta noi individuiamo qui un'*insinuatio*, una delle due possibilità previste per l'*exordium*[43]. Attraverso questo procedimento l'oratore penetra insensibilmente nell'animo degli ascoltatori non presentando subito l'argomento, ma utilizzando particolari artifici per influenzare psicologicamente l'uditorio e vincere la sua simpatia: imitazione caricaturale, parole a doppio senso, iperbole, irrisione, similitudine, giochi di parole, anastrofe, termini singolari[44]. Come abbiamo visto al livello dell'*elocutio*, nei vv. 2-4a si possono ritrovare agevolmente questi elementi stilistici, volti anche ad avviare uno sviluppo successivo nel discorso. Infatti la logica dei versetti evidenzia la preparazione di una base sulla quale costruire poi l'argomento del brano. Williams[45] nota come nel testo la progressione del pensiero è in parallelo con il cambio dei pronomi, da quello di seconda plurale (v. 2) a quello di prima plurale (v. 3) per arrivare all'«io» di Paolo (v. 4a). A differenza dell'autore, però, riteniamo che i vv. 2-4a servano ad introdurre l'autobiografia paolina, siano finalizzati ad essa piuttosto che contenere la tesi del brano. Gli ascoltatori sono preparati dunque ad accogliere una narrazione (vv. 4b-14) la quale mostrerà ciò che significa per Paolo «non confidare nella carne» e quindi «vantarsi in Cristo Gesù». In seguito tutto ciò sarà riportato ad essi incominciando dai vv. 15-16 e, ancor più chiaramente, dall'appello all'imitazione del v. 17. La

---

[42] BRUCKER, „*Christushymnen*", 327.
[43] Cf. MORTARA GARAVELLI, *Manuale*, 63.
[44] Cf. *RhetHer* 1.10.
[45] WILLIAMS, *Enemies*, 160.

loro identità cristiana, soltanto tratteggiata al v. 3, sarà messa in piena luce attraverso l'esempio dell'Apostolo.

A confronto con l'*invectiva* questa funzione introduttiva dei vv. 2-4a può essere spiegata come il tentativo di distruggere la credibilità degli avversari, al fine di far risaltare la posizione dell'autore (v. 4a). La preparazione del tema, che verrà in seguito trattato, è dunque soprattutto al livello del *pathos* e delle emozioni. Il ricorso all'*indignatio* e alla conseguente amplificazione, in relazione agli insulti riversati sugli antagonisti, vuole richiamare all'uditorio l'importanza della questione in gioco (v. 2). Nello stesso tempo emerge come significativa l'esigenza di difendere i suoi valori (v. 3), ragione per la quale è giustificato il veemente attacco contro gli oppositori.

Il raffronto con l'*exemplum* indica che gli antimodelli sono presentati in maniera convenzionale, e pertanto non si può dedurre la loro precisa fisionomia (v. 2). Il fine dell'autore è suscitare, da subito, una repulsione verso di essi negli ascoltatori per indirizzarli verso un opposto modo di pensare e di agire. La dimensione apotrettica e dissuasiva del cattivo esempio serve quindi ad introdurre quello buono. Si biasima ciò che è sbagliato per sgombrare il campo nell'animo dell'uditorio e prepararlo ad accogliere la proposta positiva (v. 3-4a). Così, già dall'inizio, è presentato a mo' d'illustrazione l'esempio del «confidare nella carne» e quello del «vantarsi in Cristo Gesù». Questa alternativa sarà approfondita e ampliata a proposito dell'esempio di Paolo (vv. 4b-14).

Volgendosi alla περιαυτολογία, emerge come la presenza degli avversari sia una componente necessaria per la sua giustificazione (v. 2). Nel testo il motivo degli oppositori e della loro apparenza funziona da preparazione per il vanto di Paolo. Dietro il biasimo di essi, così come avviene in questa forma, si cela l'elogio dell'autore. Inoltre le accuse sono amplificate quasi a sottolineare il pericolo e a rendere ragione, come abbiamo visto in Plutarco, della messa in guardia dell'Apostolo, volta alla difesa e all'incoraggiamento della comunità e della sua identità (v. 3). Nello sviluppo dei vv. 2-4a si parte dunque con l'attaccare i nemici (v. 2), per passare, in contrapposizione, alla lode del gruppo «noi» (v. 3) ed arrivare ad un accenno alla possibilità di vanto del soggetto (v. 4a). In particolare l'elogio dei destinatari appare cominciare proprio dalla loro incirconcisione, riflettendo la tecnica periautologica per la quale il soggetto si glorifica di ciò che altri gli rimproverano[46]. Inoltre, secondo il procedimento dell'*insinuatio*, si preparano il campo

---

[46] Cf. Plutarchus, *Mor* 541e.

e l'animo degli ascoltatori ad accogliere una lode del parlante che altrimenti risulterebbe inaccettabile ai loro orecchi. Seguendo questa prospettiva l'autore si collega con i destinatari e nell'elogio di essi nasconde il proprio (v. 4a). Nello stesso tempo, presentandosi come rappresentante per eccellenza del gruppo «noi», da una parte egli giustifica la lode di sé e dall'altra indica che ciò che sarà mostrato di lui nei vv. 4b-14 varrà anche per gli ascoltatori. Probabilmente non possiamo parlare in senso stretto di un procedimento di *transfert* da Paolo all'uditorio, ma di una sua preparazione. Esso sarà messo in atto al termine dell'autopresentazione paolina nei vv. 15-16 e ancor più nei vv. 20-21, legati all'appello ad imitare l'Apostolo. Possiamo dunque affermare che nel complesso i vv. 2-4a fungono da introduzione alla περιαυτολογία paolina dei vv. 4b-14. Infine attraverso di essi si fornisce la giustificazione del ricorso a questa forma e del violento attacco nei confronti degli avversari.

L'altro elemento da considerare, già rivelatosi importante per comprendere la logica di questi versetti, è quello della σύγκρισις: al biasimo degli avversari attraverso i tre epiteti ingiuriosi, si contrappongono quattro qualificazioni che costituiscono un elogio dei destinatari (e di Paolo). Siamo di fronte al primo livello della σύγκρισις, riguardante questi due gruppi, ma si comincia a delineare un secondo livello, tra gli oppositori e Paolo (v. 4a), punto di partenza per il vanto nella «carne» dell'Apostolo (v. 4b). Dei due elementi posti a confronto, soprattutto il primo, costituito dagli avversari, non ha contorni netti. Più chiaro appare il ritratto del gruppo «noi» il quale, come abbiamo sostenuto, non si adatta semplicemente ai cristiani di Filippi, ma anche a tutti i credenti. Se questa molteplicità di riferimento è congeniale per un termine del paragone, è logico supporla anche per l'altro, che rappresenterà qualsiasi specie di nemico della fede: siamo quindi di fronte ad un uso tipologico dell'*exemplum* con il *typos* degli oppositori e quello dei credenti. Sulla stessa linea avevamo mostrato, a proposito del v. 4b, come Paolo, con ogni probabilità, si misuri con un rappresentante, soltanto fittizio, del gruppo degli avversari. Dobbiamo poi ricordare che la σύγκρισις è presente nell'*invectiva* e soprattutto nell'*encomium*, e quindi anche nella περιαυτολογία. Nel genere encomiastico essa utilizza procedimenti amplificativi per mostrare la superiorità del proprio soggetto a paragone con altri. È proprio ciò che avviene nei vv. 2-4a: la loro finalità è di introdurre l'elogio degli ascoltatori, esaltare la loro condizione, facendo cadere qui l'accento della σύγκρισις. In maniera simile, nei vv. 4b-6, l'attenzione è posta sulla posizione di Paolo. Gli avversari poi sono tratteggiati nelle loro caratteristiche attraverso il ricorso all'αὔξησις con l'accumulazione dei diversi elementi. Questo procedimento di amplificazione, accennato anche riguardo il gruppo «noi», serve ad evidenziare ed enfatizzare le differenze tra le due realtà poste a confronto, in coerenza con la finalità della σύγκρισις. Il ruolo degli oppositori appare così, utilizzando un termine dell'esegesi di lingua inglese[47], un *foil*, cioè una base per far risaltare un'altra realtà che riveste maggiore importanza. In considerazione della centralità che la paronomasia tra κατατομή e περιτομή riveste nel confronto e del duplice ricorso al motivo del «confidare nella carne», la questione di fondo risulta essere quella della posizione, o meglio dell'identità, degli ascoltatori e di tutti i credenti.

In conclusione i vv. 2-4a possono quindi essere letti unitariamente, anche in base allo stretto legame sintattico, come un'esortazione complessiva alla retta valutazione della propria identità in rapporto a Dio e agli altri[48].

2.2   L'unità dei vv. 17-21

2.2.1   *Composizione ed* elocutio

L'unità dei vv. 17-21 si presenta così composta: un'esortazione (v. 17) e le sue due giustificazioni (vv. 18-19.20-21). In base all'uso paolino, Fee[49] afferma che la funzione di γάρ (vv. 18.20) è quella di introdurre due diverse spiegazioni del v. 17 e, in particolare, nega valore avversativo al secondo. Ma Zerwick[50] segnala che in Fil 3,20 γάρ indica un'*argumentatio ex contrario* come già avviene in Gal 3,10; 5,5. Da parte nostra, siamo propensi a considerare i due γάρ anzitutto come causali, senza però escludere, in ragione anche del contenuto del testo, la possibilità di un'ulteriore sfumatura contrastiva nel secondo di essi.

Al livello dell'*elocutio* abbiamo già notato la ripetizione di περιπατέω che lega il v. 17 con il successivo. Il v. 18 è segnato dall'allitterazione in π (πολλοί; περιπατοῦσιν; πολλάκις), dalla ripetizione del verbo λέγω e da una sintassi non lineare, con un iperbato (νῦν δὲ καὶ κλαίων λέγω) che tende a mettere in evidenza il sintagma finale τοὺς ἐχθροὺς τοῦ σταυροῦ τοῦ Χριστοῦ. Su questa espressione si vuol con-

---

[47] Ad es. DE SILVA, "No Confidence", 33.

[48] Cf. BITTASI, *Gli esempi*, 98.

[49] FEE, *Philippians*, 377-378 n. 13.

[50] M. ZERWICK, *Graecitas biblica*. Novi Testamenti exemplis illustratur (SPIB 92; Romae 1944; [5]1966) § 472.

vogliare l'attenzione degli ascoltatori anche attraverso l'assonanza in ου e le allitterazioni in ρ e in στ[51]. Il v. 19 è caratterizzato dall'accumulazione di quattro frasi, delle quali le prime due sono in stretto parallelismo, e dall'uso dell'asindeto e della metonimia. Il v. 20 si apre con l'anastrofe di ἡμῶν e poi presenta in κύριον Ἰησοῦν Χριστόν un'epifrasi che esplicita σωτῆρα[52]. Infine il v. 21 è segnato dalla triplice ripetizione del pronome αὐτός in riferimento a Cristo. Lo stile elevato e l'accumulazione degli elementi nei vv. 20-21 segna un *climax*, non solo relativo all'unità dei vv. 17-21, ma a tutto il brano di 3,1 – 4,1.

Come nei vv. 2-4a, anche qui l'aspetto del *pathos* è ben sottolineato, anzitutto nel richiamo alle lacrime dell'autore (v. 18) e poi nella diffamazione degli avversari (vv. 18-19); a tal proposito potremmo parlare rispettivamente di *conquestio* e di *indignatio*[53]. In questa prospettiva emozionale si comprende il riferimento alla minaccia della dannazione eterna nel v. 19. Nei vv. 17-21, come nell'altra unità, possiamo vedere l'uso dell'amplificazione, al servizio di una σύγκρισις tra ciò che merita biasimo e ciò che è degno di lode. Il confronto è posto prima tra coloro che già seguono il modello paolino e «i nemici della croce di Cristo» (vv. 17-18), poi, in un secondo momento, tra questi ultimi e il gruppo «noi» (vv. 18-21), ed è soprattutto qui che, per mezzo delle diverse figure, si ricorre ad una retorica dell'eccesso.

2.2.2 Inventio

Nel primo capitolo abbiamo già approfondito le idee sottostanti l'appello all'imitazione del v. 17. Ampliando la nostra attenzione a tutto il testo dei vv. 17-21, vogliamo comprenderne lo sviluppo ed individuarne le linee portanti. A proposito di questa unità dovremo nuovamente prendere in esame il procedere della σύγκρισις, la quale, come mostrato, è due volte presente. Il biasimo e la lode, che stanno alla base del confronto, appaiono anche in questo caso elementi decisivi. Inoltre la posizione finale dei versetti all'interno del brano dovrà essere vagliata per evidenziarne la funzione. Infine è da tenere conto del parallelismo tra i vv. 2-4a e i vv. 17-21, il quale fornisce un rilevante punto di vista per l'interpretazione.

---

[51] Cf. ÉDART, *Philippiens*, 245.
[52] ÉDART, *Philippiens*, 246.
[53] Cf. MORTARA GARAVELLI, *Manuale*, 103.

2.2.2.1 L'esortazione in positivo del v. 17

Sono da ricordare brevemente alcune caratteristiche dell'esortazione con valore protrettico del v. 17. Essa rappresenta un importante snodo del testo, in quanto raccoglie ciò che è stato mostrato nell'esempio di Paolo (vv. 4b-14) e lo applica agli ascoltatori. Se i vv. 15-16 costituiscono già un primo ampliamento nei confronti degli ascoltatori, in merito al «retto pensare», il v. 17 è un vero e proprio appello, diretto all'uditorio, perché imiti globalmente l'autore e soprattutto a livello del «retto agire». Al versetto seguono, come conclusione del brano, le sue due relative giustificazioni, tra loro antitetiche (vv. 18-19.20-21). L'esortazione fa da *pendant* al v. 2 e al suo carattere apotrettico[54], mostra infatti il vero modello da seguire. Appare qui la finalità del brano e della περιαυτολογία paolina: l'Apostolo ha mostrato il suo esempio perché i Filippesi lo imitino. Nel superiore fine etico sta la giustificazione del suo vanto, il quale è attuabile soprattutto in quanto radicato in Cristo.

2.2.2.2 La prima giustificazione dei vv. 18-19

La difficile, e in parte scorretta, sintassi dei vv. 18-19 richiede un approfondimento. Al v. 18 la presenza dell'accusativo τοὺς ἐχθρούς si spiega per la concordanza con l'antecedente οὕς, di cui è apposizione, a sua volta oggetto diretto di ἔλεγον. In questo modo περιπατοῦσιν rimane isolato senza un predicato a cui riferirsi, anche se dal contesto lo necessita e, a senso, sebbene la grammatica non lo autorizzi, lo trova in τοὺς ἐχθρούς. L'espressione finale del v. 19, con il nominativo οἵ, non può che riferirsi al soggetto iniziale πολλοί dal quale dipendono anche i due genitivi ὧν. Seguendo Fee[55], possiamo poi fornire una composizione dei vv. 18-19 nella quale i membri finali di ciascun versetto vanno ad assumere particolare enfasi:

πολλοὶ γὰρ περιπατοῦσιν
    οὓς πολλάκις ἔλεγον ὑμῖν
       νῦν δὲ καὶ κλαίων λέγω
      τοὺς ἐχθροὺς τοῦ σταυροῦ τοῦ Χριστοῦ
ὧν τὸ τέλος ἀπώλεια
ὧν ὁ θεὸς ἡ κοιλία
    καὶ ἡ δόξα ἐν τῇ αἰσχύνῃ αὐτῶν
οἱ τὰ ἐπίγεια φρονοῦντες

---

[54] Alcuni notano, ad es. WILLIAMS, *Enemies*, 212, il richiamo antitetico tra βλέπετε del v. 2 e σκοπεῖτε del v. 17.

[55] FEE, *Philippians*, 368 n. 26.

Il v. 18 è connesso con il versetto precedente, oltre che per il legame sintattico costituito da γάρ, per la ripetizione del verbo περιπατέω, riferito a «i nemici della croce di Cristo» e al loro comportamento, contrapposto a quello di chi segue il modello paolino.

A riguardo, l'uso di πολλοί rimane molto generico. Per Fee[56] risulta essere una designazione generale di un buon numero di persone. Più opportunamente Fabris[57] afferma che i «molti» non sono quantificabili, ma vengono enfaticamente nominati per mettere all'erta gli ascoltatori. La lettura in chiave retorica è preferibile, poiché rispecchia l'utilizzo del termine proprio di Sal [LXX], in riferimento agli avversari (ad es. Sal 3,2-3; 21,13.17[58]). Questi sono senza volto ed identità, rappresentano soltanto coloro che si scagliano contro il salmista, il quale, vedendo in essi una grande minaccia li designa come «molti».

Prima di qualificare i rivali, Paolo si interrompe per ricordare che già numerose altre volte (πολλάκις) li ha menzionati ai Filippesi[59]. In ragione anche dell'imperfetto ἔλεγον, è da preferire il richiamo ad un passato extraepistolare. Stowers[60] rileva nel versetto, come già al v. 1b, un idioma proprio di una lettera esortativa, dove il mittente assicura il destinatario che ciò che sta per dire è già conosciuto, e quindi non ci sarebbe bisogno di ripeterlo. La reiterazione assume allora un fine pedagogico, come già traspare dal v. 1b: un *repetita iuvant* insomma. Con ulteriore enfasi l'Apostolo dichiara che ora (νῦν δέ) parla di loro anche piangendo (καὶ κλαίων). Il verbo κλαίω, usato qui al participio circostanziale, significa «piangere, lamentarsi»[61]. Nel NT denota, come riporta O'Brien[62], un'espressione esteriore di dolore e di sofferenza, adatta per un addio (At 21,13) od opportuna di fronte alla morte (ad es. Mc 5,38; Gv 11,31.33) o all'afflizione (Rm 12,15; 1 Cor 7,30). Nelle due ricorrenze paoline il verbo è impiegato in relazione ai credenti. Non appare invece facile comprendere il pianto di Paolo e le sue motivazioni in Fil 3,18. Hawthorne[63] mette in rilievo come il testo non affermi che l'Apostolo piange *per* qualcuno: non si affligge dunque diret-

---

[56] FEE, *Philippians*, 368 n. 24.

[57] FABRIS, "Filippesi", 222.

[58] Interessante è il fatto che in Sal 21,17 πολλοί è riferito a κύνες, gli stessi termini che appaiono in Fil 3,2.18.

[59] Per la costruzione λέγειν τινά cf. BDR § 151 n. 2.

[60] STOWERS, "Friends", 116.

[61] BAGD 545.

[62] O'BRIEN, *Philippians*, 451.

[63] HAWTHORNE, *Philippians*, 164.

tamente per la sorte degli avversari. Risulta allora plausibile la spiegazione di Fabris[64], secondo il quale il pianto dà la misura del coinvolgimento emotivo di Paolo a fronte di questa possibile minaccia per la
comunità. Per noi, ancor più importante di tutto ciò, in ragione del contesto dove l'enfasi abbonda, è la funzione retorica assunta dal piangere
dell'Apostolo. Infatti la logica della *conquestio* invita l'autore a coinvolgere emotivamente gli ascoltatori, carpendone la pietà e dando un
tocco finale al suo discorso che volge al termine. Nell'insieme il ripetersi stesso dell'appello, che rinvia anche a quello del v. 2, lo rende più
pressante ed urgente.

Alla fine del v. 18 gli avversari, i quali, dalla logica della comunicazione, risultano essere esterni alla comunità di Filippi, sono designati
con l'espressione «i nemici della croce di Cristo». Anzitutto è da prendere in considerazione il termine ἐχθρός. Per Geoffrion[65] nel greco ellenistico esso generalmente si riferisce, a differenza di altre parole usate
per «nemico», a colui che in precedenza era un φίλος ma in seguito si è
allontanato. Nell'epistolario paolino compare altre otto volte per designare diversi tipi di avversari: i peccatori e i non credenti in Cristo
(Rm 5,10; 11,28; Col 1,21), le forze che si oppongono al regno di Dio
(1 Cor 15,25-26) e degli antagonisti personali (Rm 12,20; Gal 4,16;
2 Ts 3,15). Ora, la posizione di Geoffrion si potrebbe dimostrare fondata solo riguardo all'ultima categoria e quindi non può essere determinante per l'interpretazione di Fil 3,18. La costruzione al genitivo τοῦ
σταυροῦ τοῦ Χριστοῦ sembra precisare il loro profilo. Per Fabris[66] gli
avversari sono coloro che, pur avendo un'identità cristiana, con il loro
stile di vita si dissociano dal modello paolino legato alla croce di Cristo. A nostro avviso anche in questa espressione il riferimento cristiano
non è dimostrato: si tratta di un'ostilità generica verso la croce, la quale
si traduce nel modo di agire (περιπατοῦσιν). Così «i nemici della croce»
possono inglobare ogni forma di rifiuto del discorso cristiano e paolino
basato sulla croce (cf. 1 Cor 1,18-25)[67]. In definitiva, come sostiene
Williams[68], nel v. 18 la croce di Cristo diviene un canone retorico inserito da Paolo per valutare la prassi degli oppositori.

---

[64] FABRIS, "Filippesi", 222.

[65] T.C. GEOFFRION, *The Rhetorical Purpose and the Political and Military Character of Philippians*. A Call to Stand Firm (Lewiston, NY – Queenston – Lampeter
1993) 153-154.

[66] FABRIS, "Filippesi", 223.

[67] Cf. STANDAERT, "Prenez garde", 173.

[68] WILLIAMS, *Enemies*, 227.

Nel v. 19 quattro elementi di per sé positivi vanno ad assumere valenza negativa in relazione agli avversari. Il primo di essi è τέλος, che richiama τετελείωμαι del v. 12 e τέλειοι del v. 15. Il rimando non fa che acuire il contrasto tra l'Apostolo e i Filippesi da una parte e i nemici dall'altra (con contrapposti destini). Il termine, con significato generale di «fine» o di «obiettivo», appare nel NT per indicare qualcosa che va a finire (ad es. Lc 1,33; Eb 7,3), assumendo un riferimento escatologico (ad es. Mt 24,6; 1 Cor 15,24), oppure lo scopo e l'esito verso il quale si è orientati (1 Tm 1,5; Gc 5,11), con sottolineatura relativa al giudizio finale (Rm 6,21-22; 2 Cor 11,15)[69]. L'ultima accezione è quella più adeguata per Fil 3,19 nel quale è presente la contrapposizione di τέλος con ἀπώλεια (come in Gb 20,28 [LXX] dove si parla del giudizio di Dio nei confronti del malvagio).

Questo ultimo termine ricorre nella lettera anche in 1,28, sempre in collegamento con gli avversari. Il BAGD[70] riporta il significato transitivo di «distruzione» o «spreco» e quello intransitivo di «distruzione (sperimentata), annientamento» o «rovina», citando per il secondo caso anche Fil 3,19. Nella stragrande maggioranza delle ricorrenze neotestamentarie ἀπώλεια indica il destino di perdizione che sarà riservato a chi non persevera od è estraneo alla fede; sulla stessa linea si muovono i due passi paolini di Rm 9,22 e 2 Ts 2,3. Bockmuehl[71] afferma, con ragione, che «la loro fine è la distruzione» non funziona come una maledizione, ma piuttosto come un'osservazione riguardo al termine della strada sulla quale stanno camminando: trovandosi all'inizio della descrizione de «i nemici della croce», l'espressione intende colpire particolarmente l'uditorio.

La seconda inversione di una realtà positiva pone l'equivalenza tra θεός e κοιλία. Il senso e soprattutto il riferimento della seconda parola è molto discusso. Secondo il BAGD[72], κοιλία, che ha come significato di base «cavità del corpo», è usata nel NT, e già nei LXX, secondo tre accezioni: (1) organo per il nutrimento, «stomaco, ventre» (ad es. Rm 16,18; 1 Cor 6,13); (2) «grembo, utero» (ad es. Lc 1,41; Gal 1,15); (3) parte più nascosta e profonda del corpo umano, «cuore» (Gv 7,38; Ap 10,9). A parte il testo di Gal, le altre ricorrenze paoline caratterizzano negativamente il vocabolo; in particolare Rm 16,18 attribuisce agli

---

[69] Cf. O'BRIEN, *Philippians*, 454-455.
[70] BAGD 127.
[71] BOCKMUEHL, *Philippians*, 230-231.
[72] BAGD 550-551.

avversari la volontà di servire il proprio ventre invece del Signore. Questa antitesi si adatta bene a Fil 3,19, dove essi fungono da antimodelli rispetto ai fedeli che attendono il ritorno del loro Signore (v. 20). Alcuni autori evidenziano in κοιλία un sottofondo giudaico con il riferimento alle leggi alimentari ebraiche[73] o al membro circonciso[74], senza però fornire una valida testimonianza a tal proposito. Ad essi de Vos[75] replica asserendo come nei LXX il termine mai venga impiegato in relazione alla circoncisione, mentre si trova per la ingordigia e la lussuria in Sir 23,6; in aggiunta nella letteratura greca il vocabolo è utilizzato per indicare lo stomaco, dove si prova la fame e il desiderio. Inoltre egli riporta, riguardo a «il loro dio, il ventre», un'espressione simile in Filone[76], indirizzata ad Ebrei che sono diventati membri di un θίασος (al quale si legano spesso gozzoviglie ed orge), e una in Ateneo[77] in merito all'ingordigia di un uomo. In questa prospettiva dovremmo vedere in Fil 3,19 un riferimento ad un comportamento libertino d'ordine alimentare e sessuale. Una terza possibilità, suggerita da alcuni autori[78], è basata sull'accezione di κοιλία come «cuore», cioè l'interiorità dell'uomo: nel contesto di Fil 3,19 sarebbe usato in maniera polemica, con un richiamo ai vv. 3-4, così da diventare sinonimo di σάρξ. Di fronte alle interpretazioni proposte, riteniamo che l'insulto ὧν ὁ θεὸς ἡ κοιλία voglia colpire in maniera generale gli avversari, rappresentandoli, attraverso una metonimia, come coloro che sono presi da uno smodato desiderio di cibo e di sesso. L'espressione non ha uno sfondo specifico, giudaico o pagano, ma risulta un'immagine efficace per designare un comportamento deprecabile riferito ad ogni tipo di nemici.

Il terzo elemento della descrizione ingiuriosa prende avvio dal termine δόξα che verrà usato in senso positivo, a proposito del corpo del Cristo risorto, nel v. 21. La parola, con significato di «gloria, vanto» o «ciò di cui uno si vanta»[79], si collega al verbo καυχάομαι del v. 3, e, più in generale, al motivo del vanto presente nei vv. 4b-14.

---

[73] Ad es. HAWTHORNE, *Philippians*, 165-166.

[74] Ad es. J. MOISER, "The Meaning of *koilia* in Philippians 3:19", *ExpTim* 108 (1997) 365-366.

[75] C.S. DE VOS, *Church and Community Conflicts. The Relationships of the Thessalonian, Corinthian, and Philippian Churches with Their Wider Civic Communities* (SBLDS 168; Atlanta, GA 1999) 271-272.

[76] Philo Alexandrinus, *Ebr* 95.

[77] Athenaeus Sophistes, *Deipn* 3.52c.

[78] Ad es. SCHENK, *Philipperbriefe*, 288.

[79] Cf. O'BRIEN, *Philippians*, 456.

L'altro membro della coppia è costituito dal vocabolo αἰσχύνη che può avere significato sia soggettivo di «sentimento di vergogna» sia oggettivo di «causa di vergogna, disonore»[80]. Inoltre, nei LXX la parola è impiegata anche per gli idoli (ad es. 3 Re 18,19; Ger 3,24-25) e per la descrizione del giudizio divino (ad es. Sal 70,13; Mi 7,10). Nel NT abbiamo altre cinque ricorrenze, con il significato ora soggettivo (Lc 14,9; Ap 3,18), ora oggettivo (2 Cor 4,2; Eb 12,2; Gd 13). Una prima interpretazione di Fil 3,19 lega l'uso del termine alla circoncisione[81], tuttavia non ci sono paralleli biblici ed extrabiblici che possano avvalorare questa ipotesi. Un'altra è quella di Gnilka[82] che, in ragione di testi come Is 45,24-25 (dove si trova il verbo etimologicamente collegato), ritrova qui l'esperienza del giudizio di Dio e quindi un chiaro riferimento alla perdizione. In questo caso però ci troveremmo di fronte ad una ripetizione del termine ἀπώλεια utilizzato all'inizio del versetto, cosicché neppure questa soluzione risulta del tutto soddisfacente. Una terza possibilità è di mettere in relazione il vocabolo con un comportamento sessuale biasimevole[83]: ἡ δόξα ἐν τῇ αἰσχύνῃ riproporrebbe in buona parte il sintagma precedente (dato che anche θεός e δόξα possono essere in stretta relazione), al quale è collegato per mezzo di un καί. La coordinazione inviterebbe però a leggervi un'aggiunta piuttosto che una reiterazione, siamo dunque propensi ad indicare un'altra lettura. De Vos[84] segnala che nella letteratura greca, nel contesto in cui ricorre la coppia formata da δόξα e αἰσχύνη, c'è riferimento all'onore e alla vergogna: quest'ultima è il disonore (ἀδοξία) derivante dai misfatti compiuti, soprattutto in campo sessuale[85]. I due termini si trovano insieme, con valore positivo, in Pr 26,11a, dove si parla di una vergogna che apporta gloria; il testo è poi riproposto in Sir 4,21, con la finalità di esortare gli Ebrei a non nascondere la propria identità. Altro riferimento appropriato è Os 4,7, situato all'interno di un *rîb* tra Dio e Israele, nel quale Dio stesso promette di trasformare la gloria (δόξα) del suo popolo in disonore (ἀτιμία).

Alla fine di questo approfondimento intorno all'espressione «la gloria nel loro disonore», non avendo trovato interpretazioni risolutive, riteniamo che sia necessario mantenere un ampio riferimento all'ingiu-

---

[80] Cf. R. BULTMANN, "αἰσχύνω κτλ.", *TWNT* I, 189.

[81] Ad es. HAWTHORNE, *Philippians*, 166.

[82] GNILKA, *Philipperbrief*, 205.

[83] Ad es. BULTMANN, "αἰσχύνω", 190.

[84] DE VOS, *Church*, 272.

[85] Ad es. Aristoteles, *Rhet* 1383b-1384b.

ria. Attraverso l'accostamento di due termini tra loro contraddittori, si afferma che tutto quanto costituisce gloria per gli avversari dovrebbe invece essere considerato vergogna e, forse aggiungendo, tale si rivelerà al momento del giudizio di Dio. Questa lettura si fa preferire in considerazione del contesto, nel quale in questo modo si inserisce un elemento ulteriore, e non semplicemente ripetuto, al ritratto infamante degli oppositori.

L'ultimo sintagma del v. 19 viene considerato dagli autori[86] come riassuntivo degli altri. L'ipotesi appare credibile in ragione della sua posizione enfatica all'interno del versetto, anche senza rivestire il ruolo di *climax* nell'accumulazione. Si utilizza di nuovo φρονέω con un richiamo in antitesi al v. 15, nel quale gli ascoltatori vengono invitati ad assumere il modo di pensare proprio dell'esempio di Paolo. Nei vv. 17-21 è sottolineata soprattutto la dimensione dell'agire morale, cosicché crediamo opportuno leggere il verbo in riferimento all'atteggiamento e alle conseguenze pratiche derivanti da una certa mentalità.

L'aggettivo ἐπίγειος è segnalato in cinque passi del NT, con significato di «terrestre» in senso neutro (Gv 3,12) o negativo (Gc 3,15) ed è usato da Paolo in contrasto con la dimensione celeste (1 Cor 15,40; 2 Cor 5,1; Fil 2,10). In Fil 3,19 appare chiara la connotazione ostile di τὰ ἐπίγεια, antitetico a ἐν οὐρανοῖς del v. 20. Così Lincoln[87] sottolinea, con richiamo al testo di Col 3,2.5, l'aspetto eticamente negativo dell'aggettivo, il quale descrive la sfera del peccato e coincide con l'accezione negativa di σάρξ. Schenk[88] collega τὰ ἐπίγεια φρονοῦντες a un *topos*, con il quale viene deriso colui che anela a conseguire una conoscenza effettivamente irraggiungibile come quella degli astri[89]. Ciò avvalora l'ipotesi di trovarci, anche in questo caso, di fronte ad un insulto stereotipato. Con l'ultima espressione del v. 19 si vuol così gettare ulteriore discredito sui rivali affermando che il loro atteggiamento e, di conseguenza, il loro agire, sono del tutto basati su una mentalità puramente terrena e contrapposta a quella propria dei credenti in Cristo.

---

[86] Ad es. SCHENK, *Philipperbriefe*, 290.

[87] A.T. LINCOLN, *Paradise Now and Not Yet*. Studies in the Role of the Heavenly Dimension in Paul's Thought with Special Reference to His Eschatology (SNTSMS 43; Cambridge – London – New York – New Rochelle – Melbourne – Sidney 1981) 96.

[88] SCHENK, *Philipperbriefe*, 290.

[89] Ad es. Diogenes Laertius 1.34.

I vv. 18-19 riprendono dunque il motivo degli avversari già presente al v. 2. Secondo Williams[90] l'attenzione dei versetti non è posta sulla teologia quanto invece sulla prassi degli oppositori. Possiamo aggiungere che in effetti si tratta di un περιπατεῖν derivante da un φρονεῖν, così come testimonia l'ultima espressione del v. 19 e il legame con il v. 2, concentrato sul «retto pensare». I due sintagmi τοὺς ἐχθροὺς τοῦ σταυροῦ τοῦ Χριστοῦ e οἱ τὰ ἐπίγεια φρονοῦντες messi in risalto all'inizio e alla fine danno l'orientamento di lettura del testo e segnalano uno sviluppo rispetto al v. 2: come conseguenza di un vivere da nemici della croce, chiuso nella dimensione terrena dell'esistenza, essi sono destinati alla perdizione eterna. In entrambi i casi, il loro profilo appare vago e caricaturale, inoltre, se nel v. 2 emergeva come sfondo prevalente quello giudaico e giudeo-cristiano, nei vv. 18-19 i riferimenti sono più generici ed indefiniti. Come visto, le affermazioni spregiative non sono originali di Paolo, ma appartengono a modalità tradizionali di denigrare gli avversari. Di conseguenza Barbaglio[91] afferma che l'Apostolo segue qui un collaudato *cliché* proprio della polemica antieretica, bollandoli con giudizi negativi e preannunciandone la rovina eterna. Ancora una volta, come già al v. 2, il testo non ha come finalità quella di presentare un ritratto degli oppositori, quanto di denigrarli agli occhi degli ascoltatori perché rifuggano da essi e, in questo caso, soprattutto dal loro modo di agire che conduce alla perdizione. I vv. 18-19 rappresentano dunque la giustificazione in negativo dell'appello all'imitazione di Paolo del v. 17. L'Apostolo invita i Filippesi a seguire il suo buon esempio e a guardare a coloro che già si muovono su questa strada perché si avverte l'incombere del cattivo esempio costituito da «i nemici della croce di Cristo». Nei versetti immediatamente seguenti sarà invece fornita la ragione in positivo dell'esortazione.

2.2.2.3 *La seconda giustificazione dei vv. 20-21*

L'anastrofe di ἡμῶν, con la quale inizia il v. 20, rende subito evidente il contrasto con quanto precede, passando al «noi» inclusivo come nel v. 3 e nei vv. 15-16. Anche qui il riferimento è ai Filippesi, insieme con Paolo, e per estensione a tutti i credenti in Cristo.

I fedeli sono posti in relazione col πολίτευμα celeste. La discussione sul significato di questo *hapax legomenon* neotestamentario è molto

---

[90] WILLIAMS, *Enemies*, 224.
[91] BARBAGLIO, "Filippi", 376.

ampia. Il termine proviene dal verbo πολιτεύω (presente alla forma media in Fil 1,27), il cui significato è legato alla posizione e all'agire del cittadino nell'ambito della πόλις[92]. Come avviene per i sostantivi terminanti in –μα, πολίτευμα denota il risultato o la dinamica dell'azione espressa dal verbo, e quindi ha senso generale di «attività politica». Lincoln[93] delinea le varie accezioni in base all'uso della parola nella lingua greca: «pubblica amministrazione, governo», «costituzione», «stato, organizzazione politica», «cittadinanza», «colonia di stranieri». Nei LXX troviamo una sola ricorrenza in 2 Mac 12,7, in rapporto a tutti i cittadini di Giaffa. Di fronte a questa polisemia, gli esegeti si dividono nell'interpretazione del vocabolo di Fil 3,20. Lincoln[94] fornisce un quadro delle diverse proposte e dà una soluzione: (1) «cittadinanza», non è accettabile perché è uno dei significati meno attestati nel periodo del NT; (2) «colonia», non si adatta al contesto perché altrimenti Paolo avrebbe dovuto parlare di un πολίτευμα sulla terra; (3) «patria», non ha riferimenti sicuri e in aggiunta il termine non è mai usato in senso locale e territoriale; (4) «stato, organizzazione politica», è l'accezione più testimoniata nel periodo ellenistico, con valore attivo simile a βασιλεία, la quale è da preferire per Fil 3,20. Dunque l'organizzazione *politica* che è nei cieli, con la sua forza, governa e regola la vita dei credenti sulla terra[95]. L'autore conclude evidenziando il contrasto con l'ultima espressione del versetto precedente: come le ἐπίγεια, infatti, determinano l'orientamento degli avversari, così il πολίτευμα celeste segna l'esistenza dei cristiani[96]. In questo modo la parola del v. 20 viene ad assumere una certa rilevanza. Perciò è necessario anche indagare sul suo sfondo per comprenderne la funzione nel contesto.

Come accennato, dietro il vocabolo si può leggere un richiamo alla situazione dei Filippesi che godono della cittadinanza romana. In questo caso πολίτευμα di Fil 3,20 farebbe riferimento alla metropoli, a Roma stessa, dove i cittadini sono iscritti in un apposito elenco[97]. Inoltre è utilizzata anche l'espressione τὸ Ῥωμαίων πολίτευμα per parlare

---

[92] Cf. FEE, *Philippians*, 161 n. 21.

[93] LINCOLN, *Paradise*, 98-99.

[94] LINCOLN, *Paradise*, 99-100.

[95] Cf. Philo Alexandrinus, *Op* 143-144.

[96] Da qui non si può certo dedurre che τὸ πολίτευμα ἐν οὐρανοῖς sia un'espressione proveniente dagli avversari, come alcuni autori ipotizzano, ad es. SCHENK, *Philipperbriefe*, 324.

[97] Cf. FABRIS, "Filippesi", 225.

dello stato romano[98]. Alcuni studiosi evidenziano invece uno sfondo giudaico, poiché trovano nel termine il rimando ad una comunità di cittadini che, pur abitando all'estero, beneficiano dei diritti della madrepatria e sono regolati da proprie leggi[99]. In particolare questo sarebbe lo statuto degli Ebrei che vivono ad Alessandria d'Egitto secondo alcune testimonianze giudaiche[100]. Lüderitz[101] però dimostra, anche attraverso riferimenti epigrafici, che solo in Cirenaica è attestata con sicurezza l'esistenza di un πολίτευμα giudaico, con il quale ci si riferisce non a tutti i cittadini ebrei ma a un loro gruppo dominante, un consiglio rappresentativo. Pure in questa prospettiva, tuttavia, resta confermato un legame della parola con il giudaismo. Da parte sua, Engberg-Pedersen[102] sottolinea il richiamo, presente nel termine, al concetto stoico di comunità ideale, composta da tutti gli uomini virtuosi, di qualsiasi provenienza essi siano. Infine Miller[103] legge il vocabolo in connessione con l'idea biblica di «un resto», poiché il verbo πολιτεύω sarebbe usato nella letteratura maccabaica per gli Ebrei rimasti fedeli alla legge.

Dunque, come visto a proposito della circoncisione, anche il πολίτευμα è un elemento importante per la definizione dell'identità. Mentre nel primo caso lo sfondo è giudaico, al contrario, nel v. 20, il riferimento è soprattutto all'ambito romano, senza però escludere l'altro. Riguardo alle altre due proposte, quella di Engberg-Pedersen, appare giustificata sulla base dei legami con lo stoicismo presenti nel capitolo[104] e può costituire un'ulteriore possibilità di lettura che sottolinea l'universalità del πολίτευμα cristiano, mentre la seconda, avanzata da Miller, appare non adeguatamente motivata ed inadatta al contesto[105].

---

[98] Ad es. Polybius 6.56.6.

[99] Cf. DE VOS, Church, 77-78.

[100] Ad es. Flavius Iosephus, Ant 12.108.

[101] G. LÜDERITZ, "What is the Politeuma?", Studies in Early Jewish Epigraphy (eds. J.W. VAN HENTEN – P.W. VAN DER HORST) (AGJU 21; Leiden – New York – Köln 1994) 204-222.

[102] T. ENGBERG-PEDERSEN, "Stoicism in Philippians", Paul in His Hellenistic Context (ed. T. ENGBERG-PEDERSEN) (SNTW; Edinburgh, UK 1994) 266-267, 273.

[103] E.C. MILLER, "Πολιτεύεσθε in Philippians 1.27. Some Philological and Thematic Observations", JSNT 15 (1982) 89-93.

[104] Cf. pp. 131-132.

[105] Per essere esaustivi, ricordiamo che BITTASI, Gli esempi, 132 n. 123, cita A.M. PARRENT, "Dual Citizens, Not Resident Aliens", SewTR 44 (2000) 44-49, il quale vede nel testo un invito per i Filippesi a vivere l'appartenenza politica alla città sostenuti dal loro legame con la dimensione celeste. Proposta teoricamente interessante, ma che risulta estranea alla logica del contesto ed anacronistica.

Noi riteniamo che nel termine sia rilevante la sottolineatura legata all'identità e la sua coloritura politica, come approfondiremo in seguito in connessione con i vocaboli dei vv. 20-21. In conclusione, anche con l'espressione ἐν οὐρανοῖς (il plurale riflette l'uso ebraico) si invitano i cristiani di Filippi a riconoscere che la loro vita non dipende dall'appartenenza al πολίτευμα romano, con le sue leggi, o ad una qualsiasi altra comunità (come quella giudaica), ma a quello del cielo dal quale il Cristo, il loro Signore, ritornerà.

Il verbo ὑπάρχω, con significato specifico di «esistere», evidenzia la realtà e l'attualità di ciò a cui si riferisce[106]. Inoltre, come affermano alcuni autori[107], il tempo presente indica che già da ora il credente è determinato nella sua esistenza dall'essere in qualche modo cittadino del cielo.

Il relativo οὗ, al principio della seconda frase del v. 20, ha, come spesso accade nel greco ellenistico, valore avverbiale di «dove» e si riferisce ad οὐρανοῖς. Il termine σωτήρ, «salvatore, redentore», si trova in posizione enfatica prima del verbo di cui è predicato e rimanda in antitesi ad ἀπώλεια del v. 19. Il suo uso nei LXX è riferito principalmente a Dio, il quale salva il suo popolo (ad es. 1 Re 10,19; Is 45,15), il singolo fedele (ad es. Sal 24,5; Sir 51,1) e gli esseri umani in generale (Gdt 9,11; Sap 16,7), ma anche all'uomo in quanto liberatore (ad es. Gdc 12,3; 2 Esd 19,27). Nel NT la parola può denotare sia Dio (ad es. Lc 1,47; 1 Tm 4,10) sia Cristo (ad es. Lc 2,11; Tt 1,4), al quale è collegata una sola volta nell'epistolario paolino (Ef 5,23). La rarità del vocabolo in Paolo richiede un approfondimento, soprattutto al livello dello sfondo. Witherington[108] rimarca che nel contesto greco-romano σωτήρ, utilizzato in un primo tempo per gli dei e per alcuni liberatori, viene ad essere attribuito, a partire da Augusto, all'imperatore. La presenza di un culto imperiale a Filippi, il cui nome è *Colonia Julia Augusta Philippensis*, è testimoniato dalle iscrizioni ed è in consonanza con la forte propaganda, diffusa nel I secolo, incentrata sulla figura dell'imperatore come salvatore. Ed anche il successivo termine κύριος, come suggerisce de Vos[109], era impiegato allo stesso scopo cultuale. Così Paolo, continuando ad utilizzare un linguaggio politico, afferma

---

[106] Cf. BAGD 1029-1030.
[107] Ad es. LINCOLN, *Paradise*, 101.
[108] WITHERINGTON III, *Philippi*, 99-100.
[109] DE VOS, *Church*, 274 n. 47.

che il vero salvatore dei cristiani non è l'imperatore di Roma, ma il Cristo di cui si attende il ritorno.

Questa aspettativa è espressa dal verbo ἀπεκδέχομαι, «attendere», praticamente inutilizzato prima del NT[110], dove conta otto ricorrenze, delle quali sei in Paolo (Rm 8,19.23.25, 1 Cor 1,7; Gal 5,5) in relazione al compimento salvifico. Il termine, come nota Fee[111], è intensificato dall'uso di una doppia preposizione ed esprime la certezza dell'attesa e soprattutto la modalità ardente e intensa con la quale i credenti desiderano il ritorno di Cristo.

Il v. 21, introdotto dal pronome relativo ὅς, si concentra su colui che è aspettato e sulla sua futura azione nei confronti dei credenti. Il verbo μετασχηματίζω, secondo il BAGD[112] con significato di «cambiare la forma di, trasformare, cambiare», nel NT compare solo nell'epistolario paolino per esprimere qualcosa in altra forma rispetto al consueto (1 Cor 4,6) e, al medio, per una trasformazione attraverso un mascheramento (2 Cor 11,13-15). In Fil 3,21, al futuro, indica un avvenimento escatologico che comporta una trasformazione dei corpi. Il vocabolo σῶμα è utilizzato nell'epistolario paolino come mezzo dell'esperire umano e della sofferenza (ad es. 2 Cor 4,10; Fil 1,20), ma designa anche l'uomo *in toto* (ad es. Rm 8,23; 1 Cor 6,13-20) e in particolare sottolinea la sua condizione soggetta al peccato e alla morte (ad es. Rm 6,6; Col 2,11)[113]. Nel contesto di Fil 3,21, nel quale si parla de «il corpo della nostra miseria» che sarà trasformato ne «il corpo della sua gloria», questa ultima accezione appare la più appropriata.

Secondo quanto nota Fabris[114], il termine ταπείνωσις è impiegato dai LXX in associazione con l'idea di oppressione e di prostrazione, mentre nel NT significa «miseria, umiliazione» (Lc 1,48; At 8,33; Gc 1,10). Come evidenziano diversi autori[115], in Fil 3,20 non ha una connotazione negativa, ma serve a descrivere lo stato di umiliazione e fragilità, causato dal peccato, che conduce alla morte. Doble[116] vede in ταπείνωσις l'antitesi a οἱ τὰ ἐπίγεια φρονοῦντες e collega il sostantivo

---

[110] Ci risulta che precedentemente ricorra qualche volta solo in Ipparco, ad es. Hipparchus Bithynus 1.6.11.

[111] FEE, *Philippians*, 380 n. 22.

[112] BAGD 641-642.

[113] Cf. O'BRIEN, *Philippians*, 464.

[114] FABRIS, "Filippesi", 227 n. 59.

[115] Ad es. LINCOLN, *Paradise*, 103.

[116] P. DOBLE, "'Vile Bodies' or Transformed Persons? Philippians 3.21 in Context", *JSNT* 86 (2002) 25-27.

con gli altri composti di ταπειν- presenti nella lettera (2,3.8; 4,12), proponendo di intendere il vocabolo nel senso di «umiltà»: quella richiesta ai cristiani per poter partecipare alla vita del Cristo risorto, il quale ha umiliato se stesso e, a motivo di ciò, Dio lo ha esaltato (2,6-11). La prima prospettiva di lettura risulta più convincente in considerazione della contrapposizione, presente in 1 Cor 15,44-46, all'interno di un testo molto vicino al nostro[117], tra il σῶμα ψυχικόν, legato al primo Adamo, e quello πνευματικόν di Cristo, l'ultimo Adamo; la seconda visione appare meno possibile, poiché nel v. 20 si pone l'accento sull'antitesi tra i due tipi di corpo, e ταπείνωσις esprime più spesso una condizione oggettiva di umiliazione che non un atteggiamento di umiltà.

L'aggettivo σύμμορφος indica l'effetto della trasformazione operata da Cristo, e richiama, da un lato, l'altra ricorrenza neotestamentaria di Rm 8,29, nella quale si preannuncia la conformazione escatologica dei credenti al Signore, e, dall'altro, il verbo συμμορφίζω del v. 10 che esprime la progressiva assimilazione di Paolo alla morte di Cristo. Quest'ultimo diviene non solo l'artefice della risurrezione ma anche il prototipo al quale il cristiano sarà reso conforme, assumendo «il suo corpo di gloria»[118]. Così, come afferma Lincoln[119], conoscere Cristo comporta nel presente l'essere conformato alla sua morte (v. 10), e solo nel futuro, quando egli ritornerà dal cielo, significherà essergli simile in tutte le qualità possedute dal suo corpo glorioso.

La preposizione κατά significa qui «in conformità» ma anche «a causa», infatti introduce l'ultima frase del versetto, collegando e ampliando l'azione trasformatrice di Cristo nei credenti a tutto l'universo. Il termine a cui si riferisce è ἐνέργεια, «forza, potenza in atto», presente nel NT solo nell'epistolario paolino per connotare un potere soprannaturale, per lo più di origine divina (ad es. Ef 1,19; Col 1,29), ma anche satanico (2 Ts 2,9.11)[120]. Il sintagma introdotto dall'articolo e composto da due infiniti, dei quali il secondo è complementare al primo, può avere valore consecutivo o epesegetico[121]. Il verbo ὑποτάσσω indica che il Cristo ha anche (καί) la capacità di sottomettere a sé (αὐτῷ) l'universo intero (τὰ πάντα). Con tutta l'espressione si descrive una potenza attuale (δύνασθαι), la quale sarà pienamente effettiva nel compimento

---

[117] Cf. DOBLE, "'Vile Bodies'" 23-25, per un rilievo dei diversi punti di contatto.
[118] Cf. BARBAGLIO, "Filippi", 377.
[119] LINCOLN, *Paradise*, 103.
[120] Cf. O'BRIEN, *Philippians*, 466.
[121] Cf. ZERWICK – GROSVENOR, *A Grammatical Analysis*, 600.

finale. L'uso del verbo e il relativo oggetto richiama Sal 8,7 [LXX] e la sua applicazione, nel NT, alla signoria universale del Cristo risorto (1 Cor 15,27-28; Ef 1,22; Eb 2,8). Oakes[122], mostra come anche questa ultima frase del v. 21 possa essere letta sullo sfondo dell'ideologia imperiale, in base alla quale l'imperatore è colui che può salvare il popolo in virtù del potere di soggiogare tutto a sé. Potremo quindi concludere riprendendo la posizione di Hawthorne[123], secondo il quale al termine del brano il Cristo non è più soltanto il salvatore dei cristiani, ma diviene anche *imperator mundi*.

I vv. 20-21 costituiscono la seconda ed ultima giustificazione dell'esortazione ad imitare Paolo del v. 17. Se la prima, in negativo, è basata sulla presenza e sull'azione degli avversari, la seconda lo è sull'esistenza del gruppo «noi» e dei credenti, determinata dal dipendere dal πολίτευμα celeste e quindi da Cristo. Il riferimento a lui nei versetti è molto accentuato così da farne il protagonista (σωτήρ; κύριος Ἰησοῦς Χριστός; ὅς; αὐτός [3x]), al quale è collegato anche il campo semantico del potere (ἐνέργεια; δύναμαι; ὑποτάσσω). Cristo è dunque colui che determina l'identità e la vita dei credenti già al presente e la porterà a compimento con la conformazione dei loro corpi al suo. Nei versetti le allusioni all'impero romano risultano importanti, cosicché alcuni autori[124] vedono in esse un richiamo di Paolo nei confronti dei Filippesi affinché non cerchino di evitare la persecuzione rifugiandosi nel loro *status* di cittadini romani, o addirittura partecipando alle pratiche del culto dell'imperatore. Seppur l'ipotesi non possa essere effettivamente dimostrata, è chiaro che la figura di Cristo, come abbiamo rilevato, assume caratteristiche imperiali, e il πολίτευμα celeste appare la nuova organizzazione politica alla quale i credenti appartengono. La questione riguardante la base sulla quale fondare l'identità cristiana emerge così come un elemento determinante dei vv. 20-21. Insieme a questo aspetto, i versetti, in quanto giustificano l'esortazione del v. 17 e richiamano la dinamica di *già e non ancora*, in attesa della risurrezione, dei vv. 10-14, mostrano che il modello dell'Apostolo è quello proprio di ogni credente[125]. I vv. 20-21 terminano dunque con la descrizione del compimento escatologico, nel quale si realizza la salvezza dei cristiani e la si-

---

122 OAKES, *Philippians*, 140-145.
123 HAWTHORNE, *Philippians*, 174.
124 Ad es. DE VOS, *Church*, 281-287.
125 Cf. LINCOLN, *Paradise*, 108.

gnoria universale di Cristo, tematica che ben si adatta alla loro funzione di *climax* a conclusione del brano di Fil 3,1 – 4,1.

Il linguaggio insolito e particolarmente elevato ha posto in questione l'origine paolina dei vv. 20-21 e portato ad ipotizzare la presenza di un inno o di un frammento di esso. O'Brien[126] riassume le più importanti ragioni fornite, soprattutto in passato[127], a sostegno dell'ipotesi di una composizione innodica pre-paolina: (1) il tema dei vv. 20-21 non si adatta al contesto e la congiunzione γάρ non li collega con i versetti immediatamente precedenti; (2) c'è una struttura metrica soprattutto nel v. 21; (3) i pronomi οὗ ed ὅς rimandano allo *stile relativo* proprio degli inni; (4) ci sono diverse somiglianze con il brano di 2,6-11 considerato una composizione innodica; (5) il testo contiene un vocabolario inusuale diverso da quello del contesto e da quello utilizzato da Paolo; (6) ci sono differenze teologiche con altri brani paolini poiché solo qui Cristo è l'artefice della risurrezione alla parusia, si parla di cristiani ancora in vita e la risurrezione stessa è una pura trasformazione e non una nuova creazione. Ma queste motivazioni non sono incontrovertibili: (1) come abbiamo già sottolineato, i versetti formano una σύγκρισις con i precedenti ed il γάρ immette la giustificazione in positivo dell'esortazione del v. 17, assumendo anche una sfumatura avversativa; (2) Schenk[128] mostra che la struttura metrica non è omogenea; (3) Brucker[129] afferma che i pronomi relativi non provano la presenza di un inno ma la dipendenza dal contesto, nel quale ricorrono anche immediatamente prima (vv. 18-19), ed inoltre nel NT non introducono certo solo materiale innodico; (4) i riferimenti al testo di 2,6-11, il quale non è probabilmente un inno, sono spiegabili semplicemente come una ripresa di alcuni elementi all'interno di una stessa lettera, senza influire sulla determinazione del genere letterario; (5) il vocabolario inusuale ha la sua funzione nel contesto in riferimento all'ambiente romano di Filippi; inoltre solo tre termini non ricorrono altrove in Paolo, anche se πολίτευμα ha il suo referente nel corrispondente verbo di 1,27, mentre ταπείνωσις si collega ai composti di ταπειν- presenti in Fil e in altri testi paolini ed infine σωτήρ pone problema solo se si considera Ef 5,23 parte di una lettera non di Paolo; (6) riguardo le supposte differenze teologiche, O'Brien[130]

---

[126] O'BRIEN, *Philippians*, 467-468.

[127] Ad es. J. BECKER, "Erwägungen zu Phil. 3,20-21", *TZ* 27 (1971) 16-29.

[128] SCHENK, *Philipperbriefe*, 323.

[129] BRUCKER, „*Christushymnen*", 331.

[130] O'BRIEN, *Philippians*, 471.

afferma che Cristo è l'agente della risurrezione anche in 1 Cor 15,45 e in 2 Cor 3,18; in aggiunta nel v. 21 c'è un'affermazione generale riguardante la glorificazione sia dei credenti morti sia di quelli ancora in vita, ed alla fine la conformazione del corpo mortale del cristiano a quello glorioso di Cristo è per l'Apostolo come una nuova creazione.

In conclusione pensiamo che le ragioni contrarie all'ipotesi di una composizione innodica preesistente risultino più fondate di quelle a favore. D'altra parte il linguaggio e il ritmo solenne dei versetti, insieme al contenuto inusuale, inducono a supporre l'utilizzo da parte dell'autore di materiale tradizionale, al fine di comporre un testo in prosa di stile elevato tale da costituire il *climax* di tutto il brano.

2.2.3 *Conclusioni*

I vv. 17-21 chiudono il brano riprendendone sia i soggetti coinvolti sia il motivo della lode e del biasimo. I versetti costituiscono la conseguenza finale di quanto detto in precedenza. Infatti l'esortazione ad imitare Paolo applica agli ascoltatori il suo esempio appena mostrato (vv. 4b-14) ed inoltre si passa dalla descrizione di due mentalità (vv. 2-4a.15-16) al loro riflesso sull'agire e sul destino ultimo. In particolare la composizione dei vv. 20-21 si trova a coronamento della pericope con il suo carattere dossologico in lode di Cristo. Seppur non si possa parlare di *peroratio* vera e propria, in questa unità possiamo ritrovarne alcuni elementi tipici, come la ripresa dei *topoi* dell'*exordium* (vedi le corrispondenze con i vv. 2-4a) e la funzione di muovere gli affetti (l'uso della *conquestio* e dell'*indignatio*)[131]. La ricapitolazione e l'utilizzo del *pathos* nei nostri versetti sono dunque funzionali allo scopo di giungere ad una piena consonanza tra l'autore e l'uditorio, la quale vuol essere non solo al livello del pensiero, ma anche a quello dell'azione.

Il ricorso all'*invectiva* ci suggerisce che nei vv. 17-21 si mira a distruggere in maniera conclusiva e definitiva la fama degli avversari, attraverso una presentazione assolutamente negativa del loro operare e del loro destino. In questo modo si pone in risalto la posizione dell'autore (v. 17) e si invitano gli ascoltatori a seguirne le orme nel loro agire, rifuggendo l'opposto modello. Il *pathos* vuol dunque segnalare la posta in gioco, la salvezza o la dannazione eterna, e rinsaldare l'uditorio nei suoi valori (vv. 18-21).

---

[131] Cf. BRUCKER, „*Christushymnen*", 329-330.

Come già appariva nei vv. 2-4a, l'accostamento con l'*exemplum* spiega la presentazione convenzionale dei cattivi modelli e la loro funzione apotrettica (vv. 18-19). Quest'ultimo elemento è ancor più accentuato in considerazione del concentrarsi dei versetti sull'aspetto dell'agire e sulle sue conseguenze. Nello stesso tempo emerge preponderante la dimensione protrettica attraverso il buon esempio dell'Apostolo (e dei suoi collaboratori) e, secondariamente, del «gruppo noi», insieme a tutta la carica persuasiva che comporta il riferimento alla ricompensa escatologica della condotta conseguente (vv. 17.20-21).

Nel confronto con la περιαυτολογία i vv. 17-21 evidenziano, come più volte ricordato, la finalità esortativa e la giustificazione del vanto di Paolo. Inoltre il motivo degli avversari ricorda il succitato brano di Plutarco, secondo il quale è necessario combattere i nemici affinché i loro cattivi costumi non siano imitati, mostrando agli ascoltatori la differenza con la retta condotta e conducendoli verso ciò che è bene. Il testo parte con l'appello all'imitazione di colui che ha tessuto la propria lode (v. 17), in un secondo momento questo vanto è opposto al biasimo degli oppositori (vv. 18-19) ed, infine, si trova in contrasto con l'encomio del gruppo «noi» (vv. 20-21). Anche qui dietro il biasimo dei rivali si nasconde l'elogio dell'autore, il quale a sua volta si collega con quello degli ascoltatori. Il procedimento di *transfert* dall'«io» all'uditorio, cominciato nei vv. 15-16, è pienamente compiuto nella giustificazione in positivo ad imitare l'Apostolo. Ma questo vanto degli ascoltatori è sottoposto ad un altro *transfert* in relazione a Cristo. La traiettoria percorsa dal brano trova allora il suo punto di arrivo in questi versetti: il vanto di sé di Paolo trasformato in elogio di Cristo diventa anche quello dei Filippesi, e in senso più ampio di tutti i credenti, e come tale si rivelerà definitivamente con il ritorno del Signore. È proprio il compimento del «vantarsi in Cristo Gesù» introdotto al v. 3. I vv. 17-21 sono dunque l'opportuna conclusione della περιαυτολογία dei vv. 4b-14.

Il procedimento della σύγκρισις è utilizzato, ad un primo livello, nel confronto tra coloro che seguono il modello paolino e gli avversari (vv. 17-18). Essa ruota intorno al verbo περιπατέω e quindi è in relazione al comportamento; il suo accento sembra essere sugli antagonisti, tratteggiati nelle loro caratteristiche attraverso il ricorso all'αὔξησις e ad una descrizione più sviluppata. Se si considera però la σύγκρισις indiretta con l'esempio di Paolo, che costituisce il punto di riferimento per l'agire dei seguaci dell'Apostolo, appare chiaro il ruolo secondario e funzionale degli oppositori. Ad un secondo livello, si sviluppa poi la σύγκρισις tra avversari e gruppo «noi». Al biasimo dei primi è contrapposta la lode dei secondi, con una particolare sottolineatura delle due espressioni οἱ τὰ ἐπίγεια φρονοῦντες e τὸ πολίτευμα ἐν οὐρανοῖς. Ad un vivere chiuso nella dimensione terrena corrisponde un'esistenza determinata dall'appartenere a Cristo, con due contrastanti esiti: la perdizione (ἀπώλεια) anticipata nella vergogna (ἡ δόξα ἐν τῇ αἰσχύνῃ) o l'essere salvati (σωτήρ) partecipando alla gloria del Signore (δόξα αὐτοῦ). La retorica della αὔξησις, tipica del genere encomiastico, tende soprattutto ad esaltare il proprio soggetto, così come già avveniva nei vv. 2-4a. Il gruppo «noi» è dunque oggetto di elogio, mentre gli oppositori, la cui identità appare ancora meno chiara che al v. 2, servono ancora da *foil* mettendo in risalto l'identità dei credenti. Ciò che questi ultimi sono dipende dal loro legame con Cristo, il quale diventa il vero protagonista e il riferimento della lode cristiana. Di conseguenza anch'essi diventano un *foil*, al fine della glorificazione del Signore loro e dell'universo intero.

Complessivamente i vv. 17-21 costituiscono un'esortazione rivolta ai Filippesi ad imitare Paolo, motivata sul vivere proprio dei credenti e sul loro destino ultimo, in contrasto con quelli degli avversari, una parenesi culminante nella glorificazione di Cristo, l'appartenenza al quale è il fondamento dell'esistenza cristiana.

2.3 Chiusura

Dopo aver analizzato ciascuna delle due unità, composte rispettivamente dai vv. 2-4a e dai vv. 17-21, siamo in grado di individuare le idee ad esse sottostanti, in considerazione sia degli aspetti comuni sia di quelli diversi. In un secondo momento, in collegamento con la restante porzione di Fil 3,1 – 4,1, potremo delineare lo sviluppo del testo nel suo insieme.

Nel primo capitolo abbiamo già evidenziato i diversi elementi condivisi tra le due unità sia dal punto di vista tematico che della composizione[132]. Nell'analisi compiuta in questo capitolo è emerso dall'inizio il riferimento concorde a tre generi letterari. Inoltre il motivo del vanto e della lode e la relativa σύγκρισις segnano la logica di entrambe le parti. Sullo sfondo appare poi la questione dell'identità dei credenti, segnalata in particolare dall'uso di περιτομή (v. 3) e di πολίτευμα (v. 20)[133].

---

[132] Cf. pp. 17-18.
[133] Cf. COHEN, *The Beginning*, 125-129, 135-139, mostra come, a partire dal II secolo a.C., la questione dell'identità religiosa giudaica si trovi in collegamento con la cittadinanza, oltre che con la circoncisione.

L'esigenza di sottolineare la propria identità risulta ben comprensibile in relazione al contesto di Filippi, segnato da un forte sincretismo religioso[134]. Si evidenziano poi anche alcune differenze da non trascurare fra le due unità. Anzitutto l'esortazione del v. 2 è in negativo, mentre quella del v. 17 in positivo, e poi la prima riguarda il pensare, la seconda l'agire. In maniera simile le relative giustificazioni hanno una diversa scansione temporale: si passa infatti dal presente dei vv. 3-4a ad un *già e non ancora* orientato verso il futuro escatologico dei vv. 18-21, cosicché il confronto tra i due gruppi (avversari e fedeli) diventa più drammatico. La stessa immagine degli oppositori sembra avere dapprima qualche lineamento riconoscibile (v. 2), mentre nel prosieguo assume tratti del tutto indefiniti (vv. 18-19), facendo supporre una successiva generalizzazione. Infine, se all'inizio l'elemento cristologico è appena accennato (v. 3), al termine il riferimento a Cristo e alla sua azione diventa preponderante (vv. 18.20-21). In definitiva la ripresa di motivi e l'inserimento di nuovi aspetti indicano la continuità e lo sviluppo del testo, in consonanza con le funzioni rispettivamente introduttiva e conclusiva che le due unità assumono.

Se collochiamo le due porzioni testuali nel contesto più ampio possiamo comprendere il loro ruolo all'interno della dinamica del brano. In conformità ad entrambi i modelli orali di lettura di Fil 3,1 – 4,1 si evidenzia lo stretto legame tra esortazione ed esempio. Nel primo caso la narrazione autobiografica (vv. 4b-16) è preceduta dall'invito a non imitare e a «guardarsi da» i cattivi modelli (vv. 2-4a), mentre è conclusa dall'appello ad imitare il modello positivo (vv. 17-21). Secondo l'altra composizione, i vv. 2-4a e 15-16 esortano al «retto pensare», mentre i vv. 17-21 al «retto agire», basandosi sull'esempio dell'Apostolo (vv. 4b-14). Nel nostro lavoro abbiamo utilizzato due termini diversi per designare ciò da cui prendono avvio le esortazioni: motivazione e giustificazione. Il primo termine è relativo all'esempio di Paolo ed indica che esso è il fondamento e l'illustrazione approfondita di quanto viene richiesto nella parenesi, la quale, da sola, non potrebbe sussistere proprio perché è costituita per buona parte come un invito a seguire il paradigma paolino. L'altro vocabolo descrive i vv. 3.18-21, che richiamano l'identità dei credenti, contrapposta a quella degli avversari, e rappresentano le ragioni delle esortazioni, ampliando l'orizzonte di riferimento del modello dell'Apostolo agli ascoltatori e, attraverso di essi, a tutti i cristiani. Così le enunciazioni parenetiche forniscono la pro-

---

[134] Cf. ad es. DE VOS, *Church*, 247-250.

spettiva ermeneutica della narrazione autobiografica, che rimane però la parte più estesa e rilevante del brano, delineando un paradigma di vita in Cristo al quale i destinatari sono chiamati a riferirsi, e con il quale devono confrontare il loro cammino di fede.

Al termine dell'analisi è emerso un motivo ricorrente, quello del vanto, il quale percorre il brano nella sua interezza, un filo rosso che si dipana gradualmente ed è il tessuto connettivo unificante le diverse parti. Nei vv. 2-4a il tema è preparato anzitutto introducendo la giustificazione più comune per la lode di sé, quella della presenza di nemici. In contrapposizione al loro biasimo, ci si riferisce poi, in maniera elogiativa, agli ascoltatori e a tutti i credenti, tra i quali si comprende Paolo. Attraverso tutto ciò si insinua il vanto dell'«io» e si segnala all'uditorio che in esso potrà vedere riflessa la propria identità, la quale dipende dalla scelta tra il «confidare nella carne» e il «vantarsi in Cristo Gesù», opposizione riecheggiante il brano anticotestamentario di Ger 9,22-23. L'elogio di sé, così sapientemente introdotto e giustificato, viene sviluppato, come visto, in tre diversi momenti: l'autoelogio giudaico (vv. 4b-6), il suo rovesciamento per giungere al vanto in Cristo (vv. 7-11), la sua attenuazione perché ancora incompleto (vv. 12-14). Attraverso l'introduzione di un procedimento di *transfert*, gli ascoltatori vengono coinvolti nell'encomio dell'Apostolo, che funge loro da modello (vv. 15-16). Proprio in virtù del ruolo ricoperto da Paolo, i Filippesi sono chiamati ad imitare il suo esempio e il suo cammino (v. 17). L'elogio di sé trova così sbocco e conclusione in questa finalità parenetica e nel completamento del *transfert* a beneficio dell'uditorio. Il vanto degli ascoltatori è, come per l'Apostolo, un vanto trasferito in Cristo, il quale, riconoscendo il loro modo di vita, posto in contrasto con quello de «i nemici della croce», rende i credenti partecipi della sua gloria (vv. 18-21). Così il brano culmina proponendo il vantarsi in Cristo, di contro a qualsiasi tipo di confidenza nella carne, come la cifra identificativa dell'esistenza cristiana presente e futura, e trovando il suo *climax* nella glorificazione del Signore dei credenti e di tutto l'universo.

In conclusione, l'insieme di questo percorso rimanda alla περιαυτολογία e dimostra come questo sia davvero il modello determinante la natura e la dinamica di tutto il testo. L'uso della forma è peculiare e originale in Paolo, poiché l'elogio di sé si risolve pienamente in una *laus Christi*[135]. Il quadro complessivo del brano comincia così a chiarirsi, ma ora è necessario compiere un passo successivo, andando alla ricerca del profilo e delle caratteristiche degli oppositori, ciò che cercheremo di fare tenendo conto dell'analisi appena compiuta.

3. Gli avversari di Fil 3

Nell'ambito della letteratura riguardante Fil, il tema degli avversari è sicuramente uno dei più dibattuti. Fee[136] nota che la bibliografia sull'argomento è seconda soltanto a quella relativa al brano di 2,6-11. Da parte nostra limiteremo la ricerca ai nemici presenti al c. 3, segnalando che nella lettera ci sono almeno altri due riferimenti agli oppositori (1,15-17.27-28).

L'analisi dei vv. 2-4a.17-21 e del loro contesto costituisce il punto di partenza indispensabile per lo studio degli avversari. Riteniamo che spesso nella letteratura non si sia proceduto, prima di affrontare la questione, ad un'approfondita esegesi, limitandosi invece a far leva su un solo termine e, conseguentemente alla sua interpretazione, a spiegare anche gli altri[137]. In questa terza parte del capitolo, cercheremo di mettere a frutto quanto è emerso in precedenza, anche al livello del genere letterario, al fine di far luce sulla questione. È necessario cominciare con uno *status quaestionis*, mettendo ordine tra le numerose proposte, e discutendo il punto di vista metodologico da adottare. In questo modo, avendo gli strumenti idonei e una solida base esegetica, potremo affrontare e suggerire una soluzione sia per il problema del numero (uno oppure più fronti) sia, soprattutto, per quello dell'identità e del ruolo degli oppositori.

3.1 *Status quaestionis*

Lo *status quaestionis* mostra come specialmente si discuta sulla questione del numero e su quella dell'identità degli avversari di Fil 3. Anzitutto la domanda se il richiamo ad essi sia unitario o molteplice ha

---

[135] A proposito di Gal 6,13-14, testo molto vicino al nostro, BETZ, *Galatians*, 318, afferma che il «vantarsi nella carne» corrisponde alla forma letteraria della lode di sé, mentre il «vantarsi nel Signore» è legato all'inno o alla dossologia.

[136] FEE, *Philippians*, 7. Cf. S.E. PORTER (ed.), *Paul and His Opponents* (PAST 2; Leiden – Boston 2005) per gli avversari nelle lettere paoline.

[137] Cf. ad es. lo schema esemplificativo proposto per 3,2 da BITTASI, *Gli esempi*, 95.

ricevuto sostanzialmente tre risposte. La prima, difesa dalla maggioranza degli studiosi, ritrova nel brano un unico gruppo di oppositori; la seconda vi vede un doppio riferimento[138]; infine c'è chi pensa addirittura a tre diversi fronti, evidenziando nei vv. 12-16 un'allusione ad un terzo movimento[139].

Per quanto concerne l'identità degli avversari, Gunther[140] elencava già ben diciotto ipotesi e oggi il loro numero è probabilmente salito. Noi forniremo un quadro riassuntivo delle proposte più rilevanti, raggruppandole al fine di una maggiore chiarezza. Un primo gruppo di studiosi ricerca la fisionomia degli avversari nell'ambito ebraico: missionari giudei[141], agitatori giudaici sostenitori di una sapienza dualista[142], oppure proseliti[143]. Un'altra posizione è legata alla tendenza gnostica: gnostici giudeo-cristiani libertini[144] o, al contrario propugnatori di un perfezionismo legato alla legge[145]. C'è poi chi si muove nell'ambito pagano: greci praticanti la circoncisione come rituale d'iniziazione[146], membri delle associazioni pagane[147], gente dedita a relazioni omosessuali, orge e a lacerazioni cultuali[148]. Altri autori sono propensi per una designazione cristiana generale: eretici libertini[149] o persone

---

[138] Ad es. R. JEWETT, "Conflicting Movements in the Early Church as Reflected in Philippians", *NT* 12 (1970) 362-390.

[139] Ad es. BETZ, *Nachfolge*, 151.

[140] J.J. GUNTHER, *St. Paul's Opponents and Their Background. A Study of Apocalyptic and Jewish Sectarian Teachings* (NTS 35; Leiden 1973) 2.

[141] Ad es. A.F.J. KLIJN, "Paul's Opponents in Philippians iii", *NT* 7 (1964-1965) 278-284.

[142] SCHENK, *Philipperbriefe*, 291-292.

[143] Ad es. F.W. BEARE, *A Commentary on the Epistle to the Philippians* (BNTC; London, UK 1959) 106.

[144] W. SCHMITHALS, "Die Irrlehrer des Philipperbriefes", *ZTK* 54 (1957) 297-341.

[145] H. KÖSTER, "The Purpose of the Polemic of a Pauline Fragment (Philippians III)", *NTS* 8 (1961-1962) 317-332.

[146] K. GRAYSTON, "The Opponents in Philippians 3", *ExpTim* 97 (1986) 170-172.

[147] W. COTTER, "Our *Politeuma* Is in Heaven. The Meaning of Philippians 3.17-21". *Origins and Method. Towards a New Understanding of Judaism and Christianity. Essays in Honour of John C. Hurd* (ed. B.H. MCLEAN) (JSNTSS 86; Sheffield 1993) 92-104.

[148] U. VANNI, "Antigiudaismo in Filippesi 3,2? Un ripensamento", *Atti del VI simposio di Tarso su s. Paolo apostolo* (ed. L. PADOVESE) (TurCs 14; Roma 2000) 47-62.

[149] Ad es. JEWETT, "Conflicting Movements", 376-382.

descritte come apostati[150]. La maggior parte degli studiosi propende per un'identificazione giudeo-cristiana: predicatori, come in 2 Cor, che annunciano Cristo θεῖος ἀνήρ[151], perfezionisti[152] o lassisti[153] con un'escatologia realizzata, pneumatici descritti da epicurei[154], missionari come quelli presenti in Galazia[155], giudaizzanti che spingono gli etnico-cristiani ad assumere i segni identificativi del giudaismo[156], oppure un gruppo con entrambe le due ultime connotazioni[157]. Il quadro così abbozzato, aldilà di un riferimento unitario o molteplice, rende l'idea del proliferare senza risultato delle ipotesi riguardanti gli oppositori.

In risposta a questa situazione di stallo, e in considerazione del prevalente tenore esortativo del brano, alcuni studiosi hanno spostato l'attenzione dall'identità al ruolo che i nemici rivestono in contrapposizione al buon esempio di Paolo e dei credenti, sino a negarne anche l'esistenza concreta[158]. A nostro parere, la recente prospettiva non risolve il problema, in quanto anche per comprendere la funzione degli avversari è necessario delinearne prima il profilo, reale o virtuale che sia.

Avendo fornito un panorama delle diverse posizioni, potremo dunque addentrarci nell'analisi, al fine di proporre una soluzione riguardo alle tre questioni summenzionate (numero, identità, ruolo). Come preliminare a tutto ciò, è però necessario affrontare gli aspetti metodologici.

3.2 Metodologia

Di fronte alla grande varietà delle proposte, si evidenzia il problema del metodo utilizzato per giungere a questi risultati. È dunque opportuno approfondire la questione metodologica e i limiti dell'indagine

---

[150] Ad es. DE VOS, *Church*, 265-275.

[151] Ad es. GNILKA, *Philipperbrief*, 211-218.

[152] Ad es. C. MEARNS, "The Identity of Paul's Opponents at Philippi", *NTS* 33 (1987) 194-204.

[153] Ad es. N. WALTER, "Der Brief an die Philipper", N. WALTER – E. REINMUTH – P. LAMPE, *Die Briefe an die Philipper, Thessalonicher und an Philemon* (NTD 8/2; Göttingen 1998) 89-90.

[154] L.G. BLOOMQUIST, *The Function of Suffering in Philippians* (JSNTSS 78; Sheffield 1993) 131-133.

[155] Ad es. BECKER, *Paulus*, 340-341.

[156] Ad es. M. TELLBE, "The Sociological Factors behind Philippians 3.1-11 and the Conflict at Philippi", *JSNT* 55 (1994) 97-121.

[157] Ad es. J. MURPHY-O'CONNOR, *Paul. A Critical Life* (Oxford 1996) 228-230.

[158] Ad es. GARLAND, "The Composition", 166.

affinché le nostre conclusioni risultino corrette. Prima di tutto si tratta di fornire alcuni criteri per l'identificazione degli avversari, in base anche alle indicazioni degli studiosi. In secondo luogo è importante rilevare il significato e il ruolo svolto dalle parole ingiuriose. Infine, più specificatamente, si deve chiarire quali siano nel nostro passaggio i versetti indicativi per ricostruire il profilo degli oppositori e in qual modo possano essere utilizzati per tale finalità.

Alcuni esegeti hanno posto la discussione sul metodo come passo preliminare per la ricerca sugli oppositori di Paolo. Sumney[159] nella sua introduzione comincia con il rifiutare l'uso indiscriminato di ricostruzioni storiche esterne al testo, da proiettare in seguito su di esso. Inoltre egli afferma che ogni lettera, in quanto scritto occasionale, è da interpretarsi a sé, perché può rivolgersi contro avversari diversi da quelli presenti in altre dello stesso *corpus*. I brani paralleli possono essere utilizzati, con la dovuta cautela, solo in un secondo momento, per evidenziare il contesto più ampio. L'epistola stessa è quindi, secondo Sumney, la fonte primaria per l'identificazione degli oppositori; i dati raccolti devono poi essere giudicati in base a due criteri: la certezza con la quale una frase è riferita ad essi e la credibilità di quanto detto dall'autore. Riguardo alla prima si dovrebbe distinguere tra affermazioni esplicite, allusioni e asserzioni indirette. La credibilità invece sarebbe da valutarsi in base al contesto: polemico, apologetico, didattico, esortativo e proprio delle convenzioni epistolari. In conclusione, la metodologia proposta è finalizzata a stabilire soltanto ciò che degli avversari può essere conosciuto con relativa sicurezza. L'elemento più problematico resta così quello del *mirror-reading*, laddove negli asserti dell'autore viene letto un riferimento alle posizioni degli avversari. Lyons[160], da parte sua, considera questo metodo inappropriato in quanto non riconosce sufficiente valore al tenore squisitamente argomentativo degli enunciati negativi e delle formulazioni antitetiche e dà invece troppo peso ai dati extratestuali. Barclay[161], approfondendo l'argomento, mostra i pericoli ai quali si presta il *mirror-reading*, ma anche le possibilità e i criteri per la sua applicazione (tipo di affermazione, tono, frequenza, chiarezza, estraneità all'autore, coerenza, plausibilità storica),

---

[159] J.L. SUMNEY, '*Servants of Satan*', '*False Brothers*' and Other Opponents of Paul (JSNTSS 188; Sheffield 1999) 20-32.

[160] LYONS, *Pauline Autobiography*, 96-105.

[161] J.M.G. BARCLAY, "Mirror-reading a Polemical Letter. Galatians as a Test Case", *JSNT* 31 (1987) 73-93.

delineando, in base a ciò, un diverso grado di certezza che si può raggiungere riguardo alle caratteristiche degli avversari.

Noi concordiamo prima di tutto con Sumney nell'imprescindibile esigenza di partire dal testo della lettera considerato in se stesso; il campo di indagine sarà ancor più circoscritto, visto il nostro specifico interesse agli avversari del c. 3 di Fil. Ci baseremo poi sostanzialmente sui riferimenti diretti agli antagonisti, ed esclusivamente in seconda istanza ci rivolgeremo alle allusioni e alle asserzioni, le quali possono essere sottoposte al *mirror-reading* solo se coerenti con quanto trovato in precedenza. Nelle conclusioni preferiamo limitarci a ciò che può essere affermato con un buon grado di certezza, lasciando da parte quello che risulta più ipotetico. Abbiamo infatti la consapevolezza di poter tratteggiare un profilo parziale degli oppositori, ristretto a ciò che di essi l'autore ci ha voluto far vedere.

Altra questione è quella sollevata dalle ingiurie presenti in Fil 3. Johnson[162] mostra come queste facciano parte degli artifici retorici utilizzati nell'ellenismo e nel giudaismo soprattutto nel I secolo, così da divenire standardizzate e da costituire un *topos* proprio della polemica. Generalmente si critica sia l'insegnamento sia il comportamento degli avversari. Il fine di questo attacco non sarebbe tanto la confutazione del nemico, quanto l'edificazione di quelli della propria parte, e perciò sarebbe adatto anche ai contesti protrettici, come Fil 2 – 3, dove si usano esempi contrapposti. In conclusione l'uso degli insulti avrebbe valore più connotativo che denotativo, segnalando che coloro ai quali sono rivolti rappresentano degli antagonisti. Du Toit[163] delinea alcuni elementi presenti nella denigrazione degli oppositori propria del NT e della letteratura cristiana antica. Tra gli altri, egli richiama il deliberato oscuramento della loro identità, la negazione di un'integrità morale, la minaccia del giudizio finale, la ridicolizzazione delle loro caratteristiche. La descrizione dei rivali sarebbe una costruzione dell'autore che spinge gli ascoltatori a dissociarsi da essi e ad abbracciare il suo punto di vista. Per questa ragione non è possibile far coincidere l'immagine degli avversari fornita dal testo con quella reale. Ogni volta, secondo du Toit, sarà quindi da valutare l'elemento di distorsione operante nel corso della denigrazione.

---

[162] L.T. JOHNSON, "The New Testament's Anti-Jewish Slander and the Conventions of Ancient Polemic", *JBL* 108 (1989) 419-441.

[163] A. DU TOIT, "Vilification as a Pragmatic Device in Early Christian Epistolography", *Bib* 75 (1994) 403-412.

Da parte nostra abbiamo già ricordato come in Fil 3, anche laddove si utilizzano delle ingiurie (vv. 2.18-19), Paolo si rivolga ai Filippesi all'interno di un contesto parenetico. L'interesse del testo è sicuramente più connotativo che denotativo, con il fine di segnalare ai lettori il cattivo esempio costituito dagli antagonisti. L'Apostolo non si rivolge a questi ultimi, ma parla di loro ai destinatari, mostrando il suo giudizio riguardo alla mentalità e al modo di vivere di essi. L'elemento di distorsione, in ragione di questo contesto comunicativo, può essere considerevole, tanto più che secondo Sumney[164] le sezioni esortative sono da giudicarsi come le meno pertinenti alla realtà, poiché in esse la diffamazione è il motivo primario per menzionare i rivali. Inoltre i quattro procedimenti denigrativi richiamati da du Toit si adattano bene al nostro brano. Infatti gli avversari non vengono nominati, ma sono ingiuriati e indicati solo con l'indefinito πολλοί (v. 18), sono ridicolizzati e la loro moralità è vilipesa (vv. 2.18-19) ed infine il destino di essi è la dannazione (v. 19). La loro descrizione ha come fine la presa di distanza da parte degli ascoltatori, contrapposta all'imitazione dell'autore (v. 17).

Dopo quanto concluso, resta ancora da individuare quali siano i versetti da utilizzare per definire l'identità degli oppositori e quale importanza loro attribuire. Appare chiaro che nel testo le affermazioni esplicite riguardo i rivali si trovano nei vv. 2.18-19. A questi possono essere aggiunti i vv. 3-4, nei quali essi, a differenza dei credenti, sono indirettamente accusati di confidare nella carne ed un rappresentante fittizio del gruppo è chiamato in causa da Paolo. Per poter prendere in considerazione altre porzioni testuali è necessario utilizzare il *mirror-reading*, con tutta la cautela del caso. Nella paronomasia dei vv. 2-3 è introdotto enfaticamente il tema della circoncisione ed è ribadito, presumibilmente, anche nell'espressione «confidare nella carne» ripetuta per tre volte nei vv. 3-4. L'enfasi e la ripetizione segnalano l'importanza della questione e rimandano, con una buona probabilità, alla posizione sostenuta dagli avversari. Poi, nei vv. 5-6, si elencano i doni ricevuti e le virtù acquisite di Paolo in quanto ebreo, ponendo in maniera inusuale, in cima alla lista, il riferimento alla circoncisione. Visto questo richiamo e il motivo della σύγκρισις tra l'Apostolo e i rivali presente nella sottounità, è possibile indicare un riferimento alle posizioni degli oppositori anche nei vv. 5-6. Più difficile è invece trovarlo nei vv. 7-11,

---

[164] SUMNEY, *'Servants of Satan'*, 28.

dove, secondo alcuni autori[165], ci sarebbe un'allusione ad essi attraverso i richiami alla legge e all'escatologia. A nostro avviso il contesto dei vv. 7-11 non autorizza questo *mirror-reading*, in quanto nei versetti la σύγκρισις è posta tra la vita di Paolo prima e dopo l'incontro con Cristo, senza un'ulteriore contrapposizione con altri soggetti. D'altra parte, l'uso del termine νόμος (v. 9) rimanda alla sua duplice ripetizione nei vv. 5-6 invitando a porre attenzione al tema in relazione agli avversari. Inoltre non è possibile dimostrare nei vv. 12-16 un collegamento con le idee degli oppositori, visto la σύγκρισις tra l'identità presente e futura dell'Apostolo e l'uso della *correctio* come precisazione rispetto a quanto precede. Senza un vero fondamento poi appaiono le posizioni di coloro che trovano nel testo altre espressioni proprie degli antagonisti[166]. In conclusione per ricostruire l'identità degli avversari ci serviremo dei vv. 2-4.18-19 con l'ausilio anche dei vv. 5-6, nella consapevolezza di doverci attenere al ritratto parziale e limitato che l'autore ha voluto fornire di loro.

3.3   Il numero

La prima questione che ci apprestiamo a risolvere è quella relativa alla composizione del fronte degli oppositori. Già dall'inizio escludiamo la possibilità di individuare tre gruppi, poiché questa ipotesi è basata, come visto, sull'errato *mirror-reading* dei vv. 12-16. Resta allora da verificare se il riferimento agli avversari sia unitario o si debba vedere un fronte nei vv. 2-4 e un altro nei vv. 18-19.

Müller[167] sostiene la continuità del discorso paolino, sottolineando come l'autore non segnali in alcun modo al v. 18 la presenza di un altro gruppo, come inoltre l'articolo τούς si riferisca ai già citati del v. 2 e ci sia, infine, un rapporto tra il v. 3 e il v. 20 nel richiamo contrapposto ai credenti. Oltre ai numerosi legami tematici e letterari tra i vv. 2-4a e i vv. 17-21, segnalati al livello della composizione orale, dobbiamo ricordare come alcuni autori[168] leggano nella variante che inserisce βλέπετε prima di τοὺς ἐχθρούς, testimoniata esclusivamente da 𝔓[46], un'antica interpretazione in senso unitario. Infine Barclay[169], in base al

---

[165] Cf. SUMNEY, *'Servants of Satan'*, 176-180.

[166] Cf. SCHENK, *Philipperbriefe*, 337, giunge fino ad indicare 50 termini presi dagli avversari in Fil 3,2 – 4,3.8-9.

[167] MÜLLER, *Philipper*, 174-175.

[168] Ad es. FEE, *Philippians*, 362 n. 1.

[169] BARCLAY, "Mirror-reading", 85.

criterio della coerenza testuale afferma che in questo genere di testi, a meno di avere una forte prova per dimostrare il rimando a più di un tipo di avversari, è da pensare a un solo gruppo.

Gli autori che propongono due diversi fronti fanno generalmente notare la diversità di accenti tra i vv. 2-4 e i vv. 18-19[170], con caratteristiche attribuite agli oppositori che non possono essere armonizzate ed avere un riferimento unitario. Dall'analisi dei versetti è emerso come nel primo caso lo sfondo appare più definito, anche se non del tutto chiaro, e legato in prevalenza ad un gruppo delineato, mentre nel secondo il quadro è più vago e sfuocato ed è applicabile a diversi tipi di nemici.

È necessario dunque trovare una soluzione che possa da una parte salvaguardare la coerenza del discorso paolino, il quale non sembra avere alcun segnale testuale di cambio nel riferimento, e dall'altra giustificare la difficile conciliazione tra gli elementi contenutistici propri di ciascuna delle due parti del brano. La proposta di Fiore[171] si muove su questa linea, evidenziando una transizione dal particolare all'universale: Paolo partirebbe da una posizione specifica (quella dei giudaizzanti) per poi allargare la critica a qualsiasi sforzo e ricerca dell'uomo che voglia fare a meno della conoscenza di Cristo. Ci pare di poter sostanzialmente concordare con Fiore nel cogliere questo passaggio nel testo, all'interno del quale è opportuno vedere più che un gruppo, un richiamo unitario agli avversari. Infatti all'inizio essi hanno un profilo un po' più distinto e particolare, poi la loro immagine si sfuoca e il campo di riferimento si amplia: il concreto sembra così diventare tipologico. Inoltre anche il fatto di utilizzare offese più generiche e stereotipate contribuisce a confermare ciò. Questa prospettiva sarà ulteriormente approfondita e precisata poiché fa parte della dinamica e della strategia retorica del brano che avremo modo di riprendere.

3.4   L'identità

Quello dell'identità è, come notato in precedenza, il problema più dibattuto tra gli studiosi. Non potendo discutere tutte le singole proposte, cercheremo di confrontarci con esse in base allo schema con il quale le abbiamo raggruppate in diverse tendenze. Da qui presenteremo la nostra soluzione, la quale intende suggerire soltanto ciò che con una

---

[170] Ad es. JEWETT, "Conflicting Movements", 362-363, 382-384.
[171] FIORE, "Invective", 188.

certa sicurezza è possibile dedurre dal testo e allo stesso tempo cerca di spiegare la ragione della grande difficoltà nell'identificare gli avversari.

Coloro che sostengono l'identità ebraica degli oppositori si possono ben appoggiare sul primo ed ultimo epiteto del v. 2, sull'insistenza riguardo alla circoncisione e al «confidare nella carne» dei vv. 3-4 e, in aggiunta, sul profilo giudaico di Paolo presentato nei vv. 5-6. Questa designazione *tout court* però solleva anche problemi, anzitutto a motivo dell'espressione κακοὶ ἐργάται, difficilmente applicabile al giudaismo del I secolo, e poi perché la logica dell'avvertimento del v. 2 fa pensare a persone della stessa fede, le quali potrebbero influenzare i cristiani filippesi. Inoltre i vv. 18-19, come visto, non hanno riferimenti precisi ad uno sfondo ebraico, a meno di non voler indebitamente forzare il significato di alcuni termini. Infine gli autori[172] ricordano come non si trovino testimonianze archeologiche di una presenza di Ebrei a Filippi al tempo di Paolo, nonostante il testo di At 16,13 abbia portato a supporlo.

La tesi gnostica è facilmente adattabile agli antagonisti, poiché lo gnosticismo si presenta come un movimento religioso dai contorni non ben definiti, le cui caratteristiche variano da autore ad autore e da studioso a studioso. Grech[173] mette in dubbio la sua esistenza in quanto sistema e la presenza nell'ambito cristiano precedentemente alla fine del I secolo ed inoltre sottolinea come Schmithals ed altri vedano in tutti gli avversari paolini degli gnostici, giungendo così a un pangnosticismo senza fondamento nei testi. Pur non entrando nel merito della discussione sulla caratteristiche dello gnosticismo nel I secolo, concordiamo con Grech riguardo al nostro brano. Infatti i sostenitori della tesi gnostica trovano in esso degli accenti legati ad una supposta perfezione spirituale e ad un'escatologia realizzata basandosi, in sostanza, sull'errato *mirror-reading* dei vv. 12-16.

La derivazione pagana degli oppositori potrebbe essere sostenuta in base ai vv. 18-19 e all'ambiente gentile di Filippi. In quest'ottica però è difficile leggere i vv. 2-4, i quali hanno un prevalente carattere giudaico, ed inoltre i vv. 18-19 non si confanno esclusivamente ai pagani, ma possono essere ben riferiti a qualsiasi tipo di nemici.

Lo sfondo cristiano può emergere dall'espressione κακοὶ ἐργάται e dal tentativo di enfatizzare le differenze tra gli avversari e gli ascoltatori. I primi sono rappresentati nel testo come antagonisti dei Filippesi e di Paolo, senza che questa sia forse la loro autocoscienza. Al contrario

---

[172] Ad es. FABRIS, "Filippesi", 15.
[173] P. GRECH, "Lo gnosticismo: un'eresia cristiana?", *Aug* 35 (1995) 587-596.

costituirebbero una minaccia proprio perché si considerano dello stesso gruppo dei secondi: di conseguenza l'autore renderebbe cupo il loro ritratto affinché i suoi non ne vengano influenzati[174]. Ma questa designazione risulta valida se, in riferimento ai vv. 2-4, non resta sola, bensì è collegata con quella giudaica e tiene conto del successivo ampliamento dei vv. 18-19.

La soluzione di individuare negli avversari dei vv. 2-4 dei giudeo-cristiani risulta nel complesso la più appropriata. Anzitutto il primo e il terzo epiteto del v. 2 hanno un prevalente sfondo giudaico, mentre nel secondo può essere vista una coloritura cristiana, confermata dalla logica stessa della messa in guardia. Già nei vv. 3-4, ma poi soprattutto nei vv. 5-6, il riferimento all'identità ebraica è chiaro. Dunque con un buon grado di probabilità possiamo parlare di nemici giudeo-cristiani dei Filippesi e di Paolo. A parte aggiungiamo che presumibilmente sono missionari itineranti e, in base all'insistenza sulla circoncisione e al duplice riferimento alla legge, inviterebbero gli etnico-cristiani a circoncidersi, forse chiedendo loro anche l'osservanza della תּוֹרָה. Andare oltre, ipotizzando ulteriori caratteristiche di essi, ci sembra molto rischioso, in quanto aprirebbe la possibilità alle speculazioni più svariate. L'elemento missionario potrebbe richiamare gli oppositori di 2 Cor 10 – 13, mentre la propaganda della circoncisione e della legge rimanda a quelli di Gal (cf. Gal 5,1-3; 6,12-13). Il contesto più ampio può quindi fornire una conferma alle nostre conclusioni.

Al contrario non ha fondamento l'ipotesi, formulata da alcuni autori[175], di un'attrazione degli etnico-cristiani verso i segni identificativi del giudaismo in quanto *religio licita* nell'impero, poiché questa idea non è mai stata storicamente dimostrata; nondimeno potrebbe esserci una tensione con l'ambiente romano a motivo del linguaggio usato in Fil 3,20-21. Inoltre se lo sfondo prevalente nel testo è quello giudeo-cristiano, dobbiamo però anche ricordare, come visto nell'analisi, che è possibile trovare riferimenti ulteriori all'ambiente greco-romano e in senso più universale. In questa direzione si muove anche de Vos[176], affermando che la vera questione dei vv. 2-11 non riguarda la circoncisione e la legge, ma il porre da parte dell'uomo fiducia nel proprio *status*, cioè il «confidare nella carne». Noi sosteniamo così che la ripetizione del motivo degli avversari nei vv. 18-19 non segna solo un pas-

---

[174] Cf. SUMNEY, *'Servants of Satan'*, 19.
[175] Ad es. BOCKMUEHL, *Philippians*, 190.
[176] DE VOS, *Church*, 269.

saggio dalla loro mentalità alla prassi, dalla messa in guardia nel presente all'osservazione del loro destino finale, ma anche un definitivo ampliamento d'orizzonte, processo cominciato già in precedenza. Di loro è detto essenzialmente che sono nemici della croce, chiusi in una mentalità puramente terrena, oppositori non semplicemente dei Filippesi e di Paolo, ma in definitiva anche di Cristo. A seguito di questa descrizione, è stigmatizzato il loro modo d'agire che li conduce alla perdizione. Il biasimo si adatta bene a qualsiasi gruppo di individui definiti come avversari, cosicché in base ai vv. 18-19 niente di preciso può essere affermato su di loro.

Riteniamo che questa difficoltà nell'identificazione degli antagonisti, testimoniata dall'impressionante numero delle ipotesi, non sia dovuta all'incapacità degli interpreti, ma all'intenzione dell'autore stesso. Infatti la loro identità non definita permette un'ampiezza di riferimenti tale da abbracciare ogni tipo di rivale. Nel testo si introduce all'inizio un profilo di essi con caratteri, almeno in parte, più concreti per giungere poi a universalizzarlo. Secondo Aletti[177], in ragione anche di altri brani dell'epistolario, sarebbe questa una strategia comunicativa propria di Paolo, il quale sopprime o rende sfumato tutto ciò che si riferisce troppo direttamente alla comunità alla quale si rivolge, fermandosi solo agli elementi emblematici di ogni situazione, affinché le sue lettere possano interessare i membri di altre Chiese ed abbiano un'*audience* più generale. Concordiamo con l'esegeta poiché, se lo scopo dell'Apostolo fosse stato il condurre il lettore ad un'identificazione degli oppositori, avrebbe certo di più chiarito le loro caratteristiche. In aggiunta riteniamo che questo velo posto su di essi, ad impedirne una precisa raffigurazione, mostri come nel testo più dell'identità sia importante il loro ruolo. È a questo allora che volgeremo la nostra attenzione.

3.5   Il ruolo

La questione del ruolo degli avversari è legata nel brano, oltre alla loro fisionomia, alla posizione che essi assumono rispetto agli altri protagonisti, i Filippesi e Paolo. Il paragrafo sarà dedicato a questo aspetto, ma dovrà anche affrontare in conclusione due problemi che nella letteratura sono ad esso spesso uniti, quello della consistenza reale e della presenza a Filippi degli oppositori.

---

[177] J.-N. ALETTI, "La rhétorique paulinienne: construction et communication d'une pensée", *Paul* (éds. DETTWILER – KAESTLI – *e.a.*) 57.

A loro il testo non si rivolge mai direttamente, non sono nominati e, come abbiamo visto, l'accento della σύγκρισις non è posto su di essi, cosicché risultano un *foil*. Inoltre Standaert[178] nota che il ritratto schematico e la difficile identificazione degli antagonisti non rende la lettura del brano difficile perché il suo centro di gravità è altrove. Aver chiara la posizione subordinata dei rivali non è però sufficiente per definire compiutamente il loro ruolo, quindi è necessario procedere oltre. Stowers[179] mostra come nel mondo greco-romano amicizia ed inimicizia siano legate insieme, di modo che la prima assume una peculiare natura agonistica; in Fil Paolo adotta il *topos* del nemico ed enfatizza la comune lotta contro di esso per rafforzare il suo legame con i Filippesi. Per Williams[180] l'Apostolo utilizza nella sua strategia retorica la metafora (vv. 5-11.20-21) e la terminologia legata alla croce di Cristo (v. 18) per polarizzare il suo buon esempio rispetto a quello cattivo degli oppositori, così da criticarne il modo di pensare e la prassi, e nello stesso tempo promuovere l'identità del gruppo credente e la sua identificazione con il Cristo crocifisso. Peterlin[181], sottolineando il ruolo secondario degli avversari, afferma che si pone attenzione ad essi perché riflettono convinzioni e pratiche già in parte presenti nella comunità di Filippi. Così Paolo, cominciando dal v. 2, intende colpire la tendenza a «confidare nella carne» e in se stessi, insieme a quella legata alla sovrastima della legge e della circoncisione. In seguito, dal v. 17, egli cercherebbe di contrastare le spinte verso una condotta di vita libertina.

Da parte nostra condividiamo queste proposte che evidenziano il ruolo strumentale degli antagonisti a beneficio degli ascoltatori, poiché la comunicazione nel testo è diretta verso di loro ed è finalizzata all'esortazione. In particolare è probabile che nel contesto entri in gioco il legame tra l'Apostolo e i Filippesi, grazie al quale egli può coinvolgerli insieme al fine di costituire un gruppo unitario contrapposto a quello degli avversari. Inoltre, come abbiamo visto, la questione dell'identità dei credenti risulta di grande importanza, anche aldilà dell'utilizzo della metafora e del linguaggio della croce (che approfondiremo nel confronto tra l'esempio di Paolo e quello di Cristo). Più difficile è sapere, seguendo Peterlin, se l'utilizzo degli oppositori è finalizzato a colpire tendenze latenti nella comunità filippese. Noi abbiamo evidenziato la

---

[178] STANDAERT, "Prenez garde", 180.
[179] STOWERS, "Friends", 113-114.
[180] WILLIAMS, *Enemies*, 222, 232, 252.
[181] PETERLIN, *Philippians*, 90-91.

possibilità di lettura del «confidare nella carne» con riferimento all'atteggiamento dei destinatari. Invece riguardo alle altre posizioni non è dimostrabile dal testo se esse siano già presenti, seppur in maniera sfuggente, a Filippi. È più ragionevole vedere nella circoncisione e nella legge due temi della propaganda avversaria, la quale potrebbe esercitare un richiamo nella comunità, mentre il riferimento ad una condotta libertina, essendo il linguaggio dei vv. 18-19 stereotipato e generico, non risulta attendibile.

Nel nostro studio è già emerso come la funzione del cattivo esempio degli antagonisti sia di esaltare il buon esempio dei Filippesi e di Paolo, sino ad arrivare ad una loro tipizzazione, per la quale essi divengono il *typos* del «confidare nella carne» contrapposto al *typos* del «vantarsi in Cristo Gesù» proprio dei credenti. Il ruolo degli avversari di Fil 3 appare ancora più chiaro nel confronto con la περιαυτολογία e non solo perché la loro presenza costituisce la giustificazione più corrente di essa. Nel brano essi divengono l'occasione e il punto di partenza per la lode dell'Apostolo e dei credenti. Come notato in Plutarco, anche qui l'elogio di sé risulta accettabile in risposta al vanto malvagio dei nemici, basato su un errato modo di pensare (v. 2) e di vivere (v. 18), che potrebbero influenzare l'uditorio ed indurlo all'imitazione. La finalità esortativa della περιαυτολογία assume dunque anche un aspetto di protezione e di incoraggiamento degli ascoltatori. Durante l'analisi dei versetti si è rilevato che il vanto di Paolo si nasconde e si prepara sotto il biasimo dell'avversario, pur non essendo basato su questo. Plutarco[182] a tal proposito afferma come sia odioso costruire la propria reputazione sull'umiliazione dell'altro, cosicché la diffamazione del nemico diventi motivo per l'esaltazione di sé. Lo stesso filosofo[183], però, sostiene anche il diritto a vantarsi contro gli oppositori per coloro che possiedono vere nozioni sugli dei. Allo stesso modo nel nostro brano l'attacco degli antagonisti non è per Paolo la base a fondamento dell'elogio, ma lo è invece la sua conoscenza e relazione con Cristo, il Signore (vv. 7-11). Essi hanno in tutto questo un ruolo secondario, costituendo l'occasione e il punto di partenza della περιαυτολογία paolina (v. 2), e allo stesso tempo servono a segnalare la negatività di ogni vanto che non sia in Cristo (vv. 3-4), perché esso conduce ad una vita dissoluta ed inevitabilmente alla perdizione (vv. 18-19). Rappresentano dunque un contro-concetto di ciò che gli ascoltatori non devono mai di-

---

182 Plutarchus, *Mor* 547a.
183 Plutarchus, *Mor* 545a.

ventare, in perfetto contrasto con l'invito ad essere conformi al modello paolino (v. 17), la cui illustrazione è il centro di tutto il brano.

Avendo individuato il ruolo degli avversari nel testo, si potrebbe pensare a loro come pura figura letteraria, creata per giustificare la lode di sé dell'Apostolo. Noi riteniamo invece che proprio dal punto di vista retorico un discorso basato sulla realtà acquisti una capacità e una forza di persuasione aggiuntiva nei confronti dell'uditorio. Inoltre i toni urgenti, presenti in particolare nella messa in guardia del v. 2, e la duplice ripetizione del tema, insieme con alcuni elementi che ne specificano l'identità, confermano la reale consistenza degli oppositori.

L'effettiva esistenza dei nemici non comporta necessariamente che essi siano già in azione nella comunità di Filippi. Da parte sua, Köster[184] insiste sulla loro presenza a motivo degli accenti aspri ed aggressivi utilizzati dall'Apostolo. Peterlin[185], giudicando gli avversari come un pericolo solo potenziale, ribatte con l'affermare che Paolo è solito rispondere con tale veemenza a posizioni sbagliate; il suo tono potrebbe essere influenzato da precedenti incontri con un simile tipo di rivali e dal timore che costoro possano farsi strada nella comunità. Per Fee[186], malgrado il linguaggio emotivo del v. 2, non si trovano nel brano veri e propri indizi della loro presenza; l'Apostolo metterebbe in guardia i suoi ascoltatori nel timore che arrivino anche a Filippi, come già in altre Chiese dove egli è stato. Anche noi escludiamo che nel testo vi siano i segni dell'azione degli avversari all'interno della comunità. Infatti non ci sono indicazioni della loro presenza, non si rileva una polemica diretta contro di essi, e l'autorità di Paolo non è messa in questione tanto da poter chiedere la sua imitazione da parte dei Filippesi. L'avvertimento del v. 2 conduce a supporre una minaccia da parte di missionari giudeo-cristiani, forse gli stessi o simili a quelli che l'Apostolo ha già incontrato da altre parti, soprattutto in Galazia, e proprio per questo avvertirebbe il dovere di intervenire con tale veemenza. Inoltre al v. 18 Paolo afferma che ha più volte parlato de «i nemici della croce» indicando come egli sia solito dare alla comunità avvertimenti generali riguardo gli avversari, dai quali i suoi si devono ben guardare. Così a nostro avviso gli oppositori giudeo-cristiani del c. 3 hanno una loro esistenza, ma per il momento non sono ancora penetrati a Filippi; l'Apostolo, in base anche al vissuto di altre comunità, li vede come una

---

[184] KÖSTER, "The Purpose", 318.
[185] PETERLIN, *Philippians*, 96.
[186] FEE, *Philippians*, 289-290.

possibile minaccia per i fedeli e perciò preventivamente mette in guardia questi ultimi dalla perniciosa influenza degli altri.

3.6   Chiusura

Abbiamo dedicato questa terza parte del capitolo a fare chiarezza sull'intricata questione degli avversari dei Filippesi e di Paolo. Nelle nostre considerazioni ci siamo mossi ancorandoci ai dati conseguiti al livello del genere letterario e dell'analisi esegetica, al fine di giungere a conclusioni fondate. Nello *status quaestionis* sono stati evidenziati i tre aspetti più dibattuti riguardo gli oppositori: il numero, l'identità e il ruolo. Li abbiamo affrontati dopo un approfondimento sulla questione del metodo, nel quale sono stati indicati le possibilità e i limiti della nostra ricerca.

Alcuni risultati sono particolarmente importanti. Anzitutto il riferimento unitario agli antagonisti si trova all'interno di una dinamica testuale per la quale ci si muove da un richiamo in parte più preciso, per allargare poi il campo a comprendere qualsiasi tipo di nemici. La loro identità appare quella giudeo-cristiana, ma allo stesso tempo l'autore desidera velare la situazione concreta per rendere le sue conclusioni più ampie e universalizzabili. Così, in sostanza, il ruolo dei rivali è più importante del loro profilo: una posizione subordinata che nel confronto tende a porre in rilievo l'identità cristiana dei Filippesi e di Paolo. Al cattivo esempio è contrapposto quello buono, cioè al *typos* del «confidare nella carne» corrisponde quello del «vantarsi in Cristo Gesù». Questa dinamica di σύγκρισις, sottesa ai vv. 2-4a.17-21, si comprende bene all'interno della περιαυτολογία e in base al ruolo che in essa assumono gli avversari. Costoro non solo sono l'occasione e la giustificazione dell'utilizzo della forma letteraria, ma rappresentano anche il vanto carnale, da cui rifuggire, al contrario di quello in Cristo, il quale costituisce l'unico possibile per il cristiano. La loro posizione è quindi coerente con il contesto esortativo proprio del brano, e peraltro anche dal punto di vista della composizione essi sono posti non al centro ma sullo sfondo.

Per concludere la nostra disamina sugli oppositori, è importante, in prospettiva più ampia, cercare una giustificazione alla violenza verbale utilizzata dall'Apostolo. Come più volte asserito, nel testo non ci si rivolge mai direttamente agli antagonisti, e il carattere degli epiteti, soprattutto nei vv. 18-19, è stereotipato. Nondimeno, resta la gravità delle ingiurie e la difficoltà a comprenderle in un contesto di vita cristiana quale è quello presentato dal brano. Come abbiamo notato, secondo Plutarco l'elogio di sé può essere utilizzato dall'uomo di stato contro i pubblici nemici, affinché essi non abbiano ad esercitare una negativa influenza sui cittadini; esso è dunque uno strumento politico per la difesa della città. Quintiliano[187] sostiene che l'oratore può accusare una persona solo per motivi legittimi e necessari, e cioè quando si trova di fronte al colpevole di un misfatto, allo stesso modo l'uomo di stato compie il proprio dovere riversando il suo odio sul malvagio e scacciandolo dalla città. Così, secondo il commento di Neumann[188], l'oratore ideale di Quintiliano diviene accusatore soltanto quando sono in gioco i più alti interessi della comunità, la quale necessita della validità e del rispetto delle leggi, ed eviterà in ogni caso di mostrarsi soddisfatto del ruolo acquisito. Facendo riferimento a questa prospettiva, Geoffrion[189] afferma che in Fil 3 è presente il *topos* della sicurezza e del benessere della città, e basa la sua constatazione sul richiamo a ciò che è sicuro del v. 1 e sul linguaggio politico-militare dei vv. 15-21, ripreso anche in 4,1. Il brano avrebbe come finalità di rinsaldare la comprensione e la fedeltà all'identità cristiana da parte dei Filippesi: essi devono resistere con forza agli avversari, destinati alla sconfitta, i quali costituiscono dei contro-modelli. Krentz[190] va ancora più lontano, rintracciando in Fil 1,27 – 4,1 molte figure del genere letterario dell'arringa militare. In particolare, in 3,1 – 4,1 l'Apostolo si rivolgerebbe ai suoi come un generale che incoraggia i soldati prima della battaglia, attaccando verbalmente i nemici, dimostrando la superiorità delle proprie forze, e promettendo la vittoria finale.

Riguardo la questione, noi cominciamo con il notare che intenzione del brano non è ingiuriare gli avversari, perché altrimenti le offese avrebbero dovuto essere più precise e con dei riferimenti ben riconoscibili. L'intemperanza verbale appare finalizzata a riconoscere dei nemici in tutti coloro che possiedono un certo modo di pensare (in questo caso legato alla circoncisione e forse alla legge). Paolo così si adopera in ogni modo perché i Filippesi non vengano influenzati da certe tendenze e non le seguano. Il *topos* della sicurezza e del benessere della città viene utilizzato poiché nel testo è in gioco una questione di grande im-

---

[187] Marcus Fabius Quintilianus, *InstOr* 11.1.57, 12.7.3.

[188] NEUMANN, "Invektive", 555.

[189] GEOFFRION, *Philippians*, 151-158.

[190] E. KRENTZ, "Paul, Games, and the Military", *Paul in the Greco-Roman World. A Handbook* (ed. J.P. SAMPLEY) (Harrisburg, PA – London, UK – New York, NY 2003) 349, 357-360.

portanza per la comunità, quella dell'identità cristiana. In nome quindi dell'interesse generale, al fine di sostenere il cammino di vita cristiana dei suoi, l'Apostolo non solo è costretto a ricorrere alla περιαυτολογία con il vanto di sé, ma anche al biasimo degli avversari. Le ingiurie servono ad accentuare le differenze e a mostrare la superiorità del proprio gruppo, congiunta alla promessa del premio finale, così come avviene nell'arringa militare, il cui linguaggio ed utilizzo sarà approfondito in seguito a proposito di 3,1 e 4,1. Inoltre scagliarsi contro un nemico comune, in ragione anche della natura agonistica dell'amicizia nell'antichità, favorisce il compattarsi di quelli della stessa parte: così nel brano la menzione degli oppositori può fungere da richiamo all'unità, legato al riconoscimento dell'identità cristiana del gruppo «noi». In conclusione è soltanto la finalità etica, per l'edificazione e la coesione della comunità, che secondo la mentalità antica e quella di Paolo giustifica il veemente attacco degli antagonisti, coerentemente a quanto già emerso a proposito dell'ammissibilità del vanto di sé.

4. Conclusione

Al termine del capitolo intendiamo raccogliere gli elementi salienti emersi dal nostro studio dei vv. 2-4a.17-21, che costituiscono le unità di inizio e di fine di Fil 3,1 – 4,1, nelle quali ricorre il motivo degli avversari, contrapposti al gruppo «noi» e a Paolo.

Il percorso è iniziato dagli elementi del genere letterario, ponendo a confronto i versetti con le forme dell'*invectiva*, dell'*exemplum* e della περιαυτολογία. Pur evidenziandosi una pluralità di collegamenti, quelli riferiti alla περιαυτολογία appaiono come preminenti.

Nel passo successivo è stata approfondita l'analisi prima dei vv. 2-4a e poi dei vv. 17-21; infine, leggendo questi versetti insieme ai vv. 4b-14.15-16, è stata evidenziata la loro funzione all'interno della dinamica testuale. L'esortazione in negativo riguardo al «retto pensare» – ripresa poi nei vv. 15-16 – con la sua giustificazione prepara la περιαυτολογία dei vv. 4b-14, introducendo gli avversari e l'elemento della σύγκρισις tra il «confidare nella carne» e il «vantarsi in Cristo Gesù», alternativa fondamentale proposta dal testo e dalla cui scelta dipende l'identità dei cristiani (vv. 2-4a). L'esortazione in positivo al «retto agire», basata sull'imitazione dell'esempio paolino, conclude l'elogio di sé precedentemente sviluppato; questa parenesi ritorna nella sua prima giustificazione sugli oppositori, mentre nella seconda, in base alla σύγκρισις, sui credenti che, come l'Apostolo, avranno il loro vanto definitivamente *trasferito* in Cristo (vv. 17-21). Le due esortazioni costituiscono infine la chiave di lettura dell'esempio di Paolo, presentato affinché gli ascoltatori lo imitino nella loro esistenza credente, rifuggendo gli antimodelli degli avversari.

A questi ultimi è dedicata la terza parte del capitolo, che analizza le questioni del numero, dell'identità e del ruolo di essi. Anche a tal proposito si assiste ad una progressione nel testo dal riferimento più unitario dei vv. 2-4 a quello molteplice dei vv. 18-19, con un'attenzione più marcata al ruolo che all'identità degli oppositori. Nel confronto essi hanno la funzione di porre in rilievo l'identità cristiana dei Filippesi e di Paolo. Inoltre rappresentano il vanto carnale da evitare, ciò che gli ascoltatori non devono mai diventare: di fronte a tale pericolo per la comunità, è ammissibile non solo ricorrere all'elogio di sé, ma anche al violento biasimo dei rivali. Sia il tema e l'uso del vanto sia la superiore finalità etica a vantaggio dei destinatari sono, ancora una volta, interpretabili all'interno della forma letteraria della περιαυτολογία che appare costituire così il *Leitmotiv* di Fil 3,1 – 4,1.

Se in merito ai vv. 4b-14.15-16 avevamo sottolineato l'utilizzo dell'*ethos*, nei vv. 2-4a.17-21 prevale invece il *pathos*. Sulla base di quanto notato da Watson[191], nel testo si ritrova l'intenzione di provocare negli ascoltatori sia un *pathos* negativo nei confronti degli avversari, con il relativo rifiuto (vv. 2.18-19), sia uno positivo nei confronti dell'autore (vv. 17-18). Dal punto di vista pragmatico, il ricorso a questo elemento sembra avere, nel contesto del brano, più finalità: sottolineare la gravità della questione, perorare la posizione di colui che parla e respingere l'altra e, conseguentemente, indurre alla decisione e all'azione[192]. Infatti Paolo intende mostrare ai Filippesi l'importanza della posta in gioco, cioè l'identità dei credenti, insistere affinché essi rifuggano il punto di vista errato degli antagonisti ed invitare ad accogliere il suo, non solo al livello della loro mentalità, ma anche dell'agire, imitando il cammino cristiano dell'Apostolo. Infine l'elemento del *pathos*, in quanto utilizzato in relazione all'uditorio, ci attesta nuovamente come la preoccupazione principale del testo non sia la contrapposizione polemica con gli oppositori, quanto invece l'esortazione e l'incoraggiamento degli ascoltatori.

---

[191] WATSON, "Analysis", 75.

[192] Cf. S.S. KRAFTCHICK, "Πάθη in Paul. The Emotional Logic of 'Original Argument'", *Paul and Pathos* (eds. T.H. OLBRICHT – J.L. SUMNEY) (SBLSS 16; Atlanta, GA 2001) 39-68, per un raffronto di ciò nella retorica coeva.

Arrivati a questo punto del nostro studio, dobbiamo ancora analizzare la cornice del testo, localizzata nei vv. 3,1 e 4,1, già chiamati in causa per il loro linguaggio, e, attraverso di essi, leggere il brano di Fil 3,1 – 4,1 nel contesto più ampio di tutta la lettera.

CAPITOLO IV

Paolo, Cristo e i Filippesi

Filippesi 3,1 – 4,1 nel contesto della lettera

0. Premessa

Nello studio finora condotto abbiamo analizzato il testo di Fil 3,1 – 4,1 in se stesso e nella sua dinamica interna. Per giungere al termine del cammino dell'interpretazione è ora necessario situarlo nell'alveo del suo specifico contesto. Esso è costituito dall'insieme della lettera, la quale diviene punto di riferimento ermeneutico per la comprensione del nostro brano e del suo ruolo. L'obiettivo di questo capitolo è, quindi, quello di evidenziare la funzione e il significato di Fil 3,1 – 4,1 all'interno di Fil.

Inizieremo con l'analizzare due versetti non ancora presi in esame, 3,1 e 4,1, prima separatamente e poi insieme, alla ricerca di un loro elemento unificante. Essi formano congiuntamente la cornice del nostro brano e lo immettono nel tessuto più ampio di tutta l'epistola. Questo inserimento risulta però problematico, e perciò è necessario affrontare, in un secondo passo, la complessa questione dell'integrità di Fil.

A tal riguardo entreremo nel dibattito esegetico partendo da uno *status quaestionis* delle diverse posizioni. Questa discussione solleva, di conseguenza, la problematica metodologica, relativa alla compilazione delle lettere nell'antichità, che è importante approfondire prima di discutere le prove esterne ed interne, addotte per un'ipotesi di compilazione dell'epistola. Intendiamo poi fornire elementi appropriati per il superamento delle difficoltà, concernenti una lettura unitaria ed, in positivo, presentare le ragioni principali a favore dell'integrità.

Una volta stabilita l'unità di Fil, diventa possibile confrontare con il resto della lettera il brano di 3,1 – 4,1. In particolare, quest'ultimo sarà interpretato soprattutto per mezzo del parallelo con il testo di 2,1-18, con il quale, già al livello della composizione, è collegato e ha in comune l'uso dell'esempio, quello di Paolo (3,4b-14), che richiama quello di Cristo (2,6-11). A partire da questo fondamentale parallelismo e da un ulteriore accostamento con altri brani di Fil, si giungerà a delineare la funzione e il significato della nostra pericope all'interno dell'epistola.

In seguito, a partire dal testo di Fil 3,1 – 4,1 cercheremo di rileggere tutta la lettera. Verificheremo se la dinamica della περιαυτολογία sia presente anche nel resto dello scritto e se il motivo del vanto, in special modo quello dell'«io», costituisca un tema rilevante, in connessione alla logica dell'esempio e dell'imitazione. Infine, in base a questa prospettiva fornita dal c. 3, ci impegneremo in una lettura globale, alla ricerca di una teologia della croce e del mistero pasquale propria di Fil.

Concluderemo con un riepilogo dei risultati notevoli conseguiti nel capitolo.

1. La cornice dei vv. 3,1 e 4,1

In base alla composizione che è stata evidenziata, i vv. 3,1 e 4,1 costituiscono la cornice del testo: il primo con un ruolo di transizione e il secondo con quello di conclusione. Attraverso i due versetti, il brano di Fil 3,1 – 4,1 è inserito nel contesto di tutta la lettera. Al momento della delimitazione del testo abbiamo rilevato la loro rispettiva funzione[1]; ora intendiamo approfondire la questione attraverso un'attenta analisi esegetica. Cominceremo con l'esaminare 3,1 e 4,1 separatamente, cercando in seguito di rinvenire una loro possibile lettura d'insieme.

1.1   La transizione di 3,1

Il brano si apre in 3,1 con τὸ λοιπόν, ad introdurre un nuovo sviluppo nella lettera. L'espressione è seguita dall'apostrofe affettuosa verso i fratelli nella fede di Filippi (con il possessivo μου come in 4,1 e a differenza di 3,13.17), al fine di richiamare la loro attenzione.

Il verbo χαίρω «gioire» e il suo composto συγχαίρω si trovano rispettivamente nove e due volte nella lettera, mentre il sostantivo corrispondente χαρά presenta cinque ricorrenze[2]. Tutti insieme contribuiscono a dare corpo al *Leitmotiv* della gioia, considerato da molti caratteristica peculiare di Fil[3], e richiamano un tema specificamente stoi-

---

[1] Cf. pp. 9-13.

[2] χαίρω: 1,18 [2x]; 2,17.18.28; 3,1; 4,4 [2x].10; συγχαίρω: 2,17.18; χαρά: 1,4.25; 2,2.29; 4,1.

[3] Ad es. WATSON, "Analysis", 73, parla di un *topos* della gioia-gioire in Fil.

co[4]. In 3,1 si tratta di un'esortazione a rallegrarsi, specificata con il sintagma ἐν κυρίῳ. Come nota Fabris[5], esso indica sia la ragione sia l'ambito nel quale si manifesta la gioia del cristiano, richiamando espressioni analoghe dei LXX (Sal 31,11; 32,1). Da parte nostra rileviamo in ἐν κυρίῳ il rimando al vantarsi dei credenti in Cristo Gesù del v. 3, all'essere trovato in lui del v. 9 e al ricevere in lui il premio del v. 14. L'appello a gioire del v. 1 appare dunque fondato sul legame con Cristo, la cui dinamica viene sviluppata nei versetti che seguono. L'autore introduce dunque sotto il segno della gioia cristiana tutto ciò che sta per presentare.

La seconda parte del versetto è coordinata per asindeto con la precedente, e si presenta in ogni modo, sia che si tratti di un idioma proprio di una lettera esortativa, che di una formula epistolare di esitazione, come una riflessione dell'autore sul suo scrivere (γράφειν).

Problematico, invece, è cogliere a cosa si riferisca l'espressione τὰ αὐτά, posta con enfasi all'inizio. Secondo un primo punto di vista, il richiamo potrebbe essere extraepistolare, in questo caso «le stesse cose» sarebbero questioni già trattate da Paolo nel suo ministero a Filippi[6], o in una sua comunicazione scritta[7], oppure le direttive impartite oralmente ai Filippesi da parte di Epafrodito e Timoteo, corrieri della lettera[8]. La seconda prospettiva è quella intraepistolare, in base alla quale il riferimento è al ripetersi dell'esortazione alla gioia[9] o di quella all'unità e all'umiltà[10], oppure della messa in guardia di fronte ai pericoli derivanti dagli avversari[11] o ai dissensi interni alla comunità[12]. In questa direzione, Rolland[13], enucleando in Fil una composizione basata su due serie di esortazioni, propone di vedere in τὰ αὐτά le cose affermate nel-

---

[4] Cf. Diogenes Laertius 7.116.

[5] FABRIS, "Filippesi", 199.

[6] Ad es. GARLAND, "The Composition", 164-165.

[7] Ad es. J.-F. COLLANGE, L'Épître de Saint Paul aux Philippiens (CNT 10a; Neuchâtel 1973) 110.

[8] V.P. FURNISH, "The Place and the Purpose of Philippians III", NTS 10 (1963/64) 86.

[9] Ad es. HAWTHORNE, Philippians, 124.

[10] M. JONES, "The Integrity of the Epistle to the Philippians", Exp 8 (1914) 471.

[11] Ad es. WATSON, "Analysis", 85-86.

[12] LIGHTFOOT, Philippians, 123-124.

[13] P. ROLLAND, "La structure littéraire et l'unité de l'Épître aux Philippiens", RevSR 64 (1990) 216.

la prima parte dello scritto. Wick[14] vi legge il riferimento a una reiterazione basata sul preciso parallelismo da lui delineato nell'epistola, mentre Bittasi[15] trova nell'espressione il rimando ad una ripetizione dei contenuti e degli strumenti argomentativi, all'interno dei due percorsi della lettera. Oltre a quella del carattere epistolare o meno del riferimento, c'è anche l'altra questione, ad essa legata, riguardante il valore anaforico o cataforico dell'espressione.

Non potendo affrontare subito tutti gli aspetti che entrano nel dibattito, soprattutto quelli che riguardano l'integrità e la composizione della lettera, ci limitiamo, per il momento, ad alcune affermazioni che andranno ulteriormente approfondite. In primo luogo τὰ αὐτά non può riferirsi alla ripetizione di un solo elemento da parte dell'autore, altrimenti non si spiegherebbe il plurale. Inoltre il ruolo di transizione del v. 1, da noi evidenziato, e il contesto costituito da una riflessione sullo scrivere stesso (con un infinito presente indicante continuità), ci invitano a restare nell'ambito intraepistolare. Se a questi dati si aggiunge il fatto che, all'inizio del versetto, τὸ λοιπόν ha la funzione di introdurre un nuovo sviluppo (e in parte anche ἐν κυρίῳ), possiamo individuare nell'espressione τὰ αὐτά un riferimento a ciò che segue, configurato a sua volta come ripetizione. Così almeno il brano del c. 3, immediatamente collegato, rappresenterebbe una reiterazione di quanto già affermato altrove nella lettera. Questo assunto sarà ulteriormente precisato al momento del confronto con il contesto globale.

Il fatto di scrivere le stesse cose ha un duplice effetto, qualificato per Paolo (ἐμοὶ μέν) con la negazione di ὀκνηρόν, mentre per gli ascoltatori (ὑμῖν δέ) con ἀσφαλές. Il primo aggettivo è il neutro di ὀκνηρός, al quale Reed[16] ha dedicato un attento studio, basato soprattutto sulle lettere provenienti dai papiri, giungendo a sostenere in 3,1 il significato di «ciò che fa esitare». O'Brien[17] nota come il termine nei LXX indichi l'essere pigro e fannullone (ad es. Pr 6,6; Sir 22,1) ed assuma la stessa valenza nel NT (Mt 25,26; Rm 12,11). Il vocabolo segnala dunque che l'autore non esita e non tarda a ripetersi nella sua comunicazione con i destinatari.

---

[14] P. WICK, *Der Philipperbrief*. Der formale Aufbau des Briefs als Schlüssel zum Verständnis seines Inhalts (BWANT 135; Stuttgart – Berlin – Köln 1994) 56-57.

[15] BITTASI, *Gli esempi*, 14.

[16] REED, *Philippians*, 250.

[17] O'BRIEN, *Philippians*, 352 n. 34.

A questi ultimi è riferito il neutro di ἀσφαλής; in generale, stando alla ricerca di Spicq[18], l'aggettivo significa in primo luogo «fermo, saldo» e di qui «che è sicuro, che dà sicurezza», con riferimento a persone o cose, tra cui anche il cammino e la conoscenza propri della scienza. Dai LXX è usato con le stesse accezioni nella letteratura sapienziale (ad es. Pr 8,28; Sap 7,23), mentre nel NT indica una conoscenza certa e precisa (At 21,34; 22,30; 25,26) e la sicurezza della speranza cristiana (Eb 6,19). Furnish[19] suggerisce per il termine di Fil 3,1 il significato di «specifico, concreto» in riferimento alle esortazioni e agli avvertimenti del c. 3, i quali sarebbero più precisi di quelli dati precedentemente. Bittasi[20], seguendo l'accezione cognitiva, propone di tradurre: «così che voi ne siate maggiormente convinti». Infine Reed[21], in base alla sua lettura di ὀκνηρόν e ad alcune ricorrenze negli autori greci, interpreta l'aggettivo come «motivo di fermezza». La posizione di Furnish non appare ben testimoniata ed inoltre si fonda su un presupposto non provato in merito alla parenesi presente nella lettera. Anche Bittasi sostiene un significato difficilmente dimostrabile in base all'uso dell'aggettivo. La posizione di Reed risulta più convincente, ma Spicq[22] mostra come l'accezione attestata nelle lettere su papiro sia quella di «sicuro». Visto il contesto di Fil 3,1, noi propendiamo per leggere ἀσφαλές soprattutto come «ciò che rende sicuro», con la possibilità anche di un riferimento alla fermezza: la ripetizione delle stesse cose non è un motivo di esitazione per Paolo, proprio perché può servire a rendere sicuri i suoi destinatari. Inoltre questa forma neutra dell'aggettivo è utilizzata altrove come sinonimo del corrispondente sostantivo ἀσφάλεια[23], il quale è specificatamente legato alla salvaguardia della città[24]. Appare quindi presente il *topos* della sicurezza e del benessere della *polis* che, come abbiamo già osservato, ben si adatta all'ambito del brano nel quale l'autore deve difendere la comunità dagli avversari. In conclusione il ripetersi rappresenta un mezzo pedagogico utilizzato dall'Apostolo per il bene dei Filippesi, per questo egli non esita ad attuarlo.

---

[18] C. SPICQ, "ἀσφάλεια κτλ.", *NLNTs* 73-77.

[19] FURNISH, "Philippians III", 86.

[20] BITTASI, *Gli esempi*, 14.

[21] REED, *Philippians*, 253-254.

[22] SPICQ, "ἀσφάλεια", 77.

[23] Ad es. Thucydides 6.55.3.

[24] Ad es. Plutarchus, *Fab* 3.6.

D'altra parte, questa esitazione è vista da Brucker[25] in relazione alla περιαυτολογία che sta per essere sviluppata. Egli cita a tal proposito un brano di Demostene nel quale l'oratore afferma di esitare (ἀποκνέω) di fronte alla prospettiva di lodare se stesso, seppure ne veda la necessità[26]. Questa ci sembra un'interpretazione valida poiché la salvaguardia e la difesa dei destinatari, ragione per la quale Paolo motiva la sua non esitazione a ripetersi, è una delle giustificazioni del ricorso alla περιαυτολογία. Il v. 1b vuole dunque fornire, sin dall'inizio, l'orizzonte etico in base al quale si muoverà l'autopresentazione dell'Apostolo.

In conclusione la nostra precedente lettura di 3,1 come transizione risulta confermata dall'analisi del lessico appena compiuta. In particolare, dopo l'iniziale τὸ λοιπόν, introduttivo di un nuovo tema, il v. 1a riprende alla lettera l'esortazione alla gioia di 2,18, a seguito dell'interruzione costituita dalle notizie di 2,19-30[27]. Il v. 1b, invece, costituisce una parentesi, nella quale l'autore rende ragione del suo ripetersi nel testo che sta per sviluppare. Un simile inciso è riproposto nel v. 18, a proposito della reiterazione del motivo degli avversari.

1.2   La conclusione di 4,1

La congiunzione ὥστε apre 4,1, esprimendo la conseguenza di quanto precede. Unitamente all'imperativo e all'apostrofe ἀδελφοί/ ἀγαπητοί μου (1 Cor 11,33; 14,39; 15,58; Fil 2,12) essa serve ad introdurre la conclusione dell'argomento trattato non solo nel versetto precedente, ma nel brano o nell'intera sezione[28].

Gli ascoltatori sono designati due volte con ἀγαπητός[29]. L'aggettivo al plurale è usato nelle lettere per esprimere l'affetto di Paolo verso i destinatari (ad es. Rm 12,19; 1 Cor 10,14) o per indicare coloro che sono amati da Dio (ad es. Rm 1,7; Ef 5,1). In Fil 4,1 il riferimento è chiaramente all'amore dell'Apostolo per i Filippesi.

---

[25] BRUCKER, „Christushymnen", 335 n. 49.

[26] Demosthenes, Pac 4.

[27] WATSON, "Analysis", 71-72, parla di digressio per 2,19-30, come vedremo, è meglio considerarlo semplicemente un testo autobiografico con notizie posto come cerniera tra le esortazioni di 2,1-18 e 3,1 – 4,1.

[28] Cf. O'BRIEN, Philippians, 274.

[29] D* e alcuni testimoni occidentali non riportano il secondo ἀγαπητοί, mentre B 33 sy aggiungono ad esso μου. Per O'BRIEN, Philippians, 474, nel primo caso si tratta di un'omissione perché il termine è considerato ridondante, nel secondo di un'aggiunta per mantenere il parallelismo.

L'altro aggettivo utilizzato è ἐπιπόθητος, con ogni probabilità un neologismo creato da Paolo. Spicq[30] conduce una ricerca sul senso del verbo ἐπιποθέω nei LXX, dove in alcuni casi sarebbe sinonimo di ἀγαπάω, e in base a ciò interpreta l'uso nel NT, in particolare in Fil 1,8; 2,26, soprattutto come espressione di affetto e di amore (tipicamente cristiani); così, in 4,1 l'aggettivo non manifesterebbe alcun desiderio, quanto invece la semplice tenerezza espressa in un indirizzo ridondante, riferito ai fratelli «cari e beneamati». Da parte sua, in modo diverso, Stowers[31] afferma che in Fil questi termini, pur indicando anche l'affetto, mostrano principalmente il desiderio di essere con l'amico, secondo quanto testimoniato dalle lettere d'amicizia. Questa seconda posizione è più fondata, dal momento che considera ἐπιπόθητος secondo la sua comune accezione di «desiderato» e non si basa su una ripetizione, e perciò è da noi adottata.

Il primo dei due sostantivi seguenti è χαρά, il quale ricorda χαίρετε di 3,1 e il motivo della gioia così diffuso nella lettera. Il BAGD[32] richiama qui l'uso metonimico del termine a significare, come in Lc 2,10 e in 1 Ts 2,19-20, sia la causa sia l'oggetto della gioia.

Poi στέφανος, «corona», può essere il segno di uno *status* elevato o un ornamento e una fonte di orgoglio oppure un riconoscimento e un premio (soprattutto per i vincitori nelle gare di atletica)[33]. Nel NT indica la corona di spine di Gesù (ad es. Mt 27,29; Gv 19,2) o, metaforicamente, la ricompensa eterna per il credente (ad es. 1 Cor 9,25; Gc 1,12). Delle due ultime citate, la ricorrenza paolina è molto significativa poiché si trova all'interno del brano di 1 Cor 9,24-27, dove è presente la stessa metafora sportiva utilizzata in Fil 3,12-14, con la ripetizione anche del medesimo termine βραβεῖον. Così Fee[34], in base anche a 1 Ts 2,19, è propenso a riconoscere in χαρά e in στέφανος una chiara connotazione escatologica. Tuttavia questi appellativi in Fil 4,1 sono legati ad un'esortazione da vivere nell'oggi e non nel futuro, e pertanto sosteniamo, insieme a O'Brien[35], che il testo, pur contenendo anche una sfumatura escatologica, descriva prima di tutto quello che i Filippesi sono già al presente per Paolo. In quanto comunità cristiana

---

[30] C. Spicq, "Ἐπιποθεῖν, désirer ou chérir", *RB* 64 (1957) 184-195.
[31] Stowers, "Friends", 109.
[32] BAGD 1077.
[33] Cf. BAGD 943-944.
[34] Fee, *Philippians*, 388.
[35] O'Brien, *Philippians*, 476.

da lui fondata, essi sono causa della sua gioia, premio e motivo d'orgoglio.

La congiunzione οὕτως introduce un imperativo ed ha valore riassuntivo rispetto a quanto esposto in precedenza. Il verbo στήκω, derivato dal perfetto di ἵστημι, è probabilmente una creazione del greco neotestamentario[36]. Ha il significato fondamentale di «stare (in piedi)» (ad es. Mc 3,31; Rm 14,4) e quello metaforico di «stare saldi» riguardo alla scelta di vita cristiana (ad es. 1 Cor 16,13; Gal 5,1)[37]. In Fil 4,1 στήκετε non inserisce una nuova ingiunzione, ma un appello finale legato all'espressione ἐν κυρίῳ, ripresa da 3,1 e volta ad indicare la base sulla quale stare saldi: il Signore stesso e il rapporto con lui.

La prolungata apostrofe con cinque epiteti, di cui uno ripetuto due volte, e il duplice uso del possessivo μου contornano l'invito alla saldezza, costruita sull'unico verbo del versetto. Questa accumulazione di vocativi all'indirizzo ai destinatari è unica nell'epistolario paolino e intende suscitare un positivo *pathos* perché questi ultimi accolgano le esortazioni dell'Apostolo. Geoffrion[38] mostra che il linguaggio caldo e confidenziale, usato da Paolo nella lettera, non solo è indicativo di una relazione profonda, ma ha anche una funzione retorica: egli lo utilizza per rafforzare l'identità cristiana dei credenti di Filippi; in 4,1 questo modo di rivolgersi agli ascoltatori è finalizzato alla loro saldezza nel Signore, cosicché il rapporto tra l'Apostolo e i Filippesi è basato sulla comune appartenenza a Cristo, coerentemente a quanto è stato mostrato nell'intero brano.

Se il carattere conclusivo di 4,1 appare chiaro, dobbiamo ancora spiegare come esso espleti questa funzione. Fee[39], in ragione anche del significato di στήκω, afferma che il versetto porta a termine tutto il brano di 3,1-21. Alcuni[40] invece vedono 4,1 come la conclusione dell'intera argomentazione iniziata in 1,27, a motivo dell'*inclusio* formatasi per la ripetizione dello stesso verbo. A noi sembra più convincente considerare il versetto come chiusura di 3,1 – 4,1: l'autore apre il brano e la sua parenesi in 3,1 rivolgendosi ai fratelli di Filippi (ἀδελφοί μου) e invitandoli a gioire nel Signore, ed ora, coerentemente, chiude la sua esposizione indirizzandosi di nuovo a loro, e moltiplicando gli epiteti affet-

---

[36] Cf. BAGD 944-945.
[37] Cf. O'BRIEN, *Philippians*, 169.
[38] GEOFFRION, *Philippians*, 204-206.
[39] FEE, *Philippians*, 388.
[40] Ad es. GEOFFRION, *Philippians*, 202-207.

tivi perché accolgano quanto da lui scritto rimanendo saldi nel Signore. Così, come afferma Fabris[41], 4,1, in quanto conclusione del testo di 3,1 – 4,1, raccoglie tutte le esortazioni precedenti: guardarsi dai *cani* (3,2), pensare e procedere sulla stessa linea (3,15-16), imitare l'esempio di Paolo (3,17).

1.3   Il motivo e la funzione della cornice

I vv. 3,1 e 4,1 aprono e chiudono il testo richiamandosi tra loro: è quindi necessario verificare se in essi si può ritrovare un motivo unificante. Inoltre è opportuno approfondire anche la loro funzione d'insieme, in quanto rappresentano la cornice del brano.

Coloro che evidenziano un tema comune tra i due versetti offrono sostanzialmente due proposte: il motivo della gioia e quello politico-militare. Holloway[42] vede nel tema della gioia l'elemento che fa da sfondo a tutta la pericope, infatti la causa di questa starebbe nel Signore (3,1) e nella conoscenza di lui (3,8); d'altra parte, per gioire nel Signore si deve stare saldi in lui (4,1) secondo la modalità descritta in 3,2-21.

Geoffrion[43], come abbiamo già accennato, rintraccia nel brano il linguaggio politico-militare. Al *topos* del benessere e della sicurezza della città, richiamato da ἀσφαλές (3,1), si aggiungono gli elementi più specificatamente militari: la menzione dei nemici (3,18), la distruzione e il disonore di essi (3,19) contrapposti alla gloria dell'altro esercito, vittorioso grazie al Salvatore e Signore del πολίτευμα celeste (3,20-21), ed infine l'invito a stare saldi di 4,1. Qui, in particolare, στέφανος richiamerebbe il riconoscimento concesso ad un generale o ad un ufficiale dopo un trionfo in guerra[44], mentre il verbo στήκω, in base all'uso di ἵστημι e dei suoi derivati, suggerirebbe la salda posizione sul campo che i soldati devono mantenere di fronte al nemico[45]. Krentz[46], ritrovando nel brano il genere dell'arringa militare, aggiunge a questi rimandi il tema della giustizia, dalla cui parte si deve combattere, mentre in ogni caso quella del proprio schieramento risulta superiore a quella dei nemici (3,2-4.18-19), e la presentazione di questi ultimi sulla falsa-

---

[41] FABRIS, "Filippesi", 230.
[42] HOLLOWAY, *Philippians*, 130-131, 144-145.
[43] GEOFFRION, *Philippians*, 55, 151-158, 206.
[44] Ad es. Flavius Iosephus, *Bell* 7.14.
[45] Ad es. Herodotus 9.46.5.
[46] KRENTZ, "The Military", 355-363.

riga di soldati inetti che conducono una dieta inappropriata alla guerra e non fissano la loro mente alla vittoria (3,19).

Il motivo della gioia e del gioire nel Signore costituisce il sottofondo per tutto il brano di Fil 3,1 – 4,1, l'atteggiamento di base con il quale Paolo chiede ai destinatari di accogliere le sue esortazioni e il suo esempio, anche di fronte al pericolo rappresentato dagli avversari. Inoltre in questo modo, stando saldi nel Signore, i Filippesi stessi saranno davvero la gioia dell'Apostolo.

Abbiamo già notato l'uso consistente di una terminologia politica e del potere a proposito dei vv. 20-21, così come il riferimento alla marcia dei soldati nel verbo στοιχέω. Per di più questo linguaggio appare particolarmente adatto in un contesto nel quale si fa menzione del possibile pericolo che gli oppositori costituiscono per la comunità. Condividiamo, come abbiamo visto in precedenza, l'idea di rinvenire nel testo il *topos* del benessere e della sicurezza della città, e in particolare nei vv. 3,1 e 4,1. Meno fondata appare invece la proposta di evidenziare nell'insieme del brano un'arringa militare. Infatti, a parte i due riferimenti ulteriori evidenziati da Krentz, che ci sembrano francamente non dimostrabili e fantasiosi, il brano, come abbiamo più volte asserito, non ha al centro il confronto e lo scontro con gli avversari, quanto invece l'essere stesso dei credenti in Cristo. Inoltre la ricorrenza di alcune parole[47] non basta da sola per identificare il genere letterario di un testo, ma deve accompagnarsi anche a ragioni che toccano la composizione e la dinamica del testo medesimo. Secondo noi l'autore introduce in 3,1 tutto quanto affermerà, finalizzato a rendere più sicuri nella scelta cristiana gli ascoltatori, e conclude in 4,1 esortandoli a rimanere saldi nella loro identità. Tutto ciò comporta anche non lasciarsi influenzare dal cattivo esempio degli oppositori.

I motivi della gioia e quello politico-militare possono ben convivere ed essere presenti insieme nella cornice del brano: infatti da una parte la gioia deve permeare i destinatari a causa della loro identità (tema che sarà posto in evidenza in tutto il passaggio) dall'altra lo stesso essere cristiani è da custodire saldamente di fronte anche alle pressioni esterne, mentre in ogni caso tutto dipende dal legame con il Signore (ἐν κυρίῳ).

Questa prospettiva aiuta poi a comprendere come i due versetti immettano il testo di Fil 3,1 – 4,1 nel contesto. Anzitutto il tema e la

---

[47] Ai riferimenti di Krentz potremmo aggiungere anche l'aggettivo ἀσφαλής utilizzato per l'arringa di un generale: cf. ad es. Xenophon, *Cyr* 6.2.24.

terminologia della gioia sono, rispetto alle altre lettere paoline, particolarmente concentrati in Fil, dove poi in 2,18 e in 4,4 l'esortazione a gioire è proposta di fronte alle difficoltà, proprio come in 3,1. Fiore[48] aggiunge come Fil sia unica nel basare questo appello sull'implicito esempio dell'indomita gioia di Paolo (1,4.18; 2,17; 4,10). Dall'altro lato, il linguaggio politico-militare, con il richiamo alla sicurezza e allo stare saldi, si riallaccia bene al testo di 1,27-30. Infatti in esso si chiede di vivere (πολιτεύεσθε) in maniera degna del Vangelo, stando saldi in un solo spirito (στήκετε ἐν ἑνὶ πνεύματι), senza essere scossi dagli avversari, i quali considerano le difficoltà dei credenti un segno di sconfitta (ἀπώλεια), mentre sono, in realtà, un segno di salvezza (σωτηρία)[49]. Attraverso il nesso con 1,27-30, che contiene diversi elementi presenti nella lettera, la cornice situa il testo nel contesto più ampio. Dunque 3,1 e 4,1 costituiscono due passaggi, per mezzo dei quali il brano è collegato con il resto dell'epistola ed assume il proprio ruolo.

Per motivare con fondatezza la collocazione, attraverso la cornice, di Fil 3,1 – 4,1 all'interno della lettera, sarà necessario affrontare la complessa questione dell'integrità di Fil. In questo ambito cercheremo anche di esplicitare ulteriormente il riferimento alla ripetizione introdotta all'inizio del nostro passaggio.

2. La questione dell'integrità della lettera

L'approfondimento della questione dell'integrità della lettera è motivato dall'esigenza di interpretare il testo di Fil 3,1 – 4,1 nel suo contesto. A tal proposito, in una lettura puramente sincronica, l'esegeta si potrebbe limitare ad affermare che, in ogni caso, il brano riveste la sua funzione nella lettera così come l'abbiamo ricevuta, e che questo è l'aspetto essenziale al quale prestare attenzione. Certamente il contesto attuale costituisce l'orizzonte ermeneutico da privilegiare; tale assunto non è però incompatibile con la prospettiva diacronica. Infatti lo studio della storia del testo può risultare complementare al punto di vista sincronico, evidenziando il significato originale del brano, insieme al motivo del suo inserimento e allo sviluppo apportato rispetto al contesto. Così, dopo un lungo percorso segnato sostanzialmente dalla prospettiva sincronica, ci apprestiamo ad affrontare il problema squisitamente dia-

---

[48] FIORE, *Example*, 186.
[49] Cf. BITTASI, *Gli esempi*, 139, per un quadro di confronto tra 1,27-30 e 3,17-4,1.

cronico dell'integrità, per poter compiere una fondata lettura contestuale. Se dunque Fil 3,1 – 4,1 facesse parte di una lettera a sé, distinta dal resto di Fil, i collegamenti esistenti con altri brani assumerebbero un significato diverso rispetto al caso in cui ci fosse un'unità epistolare originaria. Allo stesso modo la funzione e il significato della nostra pericope sarebbero differenti se fosse stata inserita successivamente nel contesto attuale, invece di trovarvisi sin dall'inizio. Insomma, la posizione di Fil 3,1 – 4,1 nella lettera cambia se il brano fa parte del piano originario o se è stato aggiunto in seguito. In questa prospettiva, come vedremo, si dovrà tener conto anche del particolare ruolo svolto dal redattore nell'antichità.

Cominceremo la nostra esposizione presentando lo *status quaestionis*. Di seguito affronteremo il problema metodologico, con riferimento anche alla pratica della compilazione delle lettere nell'antichità. A questo punto ci volgeremo verso i principali problemi di critica interna ed esterna posti dai fautori dell'ipotesi di una compilazione, essi saranno vagliati, mostrandone la non inoppugnabilità e fornendo alcune soluzioni per uscire dall'*impasse*. D'altra parte, seguendo i sostenitori dell'integrità letteraria, analizzeremo le motivazioni di ordine terminologico, tematico e compositivo, e infine accenneremo a un piano della lettera, cercando di rendere ragione anche dell'elemento della ripetizione inserito in 3,1. In appendice dovremo prendere in esame gli sporadici tentativi per una lettura diacronica della storia della redazione riguardante il solo c. 3.

Ci rendiamo conto che alla questione dell'integrità di Fil dovremmo dedicare un'intera monografia, ma all'interno del nostro studio questo approfondimento è soltanto un necessario preliminare all'interpretazione del brano nel contesto. Ci limiteremo così a fornire un quadro sintetico delle opinioni degli studiosi, con gli argomenti contro e a favore dell'unità letteraria, al fine di giungere a una posizione motivata a riguardo che ci permetta una lettura di Fil 3,1 – 4,1 in collegamento con il resto della lettera.

2.1   *Status quaestionis*

Sino al XIX secolo nessuno ha messo in dubbio l'integrità di Fil, così come quella delle altre lettere paoline. Ma a partire da qui, con l'inizio degli studi di critica letteraria, emergono alcune voci favorevoli all'ipotesi di una compilazione. Tuttavia questa posizione rimane minoritaria sino agli anni 50 del secolo successivo, quando il numero dei suoi sostenitori si moltiplica fino a costituire il fronte prevalente. Infine, da circa venti anni, la tendenza è di nuovo mutata con la rivalutazione dell'unità della lettera[50].

Le proposte di suddivisione del testo attuale in lettere o frammenti originari sono diverse, ma raggruppabili sotto due grandi categorie: l'ipotesi di una bipartizione e quella di una tripartizione di Fil[51]. La posizione relativa alla compilazione di due testi è la prevalente all'inizio del dibattito, ma successivamente perde terreno rispetto all'altra. Generalmente si propone di individuare Fil A (*Gefangenschaftsbrief*) nei cc. 1 – 2 più una parte del c. 4 e Fil B (*Kampfbrief*) nel c. 3 più il resto del c. 4. Riportiamo le posizioni più significative:

	Gefangenschaftsbrief	*Kampfbrief*
FRIEDRICH[52]	1,1 – 3,1a; 4,10-23	3,1b – 4,9
GNILKA[53]	1,1 – 3,1a; 4,2-7.10-23	3,1b – 4,1.8-9
BECKER[54]	1,1 – 3,1; 4,1-7.10-23	3,2-21; 4,8-9
ÉDART[55]	1,1 – 3,1a; 3,17 – 4,23	3,1b-16

Dall'altra parte, i sostenitori della tripartizione ritrovano Fil A (*Dankschreiben*) in 4,10-20, con l'eventuale aggiunta dei vv. 21-23, Fil B (*Gefangenschaftsbrief*) in 1,1 – 3,1 con una parte del c. 4 e Fil C (*Kampfbrief*) in 3,2-21 con alcuni versetti del c. 4. Di seguito le ipotesi più rilevanti:

	Dankschreiben	*Gefangenschaftsbrief*	*Kampfbrief*
SCHMITHALS[56]	4,10-23	1,1 – 3,1; 4,4-7	3,2 – 4,3.8-9

---

[50] Per un'ampia presentazione della storia del dibattito e dei sostenitori dei due opposti schieramenti si veda REED, *Philippians*, 125-149 e FABRIS, "Filippesi", 21-27, entrambi favorevoli all'integrità della lettera. Agli autori da loro citati, aggiungiamo HOLLOWAY, *Philippians*; BITTASI, *Gli esempi*; THURSTON, "Philippians", che difendono l'unità della lettera, mentre ÉDART, *Philippiens*, è per la compilazione.

[51] È da aggiungere la proposta, citata da REED, *Philippians*, 128, di J.E. SYMES, "Five Epistles to the Philippians", *Inter* 10 (1913-1914) 167-170, il quale parla di tre lettere incorporate dentro il testo di Fil e di altre due ormai perdute.

[52] G. FRIEDRICH, "Der Brief an die Philipper", H.W. BEYER – P. ALTHAUS – H. CONZELMANN – G. FRIEDRICH – A. OEPKE, *Die kleineren Briefe des Apostels Paulus* (NTD 8; Göttingen 1962) 92-129.

[53] GNILKA, *Philipperbrief*.

[54] BECKER, *Paulus*, 322-350.

[55] ÉDART, *Philippiens*, si trova un po' a parte non solo per la suddivisione assai diversa, ma anche perché considera Fil B come un testo interpolato che si basa sulla logica dell'imitazione e sul tema della giustificazione.

[56] SCHMITHALS, "Die Irrlehrer", 297-341.

BEARE[57]	4,10-20	1,1 – 3,1; 4,2-9.21-23	3,2 – 4,1
BORNKAMM[58]	4,10-20	1,1 – 3,1; 4,4-7.21-23	3,2 – 4,3.8-9
COLLANGE[59]	4,10-20 (21-23)	1,1 – 3,1a; 4,2-7 (21-23)	3,1b – 4,1.8-9
BORMANN[60]	4,10-23	1,1 – 3,1; 4,2-7	3,2 – 4,1.8-9

A metà strada tra i sostenitori della compilazione e quelli dell'integrità si trova, appoggiata anche da altri, l'ipotesi di Mengel[61] di un'interruzione nella stesura. Egli parla di una sola lettera ma dettata in tre tappe: Paolo avrebbe scritto inizialmente 1,1 – 2,24, poi, a causa della malattia di Epafrodito, si sarebbe fermato. Dopo la guarigione di questi avrebbe continuato, decidendo di finire l'epistola in 3,1. Ma le notizie allarmanti provenienti da Filippi lo avrebbero indotto ad aggiungere l'altra parte, da 3,2 sino al termine di Fil. Così non si potrebbe parlare di *Ganzheitlichkeit* ma semplicemente di *Einheitlichkeit* della lettera.

A partire dall'articolo di Garland[62] si è sviluppato un forte consenso a favore dell'integrità di Fil. Diversi a riguardo sono i punti di vista metodologici utilizzati: letterario, dell'analisi del discorso, epistolare e retorico-discorsivo. Lo studio letterario si basa soprattutto sulla ricorrenza dei vocaboli e sull'uso dei verbi e delle strutture sintattiche[63], giungendo a proporre una coerente composizione per tutta la lettera[64]. L'analisi del discorso, andando alla ricerca delle sequenze di cui è composto un testo, individua delle macrostrutture, e ritrova in Fil una composizione concentrica[65], o simile, con l'ausilio anche di categorie retoriche[66]. Seguendo una prospettiva epistolare, alcuni analizzano Fil se-

---

[57] BEARE, *Philippians*, a differenza degli altri crede che *Kampfbrief* sia la prima nell'ordine cronologico.

[58] G. BORNKAMM, "Der Philipperbrief als paulinische Briefsammlung", *Neotestamentica et Patristica*. Eine Freundesgabe, Herrn Professor Dr. Oscar Cullmann zu seinem 60. Geburtstag überreicht (NTS 6; Leiden 1962) 192-202.

[59] COLLANGE, *Philippiens*.

[60] L. BORMANN, *Philippi*. Stadt und Christengemeinde zur Zeit des Paulus (NTS 78; Leiden – New York – Köln 1995) 87-224.

[61] B. MENGEL, *Studien zum Philipperbrief*. Untersuchungen zum situativen Kontext unter besonderer Berücksichtigung der Frage nach der Ganzheitlichkeit oder Einheitlichkeit eines paulinischen Briefes (WUNT 2/8; Tübingen 1982) 314-316.

[62] GARLAND, "The Composition", 141-173.

[63] Ad es. VANNI, "La struttura", 61-83.

[64] Ad es. ROLLAND, "La structure", 213-216.

[65] Ad es. A.B. LUTER – M.V. LEE, "Philippians as Chiasmus. Key to the Structure, Unity and Theme Questions", *NTS* 41 (1995) 89-101.

[66] Ad es. D.A. BLACK, "The Discourse Structure of Philippians. A Study in Textlinguistics", *NT* 37 (1995) 16-49.

condo la suddivisione delle antiche missive, ritrovando in essa un piano coerente, proprio di un'epistola familiare[67] o, secondo i più, di una d'amicizia[68], nella quale si evidenzia un intento esortativo[69]. Infine c'è chi ricorre al modello retorico-discorsivo per dimostrare l'unità della lettera, facendo spesso riferimento alla proposta iniziale di Watson[70], ma anche andando oltre[71]; lo stesso Watson[72] ha poi introdotto l'utilizzo contemporaneo della prospettiva epistolare e retorico-discorsiva a sostegno dell'integrità di Fil.

Il quadro sopra abbozzato appare molto complesso e necessita di un qualche approfondimento. Da parte nostra sosteniamo che, trovandoci di fronte ad uno scritto del I secolo, è fondamentale comprendere la questione della eventuale compilazione a partire dalla reale pratica di essa nelle lettere dell'antichità. Nel contempo, dovranno essere vagliati anche gli elementi letterari presentati a favore dell'integrità. Ci volgiamo dunque verso l'aspetto metodologico al fine di acquisire gli strumenti adatti per valutare le diverse proposte degli studiosi ed assumere una nostra posizione.

2.2   Elementi metodologici

Per cominciare ad orientarsi di fronte alle numerose ipotesi, vogliamo anzitutto osservare la pratica della compilazione così come avviene nella classicità. In questo caso le conseguenze dello studio riguarderanno soprattutto le posizioni favorevoli a una bipartizione o tripartizione di Fil. A seguire esamineremo sotto il profilo metodologico anche la prospettiva di coloro che difendono l'integrità. Alla fine accenneremo ad un punto di vista complessivo da tenere in considerazione nel dibattito.

Alcuni recenti studi hanno fornito indicazioni preziose per la comprensione della pratica della compilazione nell'antichità. Stewart-Sky-

---

[67] ALEXANDER, "Letter-Forms", 87-101.

[68] Cf. J. REUMANN, "Philippians, Especially Chapter 4, as a «Letter of Friendship». Observations on a Checkered History of Scholarship", *Friendship, Flattery, and Frankness of Speech*. Studies on Friendship in the New Testament World (ed. J.T. FITZGERALD) (NTS 82; Leiden – New York - Köln 1996) 83-106.

[69] Ad es. FEE, *Philippians*, 10-14.

[70] WATSON, "Analysis", 57-88.

[71] Ad es. BLOOMQUIST, *Philippians*, 119-138.

[72] WATSON, "The Integration", 398-426.

kes[73] parte dalla concreta considerazione che per motivi fisici non è possibile tenere in mano e consultare se non un solo rotolo a volta. Ciò significa che, a meno di pensare ad un complesso sistema di lavoro con più segretari in contemporanea, l'editore può procedere all'inserimento delle varie lettere o frammenti, facendoli copiare uno dopo l'altro ma non tutti insieme. Di conseguenza le ricostruzioni più semplici al livello della storia della redazione risultano le più verosimili. Questa intuizione è confermata dalla ricerca di Klauck[74] sulla compilazione nell'epistolografia antica. In considerazione del fatto che si hanno poche raccolte di lettere nella classicità, e per lo più fittizie, egli trova solo in quelle di Cicerone la possibilità di una vera comparazione con le epistole del NT. Analizzando come nel *corpus ciceronianum* sono state unite insieme diverse missive, egli individua le modalità della compilazione. Sono essenzialmente due: la stesura di un'unica lettera, realizzata però in più tempi a causa di interruzioni, oppure l'unione di più epistole originariamente indipendenti, messe assieme togliendo il *praescriptum* (qualche volta anche il finale) e non rispettando necessariamente il loro ordine cronologico. Come ricaduta sullo studio delle lettere del NT, ciò significa che le ipotesi di interpolazione di frammenti o di mescolamento dei testi sono poco sostenibili, mentre rimane plausibile l'inserimento di più lettere una dopo l'altra, mantenendo il corpo di ciascuna di esse. Da parte sua, Schmeller[75] riprende lo studio di Klauck, approfondendo anche le motivazioni per la comparazione tra le lettere di Cicerone e quelle di Paolo, e lo applica nel contesto di 2 Cor al fine di spiegare lo iato tra i cc. 1 – 9 e i cc. 10 – 13. A tal proposito egli formula tre ipotesi su 2 Cor 10 – 13 (che richiamano alcune proposte presentate per risolvere l'apparente rottura tra Fil 2 e 3): i quattro capitoli potrebbero essere stati scritti dopo una notte insonne, oppure costituire un *postscriptum* aggiunto dopo aver ricevuto nuove informazioni o una lettera composta successivamente e poi unita al resto di 2 Cor.

Raccogliendo il frutto di questi studi, delineiamo le conseguenze relative alla questione dell'integrità di Fil. Anzitutto le ipotesi di com-

---

[73] A. STEWART-SKYKES, "Ancient Editors and Copyist and Modern Partition Theories. The Case of the Corinthian Correspondence", *JSNT* 61 (1996) 53-64.

[74] H.-J. KLAUCK, "Compilation of Letters in Cicero's Correspondance", *Religion und Gesellschaft im Christentum*. Neutestamentliche Studien (WUNT 152; Tübingen 2003) 317-337.

[75] T. SCHMELLER, "Die Cicerobriefe und die Frage nach der Einheitlichkeit des 2. Korintherbriefs", *ZNW* 95 (2004) 181-208.

pilazione succitate risultano, alla luce delle recenti ricerche, inverosimili, poiché propongono l'inserimento di frammenti di lettere e la mescolanza dei testi, ciò che non ha paralleli nell'antichità. Può invece essere concepita la possibilità dell'inserzione a seguire di differenti corpi epistolari[76]. Inoltre coloro che negano l'integrità ritroverebbero due o tre lettere di diverso genere o argomento. Questo elemento non è probante poiché la commistione dei generi è normale nella retorica classica[77] e inoltre nessuno è riuscito a dimostrare che nell'antichità ogni epistola doveva aver un solo tema o *typos*[78]. Infine dagli studi emerge come il ruolo del redattore sia semplicemente quello di unire le diverse lettere, aggiungendo l'una all'altra senza preoccuparsi di creare una coerenza o una continuità tra di esse.

La tesi dell'interruzione nello scrivere, secondo quanto abbiamo visto, appare plausibile ma anche altamente ipotetica. Il problema è che non c'è nessun elemento specifico nel testo, secondo il quale si possa dimostrare una sosta e una ripresa nell'estensione della lettera, causate dalla malattia di Epafrodito e dall'arrivo di nuove notizie. Lo stesso si può affermare a proposito della prospettiva di coloro che attribuiscono i bruschi passaggi di Fil allo stile o all'emotività di Paolo[79]. In definitiva queste tesi non sembrano tener conto a sufficienza dei rilevanti problemi sollevati da alcuni versetti del testo.

Per quanto concerne i sostenitori dell'integrità della lettera, dobbiamo presentare alcuni rilievi a proposito delle diverse prospettive utilizzate. Concordiamo anzitutto con Porter e Reed[80] nell'affermare, riguardo ad un punto di vista puramente letterario, che la ripetizione di parole o tematiche non può essere da sola probativa: infatti uno stesso termine può assumere connotazioni diverse a seconda del contesto, ed inoltre è possibile avere anche un certo numero di somiglianze lessicali

---

[76] Tra i propugnatori della compilazione abbiamo trovato una proposta in tal senso solo in N. PERRIN, *The New Testament. An Introduction: Proclamation and Parenesis, Myth and History* (New York, NY – Chicago, IL – San Francisco, CA – Atlanta, GA 1974) 105-106.

[77] Cf. KENNEDY, *Rhetorical Criticism*, 73-74.

[78] Procedendo invece in questa prospettiva si arriverebbe a conclusioni come quelle di H. PROBST, *Paulus und der Brief. Die Rhetorik des antiken Briefes als Form der paulinischen Korintherkorrespondenz (1 Kor 8 – 10)* (WUNT 2/45; Tübingen 1991) 360-379, secondo il quale, avendo ogni lettera un solo argomento, 1 – 2 Cor sono una composizione di ben sette lettere.

[79] Ad es. HAWTHORNE, *Philippians*, 122-123.

[80] S.E. PORTER – J.T. REED, "Philippians as Macro-Chiasm and Its Exegetical Significance", *NTS* 44 (1998) 228-230.

tra due diverse epistole scritte da un autore ai medesimi destinatari in un breve periodo di tempo. Per quel che riguarda l'analisi del discorso, essa presenta delle macrostrutture coerenti a dimostrazione dell'unità, ma non riesce a fondarla perché nell'antichità non si trovano esempi di lettere scritte secondo questi complessi schemi[81]. La lettura secondo i modelli epistolari appare più convincente e, come abbiamo visto, utile a rendere ragione anche di alcuni bruschi passaggi della lettera, ma non può ritrovare in Fil un unico *typos* epistolare e, in particolare, ha difficoltà a giustificare il ruolo del c. 3. La prospettiva retorica, che ci ha già fornito elementi per superare l'apparente cesura all'inizio del c. 3, tende a fondare l'integrità di Fil, mostrandone la coerenza argomentativa. Le varie proposte di un modello discorsivo conducono però ad esiti incerti perché appaiono forzare il testo per ritrovarvi tutti gli elementi della *dispositio*, senza chiarire quale sia la tesi che l'autore dimostra. Inoltre è difficile evidenziare nella lettera un solo tema e la sua natura non appare quella argomentativa ma quella propria della comunicazione tra l'«io» dell'autore e il «voi» dei destinatari.

Per fondare l'integrità di Fil e la sua composizione risulta dunque preferibile l'utilizzo di più prospettive. In questo senso si muove Bittasi[82], il quale tiene conto sia dei modelli retorici che di quelli epistolari, insieme alla considerazione dei richiami tematici e terminologici e dei generi letterari impiegati. Ciò rappresenta un punto di vista complessivo al quale riferirsi, tuttavia per essere pienamente convincente, deve prima essere messo a confronto con alcuni precisi argomenti addotti a favore della compilazione. Sono dunque questi che ci apprestiamo ad affrontare per giungere ad una fondata soluzione di tutta la questione.

2.3   Le ragioni per la compilazione

Le motivazioni addotte a favore dell'ipotesi di compilazione della lettera sono di due tipi: quelle basate sulle testimonianze esterne e quelle desunte dall'analisi del testo. Di esse forniremo prima una presentazione succinta e poi individueremo gli elementi di soluzione riguardo i problemi che vengono sollevati.

Dal punto di vista della critica esterna vengono presentati quattro argomenti[83]: (1) il riferimento di Policarpo[84] a più lettere (ἐπιστολάς)

---

[81] Cf. PORTER – REED, "Philippians", 221-224.

[82] BITTASI, *Gli esempi*.

[83] P. SELLEW, "*Laodiceans* and Philippians Fragments Hypothesis", *HTR* 87 (1994) 17-28, è l'unico che li presenta tutti e quattro insieme.

scritte da Paolo ai Filippesi; (2) la doppia menzione di Fil in un catalogo siriaco[85] del V secolo; (3) il richiamo di un autore[86] del IX secolo ad una «prima» lettera di Paolo ai Filippesi; (4) un testo paolino apocrifo in latino[87] (forse del II secolo) che ricalca il contenuto e la struttura di Fil, ma non contiene alcun legame con Fil 3,2 – 4,3 e Fil 4,10-20 (Fil C e Fil A). Queste posizioni non ci sembrano però convincenti: (1) anche se dovessimo considerare ἐπιστολάς un vero plurale, ciò di cui si potrebbe dubitare[88], esso dimostra soltanto che Policarpo conosceva più lettere scritte da Paolo ai Filippesi; (2) e (3) ci troviamo di fronte a testimonianze tardive e dal dubbio valore probativo; (4) come lo stesso Sellew[89] evidenzia, l'apocrifo omette anche una parte della supposta Fil B (1,1 – 3,1; 4,4-9.21-23) ed ha diversi collegamenti con altre lettere del NT, così da poter attribuire le omissioni di certi brani di Fil semplicemente alla libera scelta del redattore. Queste isolate testimonianze esterne risultano dunque deboli prove a favore di una compilazione[90], mentre più incisive sono quelle legate all'osservazione del testo di Fil.

Gli argomenti più ricorrenti contro l'unità ruotano sostanzialmente attorno alle problematiche che emergono in due porzioni del testo, il c. 3 e 4,10-20[91]. Riguardo il c. 3 si presentano le seguenti affermazioni: (1) 3,1a indica la fine di una lettera; (2) il brusco passaggio tra 3,1 e 3,2 è prova di una sutura redazionale; (3) la menzione di un piano di viaggio e di visita, presente in 2,19-30, giunge, nell'epistolario paolino, sempre alla fine della missiva; (4) le circostanze diverse che sembrano presupposte dal c. 3, nel quale non si trova alcun accenno alla prigionia di Paolo e dove il suo atteggiamento nei confronti degli avversari appare totalmente mutato, mettono il brano a parte dal resto dello scritto. In risposta possono essere presentate le seguenti motivazioni contrarie: (1) abbiamo visto che 3,1a non è la conclusione di una lettera, tanto più che τὸ λοιπόν segnala una nuova comunicazione; (2) come già notato all'interno di una lettura in chiave epistolare e retorica, 3,1b introduce lo sviluppo successivo, mentre l'attacco veemente del v. 2 serve a cat-

---

[84] Polycarpus, *Phil* 3.2.
[85] *Catalogus Sinaiticus* 10.
[86] Georgius Syncellus, *Chr* 420.14.
[87] *Laod.*
[88] Cf. REED, *Philippians*, 143.
[89] SELLEW, "*Laodiceans*", 28.
[90] Per una discussione approfondita cf. HOLLOWAY, *Philippians*, 8-11.
[91] Cf. REED, *Philippians*, 131-142; HOLLOWAY, *Philippians*, 12-28.

turare l'attenzione dei destinatari; (3) Watson[92] dimostra che nelle lettere paoline (ad es. Rm 1,8-15; 1 Cor 4,14-21) come in quelle dei papiri, l'espressione del desiderio di una visita non è ristretto alla fine della missiva; (4) Brucker[93] nota che un *argumentum e silentio* come quello relativo alla prigionia di Paolo non può essere probativo, allo stesso modo il diverso tono nei confronti degli avversari non ha alcun peso se quelli del c. 3 sono diversi dagli altri menzionati in precedenza.

In merito a 4,10-20 vengono sollevate altre questioni: (1) il ringraziamento per il dono ricevuto è posto alla fine della lettera, al contrario di quanto avviene nell'epistolario paolino; (2) il lungo intervallo di tempo trascorso, a causa della durata della malattia di Epafrodito, tra l'aiuto ricevuto e la risposta di 4,10-20, è inspiegabile, e perciò in ragione della possibilità di comunicazione tra Paolo e i Filippesi (cf. 2,26), è meglio pensare al brano come parte di un'altra epistola inviata per prima; (3) la pericope appare debolmente legata al resto dello scritto, a causa di un cambio di tono e di circostanze. Anche riguardo a queste motivazioni, si presentano delle obiezioni: (1) Watson[94] nota che nell'epistolario antico il ringraziamento non si trova necessariamente all'inizio, e appare chiaro che Paolo lo posticipa, senza usare termini indicanti «grazie», con l'intento di non attribuire troppa importanza all'aiuto dei Filippesi, sottolineando, al contrario, la sua indipendenza dai doni ricevuti (4,17); (2) non è possibile avere dal testo di 2,25-30 alcuna indicazione sulla malattia di Epafrodito (potrebbe anche essere avvenuta prima dell'incontro con Paolo) e allo stesso modo non si può provare l'esistenza di comunicazioni regolari tra l'Apostolo e i Filippesi, così da supporre una prima missiva come espressione di gratitudine; (3) i legami lessicali e tematici di 4,10-20 con 1,3-11 sono numerosi[95], e inoltre attraverso il lessico legato ai termini χαίρω, φρονέω, κοινωνία, εὐαγγέλιον e all'ambito commerciale il brano di 4,10-20 si inserisce bene nella lettera (vedi *infra*)[96].

---

[92] D.F. WATSON, "A Reexamination of the Epistolary Analysis Underpinning the Argument for the Composite Nature of Philippians", *Early Christianity and Classical Culture*. Comparative Studies in Honor of Abraham J. Malherbe (eds. J.T. FITZGERALD - T.H. OLBRICHT – *e.a.*) (NTS 110; Leiden – Boston 2003) 164-165.

[93] BRUCKER, „*Christushymnen*", 285-286.

[94] WATSON, "A Reexamination", 173-175.

[95] Cf. ad es. O'BRIEN, *Philippians*, 543-549.

[96] MÜLLER, *Philipper*, 200, sostiene, inoltre, che δέ in 4,10 dimostra il collegamento del brano con ciò che precede.

Alla fine di questa analisi, emerge come le prove più ricorrenti addotte contro l'unità della lettera non siano incontrovertibili e anzi appaiano insoddisfacenti, in considerazione del fatto che spesso legittimano ipotesi non giustificate in base alla reale pratica della compilazione epistolare nell'antichità. Raccogliamo però la sollecitazione ad approfondire il ruolo di Fil 3, dal cui chiarimento dipende una parte del dibattito sull'integrità[97], la quale, come vedremo, è motivata in positivo da diversi fattori.

2.4 Le ragioni per l'integrità

La tradizione a favore dell'integrità della lettera è stata preponderante nel corso dei secoli, in coerenza anche con la testimonianza unitaria della trasmissione manoscritta. Ai nostri giorni diversi autori[98] mostrano, a sostegno di questo, i richiami lessicali e tematici presenti per tutta l'estensione di Fil: «gioia/gioire», «sentire», «proclamare e agire per il Vangelo», «partecipazione/comunione», «commerciare e guadagnare», «abbondare», «valutare». A ciò sono da aggiungere i legami tra le diverse parti dell'epistola, i quali conducono a pensare a una sua struttura interna, con un conseguente sviluppo. Watson[99] evidenzia come il brano 1,3-11 introduca molti dei temi presenti nel resto dello scritto. Brucker[100] nota invece i richiami lessicali tra 1,27-30, da una parte, e 3,17-21 e 4,1-9 dall'altra, oltre che quelli, soprattutto a livello tematico, con 2,1-18 e 3,1-21. Infine, in aggiunta ai legami già menzionati tra 1,3-11 e 4,10-20, numerosi sono quelli tra 2,6-11 e altri brani della lettera, argomento che approfondiremo dopo aver terminato questa disamina sulla questione dell'integrità. In definitiva, come rimarca Dalton[101], la ripetizione delle parole e dei temi non è sufficiente in sé stessa, ma se un gruppo di vocaboli e di concetti è riproposto in modo da rivelare un movimento e un significato del testo, allora l'ipotesi della compilazione diventa molto difficile da giustificare.

Dopo aver fornito le ragioni che militano a favore dell'integrità, spesso si procede con il delineare la composizione della lettera, mostrando l'unità dello scritto e confermando così l'inattendibilità di una

---

97 Cf. REED, *Philippians*, 151.
98 Ad es. FABRIS, "Filippesi", 28.
99 WATSON, "Analysis", 63-64.
100 BRUCKER, „Christushymnen", 286, 290, 295.
101 W.J. DALTON, "The Integrity of Philippians", *Bib* 60 (1979) 99.

sua compilazione. In contrapposizione a questo procedimento, Reed[102] afferma che la dimostrazione di una coerenza all'interno del testo non è probativa, essa infatti potrebbe essere attribuita sia all'autore originario, sia al redattore posteriore. Da parte nostra, tenendo conto degli studi sulla compilazione epistolare nell'antichità, sosteniamo che il ruolo dell'eventuale redattore è solo quello di collegare insieme i testi originali, senza creare una coerente struttura epistolare. Ci sembra che la preoccupazione sottostante a questo processo sia quella di conservare i testi, ritenuti di grande importanza, e non di intervenire su di essi in base all'esigenza, tipicamente moderna, di una lettura conseguente.

Nelle nostre valutazioni di ordine metodologico abbiamo già osservato i modelli proposti per la composizione della lettera e, a riguardo, è risultato utile un orientamento complessivo che tenga conto delle diverse prospettive utilizzabili dall'autore stesso. Anche noi vogliamo proporre una composizione dello scritto, in base alla quale inserire e leggere il testo di Fil 3,1 – 4,1. Non potremo giustificare approfonditamente, come abbiamo fatto per il nostro brano, le varie delimitazioni e designazioni dei testi, per questo rimandiamo agli autori citati, dai quali prendiamo spunto. Ci pare opportuno, anzitutto, riportare alcune delle proposte più significative.

Rolland[103], in base soprattutto alle ricorrenze di vocabolario, propone di dividere il testo in due parti parallele, all'interno della cornice composta da 1,1-11 e 4,10-23, nelle quali Paolo ripeterebbe le sue esortazioni, come indica in «scrivere le stesse cose» di 3,1:

Preambolo (1,1-11)
1. Prima serie di esortazioni (1,12 – 2,18)
Intermezzo (2   ,19-30)
2. Ripresa delle stesse esortazioni (3,1 – 4,9)
Epilogo (4,10-23)

Aletti[104] rileva invece l'alternanza tra notizie ed esortazioni e, lasciando a parte il prologo e l'epilogo, propone un quadro d'insieme in due sezioni:

1. Il Vangelo e la risposta ad esso (1,12 – 2,18)
Notizie (1,12-26)
Esortazioni (1,27 – 2,18)

---

[102] REED, *Philippians*, 150.
[103] ROLLAND, "La structure", 216.
[104] ALETTI, "Bulletin", 101.

2. I collaboratori e discernere i veri operai (2,19 – 4,9)
Notizie (2,19 – 3,1)
Esortazioni (3,2 – 4,9)

Barbaglio[105] sottolinea molto il carattere dialogico della lettera, tra l'«io» autobiografico del mittente e il «voi» degli interlocutori, destinatari delle esortazioni, e in ragione di ciò presenta la seguente composizione:

Prologo (1,1-11)
Corpo della lettera (1,12 – 4,20)
1. 1,12 – 2,30: autobiografia (1,12-26) esortazioni (1,27 – 2,18) autobiografia (2,19-30)
2. 3,1 – 4,1: autobiografia con valore esortativo
3. 4,2-20: esortazioni ed autobiografia
Epilogo (4,21-23)

Bittasi[106], utilizzando un punto di vista complessivo e basandosi sull'idea di una ripetizione all'interno della progressione argomentativa, delinea questa composizione:

Praescriptum (1,1-2)
Exordium (1,3-11): ringraziamento con *propositio* della lettera (vv. 9-11)
La vicenda di Paolo (1,12-26)
Paolo e i Filippesi: esortazione (1,27-30)
L'*exemplum* di Cristo Gesù (2,1-18)
        Timoteo ed Epafrodito (2,19-30): centro della lettera
        Formula epistolare di esitazione e ripetizione (3,1)
L'*exemplum* di Paolo (3,2-16)
Paolo e i Filippesi: esortazione (3,17 – 4,1)
Esortazioni particolari ai destinatari (riguardo le loro vicende) (4,2-9)
Ringraziamento finale (4,10-20)
Postscriptum (4,21-23)

Dopo aver considerato queste proposte, presentiamo una possibile composizione che tenga conto dei vari modelli e ci permetta di leggere il nostro brano nel contesto:

Praescriptum (1,1-2)
Prologo: ringraziamento iniziale (1,3-11)

---

[105] BARBAGLIO, "Filippi", 321-328. Secondo la statistica di BW, su 1629 parole di Fil ci sono 52 ricorrenze dell'«io» e 51 del «voi», nel complesso la più alta percentuale dell'epistolario paolino.

[106] BITTASI, *Gli esempi*, 210.

Notizie autobiografiche (1,12-26)
Esortazione generale a vivere conformi al Vangelo (1,27-30)
L'esempio di Cristo: esortazioni basate sull'elogio di Cristo (2,1-18)
Notizie autobiografiche e su Timoteo ed Epafrodito (2,19-30)
L'esempio di Paolo: esortazioni basate sulla περιαυτολογία di Paolo
(3,1 – 4,1)
Esortazioni particolari (4,2-9)
Epilogo: ringraziamento finale con notizie autobiografiche (4,10-20)
Postscriptum (4,21-23)

Lo schema mostra come gli elementi della lettera si ripetano proprio a partire da 3,1: in 1,3 – 2,30 si trovano un ringraziamento, delle
notizie autobiografiche, delle esortazioni e un esempio, così gli stessi
vengono riproposti in 3,1 – 4,20. Secondo Bittasi[107] il ripetere «le stesse cose» delinea due percorsi epistolari in 1,1 – 2,18 e 3,1 – 4,23, e appare legato non semplicemente ai contenuti, ma anche agli strumenti
argomentativi e alla finalità esortativa che sottostà ad entrambe le porzioni testuali. Condividiamo con l'autore la logica attraverso la quale si
attua la ripetizione; ci rimane più difficile accettare la delimitazione
delle due sezioni parallele che conduce a determinare il centro di tutta
la lettera in 2,19-30. Al contrario di ciò che sostiene Bittasi[108], designando Timoteo ed Epafrodito come esempi imitabili e reiterabili del
φρονεῖν di Cristo e di Paolo, questo brano non può essere centrale né
dal punto di vista strutturale né da quello tematico. Infatti esso è sostanzialmente un testo autobiografico, incastonato tra le esortazioni basate sul cammino di Cristo e su quello di Paolo, nel quale l'Apostolo dà
notizie su di sé e sui suoi collaboratori. Piuttosto, come approfondiremo
in seguito, è l'«io» di Paolo ad emergere preponderante nell'intero sviluppo della lettera e a costituire un filo conduttore che si collega alla
parenesi rivolta al «voi» dei destinatari. Noi quindi pensiamo che la ripetizione di 3,1 abbia due possibili riferimenti: il riproporsi di 3,1 –
4,20 sulla falsariga di 1,3 – 2,30, oppure la reiterazione delle esortazioni prima motivate sull'esempio di Cristo (2,1-18) e poi su quello di Paolo (3,1 – 4,1). In ogni caso dallo studio della composizione emerge un
determinato piano con il quale la lettera è costruita, motivo che contribuisce a sostenere la tesi della sua integrità.

In conclusione le ragioni addotte a favore dell'integrità di Fil risultano molto più convincenti rispetto a quelle contro. Inoltre non solo l'i-

---

[107] BITTASI, *Gli esempi*, 14-15.
[108] BITTASI, *Gli esempi*, 206-218.

potesi della compilazione risulta improbabile, ma anche, attraverso l'analisi della composizione, si giunge a valutare la lettera come il risultato di un disegno unitario e non di una giustapposizione di testi. Di conseguenza appare meglio tralasciare pure l'ipotesi intermedia dell'interruzione nello scrivere, sulla quale ci si basa per sostenere l'unità disorganica del testo.

2.5 Prospettive diacroniche su Fil 3

Quasi in appendice alla questione dell'integrità dell'epistola, dobbiamo occuparci delle proposte di lettura diacronica del solo c. 3. I due tentativi, per la verità isolati, sostengono uno il carattere deuteropaolino del testo, l'altro la presenza nel brano interpolato di aggiunte redazionali.

Doughty[109] riprende la vecchia tesi, sostenuta da alcuni[110] più di un secolo fa e poi abbandonata, che designa Fil 3 come interpolazione non-paolina. L'autore crede che Fil 3,2-21 sia un'inserzione secondaria, aggiunta per universalizzare il carattere particolare dello scritto o per preservare materiale considerato derivare da Paolo stesso. Diverse sono le ragioni che egli presenta a sostegno della sua ipotesi: (1) gli avvertimenti dei vv. 2.17-19 sono applicabili a qualsiasi genere di avversari, poiché riflettono l'autocomprensione della comunità credente nel rapporto con il mondo; (2) il ritratto di Paolo nei vv. 4-9 non ha precedenti e introduce, poi, il motivo del «confidare nella carne», che universalizza la sua esperienza; analogamente la polemica contro il giudaismo dei vv. 2-9 è paradigmatica per i cristiani dell'età postapostolica; (3) nei vv. 10-16 il soffrire di Cristo e di Paolo assumono un significato più generale per rassicurare i credenti della generazione successiva, afflitti da tribolazioni; (4) l'insegnamento che qui viene fornito sulla giustizia non è paolino, infatti nei vv. 9-12 essa è concepita come un risultato da perseguire ed ottenere attraverso la condivisione delle sofferenze di Cristo; allo stesso modo la chiamata di Dio dei vv. 13-14, legata alla giustificazione, si riferisce all'impegno dell'Apostolo per conquistare la risurrezione; (5) nei vv. 17-21 l'esortazione a seguire l'esempio paolino è come un sostituto della sua presenza nell'età postapostolica (cf. 2 Tm 3,10-14), nella quale, come rimarcano i vv. 19-21 (pressoché e-

---

[109] D.J. DOUGHTY, "Citizens of Heaven. Philippians 3.2-21", *NTS* 41 (1995) 102-122.

[110] K. SCHRADER, *Der Apostel Paulus* (Leipzig 1836) V, 233-234, è probabilmente il primo a supporre che 3,1 – 4,9 sia un'inserzione postpaolina.

quivalenti a Col 3,1-4) la comunità è in forte opposizione con l'ambiente esterno.

In risposta a queste posizioni, è anzitutto da citare un brano dell'articolo[111]:

> If the teachings in this passage are addressed to a deutero-Pauline situation, however, other interpretations might be more plausible. And, conversely, the plausibility of a different interpretation of these teachings would support their deutero-Pauline character.

Appare chiaro come Doughty nel suo studio parta da un ragionamento sostanzialmente circolare, che non può pertanto riuscire a provare fondatamente la tesi del carattere deuteropaolino del brano. Sebbene le sue affermazioni siano inficiate da questa logica non sostenibile, è necessario rispondervi, anche se in maniera concisa: (1) gli avvertimenti del v. 2 sono applicabili anzitutto ad avversari giudeo-cristiani, mentre la tendenza, presente soprattutto nei vv. 17-19, ad allargare il riferimento del discorso è tipicamente paolina[112]; (2) nonostante ciò che afferma Doughty, Gal 1,13-17 è un adeguato parallelo al testo[113]; inoltre l'attacco contro il giudaismo ha prima un rimando preciso legato alle posizioni degli oppositori e poi, come per il tema del «confidare nella carne», un valore esemplare che è parte della strategia comunicativa di Paolo[114]; (3) in base a questa prospettiva presente nel testo, anche le sofferenze di Cristo e dell'Apostolo assumono un carattere paradigmatico nei confronti dei Filippesi stessi (dei quali in Fil 1,29 si ricorda il soffrire); (4) i passivi dei vv. 9-11 (εὑρεθῶ; συμμορφιζόμενος) indicano l'azione di Dio nel processo della giustificazione che conduce alla risurrezione, mentre i vv. 12-14, non riguardanti il tema della giustizia, completano l'immagine del cammino di Paolo in risposta ai doni ricevuti, in conformità al resto del suo insegnamento; (5) l'appello all'imitazione dell'Apostolo appare in altri luoghi dell'epistolario[115], mentre i vv. 20-21 potrebbero al limite essere prepaolini e i richiami di questi con Col 3,1-4 sono indicativi solo in base alla discutibile considerazione di Col come postpaolina. Infine il rapporto conflittuale tra comunità e mondo, che secondo l'autore sarebbe sottostante a tutto il brano, non è certo esclusivo del periodo postapostolico. In conclusione ragioni ad-

---

[111] DOUGHTY, "Citizens", 106-107.
[112] Cf. pp. 189-190.
[113] Cf. PITTA, "Paolo", 91-100.
[114] Cf. pp. 155-158.
[115] 1 Cor 4,16; 11,1; Gal 4,12.

dotte da Doughty per una lettura del testo come deuteropaolino risultano inaccettabili.

Édart[116] sostiene invece che Fil 3,1b-16 (Fil B) è un'interpolazione di un brano paolino operata probabilmente da Luca, redattore di At. Nella redazione verrebbero apportate alcune aggiunte al testo: vv. 1b.11.12b.13de.14b. Per quanto riguarda 3,1b, introdotto per segnalare un ripetersi in Fil B di Fil A, la rottura di stile e di tono con il v. 2 dimostrerebbe che è un'inserzione, mentre l'uso dell'aggettivo neutro ἀσφαλές indicherebbe l'opera del redattore lucano (cf. At 25,26). L'aggiunta del v. 11 sarebbe invece una *dubitatio* che utilizza due sintagmi presenti solo nell'opera lucana (Lc 20,35; At 4,2; 27,12) e provoca una rottura nello stile e nel ritmo della frase, introducendo un dubbio sulla risurrezione non manifestato altrove da Paolo. Inoltre una lettura attenta dei vv. 12-14 rivelerebbe delle fratture stilistiche e un vocabolario non paolino: al v. 12 l'uso del verbo τελειόω non fa parte del linguaggio di Paolo ma di quello di Luca (cf. At 20,24) e crea una tensione con il gioco retorico del verbo (κατα)λαμβάνω e con il senso del v. 15; al v. 13de si verifica una rottura nello stile e l'impiego di termini unici per l'epistolario paolino (ὀπίσω; ἐπιλανθάνομαι; ἐπεκτείνομαι); al v. 14b τὸ βραβεῖον è superfluo e rompe la coesione della frase. In questi versetti il redattore inserirebbe, poi, una metafora sportiva che, insieme a quanto detto al v. 11, aggiunge al testo un carattere escatologico (cf. 2 Tm 4,7-8) e sottolinea anche l'impossibilità di una perfezione umana.

Per quanto riguarda la proposta globale di Édart rimandiamo a quanto appena discusso a proposito dell'ipotesi di compilazione di Fil, mentre dell'impossibilità di espungere dal c. 3 i vv. 17-21 abbiamo già trattato presentando la *dispositio* retorica dell'autore[117]. Come valutazione generale dell'opera redazionale di Fil 3 così delineata, dobbiamo affermare che ciò risulta improbabile nel confronto con la pratica della compilazione, in ragione della quale il redattore non può intervenire inserendo di sua mano delle aggiunte e poi interpolando un testo all'interno di un altro. Nonostante questa premessa appaia già da sola quasi risolutiva, intendiamo affrontare le questioni sollevate da Édart. Anzitutto la sua considerazione delle rotture nello stile e nel ritmo risulta spesso arbitraria e non probativa, perché basata sulla differente lunghezza dei *cola* e sull'impiego di espressioni che rovinerebbero l'armonia della frase. L'unica vera frattura è quella tra 3,1 e il versetto seguente, che è

---

[116] ÉDART, *Philippiens*, 220, 233, 239-241, 254-266.
[117] Cf. pp. 22-23.

però giustificabile senza ipotizzare un'aggiunta[118]. L'utilizzo di un vocabolo non presente altrove nell'epistolario paolino non significa molto
in Fil, che contiene, come mostra Fee[119], 42 *hapax legomena* neotesta-
mentari e 34 paolini. Inoltre il particolare linguaggio utilizzato non può
essere indice di una redazione lucana, perché è presente, sostanzialmente identico, anche in altri passi del NT[120]. Il v. 11 è da osservarsi a parte: i due sintagmi non sono esattamente corrispondenti a quelli dei passi
lucani citati e la frase non esprime un dubbio ma un'aspettativa, il cui
compimento non dipende dal soggetto. Infine l'utilizzo della metafora
nei vv. 13c-14 non è certamente un elemento aggiunto, ma, come visto,
è perfettamente coerente con la logica interna del testo. In conclusione
l'ipotesi di un intervento redazionale all'interno di Fil 3, presentata da
Édart, non risulta convincente.

Alla fine anche la considerazione delle due isolate proposte di lettura diacronica del testo del c. 3, giunge a confermare la nostra prospettiva unitaria su Fil 3,1 – 4,1, all'interno della composizione coerente ed
organica di tutta l'epistola.

2.6   Conclusioni

Lo studio della questione dell'integrità della lettera è stato condotto
al fine di preparare una base per l'interpretazione contestuale di Fil 3,1
– 4,1. Comprendere il modo con il quale il testo si rapporta con il resto
di Fil è per noi un passaggio necessario per scoprire il suo significato.

Siamo partiti da uno *status quaestionis*, che ha presentato le tre posizioni di massima (compilazione, interruzione nello scrivere, integrità)
sostenute dagli studiosi. Abbiamo affrontato poi le problematiche metodologiche sottostanti, le quali ci hanno forniti elementi utili per giudicare le varie proposte, in base anche ad un confronto con la pratica della compilazione epistolare nell'antichità. In forza di quanto emerso abbiamo analizzato gli argomenti più frequentemente addotti a favore del-
l'ipotesi della compilazione, mostrando come essi non siano decisivi e
possano essere confutati. Dall'altra parte, sono state prese in considerazione le ragioni che militano a favore dell'integrità, le quali, tutte insieme, provano non solo la poca attendibilità della tesi della compila-

---

[118] Cf. pp. 11-12.

[119] FEE, *Philippians*, 18-19.

[120] Il sintagma καταντάω εἰς si trova anche in 1 Cor 10,11; 14,36 e Ef 4,13,
mentre ἀνάστασις ἐκ νεκρῶν in 1 Pt 1,3. Il verbo τελειόω è presente in diversi passaggi, ad es. Gv 4,34 ed Eb 2,10.

zione (e di quella dell'interruzione), ma anche, in positivo, un piano u-
nitario nella composizione della lettera. In appendice ci siamo soffer-
mati su due proposte di lettura diacronica di Fil 3, le quali, ad un attento esame, sono risultate insostenibili.

Da questo approfondimento guadagniamo, con una certa sicurezza,
la possibilità di un'interpretazione contestuale di Fil 3,1 – 4,1, all'interno di tutta l'epistola. Il brano risulta parte di una composizione strutturata e unitaria, la quale costituisce così il quadro ermeneutico di riferimento per la sua lettura. D'altronde la nostra analisi ci ha mostrato anche come parte del dibattito sull'integrità ruoti attorno al ruolo del c. 3;
l'evidenziare la sua funzione e il suo significato ci aiuterà dunque a delineare lo sviluppo di Fil e, indirettamente, a confermarne l'integrità e
l'unità. Ci apprestiamo quindi a porre a confronto il nostro testo con il
resto della lettera, in particolare con i brani che dal punto di vista terminologico e della composizione lo richiamano più da vicino.

3. Fil 3,1 – 4,1 e il resto della lettera

Dopo aver analizzato la cornice del testo e discusso l'integrità della
lettera, siamo in grado di porre a confronto Fil 3,1 – 4,1 con il resto di
Fil. La nostra lettura contestuale prenderà le mosse dalla rilevazione dei
richiami terminologici e compositivi tra il brano e le altre pericopi di
Fil. In particolare nell'analisi sarà approfondito, sullo sfondo costituito
dal tessuto epistolare, il legame tra 2,1-18 e 3,1 – 4,1, i quali hanno già
mostrato una composizione simile e un comune utilizzo dell'esempio
(di Cristo e di Paolo). Così sarà possibile evidenziare, in un terzo passaggio, la funzione e il significato del nostro testo nel contesto di tutta
l'epistola. Attraverso questo percorso giungeremo ad una nuova prospettiva di lettura del brano di 3,1 – 4,1, che finora abbiamo analizzato
soltanto nella sua dinamica interna. Da una parte, questa diversa visione sulla pericope è resa possibile grazie al presupposto dell'integrità
della lettera, che abbiamo in precedenza dimostrato, dall'altra, l'interpretazione contestuale del testo contribuirà a meglio evidenziare l'unità
di tutta l'epistola.

3.1 Legami terminologici e compositivi di Fil 3,1 – 4,1
con il resto della lettera

Analizzando la cornice del brano e approfondendo la questione del-
l'integrità, abbiamo già indicato come siano numerosi i legami termino-

logici di Fil 3,1 – 4,1 con il resto della lettera. Aiutati anche dalle presentazioni di alcuni studiosi[121], forniamo un quadro d'insieme degli elementi significativi che ricorrono nei due diversi contesti:

τὸ λοιπόν	3,1	4,8
χαίρω	3,1	1,18 [2x]; 2,17.18.28; 4,4 [2x].10
πνεῦμα	3,3	1,19.27; 2,1; 4,23
καυχ-	3,3	1,26; 2,16
πεποιθ-	3,3.4 [2x]	1,6.14.25; 2,24
δικαιοσύνη	3,6.9 [2x]	1,11
γενόμενος	3,6	2,7.8
κερδ-	3,7.8	1,21
ἡγέομαι	3,7.8 [2x]	2,3.6
εὑρίσκω	3,9	2,7
πιστ-	3,9 [2x]	1,25.27.29; 2,17
κοινωνία	3,10	1,5; 2,1
(συμ)μορφ-	3,10.21	2,6.7
θάνατος	3,11	1,20; 2,8 [2x].27.30
λογίζομαι	3,13	4,8
φρονέω	3,15 [2x].19	1,7; 2,2 [2x].5; 4,2.10 [2x]
σκοπέω	3,17	2,4
σταυρός	3,18	2,8
ἀπώλεια	3,19	1,28
δόξα	3,19.21	1,11; 2,11; 4,19.20
ἐπίγειος	3,19	2,10
πολιτευ-	3,20	1,27
(επ)οὐραν-	3,20	2,10
ὑπάρχω	3,20	2,6
σωτηρ-	3,20	1,19.28; 2,12
(μετα)σχημα-	3,21	2,7
σῶμα	3,21	1,20
ταπειν-	3,21	2,3.8; 4,12
ἐνεργ-	3,21	2,13 [2x]
ἀγαπητός	4,1	2,12
χαρά	4,1	1,4.25; 2,2.29
στήκω	4,1	1,27

Lo schema proposto costituisce, anzitutto, un'altra conferma per l'integrità dell'epistola, dimostrando come nel c. 3 siano presenti numerosi e rilevanti nessi con gli altri testi di Fil. Inoltre, osservando i vari

---

[121] BLOOMQUIST, *Philippians*, 102-103; BRUCKER, „*Christushymnen*", 286, 288-289.

richiami terminologici, appare prevalente il rapporto tra 3,1 – 4,1 e 1,27
– 2,18. Bloomquist[122] individua anche diversi paralleli tematici tra le
due porzioni testuali: chiamata all'unità (1,27-28; 3,16), avversari
(1,18; 2,1-4; 3,2), sofferenze (1,29-30; 3,10), esortazione ad imitare
(1,30; 2,11; 3,17), umiltà (2,1-11; 3,1-11), svuotamento (2,1-11; 3,1-
11), glorificazione (2,10-11; 3,11), progresso nella vita cristiana (2,12-
18; 3,12-13), motivo della corsa (2,16; 3,12-16).

A livello della composizione è possibile trovare un altro elemento
che dimostra lo sviluppo unitario del testo da 1,27 a 4,1. Infatti il brano
di 1,27-30 può essere interpretato quasi come *partitio* per ciò che segue, poiché presenta tematiche che successivamente saranno riprese.
Così al v. 27 è proposta un'esortazione all'unità che ritorna in 2,1-18,
mentre nei vv. 28-30 si invita ad assumere un atteggiamento coraggioso
di fronte agli avversari e a tener conto dell'esempio di Paolo stesso, temi presenti in 3,1 – 4,1[123]. A sua volta, ciascuno dei due brani così introdotti presenta una composizione secondo un modello orale ABA',
dove le esortazioni (A.A'.) trovano la loro motivazione in un esempio
(B.). A proposito di 3,1 – 4,1 abbiamo già presentato le due possibili
composizioni secondo questo modello orale, mentre per 2,1-18 proponiamo il seguente schema: A. esortazione ad un comune sentire (2,1-5),
B. motivazione basata sull'esempio di Cristo (2,6-11), A'. ripresa
dell'esortazione (2,12-18). Dal confronto iniziale tra i due testi, e tenendo conto dell'introduzione costituita da 1,27-30, si coglie che le e-
sortazioni sono di argomento e di tenore differente, mentre la loro motivazione si trova in entrambi i casi in un esempio: prima quello di Cristo e poi quello di Paolo. Questa osservazione invita così a confrontare
le presentazioni dei due paradigmi che stanno alla base delle rispettive
parenesi.

Se è nostra intenzione leggere ed interpretare il brano di Fil 3,1 –
4,1 nel contesto di tutta la lettera, crediamo però opportuno cominciare
il confronto con ciò che a prima vista appare più vicino al nostro passaggio, e quindi con 2,1-18. In particolare partiremo dal centro dei due
testi, approfondendo il legame tra l'esempio di Cristo (2,6-11) e quello

---

[122] BLOOMQUIST, *Philippians*, 103.
[123] Possono essere notate anche le ricorrenze di πιστ-, comuni ai tre testi
(1,27.29; 2,17; 3,9 [2x]).

di Paolo (3,4b-14[124]), per poi ampliare l'orizzonte alle esortazioni ad essi connesse.

3.2 L'esempio di Cristo e quello di Paolo

Per stabilire un confronto è necessario analizzare prima in se stessi i due modelli da comparare. Riguardo a Fil 3,4b-14, abbiamo già condotto un esame approfondito, mentre non abbiamo ancora affrontato lo studio di 2,6-11. Dovremo quindi, anzitutto, considerare attentamente l'esempio di Cristo, osservandolo dal punto di vista del genere letterario, effettuando un'analisi del testo di 2,6-11 e discutendo delle sue possibili letture d'insieme. In un secondo momento, l'esempio di Cristo verrà posto in parallelo con quello di Paolo che in parte ne riflette le caratteristiche. Il ruolo paradigmatico di 2,6-11 sarà poi analizzato anche in rapporto a tutto il brano di 3,1 – 4,1 e ad altri testi della lettera.

3.2.1 *L'interpretazione di Fil 2,6-11*

Per chiunque voglia affrontare il testo del cosiddetto inno cristologico, si prospetta una grande difficoltà a motivo della sterminata bibliografia a suo riguardo[125]. Il nostro interesse in merito a Fil 2,6-11 è limitato però ad un confronto con 3,4b-14, e quindi lo studio da condurre è destinato a cogliere gli elementi essenziali del primo testo, considerato nella sua collocazione all'interno della lettera, in modo da effettuare una lettura in parallelo. Per questa ragione tratteremo in maniera sintetica tre aspetti caratteristici del brano cristologico.

La prima questione che affrontiamo è quella del genere letterario di 2,6-11. A partire dallo studio di Lohmeyer[126], si era soliti vedere nel testo una composizione poetica, da designare come inno o come cantico/salmo. Nella ricerca più recente si è abbandonata questa posizione, dimostrando come il brano possa essere considerato prosastico e come

---

[124] Per il confronto con 2,6-11, all'inizio lasciamo da parte i vv. 15-16, che avevamo compreso nel capitolo riguardante l'esempio di Paolo. D'altronde i vv. 15-16, come visto a livello della composizione, possono essere uniti o meno a 3,4b-14. Inoltre, successivamente parleremo in senso lato di 2,6-11 e 3,4b-14 come testi o brani, seppur in senso stretto facciano parte delle pericopi di 2,1-18 e 3,1 – 4,1.

[125] Cf. FABRIS, "Filippesi", 94-95 n. 7. Gli ultimi specifici contributi sono R.H. GUNDRY, "Style and Substance in Philippians 2:6-11", *The Old is Better*, 272-291; HELLERMAN, *Honor*, 129-156.

[126] E. LOHMEYER, *Kyrios Jesus*. Eine Untersuchung zu Phil. 2,5-11 (SHAWPH 1927-28.4; Heidelberg 1928).

non ci sia alcun corrispondenza tra questo e l'innodia semitica o greco-romana[127]. In prospettiva retorica, il testo è stato poi collocato nel genere epidittico. Berger[128] lo designa come *encomium* di Cristo. Brucker[129] invece sottolinea il fatto che non è possibile individuare l'oggetto della lode negli atti, come avviene nell'*encomium*, bensì nell'atteggiamento di Cristo. Così egli afferma che la designazione più appropriata è quella di ἔπαινος, una composizione utilizzata da diversi autori classici, e di lunghezza più breve dell'*encomium*, a differenza del quale esalta soprattutto la grandezza della virtù di una persona e non i suoi atti. Ad un'attenta analisi, entrambe le soluzioni proposte appaiono possibili. Infatti i tre verbi principali dei vv. 6-8 (ἡγέομαι; κενόω; ταπεινόω) possono essere interpretati come descrittivi di tre azioni di Cristo, oppure di un unico atteggiamento di autoabbassamento a lui proprio. Inoltre si potrebbe ritrovare nel testo il *topos* del γένος quando si tratta della μορφή divina di Cristo (v. 6) e l'elemento del confronto nella descrizione della sua superiorità rispetto a tutti gli esseri creati (vv. 9-10): due aspetti, questi, specifici dell'*encomium*. D'altra parte, i vv. 9-11 sono difficilmente inquadrabili nello schema proprio delle due forme succitate, in quanto riferiscono di una lode e di un'esaltazione già operata da Dio stesso.

Dal punto di vista del genere letterario, non è dunque possibile attribuire al brano una precisa designazione, cosicché noi ci riferiremo a Fil 2,6-11 in modo generico, come all'elogio di Cristo. In ogni caso anche la qualifica di esempio mantiene la sua logica. Infatti Fabris[130] ricorda che in prospettiva retorica il testo è generalmente considerato un'esemplificazione positiva nell'ambito dell'argomentazione paolina. Su questo ultimo aspetto dovremo ritornare più diffusamente in seguito. Al momento basti stabilire che il brano appartiene al genere epidittico, trattandosi di un elogio di Cristo, e che si propone di leggerlo in chiave esemplare. Entrambe le caratteristiche richiamano il testo di Fil 3,4b-14, il quale è designato come un elogio di sé (περιαυτολογία) e viene a costituire un esempio da imitare.

Lo studio è da proseguire con un'analisi sintetica di 2,6-11. Il brano cristologico può essere agevolmente ripartito in due porzioni testuali:

---

[127] Cf. ad es. FEE, *Philippians*, 40-43.

[128] BERGER, *Formgeschichte*, 344-346. Sullo stesso piano si muovono anche C. BASEVI – J. CHAPA, "Philippians 2.6-11. The Rhetorical Function of a Pauline 'Hymn'", *Rhetoric and the New Testament* (eds. PORTER – OLBRICHT) 338-356.

[129] BRUCKER, „*Christushymnen*", 319.

[130] FABRIS, "Filippesi", 101.

vv. 6-8 e vv. 9-11. Infatti al v. 9 con διό si determina una divisione significativa tra le due unità: nella prima prevale come soggetto Cristo, nella seconda Dio e il creato. Al movimento di abbassamento iniziale, al quale Cristo partecipa in maniera attiva, corrisponde quello d'innalzamento finale, operato da Dio e sancito dalla lode della creazione, in altre parole alla κένωσις segue la κυριότης.

Nella prima unità (vv. 6-8), l'asindeto alla fine del v. 7a dà luogo a due sottounità: vv. 6-7a e vv. 7b-8. All'inizio si va dall'uguaglianza con Dio alla condizione di schiavo (vv. 6-7a), poi dall'identificazione con l'uomo sino all'umiliazione di se stesso morendo sulla croce (vv. 7b-8). Il testo comincia al v. 6 con un'azione negativa: ὃς ἐν μορφῇ θεοῦ ὑπάρχων οὐχ ἁρπαγμὸν ἡγήσατο τὸ εἶναι ἴσα θεῷ. Con questa espressione si indica la scelta di Cristo di non considerare a proprio vantaggio la sua condizione di uguaglianza con Dio[131]. Non sfruttando la sua superiorità, Cristo ha spogliato (κενόω) se stesso, così da assumere la condizione del δοῦλος, di colui che è senza *status* ed occupa l'ultimo posto tra gli uomini (v. 7a)[132]. In questo modo si esprime la sua misteriosa e paradossale κένωσις, frutto di una libera decisione. Secondo Heriban[133], la sottounità dei vv. 6-7a definisce complessivamente la totale autorinuncia di Cristo, durante la sua esistenza terrena, allo *status* divino per assumere quello di servo, privo di ogni dignità, potere ed autorità. Nel v. 7b, all'essere uguale a Dio è contrapposta la concreta e visibile umanità di Cristo: il testo sembra quindi insistere sul fatto che egli non fu in niente diverso dagli altri uomini[134]. Poi l'abbandono dello *status* divino e la piena condivisione della condizione umana lo conducono ad abbassare (ταπεινόω) se stesso, rendendosi obbediente sino alla morte e a quella di croce[135], la fine più ignominiosa (v. 8). E tutto questo è ancora conseguenza di una libera scelta di Cristo. Heriban[136] riassume il senso della sottounità formata dai vv. 7b-8, affermando che

---

[131] Due sono i termini la cui interpretazione è più dibattuta: μορφή e ἁρπαγμός. Per il primo si veda J. HERIBAN, *Retto φρονεῖν e κένωσις*. Studio esegetico su Fil 2,1-5.6-11 (BSRel 51; Roma 1983) 234-247, per il secondo R.W. HOOVER, "The Harpagmos Enigma. A Philological Solution", *HTR* 64 (1971) 95-119.

[132] Cf. FEE, *Philippians*, 212-213.

[133] HERIBAN, *Retto φρονεῖν*, 319.

[134] Cf. FABRIS, "Filippesi", 132-134, per l'interpretazione dei due difficili vocaboli ὁμοίωμα e σχῆμα.

[135] Cf. O'BRIEN, *Philippians*, 230-232, per la considerazione dell'espressione θανάτου δὲ σταυροῦ come originaria del testo.

[136] HERIBAN, *Retto φρονεῖν*, 320.

l'autoumiliazione di Cristo raggiunge la sua più paradossale manifestazione nell'obbedienza sino alla morte di croce, in piena contrapposizione con ogni gloria ed esaltazione umana. Così i vv. 6-8 ci mostrano nel
complesso l'atteggiamento *kenotico* di Cristo, che, nella sua duplice relazione con Dio e con gli uomini, percorre un itinerario di abbassamento dallo *status* divino a quello di schiavo, fino alla morte di croce.

La seconda unità (vv. 9-11), la quale si apre con διό che può esprimere conseguenza o causa, è da dividere a sua volta in due sottounità:
v. 9 e vv. 10-11. Questa ripartizione è motivata dall'utilizzo di ἵνα che
introduce il v. 10: Dio ha esaltato Cristo al di sopra di tutto e gli ha dato
il nome superiore ad ogni altro (v. 9), affinché tutti gli esseri del creato
lo adorino e confessino che Gesù Cristo è il Signore (vv. 10-11).
All'inizio il v. 9 esprime la reazione divina all'abbassamento volontario
di Cristo (ταπεινόω, v. 8): Dio lo ha innalzato (ὑπερυψόω) e gli ha donato il nome al di sopra (ὑπέρ) di tutto. Come giustamente afferma Fabris[137], questo nome non può che essere il titolo di Signore, rivelato solo nel v. 11. Al v. 10 il genitivo possessivo Ἰησοῦ vuol sottolineare che
proprio quel Gesù, l'uomo abbassatosi sino alla croce, è colui che viene
innalzato da Dio. L'esaltazione di Cristo da parte di Dio ha come prima
conseguenza la venerazione da parte di tutti gli esseri creati[138], i quali
riconoscono così l'autorità concessa a Gesù (v. 10). La seconda conseguenza, quella della confessione (ἐξομολογέω[139]) di tutta la creazione
che Gesù è Signore a gloria di Dio Padre, conduce il testo al suo *climax*
(v. 11). Il titolo κύριος, dato a Gesù, si trova in posizione enfatica,
chiaramente contrapposto a quello di δοῦλος, attribuitogli nella prima
parte del brano (v. 7), e descrive il nuovo *status* di lui (τὸ ὄνομα). L'e-
saltazione di Gesù Cristo è εἰς δόξαν θεοῦ πατρός: l'espressione è da
considerare logicamente legata con ciò che nel testo immediatamente
precede (ὅτι κύριος Ἰησοῦς Χριστός). Così, come sostiene Barbaglio[140], da una parte il trionfo di Cristo sfocia nella glorificazione di
Dio, non essendoci alcuna competizione tra i due, ed, inoltre, essi mani-
festano il loro rapporto reciproco di paternità e figliolanza. Attraverso
l'allusione a Is 45,23 [LXX], i vv. 10-11 applicano, quindi, a Cristo l'a-
dorazione e la signoria universale (πᾶς [3x]) dovute unicamente a Dio.

---

[137] FABRIS, "Filippesi", 138.

[138] Cf. O'BRIEN, *Philippians*, 243-245, per una chiarificazione sul significato
della triade composta da questi esseri.

[139] Cf. O'BRIEN, *Philippians*, 246-248, per l'interpretazione di questo vocabolo.

[140] BARBAGLIO, "Filippi", 362.

Nel complesso questa seconda unità (vv. 9-11) descrive l'azione di Dio che esalta, donandogli la suprema κυριότης, Cristo, il quale per propria scelta si era abbassato.

Nell'evidenziare la progressione e il contrasto tra le due unità risiede la possibilità di cogliere il significato di Fil 2,6-11. L'itinerario in due tappe crea un'antitesi tra la dinamica d'abbassamento e quella d'innalzamento, tra lo *status* di schiavo e quello di Signore. Come ben sottolinea Heriban[141], l'idea di *status* è la falsariga sulla quale si sviluppa il testo, infatti quello particolare di Cristo è il tema portante sia della prima (dall'uguaglianza con Dio alla condizione di schiavo) sia della seconda (la signoria suprema ed universale). Alla fine emerge il paradosso sotteso a questo passaggio: Cristo viene esaltato da Dio, ricevendo la suprema dignità di κύριος, ed è da riconoscere in quanto tale, proprio perché non ha voluto trarre vantaggio dal suo *status* divino, ma ha abbassato se stesso, come uno schiavo, sino alla morte di croce. L'elogio di Fil 2,6-11 si rivela dunque come un elogio paradossale che celebra quanto di più lontano potrebbe esserci dall'oggetto della lode umana[142] e, al contrario, mostra il vero vanto cristiano, pienamente conforme all'agire di Dio che esalta chi si umilia.

Sono sostanzialmente due le proposte di lettura globale del testo, basate su due diverse interpretazioni di Fil 2,5, versetto che funge da introduzione a 2,6-11: quella cherigmatico-soteriologica e quella etico-esemplare[143]. I sostenitori della prima posizione, a partire da Käsemann[144], riconoscono la necessità di inserire un verbo dopo ὅ καί del v. 5, proponendo di aggiungere φρονεῖτε o φρονεῖν δεῖ, leggono ἐν Χριστῷ Ἰησοῦ in chiave ecclesiale (per loro è il senso tipico dell'espressione in Paolo), cioè riferita all'unione della comunità dei credenti con Cristo, ed infine sostengono che i vv. 9-11 non hanno alcuna rilevanza etica perché l'innalzamento del Cristo e la sua signoria non possono essere oggetto dell'imitazione del cristiano[145]. Käsemann[146] af-

---

[141] HERIBAN, *Retto φρονεῖν*, 369-370.

[142] HELLERMAN, *Honor*, 128, parla per i vv. 6-8, a fronte del *cursus honorum* romano, di *cursus pudorum*.

[143] Cf. FABRIS, "Filippesi", 125 n. 50, per un elenco dei sostenitori dei due schieramenti.

[144] E. KÄSEMANN, "Kritische Analyse von Phil 2,5-11", *ZTK* 47 (1950) 313-360.

[145] Su questo insiste soprattutto R.P. MARTIN, *A Hymn of Christ*. Philippians 2:5-11 in Recent Interpretation and in the Setting of Early Christian Worship (Downers Grove, IL 1967; ³1997) 288-289.

[146] KÄSEMANN, "Kritische Analyse", 345.

ferma poi, in maniera lapidaria: «Christus ist Urbild, nicht Vorbild», negando il valore esemplare del testo e considerando quest'ultimo unicamente come la descrizione di un evento salvifico. L'altra posizione costituisce l'interpretazione tradizionale, i fautori della quale di solito inseriscono nel testo del v. 5 il verbo ἦν e leggono in riferimento a Cristo, in quanto persona individuale, l'espressione ἐν Χριστῷ Ἰησοῦ. Heriban[147], sostenitore di questa seconda ipotesi, mostra anzitutto i numerosi nessi terminologici e al livello delle idee tra 2,6-11 e le esortazioni che lo preparano (vv. 1-4) e lo riprendono (vv. 12-16), cosicché il testo cristologico è da lui interpretato in senso etico-parenetico e Cristo diviene un esempio da imitare, in conformità ad altri passi paolini (ad es. Rm 15,3-7; 1 Cor 11,1). L'autore[148] analizza poi il v. 5, notando in esso una funzione di collegamento tra la parenesi e il brano dei vv. 6-11, e trovando nella struttura parallela delle due frasi che lo compongono un significato parallelo: «coltivate in voi (o tra voi) lo stesso modo di sentire che fu anche in Cristo Gesù». Così l'esortazione dei vv. 1-4 si riassumerebbe nell'invito, fatto ai Filippesi, a possedere il retto φρονεῖν, cioè quello emblematico di Cristo stesso, delineato nei vv. 6-11, i quali, a loro volta, acquisterebbero una funzione etico-paradigmatica, a motivazione delle esortazioni. Infine Heriban[149] fa riferimento all'unico φρονεῖν kenotico di Cristo, il quale risalta sia nei vv. 6-8, riguardo ai privilegi e vantaggi provenienti dal proprio *status*, sia nei vv. 9-11, in cui la signoria di Cristo ridonda, alla fine, a gloria di Dio Padre; di conseguenza il brano nella sua interezza costituirebbe un esempio presentato all'imitazione dei credenti.

La posizione di Heriban risulta ben fondata e giustificata, in base al forte legame di Fil 2,6-11 con il contesto esortativo, cosicché il testo assume, nella sua attuale collocazione[150], un valore etico-paradigmatico. Inoltre l'interpretazione del v. 5, che è definito opportunamente un ponte tra la parenesi e il brano cristologico, trova un valido parallelo paolino nella formulazione τὸ αὐτὸ φρονεῖν ἐν ἀλλήλοις κατὰ Χριστὸν Ἰησοῦν di Rm 15,5. Al contrario, l'inserimento di una qualche forma di φρονέω, nel contesto della lettura in senso ecclesiale di ἐν Χριστῷ Ἰησοῦ, proposta dalla tendenza cherigmatico-soteriologica,

---

[147] HERIBAN, *Retto φρονεῖν*, 80-84.

[148] HERIBAN, *Retto φρονεῖν*, 84-98; 206-209.

[149] HERIBAN, *Retto φρονεῖν*, 374-375.

[150] Cf. ad es. BRUCKER, „*Christushymnen*", 310-314, per la questione sull'origine paolina o meno. In ogni caso nessuno dubita del fatto che il brano di 2,6-11 sia stato inserito nella lettera sin dall'inizio.

creerebbe un'inutile tautologia tra le due parti del v. 5. Per quanto riguarda l'idea d'imitazione, la Brant[151] afferma che la pericope presenta l'originale ordine della μίμησις paolina, la quale si basa su un capovolgimento del potere (l'umile viene esaltato), ed inoltre mostra il principio etico dell'autorinuncia, che deve essere portato ad espressione attraverso la μίμησις. L'imitazione di Cristo, come sottolineato da Heriban, si esplicita bene nell'invito ad assumere tutti lo stesso φρονεῖν di lui, in particolare al livello dell'umiltà (richiamo tra ταπεινοφροσύνη del v. 3 e ἐταπείνωσεν del v. 8) e dell'obbedienza (legame tra ὑπήκοος del v. 8 e ὑπηκούσατε del v. 12). Se la lettura nella prospettiva dell'imitazione appare valida, tuttavia rimane, secondo noi, il problema causato dai vv. 9-11. La spiegazione di Heriban, in base alla quale, in questi versetti l'atteggiamento di Cristo continuerebbe ad essere quello *kenotico*, e quindi imitabile, dal momento che la sua lode è riferita alla gloria del Padre, risulta abbastanza forzata. Hurtado[152], da parte sua, sostiene che i vv. 9-11 mostrano come l'azione di autoumiliazione e obbedienza (vv. 6-8), di colui che è ora κύριος, non abbia semplicemente un significato esemplare, ma anche autoritativo; gli ascoltatori sono chiamati così ad obbedire a colui che è stato obbediente (v. 12). L'autore parla di *conformitas* invece che di *imitatio*, in quanto il percorso di Cristo in 2,6-11 è a fondamento dell'esistenza cristiana e in esso i credenti sono chiamati a vedere non solo la base della loro obbedienza ma anche la direzione e la speranza del loro cammino. Così il Cristo glorioso, il quale ha ricevuto il riconoscimento del suo agire nell'essere stato innalzato da Dio, non sarebbe semplicemente un esempio umano, ma un *Lordly example*, a vantaggio degli ascoltatori che ora lo acclamano. Secondo noi la posizione di Hurtado rende meglio ragione del senso dei vv. 9-11 ed inoltre permette in qualche modo di recuperare la prospettiva soteriologica, certamente da non escludere nella lettura di un testo che presenta tutto il mistero pasquale. Il fatto poi che quello di Cristo non sia un esempio sullo stesso piano di altri sarà confermato dall'accostamento del testo di 2,6-11 con alcuni brani della lettera, nei quali si ripropongono alcuni aspetti qui evidenziati.

Questa analisi globale del brano di Fil 2,6-11 costituisce dunque il necessario punto di partenza per approfondire il confronto dell'esempio

---

[151] BRANT, "The Place of *mimēsis*", 296.

[152] L.W. HURTADO, "Jesus as Lordly Example in Philippians 2:5-11", *From Jesus to Paul*. Studies in Honour of Francis Wright Beare (eds. P. RICHARDSON – J.C. HURD) (Waterloo 1984) 125-126.

di Cristo con quello di Paolo e, più oltre, per intravedere anche il ruolo svolto dal testo stesso all'interno della lettera.

3.2.2 Confronto tra Fil 2,6-11 e 3,4b-14

Il confronto tra i due brani che rappresentano l'esempio di Cristo (2,6-11) e quello di Paolo (3,4b-14) sarà condotto anzitutto a partire dagli elementi comuni, ci soffermeremo poi sulle differenze, per concludere delineando il rapporto che intercorre tra i due testi e le due figure paradigmatiche da essi presentate.

Abbiamo già visto a livello della composizione come, in entrambi i casi, l'esempio costituisce la motivazione delle esortazioni che lo contornano. Inoltre dal punto di vista retorico ci troviamo all'interno dello stesso genere epidittico: all'elogio di Cristo corrisponde l'autoelogio di Paolo e ciascuno dei due assume carattere paradossale, in quanto basato su ciò che di norma è svalutato e disprezzato. I richiami terminologici invitano poi ad approfondire il confronto, verificando se essi costituiscano solo dei paralleli verbali o rappresentino corrispondenze anche a livello delle idee. Anzitutto il verbo ἡγέομαι in 2,6 indica l'atteggiamento di Cristo che non considerò come proprio vantaggio il suo *status* divino. Quasi allo stesso modo (con la triplice ripetizione di ἡγέομαι), Paolo ha giudicato la propria identità giudaica, con i privilegi ad essa legati, una perdita (3,7), anzi ha ritenuto che tutto fosse da perdere di fronte alla prospettiva di guadagnare Cristo (3,8). Possiamo dunque evidenziare nei due contesti una stessa valutazione del proprio *status*, considerato una realtà dalla quale non trarre vantaggio, ma di cui, in qualche modo, spogliarsi, pur non rinnegandola (Cristo rimane Dio, Paolo resta ebreo), per assumere un'altra condizione. Così Cristo da quella divina prende la forma (μορφή [2x]) di servo (2,6-7), mentre Paolo è conformato (συμμορφιζόμενος) alla morte di Cristo stesso (3,10). Il medesimo verbo εὑρίσκω designa poi, in entrambi i casi, le conseguenze derivanti dalla nuova condizione assunta: Cristo è *trovato* come uomo anche nella sua apparenza esterna (2,7) e l'Apostolo si *trova* in Cristo con la giustizia che deriva dalla fede (3,9). Inoltre sia per Cristo che per Paolo si fa riferimento all'esperienza della morte: è quella della croce (θάνατος [2x] σταυροῦ, 2,8) alla quale l'Apostolo partecipa (θάνατος αὐτοῦ, 3,10). Infine sia l'esempio di Cristo sia quello di Paolo risultano paradigmatici riguardo al retto φρονεῖν che i cristiani sono chiamati ad assumere (τοῦτο φρονεῖτε, 2,5; τοῦτο φρονῶμεν, 3,15). Gli ultimi due paralleli terminologici (γενόμενος, 2,7.8; 3,6; (επ)οὐραν-,

2,10; 3,20) non appaiono particolarmente significativi. In generale in entrambi i brani possiamo vedere un movimento di abbassamento-innalzamento o di morte-risurrezione.

Accanto alle numerose somiglianze, appaiono però anche le differenze. Se l'abbassamento di Cristo è dovuto unicamente alla sua libera decisione, descritta con verbi all'attivo (ἡγήσατο; ἐκένωσεν; ἐταπείνωσεν, 2,6-8), lo spogliamento di Paolo è causato anche, se non principalmente, dall'azione divina, espressa con verbi al passivo (ἐζημιώθην; εὑρεθῶ; συμμορφιζόμενος; κατελήμφθην, 3,8-10.12). La risurrezione di Cristo è già attuata e corrisponde alla sua esaltazione e signoria universale (2,9-11), mentre per Paolo è soltanto oggetto di attesa e di speranza (3,11-14). Anche rispetto alla tematica dell'imitazione possiamo sottolineare una differenza, in quanto nel caso dell'Apostolo si invitano direttamente gli ascoltatori ad imitarlo in maniera globale (3,17), mentre nel caso di Cristo si chiede di aver il suo stesso φρονεῖν (2,5), come se l'imitazione di quest'ultimo si ponesse su un altro piano e avesse bisogno di una mediazione. Bolay[153] ben riassume le differenze, affermando che il modello cristologico mostra ciò verso cui il credente cammina, mentre quello paolino il come, il qui e l'ora della sua esistenza, o, in altri termini, la figura di Cristo rappresenta il compimento, mentre quella di Paolo incompiutezza e imperfezione.

Dal confronto si evidenzia che il rapporto tra i due modelli è allo stesso tempo di continuità e di discontinuità. Entrambi rappresentano due esempi offerti all'imitazione degli ascoltatori, due elogi paradossali che segnano un rivolgimento dei valori mondani e delle convenzioni retoriche: ciò che è abbassato e disprezzato viene elevato e magnificato da Dio. Come nota Aletti[154], nei due brani si configura uno stesso itinerario di morte e risurrezione, di spogliamento e innalzamento: l'avvenimento salvifico paradossale (quello della croce) determina anche la situazione paradossale del credente. Così Paolo mostra nella sua vicenda personale i tratti della storia di Cristo, il suo stesso atteggiamento e mentalità, percorrendo un cammino di conformità a lui, secondo la dinamica di morte e risurrezione. L'itinerario dell'Apostolo, però, è segnato dall'imperfezione e dall'incompiutezza (3,12-14), anche se, proprio grazie a questi limiti, può proporsi all'imitazione degli ascoltatori, i quali sono invitati a seguire l'impegno del loro maestro verso la per-

---

[153] B. BOLAY, "Jalons pour une anthropologie paulinienne. La lettre aux Philippiens", *Hok* 80 (2002) 44.

[154] ALETTI, "Paul et la rhétorique", 48.

fezione cristiana[155]. L'esempio di Cristo si pone quindi su un piano diverso in quanto egli è modello perfetto, non in divenire ma pienamente compiuto, fondamento del modello stesso costituito da Paolo. Infatti Gesù Cristo, del quale tutta la creazione proclama la signoria universale (2,10), è anche colui che l'Apostolo riconosce come «mio Signore» (3,8). La sua morte e risurrezione sono l'evento fondante dell'esistenza del cristiano e allo stesso tempo l'itinerario da seguire e riprodurre. In questo senso la distinzione tra *Urbild* e *Vorbild*, se correttamente intesa, può aiutarci a cogliere la somiglianza e la differenza tra il modello cristologico e quello paolino. Bittasi[156], a tal proposito, afferma che Gesù Cristo è presentato come *exemplum* prototipico[157], cioè non come chi compie azioni da ripetere, ma come colui che mostra, in quanto parametro di riferimento, il φρονεῖν che deve caratterizzare ogni cristiano. Questo ruolo paradigmatico del brano di 2,6-11 sarà ulteriormente confermato nella nostra analisi successiva, all'interno di una lettura della pericope nel contesto di tutta la lettera.

Dall'altra parte, Paolo, come afferma Engberg-Pedersen[158], riproduce Cristo per i Filippesi, in quanto lui stesso è modellato su Cristo e ricopre il ruolo di modello per gli ascoltatori. In fondo egli si offre come esempio da imitare in quanto è il fondatore della comunità, l'Apostolo che può mettere in gioco tutto il suo *ethos* di fronte a coloro ai quali ha annunciato il Vangelo di Cristo. Paolo, donandosi come esempio per i Filippesi, vuole, in un certo senso, dimostrare che non è impossibile vivere *a misura* di Cristo, lasciando che Dio agisca nella propria vita di cristiano, affinché essa sia conforme a quella di Cristo e ne riproduca l'itinerario di morte e risurrezione. Non è dunque il proposito di incentivare un'obbedienza gerarchica alla sua autorità[159] o quella di accreditare se stesso agli occhi degli ascoltatori[160] che spinge l'Apostolo a proporre il suo itinerario, modellato su quello del suo Signore, ma il desiderio di fornire ai nuovi cristiani un esempio concreto di *vita in Cristo*.

La riproposta di questo paradigma cristologico, proprio di 2,6-11, riguarda poi, all'interno di Fil, altri brani, che ora dovremo attentamen-

---

[155] Cf. p. 114.

[156] BITTASI, *Gli esempi*, 213.

[157] Se ci basiamo sulla classificazione di FIORE, *Example*, 91, questo *exemplum* potrebbe rientrare nel secondo tipo.

[158] ENGBERG-PEDERSEN, *Paul*, 91.

[159] Cf. CASTELLI, *Imitating Paul*, 96.

[160] Cf. BLOOMQUISt, *Philippians*, 193-194.

te valutare per comprendere il ruolo che l'esempio di Cristo assume al-
l'interno della lettera.

3.2.3 Fil 2,6-11 all'interno della lettera

Lo stretto rapporto che lega l'esempio di Cristo a quello di Paolo
non è di natura esclusiva. Infatti il testo di 2,6-11 presenta anche diversi
richiami al resto della lettera, i quali conducono a pensare ad un preciso
ruolo rivestito dal brano cristologico in Fil. Il tentativo di comprendere
questa funzione ci fornirà indicazioni utili per l'interpretazione contestuale di 3,1 – 4,1.

Dall'osservazione dei legami terminologici emerge prima di tutto,
la contiguità tra 2,6-11 e 3,18-21, versetti che costituiscono la duplice e
antitetica motivazione dell'invito ad imitare Paolo di 3,17. Da una parte
si trovano i nemici della croce (σταυρός), che hanno la mente intenta
(φρονέω) solo alle cose terrestri (ἐπίγειος) (vv. 18-19), mentre dall'altro
lato stanno i credenti (vv. 20-21). A tal proposito Williams[161] afferma,
opportunamente, che, mentre Paolo mostra come il suo esempio segua
il modello della croce, esemplificato nel testo cristologico, nello stesso
tempo, giudica negativamente i suoi avversari (vv. 2.18-19), con il ricorso alla terminologia della croce («i nemici della croce»). Il destino
degli avversari è posto in contrapposizione a quello dei credenti, il quale è descritto con un testo dallo stesso linguaggio elevato, dallo stesso
stile encomiastico di 2,6-11 e staccato dal contesto attraverso il relativo
ὅς, riferito a Cristo come in 2,6. In particolare le somiglianze tra 2,6-11
e 3,20-21 sono ancora più profonde di quelle che appaiono al livello
formale. Cristo si trova (ὑπάρχων) nella condizione di Dio (2,6), così
come ciò che governa la vita del credenti è posto (ὑπάρχει) nei cieli, dai
quali il Cristo stesso verrà (3,20). Gesù Cristo è riconosciuto come Signore (κύριος Ἰησοῦς Χριστός, 2,11; 3,20) che esercita la sua signoria
universale (2,10; 3,21). Ma la sua azione mostra piena efficacia soprattutto riguardo al destino dei cristiani: lui che ha abbracciato la condizione (μορφή) di schiavo, per mezzo della sua visibilità (σχῆμα) di uomo, e si è abbassato (ταπεινόω) fino in fondo (2,7-8), trasfigurerà
(μετασχηματίζω) il nostro corpo di miseria (ταπείνωσις) per renderlo
conforme (σύμμορφος) al suo corpo di gloria (δόξα) (3,21), egli che è
innalzato a gloria (δόξα) di Dio (2,11). Come sottolinea bene la Dupont-

---

[161] WILLIAMS, *Enemies*, 222.

Roc[162], in Fil 3 Cristo è, per Paolo e per i credenti, il modello (a motivo della sua umiliazione ed esaltazione), l'origine (in quanto si è catturati da lui, v. 12) e il termine finale che si attende (v. 20); nei vv. 20-21 l'Apostolo fa entrare i Filippesi nello schema trasformante del testo di 2,6-11, così il passato di Cristo pervade ed eleva il presente dei cristiani di Filippi per condurli sino a lui. Noi riteniamo anche che Paolo stesso trovi in 3,20-21 il culmine del suo cammino. Ciò che in 3,4b-14 è soltanto intravisto, la risurrezione finale, viene qui mostrato come il destino comune di tutti i cristiani. Lo schema di abbassamento-innalzamento di 2,6-11 si adatta dunque meglio a tutto il testo di 3,1 – 4,1 che al solo esempio dell'Apostolo. In particolare, se nei vv. 20-21 viene applicato ai cristiani il significato del brano cristologico, significa che essi sono chiamati a riprodurre, come abbiamo già detto di Paolo, lo stesso itinerario paradossale di Cristo[163]. Come abbiamo notato, questo percorso, all'interno del testo di 3,1 – 4,1, è segnato anche dalla prospettiva retorica, attraverso la quale l'autoelogio di Paolo assume carattere paradossale sino a divenire, insieme a quello di tutti i credenti, l'elogio di Cristo (vv. 20-21). Esso è determinato, poi, dal paradosso della croce, che traspare in controluce grazie al richiamo con 2,6-11. Così, ancora una volta, al rovesciamento dei valori corrisponde un rovesciamento della retorica.

Un altro brano, che presenta legami con 2,6-11, è quello relativo alle notizie autobiografiche di Paolo e riguardante Timoteo ed Epafrodito (2,19-30). I due collaboratori dell'Apostolo sono presentati con delle caratteristiche che richiamano l'esempio stesso di Cristo. Infatti Timoteo ha servito (δουλεύω, 2,22) Paolo a vantaggio del Vangelo, cosicché, tutti e due, come detto in precedenza, sono servi di Gesù Cristo (δοῦλοι, 1,1), colui che ha assunto la condizione di schiavo (δοῦλος, 2,7). D'altra parte Epafrodito, durante una malattia, ha rasentato la morte (παραπλήσιον θανάτῳ, 2,27), e per compiere l'opera di Cristo è arrivato sino ad esporsi ad essa (μέχρι θανάτου ἤγγισεν, 2,30), richiamando in

---

[162] R. DUPONT-ROC, "De l'hymne christologique à une vie de koinonía. Étude sur la lettre aux Philippiens", *EstB* 49 (1991) 464.

[163] Cf. M.D. HOOKER, *From Adam to Christ*. Essays on Paul (Cambridge – New York – Port Chester – Sydney 1990) 100: «It is because this paradox, the absurdity of the form of God being demonstrated in the form of a slave, that Christians can become like Christ; it is because God's glory is demonstrated in shame and weakness (as Paul puts it elsewhere) that at one and the same time Paul can tell the Philippians to be like Christ in his action of ταπείνωσις and promise them that Christ will transform their bodies of ταπείνωσις to be like his own glorious body».

questo modo l'esempio di colui che è stato obbediente sino alla morte e a quella di croce (θανάτου θανάτου δὲ σταυροῦ, 2,8). Così per Bittasi[164] Timoteo ed Epafrodito costituiscono due esempi di vita secondo il φρονεῖν di Gesù Cristo, i quali si trovano anche al centro della lettera, mentre, secondo Hawthorne[165], essi rappresentano due illustrazioni dell'imitazione di Cristo. Entrambi gli autori ritrovano quindi nel brano di 2,19-30 due esempi, sullo stesso piano di quelli di Paolo e di Cristo. Sia sul piano formale, sia su quello contenutistico ci sembra una posizione non corretta, poiché il testo di 2,19-30 non può essere visto come un *exemplum*, ma è piuttosto costituito da notizie, inoltre il soggetto-protagonista rimane sempre Paolo ed, infine, i legami con il brano cristologico sono, da un punto di vista terminologico, soltanto due. Più adatta appare la proposta di Kurz[166], che sottolinea come Timoteo ed Epafrodito servano da transizione tra l'esempio di Cristo e quello di Paolo, continuando il primo e preparando il secondo; questi due esempi avrebbero una posizione dominante nel contesto delle due grandi sezioni esortative (1,21 – 2,18; 3,1 – 4,9) e nel tessuto di tutta la lettera. Che il brano riguardante Timoteo ed Epafrodito non costituisca un esempio in senso stretto è ulteriormente chiarito dall'esortazione di 2,29: attraverso questa Paolo non chiede ai Filippesi di imitare Epafrodito, bensì di accoglierlo, e di tenere poi in grande considerazione le persone come lui. Possiamo però aggiungere che questi due collaboratori dell'Apostolo fanno probabilmente parte del gruppo apostolico il quale, secondo il testo di 3,17, costituisce un modello (τύπος) al quale riferirsi.

A proposito dei significativi legami terminologici e contenutistici che il testo di 2,6-11 presenta in rapporto a 3,1 – 4,1 e 2,19-30, Williams[167], sulla scia di altri autori[168], designa il testo cristologico come *governing metaphor*, la metafora, legata alla terminologia della croce, che serve a giudicare il comportamento delle persone, distinguendo coloro che vivono in maniera degna del Vangelo (1,27) da coloro che so-

[164] BITTASI, *Gli esempi*, 195.

[165] G.F. HAWTHORNE, "The Imitation of Christ. Discipleship in Philippians", *Patterns of Discipleship in the New Testament* (ed. R.N. LONGENECKER) (Grand Rapids, MI – Cambridge, UK 1996) 174-175.

[166] W.S. KURZ, "Kenotic Imitation of Paul and Christ in Philippians 2 and 3", *Discipleship in the New Testament* (ed. F.F. SEGOVIA) (Philadelphia, PA 1984) 113, 117.

[167] WILLIAMS, *Enemies*, 145-148.

[168] Ad es. P. PERKINS, "Philippians. Theology for the Heavenly Politeuma", *Pauline Theology* (ed. J.M. BASSLER) 89-104.

no nemici della croce (3,18). L'autore[169] sottolinea come la metafora della croce assuma una funzione retorica soprattutto nel contesto del c. 3: essa serve a confermare il messaggio e la missione di Paolo (legati alla κένωσις di Cristo), a incoraggiare la μίμησις di modelli conformi alla vera mentalità cristiana, a rafforzare l'identità del gruppo e la speranza nell'approdo escatologico, separando gli avversari dalla comunità. Se da un lato il concetto di metafora, che viene utilizzato, appare poco appropriato (visto che si tratta della concreta vicenda di Cristo)[170], dall'altro l'idea del ruolo di *governo* di 2,6-11 rispetto agli altri brani, attraverso l'uso di una terminologia e teologia della croce, ci sembra valida e rispondente al testo della lettera. Tuttavia, per delineare ancor più chiaramente questo quadro, crediamo opportuno riferirci anche ad un altro testo, non considerato da Williams.

Il ringraziamento finale di 4,10-20 ha diversi punti in comune con il brano di 2,6-11, malgrado sia di tenore diverso, poiché non costituisce né un *encomium* né un *exemplum*. All'inizio del testo (v. 10) viene ripetuto due volte il verbo φρονέω, riguardo il «sentire» dei Filippesi nei confronti di Paolo, un'attitudine che, come mostra il contesto (vv. 14-16), si esprime nella condivisione e nel dono a favore dell'Apostolo. Un atteggiamento, quello dei cristiani di Filippi, che richiama il «sentire» di Cristo (2,5) nel suo movimento *kenotico* (2,6-8). Allo stesso modo Paolo riproduce l'umiliarsi (ἐταπείνωσεν, 2,8) di Cristo nel suo essere privo di beni (ταπεινοῦσθαι, 4,12). Inoltre, secondo quanto sottolinea Fabris[171], in 4,12 il gioco delle antitesi esprime il paradosso cristiano nel suo insieme, ispirato alla logica dell'abbassamento e innalzamento di Cristo. Nel finale del testo il cammino di Paolo e dei Filippesi si risolve in Cristo a gloria Dio Padre (ἐν δόξῃ ἐν Χριστῷ Ἰησοῦ τῷ δὲ θεῷ καὶ πατρὶ ἡμῶν ἡ δόξα, 4,19-20), così come nel contesto del brano cristologico, la signoria di Cristo sfocia nella glorificazione di Dio Padre (εἰς δόξαν θεοῦ πατρός, 2,11). Nella pericope di 4,10-20 si palesa dunque, ancora una volta, come il cammino del credente (in questo caso di Paolo e dei Filippesi) è chiamato ad essere conforme a quello di Cristo, nella sua dinamica di abbassamento e innalzamento.

In conclusione, dalla nostra analisi emerge come il testo di 2,6-11 incida significativamente in Fil, riproponendo la sua stessa dinamica in

---

[169] WILLIAMS, *Enemies*, 234-248.
[170] Cf. la critica di BITTASI, *Gli esempi*, 213.
[171] FABRIS, "Filippesi", 260.

altri brani della lettera. In particolare i legami sono forti soprattutto con l'esempio di Paolo di 3,4b-14 e poi con 3,18-21. Questi ultimi versetti, dedicati alla contrapposizione tra avversari e credenti e congiunti ai precedenti (3,2-4a), alla fine si risolvono in un elogio di Cristo. Rapporti più deboli, rispetto agli altri, sono quelli che il testo cristologico intrattiene con 2,19-30 e con 4,10-20, dai quali traspaiono, rispettivamente, le figure di Timoteo ed Epafrodito e quelle dei Filippesi.

Da parte sua, Bloomquist[172] pensa di unire il cammino di tutti questi soggetti, protagonisti di Fil, attraverso la comune tematica della sofferenza: l'esempio di Cristo (2,6-11), in quanto ripresa del Servo Sofferente di matrice isaiana, si rifletterebbe nelle sofferenze di Paolo (1.5.7.20-26.29-30; 2,17; 3,10.21; 4,10-14), dei suoi collaboratori (2,19-30) e dei Filippesi (1,5.7.29-30; 4,15-16), mentre sarebbe contraddetto dagli avversari (3,18), i quali negano il valore di queste tribolazioni a vantaggio del Vangelo. La prospettiva di Bloomquist ci pare interessante, nella misura in cui cerca di unificare il percorso dei diversi soggetti presenti nella lettera a partire dal testo cristologico, ma riduttiva perché focalizza l'attenzione esclusivamente sul soffrire. Infatti, ad uno sguardo attento, il brano di 2,6-11 non fa alcun chiaro riferimento alle sofferenze di Cristo ed inoltre, secondo noi, i testi di Fil nei quali si accenna a questa tematica sono più ridotti di quelli presentati (1,29; 2,26-27; 3,10; 4,12-14). Riteniamo dunque che quello della sofferenza sia uno dei diversi temi che percorre la lettera[173], ma che non costituisca però il punto di riferimento per comprendere la funzione di 2,6-11 nel contesto.

A nostro avviso l'esempio di Cristo, nel suo itinerario di abbassamento ed esaltazione, è il modello per il cammino di Paolo e di ogni cristiano, mentre l'avversario della fede è colui che si distacca dalla strada così tracciata. Oltre che questa funzione esemplare, il paradigma cristologico ne ha anche una basilare, perché il percorso di Cristo costituisce l'origine e il fondamento della vita credente. Se questa è la prospettiva principale nella quale si inserisce il brano di 2,6-11, il quadro si amplia con il riferimento da una parte a Timoteo ed Epafrodito e dall'altra ai Filippesi. I primi, in quanto collaboratori dell'Apostolo, sono chiamati ad essere un'iniziale continuazione e concretizzazione del percorso sperimentato da Paolo (cf. 3,17). I secondi, in quanto credenti, sono invitati a vivere, rifuggendo l'antimodello degli avversari, la co-

---

[172] BLOOMQUIST, *Philippians*, 193-197.
[173] Cf. p. 219.

mune vocazione e speranza cristiana che impronta già l'oggi della fede
(cf. 3,20). Il linguaggio e la teologia della croce che, grazie all'utilizzo
del modello cristologico, segnano il testo della lettera, meritano un nostro successivo approfondimento, tenendo conto però di tutta la dinamica sviluppata in 2,6-11, la quale comprende anche la risurrezione di
Cristo, descritta attraverso la sua esaltazione.

Abbiamo così terminato l'approfondimento del brano di 2,6-11 e,
avendo ottenuto diversi elementi utili a comprendere la funzione e il significato di 3,1 – 4,1, ad esso strettamente legato, possiamo ritornare
allo studio di questo ultimo testo.

3.3   La funzione e il significato di Fil 3,1 – 4,1

La funzione e il significato che il brano di Fil 3,1 – 4,1 assume
all'interno del contesto della lettera, non sono stati ancora molto appro-
fonditi. Diversi autori, come visto, hanno fatto riferimento al carattere
esemplare dell'autopresentazione paolina, costituente la parte centrale,
ma pochi hanno analizzato attentamente il ruolo specifico del testo nel
suo insieme. Noi crediamo che la comprensione contestuale del brano
sia legata all'individuazione della funzione o scopo di esso all'interno
della lettera.

In passato, per quanto ci risulta, solo Köster[174] e Furnish[175] hanno
specificatamente trattato dello scopo del nostro testo. Il primo parla di
un'unica finalità polemica di quello che da lui è considerato frammento
paolino: ossia la contrapposizione con gli avversari. Su questa scia, pur
senza discutere esplicitamente l'obiettivo del brano, si è mossa la maggioranza di coloro che negano l'integrità di Fil. Il secondo autore afferma invece che Fil 3,1b-21 nel suo complesso costituisce un esteso
postscriptum alla lettera, che termina in 3,1a, il quale ripete le questioni
sulle quali Epafrodito e Timoteo discuteranno con i Filippesi; Paolo intenderebbe avvalorare, con la sua autorità apostolica, le loro parole.

Con l'avvento della prospettiva retorica è stata affrontata la questione riguardante la funzione del testo del c. 3 nell'insieme della lettera. I modelli epistolari si trovano in difficoltà di fronte a questa problematica, e sostanzialmente si limitano ad individuare una sua collocazione nel tessuto della lettera[176], anche se l'Alexander[177] propone per il

---

[174] KÖSTER, "The Purpose", 317-332.
[175] FURNISH, "Philippians III", 88.
[176] Cf. REED, *Philippians*, 289.
[177] ALEXANDER, "Letter-Forms", 99.

c. 3 la designazione di «sermon-at-a-distance», in sostituzione di ciò che Paolo avrebbe voluto direttamente esprimere di fronte ai Filippesi. Coloro che ricorrono alla retorica discorsiva sono divisi sull'individuazione del ruolo del nostro brano all'interno dell'argomentazione della lettera. Garland[178] vede in 3,1-21 una *digressio* tipica del discorso epidittico, all'interno della sezione 1,27 – 4,3, nella quale Paolo invita i Filippesi all'unità; il testo del c. 3 intenderebbe così influenzare l'uditorio prima dell'appello diretto ed emozionale di 4,2. Watson[179], dopo aver individuato la *propositio* della lettera nella *narratio* di 1,27-30, designa la sezione 2,1 – 3,21 come *probatio*, in particolare il brano di 3,1-21 sarebbe il terzo sviluppo della tesi, volto a dimostrare come una vita degna del Vangelo è segno di salvezza per i Filippesi e di rovina per gli avversari. Geoffrion[180] e Witherington[181], riprendendo con alcune varianti la *dispositio* proposta da Watson, sottolineano, per il c. 3, l'utilizzo retorico di esempi contrapposti; questo testo dipenderebbe dalla *propositio* di 1,27-30, la quale consiste per il primo autore in un'esortazione a restare saldi nell'identità cristiana, mentre per il secondo in un invito all'unità. Anche Black[182], unendo alla prospettiva dell'analisi del discorso quella retorica, giunge ad una *dispositio* simile a quella di Watson, caratterizzando però 3,1-21 come una *refutatio* contro le posizioni degli avversari giudaizzanti. Da parte sua, Bloomquist[183] si distacca da Watson, indicando in 1,15-18a una *partitio* contenente una doppia *propositio*, la quale contrasta due diversi tipi di annuncio di Cristo; il brano di 3,1-16, parte dell'*argumentatio* di 1,18b – 4,7, costituirebbe una *reprehensio*, che afferma la posizione di Paolo contro quella degli oppositori ed è conclusa dall'esortazione di 3,17 – 4,7.

Édart[184] e Bittasi[185] si sono mossi poi in una prospettiva più ampia per definire la funzione del testo di 3,1 – 4,1. Il primo ritrova una doppia logica in Fil 3: da una parte il redattore avrebbe inserito il brano come una ripetizione di quanto detto nei cc. 1 – 2 (cf. 3,1b), dall'altra la

---

[178] GARLAND, "The Composition", 172-173.
[179] WATSON, "Analysis", 72-76. WATSON, "The Integration", 416-417, unendo, successivamente, a quella discorsiva la prospettiva epistolare, caratterizza 2,1 – 3,21 come il centro del corpo della lettera.
[180] GEOFFRION, *Philippians*, 192-201.
[181] WITHERINGTON III, *Philippi*, 83-86.
[182] BLACK, "The Discourse Structure", 47-48.
[183] BLOOMQUIST, *Philippians*, 124-125, 129-136.
[184] ÉDART, *Philippiens*, 271-275.
[185] BITTASI, *Gli esempi*, 85-90.

figura di Paolo esemplifica il testo di 2,5-11, promuovendo così l'idea dell'imitazione (cf. 3,17). Per il secondo la presentazione in 3,2-16 del φρονεῖν di Paolo, di colui che ha centrato la propria vita su Cristo, è volta a fornire un criterio di discernimento per l'agire dei Filippesi ed è finalizzata all'esortazione di 3,17 – 4,1.

Prima di valutare queste proposte e definire la nostra posizione riguardo la funzione e il significato di Fil 3,1 – 4,1 all'interno della lettera, è opportuno confrontare il brano con l'insieme costituito da 2,1-18, ad esso ben legato, in particolare con le esortazioni qui presenti, e poi considerare i richiami terminologici e tematici con altri testi di Fil. Partendo dall'esortazione di 2,1-5 notiamo la forte insistenza su un «sentire» unitario nella comunità, modellato su quello di Cristo stesso (φρονέω, vv. 2 [2x].5) e manifestato da un atteggiamento di umiltà (ταπεινοφροσύνη, v. 3). Parallelamente, in 3,15, si insiste sul «sentire» di Paolo (φρονέω [2x]), mostrato nella sua autopresentazione (vv. 4b-14). La comunione con lo Spirito (κοινωνία πνεύματος, 2,1)[186] è trasposta in quella con le sofferenze di Cristo (κοινωνία παθημάτων αὐτοῦ, 3,10). L'esortazione di 2,12-18, invece, rinvia immediatamente, a motivo dell'*incipit* (ὥστε ἀγαπητοί), alla conclusione di 4,1, ed invita ad operare, nell'obbedienza a Dio, in vista della salvezza (σωτηρία, 2,12) con rimando al Cristo salvatore (σωτήρ, 3,21). D'altra parte, la parenesi, presente al c. 3, chiama a fuggire l'antimodello di coloro che confidano nella carne, per imitare il modello di colui e di coloro i quali si vantano in Gesù Cristo. Le esortazioni di 2,1-5.12-18 possiedono dunque una natura diversa in confronto a quelle di 3,2-4a.15-16.17-21: nelle prime si esplicita la prospettiva con la quale leggere l'esempio di Cristo, mentre nelle seconde quello di Paolo, in relazione a due differenti φρονεῖν. Cristo è presentato come il paradigma di colui che si è umiliato ed ha sperimentato l'obbedienza, non approfittando del suo *status* originario, e per questo è stato innalzato, mentre l'Apostolo costituisce il modello di colui che ha abbandonato tutto, non confidando nel proprio *status*, per trovare in Cristo il senso dell'esistenza. Così siamo nuovamente confermati nell'idea di un ruolo diverso assegnato ai due esempi presenti in Fil, e quindi di una diversa modalità di imitazione a loro riguardo. Il *typos* di Paolo non è semplicemente una copia o una ripetizione di quello di Cristo, ma assume aspetti e caratteristiche diverse, anche se risulta segnato dal modello cristologico. Infine dalla

---

[186] Cf. FABRIS, "Filippesi", 118, per l'interpretazione di questa espressione in relazione allo Spirito di Dio.

parenesi del c. 2 emergono alcuni motivi ripresi anche nel c. 3. Quello della gioia dell'Apostolo e dei Filippesi fa da cornice in entrambi i casi (2,2.17-18; 3,1 e 4,1), rappresentando così l'atteggiamento con il quale accogliere le esortazioni. Inoltre in 2,16-17 sono introdotti il tema del vanto, quello agonistico e quello liturgico. Il linguaggio liturgico è utilizzato anche in 3,3, ma, a differenza di 2,17, non in relazione all'apostolato di Paolo, bensì per il culto cristiano. Per quanto concerne l'immagine agonistica, essa è presente in 3,12-14 in rapporto al cammino personale dell'Apostolo verso il premio celeste, mentre in 2,16 appare legata alle fatiche del suo ministero. Da ultimo, invece, il tema del vanto di Paolo nel giorno del Signore di 2,16 richiama da vicino l'autoelogio di 3,4b-14, il quale sfocia nel compimento salvifico (3,20-21), da sperimentare insieme a tutti coloro che si vantano nel Signore (3,3).

Rispetto al resto della lettera, il testo di 3,1 – 4,1 intrattiene legami di una certa rilevanza con il brano di 1,3-11, il quale, in quanto prologo, contiene diversi elementi sviluppati in seguito nello scritto, e con 1,27-30 che anticipa sia 2,1-18 sia 3,1 – 4,1[187]. Riguardo a 1,3-11, non appare esserci un rapporto preferenziale con il nostro brano rispetto agli altri di Fil. Mentre 1,27-30 serve ad introdurre ed ad unire le due pericopi basate sull'esempio di Cristo e di Paolo, così da avvalorare la loro lettura in parallelo. A livello tematico emergono tre motivi, che caratterizzano 3,1 – 4,1 e si ritrovano anche nel resto dell'epistola: l'imitazione dell'esempio di Paolo (1,30; 4,9), il vanto (1,20.26; 2,16) e gli avversari (1,15-17.28). Così, da una parte, trova sostegno la nostra scelta di approfondire tali aspetti nei tre capitoli precedenti, dall'altra, siamo invitati a rileggere Fil a partire da queste tematiche sviluppate nel c. 3, compito al quale ci dedicheremo successivamente.

Siamo dunque in grado di valutare le proposte avanzate dagli studiosi a proposito dello scopo o funzione del nostro brano. Riguardo alla finalità polemica, avanzata da Köster, abbiamo più volte mostrato che il carattere di 3,1 – 4,1 è eminentemente esortativo. Il brano non può essere neppure un *postscriptum*, come invece Furnish sostiene, perché non è un'aggiunta al testo, ma è parte integrante della sua architettura, caratterizzata da una ripetizione intra e non extraepistolare[188]. Per quanto riguarda le ipotesi basate sulla prospettiva retorica, abbiamo già

---

[187] Cf. p. 229.
[188] Cf. pp. 221-222.

chiarito le difficoltà che sorgono nella loro applicazione in Fil[189]. In particolare il ruolo di 1,27-30 è soltanto introduttivo: infatti in 3,1 – 4,1 non si dimostra una parte della tesi là presentata, mentre questi versetti possono ben fungere come un annuncio dei temi che saranno poi sviluppati nel nostro brano[190]. Osservando la posizione di Bloomquist, la supposta *propositio* di 1,15-18a non ha alcun vero legame terminologico o tematico con il c. 3, eccetto per l'accenno agli avversari. Inoltre l'addotta designazione di *refutatio* o di *reprehensio*, rispettivamente secondo Black e Bloomquist, non tiene conto del carattere principalmente propositivo ed esortativo di 3,1 – 4,1.

Le proposte di Édart e Bittasi, in base anche a quanto abbiamo in precedenza sostenuto, colgono meglio la funzione di Fil 3,1 – 4,1. Abbiamo già trattato della ripetizione, presente in 3,1 a mo' di introduzione: ora intendiamo collegarla al significato del brano all'interno del contesto. La funzione del testo appare quella di iniziare questo ripetersi, che si estende a tutto l'insieme di 3,1 – 4,20 rispetto a 1,3 – 2,30, ma che riguarda in particolare il rapporto con 2,1-18. In 3,1 – 4,1 vengono di nuovo proposte delle esortazioni basate su un esempio di retto φρονεῖν, ma da un punto di vista e con contenuti diversi da quelle di 2,1-18: c'è dunque una progressione nel testo che rispecchia la logica stessa del rapporto tra Cristo e Paolo. Infatti l'Apostolo ripercorre l'itinerario del suo Signore, senza copiarlo, ma proponendosi con le sue personali caratteristiche come modello per l'imitazione dei Filippesi. Come afferma Fowl[191], la ripetizione, in quanto mezzo pedagogico, colloca anche Paolo in un ruolo di mediatore tra i Filippesi e Cristo stesso, fornendo ai destinatari un esempio concreto e visibile di una vita conforme alla croce, altrimenti difficile da comprendere ed accettare. Il racconto di quanto i fedeli già conoscono sull'Apostolo e sulla sua vicenda, non è finalizzato se non al fatto che essi si impegnino effettivamente in un cammino di μίμησις, sino al momento dell'incontro con il Signore che viene.

Da ultimo, i legami di 3,1 – 4,1 con 2,19-30 e 4,10-20 ci aiutano a compiere un ulteriore passo in avanti. Il modello di Cristo, punto di riferimento per la vita di ogni cristiano (3,20-21), al quale Paolo (3,4b-

---

[189] Cf. p. 216.

[190] Si potrebbe equiparare Fil 1,27-30 agli annunci di tema tipici, secondo gli studiosi, di Eb (ad es. 1,4; 2,17-18).

[191] S.E. FOWL, "Imitation of Paul/of Christ", *Dictionary of Paul and His Letters* (eds. G.F. HAWTHORNE – R.P. PHILIP – *e.a.*) (Downers Grove, IL 1993) 430-431.

14) si conforma, comincia ad essere visibile anche nei suoi collaboratori (2,19-30). Allo stesso modo i Filippesi sono chiamati ad imitare l'Apostolo (3,17), mentre già mostrano di muoversi sull'itinerario di Cristo (4,10-20). In base a quanto presenta Fiore[192], possiamo intravedere qui una catena esemplare (pur non potendo parlare di *exempla* per 2,19-30 e 4,10-20), secondo cui il maestro costituisce un esempio da imitare per il discepolo, il quale, a sua volta, rappresenterà un modello per i suoi allievi. Paolo percorre la strada tracciata dal Maestro, i suoi collaboratori lo seguono su questa e divengono esempi, così come i Filippesi stessi, imitando l'Apostolo saranno un modello per le altre Chiese[193]. Il testo di 3,1 – 4,1 costituisce così un anello importante di questa catena e, nello stesso tempo, invita a realizzarla e continuarla[194].

La nostra intuizione giunge a piena maturazione attraverso una lettura epidittica dei brani succitati, prospettiva sulla quale abbiamo basato l'analisi della dinamica di 3,1 – 4,1, segnata da una περιαυτολογία che costituisce un esempio da imitare. L'elogio paradossale di Cristo, in quanto esempio (2,6-11), è il punto di partenza e il modello dell'autoelogio paradossale di Paolo (3,4b-14), il quale, a sua volta, sfocia nella lode di Cristo, proclamata insieme a tutti i credenti che si vantano nel Signore (3,3.20-21), contrapposti a coloro che si gloriano nella carne (3,2-4a.18-19). Anche nel brano riguardante Timoteo ed Epafrodito (2,19-30) gli elementi epidittici si fondono con quelli legati all'esemplarità, in dipendenza dal modello di Cristo. Così, in merito a Timoteo, si tesse un sottile elogio: lui che non cerca i propri interessi, ma quelli di Cristo, si è messo, insieme con Paolo, al servizio del Vangelo (2,19-24). Epafrodito, poi, è da tenere in grande stima perché ha servito l'Apostolo a causa del Vangelo sino a rischiare la morte (2,25-30). Questa commistione di aspetti esemplari ed elogiativi, collegati al paradigma cristologico, si ripropone anche per i Filippesi (4,10-20). Essi sono da lodare perché con il loro dono hanno supplito alle necessità di Paolo, così come avevano fatto all'inizio della sua predicazione, distinguendosi rispetto a tutte le altre comunità (4,15-16). Timoteo, Epafrodito ed i

---

[192] FIORE, *Example*, 34, 51.

[193] Una prospettiva non diversa è quella di D. PATTE, *Paul's Faith and the Power of the Gospel*. A Structural Introduction to the Pauline Letters (Philadelphia, PA 1983) 186: «Three stages are clearly manifested: Jesus as type fulfilled in Paul, who consequently is himself a type for the believers, who in turn fulfill both the type "Jesus" and the type "Paul". In the believers'(Paul and Philippians') experience, the "grace" (of God) is manifested in Christ-like events».

[194] Una catena esemplare molto simile è presente in 1 Ts 1,6-7.

Filippesi hanno così cominciato a vivere secondo il modello presentato nel testo cristologico e sono tuttavia esortati a procedere oltre, come già fa l'Apostolo, loro punto riferimento. A dimostrazione di questo ruolo mediatore di Paolo, nei due brani (2,19-30; 4,10-20), pur parlando degli altri, egli continua ad essere il soggetto-protagonista del testo. In conclusione, gli elogi dei collaboratori e della comunità, con i loro richiami a 2,6-11, sono anch'essi al servizio di una teologia della croce, e quindi con caratteri paradossali. Si indica così che la vera gloria e lode cristiana si trovano nel ripercorrere lo stesso itinerario di Cristo, come appare in piena luce nell'esempio di Paolo.

Il senso del testo di Fil 3,1 – 4,1 risulta dunque quello di essere un'esortazione per il credente a fare della propria vita, come l'Apostolo, una περιαυτολογία paradossale, fondata sull'itinerario di Cristo, perché l'esistenza divenga una lode del Signore. La logica dell'elogio, interpretata e trasformata alla luce del modello cristologico, ribalta la retorica e i suoi valori, convertendo il *logos* retorico in *logos* della croce, unica vera eloquenza cristiana.

Da questa prospettiva raggiunta riguardo alla funzione e al significato di Fil 3,1 – 4,1, proveremo ora a rileggere tutta la lettera, con l'intenzione di tracciare una possibile dinamica ad essa sottesa.

4. Un'interpretazione della lettera a partire da Fil 3,1 – 4,1

L'analisi del circolo ermeneutico, costituito dal brano di Fil 3,1 – 4,1 e dalla lettera nel suo insieme, giunge a compimento nel momento in cui, dopo aver letto il testo nel suo contesto, percorriamo la traiettoria opposta. Vogliamo dunque, a partire dal brano di Fil 3,1 – 4,1, interpretare tutta l'epistola. Ci muoveremo a due livelli: in un primo passo analizzeremo come la dinamica della περιαυτολογία possa riflettersi all'interno di Fil; in un secondo momento, a livello tematico, esamineremo il motivo del vanto e la logica dell'esempio e dell'imitazione, unitamente alla tematica degli avversari, presenti nell'insieme della lettera. Infine, nella lettura complessiva, si tratterà di rinvenire una teologia della croce e del mistero pasquale propria di Fil.

Già da queste premesse appare chiaro come da parte nostra non ci sia alcuna pretesa di completezza. Non intendiamo quindi sostenere che la prospettiva di lettura adottata, a partire dal c. 3, sia l'unica possibile chiave interpretativa della lettera. Tentiamo, soltanto, di fornire un filo conduttore di uno scritto, Fil, che probabilmente non ha un centro unificante, ma presenta più temi e motivi, incrociati insieme per formare la tela testuale[195].

4.1 La dinamica di Fil 3,1 – 4,1 nella lettera

Precedentemente abbiamo approfondito il movimento del testo di Fil 3,1 – 4,1 basandoci soprattutto sullo studio del suo genere letterario, ossia quello della περιαυτολογία, la quale assume una finalità esortativa propria dell'*exemplum*. Ora si tratta di verificare se questa dinamica testuale presenta dei riflessi all'interno della lettera nel suo insieme, in considerazione anche del fatto che il testo di Fil 3,1 – 4,1 è formalmente epidittico, ma con finalità deliberativa. In senso ampio, Kennedy[196] è il primo ad affermare che Fil è largamente epidittica. Basevi e Chapa[197], prendendo le mosse dall'interpretazione di 2,6-11, confermano questo assunto e considerano le esortazioni presenti nell'epistola come elementi deliberativi, all'interno di un testo dal carattere epidittico. Pitta[198] approfondisce questa prospettiva, arrivando a sostenere che il genere retorico, unificante le varie parti dell'epistola, è quello dell'elogio: di Cristo (2,5-11), di Timoteo (2,19-24), di Epafrodito (2,25-30), dei Filippesi (4,10-20), di se stesso, in riferimento a Paolo (1,12-26; 3,2 – 4,1). Al contrario Brucker[199] afferma che l'argomentazione della lettera è di natura deliberativa, seppure diversi elementi epidittici siano presenti in Fil. L'autore designa il proemio (1,3-11) come introduzione elogiativa nei confronti dei destinatari, con un accenno anche all'elogio di sé da parte di Paolo (v. 7) e, soprattutto, con la relativizzazione della lode umana, per mezzo della lode di Dio (vv. 3.6.9.11[200]). Il c. 2 comincerebbe con l'encomio di quattro caratteristiche appartenenti ai Filippesi (v. 1), si svilupperebbe, poi, in un elogio di Cristo (vv. 6-11), per ritornare ad esaltare la comunità e Paolo (vv. 12.15-16), insieme a un nuovo richiamo glorificativo di Dio (v. 13). In seguito, Brucker designa il brano di 2,19-30 come un *excursus* elogiativo, contenente la lo-

---

[195] Cf. ad es. BARBAGLIO, "Filippi", 331-332.

[196] KENNEDY, *Rhetorical Criticism*, 77.

[197] BASEVI – CHAPA, "Philippians 2.6-11", 354-356.

[198] A. PITTA, "Lettera ai Filippesi", *La Bibbia Piemme* (edd. L. PACOMIO – F. DALLA VECCHIA – *e.a.*) (Casale Monferrato 1995) 2838.

[199] BRUCKER, „*Christushymnen*", 301-346.

[200] A proposito di 1,11 è interessante notare che, a conclusione del versetto, 𝔓[46] riporta la variante εἰς δόξαν θεοῦ καὶ ἔπαινον μοι, la quale mostra uno stretto collegamento tra la lode di Dio e quella di Paolo stesso.

de di Timoteo ed Epafrodito e, indirettamente, anche quella di Paolo (vv. 22.29) e della comunità (v. 30). Dopo aver evidenziato gli elementi epidittici del c. 3, di cui abbiamo diffusamente trattato, l'autore si sofferma sul c. 4, a partire dagli epiteti encomiastici nei confronti dei destinatari (v. 1); vi ritrova una lode dei collaboratori (v. 3), della comunità e di Epafrodito (vv. 10.14.17b-18) e un autoelogio paolino (vv. 12-13); il tutto verrebbe nuovamente relativizzato con il riferimento a Dio (vv. 10.14.17b-18).

Valutando le posizioni degli autori sopraccitati, possiamo anzitutto affermare che, dal nostro schema di composizione della lettera e dall'analisi di alcuni brani, in Fil emergono sia diversi elementi epidittici (elogi e biasimi), sia molti di carattere deliberativo (esempi da imitare ed esortazioni). Per scoprire qual è il carattere prevalente del testo sarà necessario comprendere la logica secondo cui questi due aspetti sono tra loro collegati. Riguardo alla posizione di Pitta, il quale vede nella lettera un intreccio di elogi, non ci troviamo d'accordo. Da una parte abbiamo dimostrato come 2,6-11 e 3,4b-14 siano due *encomia*, anche se il primo lo è in senso più generico, dall'altra la nostra ricerca ha indicato come i brani concernenti Timoteo, Epafrodito e i Filippesi, non costituiscano né *exempla* né *encomia* di costoro, in quanto il protagonista continua ad essere Paolo che dà notizie di sé o ringrazia la comunità. Per quanto riguarda il testo di 1,12-26, pensiamo che esso consista sostanzialmente di notizie in merito alla situazione dell'Apostolo e non di un elogio: infatti, come sottolineato anche da Brucker[201], le affermazioni di carattere epidittico sono qui molto attutite. Ci troviamo, inoltre, sostanzialmente d'accordo con le posizioni dello stesso Brucker, anche se tendiamo a sottolineare maggiormente la diversa rilevanza assunta dagli elementi epidittici di Fil. Ad un primo livello, per noi, si trovano l'elogio di Cristo (2,6-11) e la περιαυτολογία di Paolo (3,4b-14), seguiti dal resto del brano di 3,1 – 4,1, segnato dai *topoi* della lode e del biasimo. Questi brani hanno tenore epidittico, anche se la loro finalità è di natura deliberativa, legata alla imitazione (o al suo contrario). Ci sono poi altri testi che riprendono alcuni aspetti di 2,6-11, come 2,19-30 e 4,10-20, i quali contengono elementi di natura epidittica, soprattutto in riferimento, rispettivamente, a Timoteo ed Epafrodito e ai Filippesi, con uno scopo deliberativo legato all'esemplarità. In ragione di questa finalità parenetica, presente in testi importanti, e della composizione della lettera, dove le esortazioni prevalgono, possiamo intuire come il

---

[201] BRUCKER, „Christushymnen", 303.

tenore prevalente dell'epistola sia deliberativo. Infine, ad un ultimo livello, troviamo gli altri riferimenti sparsi segnalati da Brucker (forse in
numero minore a quanto supposto da lui), i quali hanno un carattere e-
pidittico. In una considerazione più generale, riteniamo molto interessante la sua allusione al procedimento di relativizzazione dell'elogio
che traspone il riferimento dal soggetto a Dio stesso.

L'ultima osservazione ci rimanda direttamente alla dinamica presente nel brano di 3,1 – 4,1 e ci invita a cercare un collegamento tra
questa e il procedere del testo di Fil nel suo insieme. Anzitutto in esso
appare il *transfert* periautologico fondamentale, attuato già nel c. 3,
dall'«io» a Cristo. Infatti nella lettera troviamo l'elogio di Cristo (2,6-
11), dal quale quello di Paolo dipende e, come segnalato da Brucker, il
procedimento della relativizzazione della lode, presente in diversi passi.
A questi riferimenti può essere aggiunto anche 1,20, dove l'Apostolo
afferma che scopo del suo vivere e del suo morire è magnificare Cristo.
Allo stesso modo, si può rintracciare in Fil il *transfert* tra l'autore e i
destinatari: soprattutto in 4,10-20, dove l'elogio dei Filippesi, motivato
dal dono fatto, è mescolato a quello relativo all'autosufficienza di Paolo. In questo stesso brano ci sembra molto interessante il fatto che la
lode di sé dell'Apostolo è riportata al suo Signore, dal quale prende
forza (v. 13) e, insieme all'encomio dei destinatari (vv. 15-16), sfocia
nella glorificazione di Dio (vv. 19-20), riproducendo da vicino tutta la
dinamica di 3,1 – 4,1. In aggiunta si può segnalare che in 1,3-11, come
visto da Brucker, si trovano diverse espressioni elogiative della comunità, pur esprimendosi Paolo in prima persona. Infine, a proposito di
questo passaggio tra autore e destinatari, ci sembrano interessanti due
testi riguardanti il vanto: in 1,26 ci si riferisce al vanto dei Filippesi per
Paolo, mentre in 2,16 a quello di Paolo per i Filippesi. Tra gli altri procedimenti impiegati nella περιαυτολογία del c. 3, si trova anche quello
di allargare ad altri il proprio modello, questo elemento si riflette nella
lettera soprattutto nelle affermazioni riguardanti Timoteo ed Epafrodito
(2,19-30) e, secondariamente, anche a proposito degli altri collaboratori
nella comune lotta a vantaggio del Vangelo (4,3). Inoltre in altri due
brani di Fil è presente il richiamo agli avversari: essi non sono utilizzati
per giustificare il ricorso all'elogio di sé, ma, comunque, sono posti in
contrapposizione con il buon esempio, rispettivamente, di Paolo e di
coloro che annunciano il Vangelo (1,15-17), e con quello dei Filippesi e
dell'Apostolo (1,28), così come avviene nel contesto di 3,1 – 4,1. Da
ultimo, la stessa finalità etica della lode di sé, cioè l'imitazione del

buon esempio costituito dall'autore, trova spazio in 1,30 e 4,9, dove l'Apostolo invita gli ascoltatori a seguire il suo modello.

Da questa analisi emerge la fondata possibilità di rileggere il testo della lettera proprio a partire dal brano di Fil 3,1 – 4,1, visto che la sua dinamica periautologica, insieme alla finalità di natura deliberativa, sembra riproporsi in altri passi di Fil. Per avvalorare la nostra ipotesi di lavoro dobbiamo dunque approfondire la ricerca anche dal punto di vista tematico, con l'analisi, nel contesto dell'epistola, di tre argomenti che caratterizzano il c. 3: il vanto, l'imitazione dell'esempio e gli avversari.

4.2 I temi di Fil 3,1 – 4,1 all'interno della lettera

Abbiamo già osservato come le tre tematiche portanti di Fil 3,1 – 4,1 siano presenti anche in altri passaggi della lettera. Vogliamo ora comprendere se queste corrispondenze sono soltanto superficiali o se sono indice di un legame più profondo tra i diversi testi, così da poter individuare un filo conduttore che si dipana nel tessuto epistolare.

Anzitutto il motivo del vanto ha tre ricorrenze in 1,20.26; 2,16. Le prime due sono presenti nel contesto del brano di 1,12-26, nel quale Paolo parla di sé e della sua situazione alla comunità. In particolare, in 1,20 egli manifesta la sua intensa attesa e speranza, il contenuto delle quali è mostrato attraverso una proposizione introdotta da ὅτι e formata da due espressioni poste in contrapposizione: «in nulla sarò svergognato... sarà magnificato Cristo»[202]. Secondo il BAGD[203] il verbo αἰσχύνω, sempre alla forma media o passiva nella Scrittura, assume nel nostro testo il senso di «cadere nella vergogna, nella disgrazia» e quindi di «essere deluso (in una speranza)»; invece il verbo μεγαλύνω riveste il significato di «esaltare, glorificare, magnificare, parlare bene di». Da una parte Paolo manifesta fiducia nell'azione salvante di Dio, dall'altra desidera glorificare Cristo nel suo corpo, sia in vita, sia in morte. O'Brien[204] ben sottolinea come, nel sintagma μεγαλυνθήσεται Χριστός, Cristo diventa il soggetto mentre l'Apostolo, coinvolto nel ministero dell'annuncio, è lo strumento nelle mani di Dio, attraverso il quale risplende la grandezza di Cristo stesso[205]. A confronto con 3,1 – 4,1 e-

---

[202] Cf. FABRIS, "Filippesi", 76-77.
[203] BAGD 30, 623.
[204] O'BRIEN, *Philippians*, 115.
[205] FABRIS, "Filippesi", 77, evidenzia il parallelismo tra Χριστὸς καταγγέλλεται (1,18) e μεγαλυνθήσεται Χριστός (1,20).

mergono, oltre al motivo del vanto di Paolo che si risolve in una lode del suo Signore, altri elementi comuni. L'opposizione tra le due espressioni di 1,20 richiama la contrapposizione tra i credenti che si vantano in Cristo Gesù (καυχώμενοι ἐν Χριστῷ Ἰησοῦ, 3,3) e gli avversari la cui gloria si risolve in vergogna (ἡ δόξα ἐν τῇ αἰσχύνῃ αὐτῶν, 3,19). Inoltre anche in 1,20 è presente una sfumatura escatologica, attraverso l'utilizzo contemporaneo dei termini ἐλπίς e ἀποκαραδοκία, come in Rm 8,19-20, e di αἰσχύνω e παρρησία, come in 1 Gv 2,28. Poi il legame con 3,1 – 4,1 diventa ancora più significativo: l'Apostolo glorificherà Cristo nel suo corpo (ἐν τῷ σώματί μου, 1,20) così come quello di ogni credente (τὸ σῶμα τῆς ταπεινώσεως ἡμῶν, 3,21) sarà trasfigurato al ritorno del Signore. Il vanto di 1,20 si riallaccia dunque a quello del c. 3: Paolo fa della sua vita e della sua morte, per mezzo del suo σῶμα, l'occasione di una lode di Cristo, in attesa della trasfigurazione definitiva dei corpi, con la glorificazione del Signore da parte di tutti i credenti.

Nello stesso brano troviamo poi, ancor più esplicitamente, la tematica del vanto in 1,26. Il versetto è costituito da una frase finale che esprime lo scopo per il quale Paolo resta in vita (v. 25). La parola chiave utilizzata in 1,26 è καύχημα, «vanto», che in base alla grammatica e al contesto, si trova riferita ai Filippesi[206]. Il loro vanto è in Cristo Gesù (ἐν Χριστῷ Ἰησοῦ), ma a motivo di Paolo (ἐν ἐμοί) e della sua nuova venuta tra di loro. Collange[207] ricorda, a tal proposito, il chiaro parallelo di questo versetto con 3,3 (καυχώμενοι ἐν Χριστῷ Ἰησοῦ), suggerendo che i Filippesi potrebbero essere tentati da un altro tipo di vanto. Siamo quindi di fronte al vantarsi della comunità per l'Apostolo, ma tutto questo avviene, come sottolinea O'Brien[208], nella sfera di Cristo. Possiamo dunque ritrovare, come in 3,1 – 4,1, il legame tra la glorificazione di Paolo e quella della comunità e, soprattutto, il radicamento cristologico di entrambe.

Da un punto di vista speculare, ma con uno stesso risultato finale, in 2,16 viene di nuovo utilizzato il sostantivo καύχημα, all'interno delle esortazioni che seguono all'esempio di Cristo (vv. 12-18). Qui sono i Filippesi a costituire la ragione di vanto per Paolo, se saranno perseveranti e fedeli al Signore (v. 15). In base a 1,26 e 2,16 è così possibile intravedere la reciprocità del vanto tra l'Apostolo e i suoi, con un chia-

---

[206] Cf. FEE, *Philippians*, 154 n. 19.
[207] COLLANGE, *Philippiens*, 66.
[208] O'BRIEN, *Philippians*, 141.

ro parallelo in 2 Cor 1,14. In particolare, in 2,16 il tema è posto in relazione a Cristo e al momento del suo ritorno, nel quale Paolo spera che la sua fatica apostolica non risulti vana. In conclusione, 1,20.26; 2,16 riprendono la logica e la tematica della περιαυτολογία del c. 3: il vanto di Paolo, *trasferito* a Cristo, è poi *trasferito* ai Filippesi e a tutti i credenti, trovando il suo compimento nel giorno del Signore.

In Fil il motivo del vanto è legato al frequente utilizzo dell'«io», il quale campeggia nel brano di 3,1 – 4,1. A tal riguardo, Fortna[209] designa la lettera come la più egocentrica tra quelle paoline e, sulla stessa scia, Mowery[210] tratta dell'egocentricità nel *corpus paulinum* mettendo ai primi posti, in base a considerazioni statistiche, Fm e Fil. In effetti, secondo i dati di BW, Fm è l'epistola di Paolo che, in percentuale, utilizza di più il pronome di prima persona singolare, subito seguita da Fil, la quale, a sua volta, è quella che presenta la maggior concentrazione di verbi alla prima singolare. Però, le considerazioni statistiche, seppur utili, sono da sole insufficienti a spiegare questo aspetto del dettato epistolare. Così Dodd[211] indica la tesi di Fortna come anacronistica, asserendo che i riferimenti dell'Apostolo a se stesso sono giustificati dalla prospettiva dell'imitazione, propria dell'insegnamento morale ellenistico, e dal principio greco-romano, secondo il quale una buona lettera deve sostituire la presenza della persona.

La visione suggerita da Dodd appare rispondente alla logica del testo, ma è possibile affermare anche qualcosa di più. Abbiamo notato come la dinamica della περιαυτολογία di 3,1 – 4,1 si allarga a tutta la lettera e come, in alcuni casi, gli elementi elogiativi riguardanti Paolo si risolvono, attraverso un *transfert*, in un elogio di Cristo. Così come nel c. 3 sembra prevalere l'«io» dell'Apostolo, mentre il suo è ormai un «io» in Cristo da proporre all'imitazione dei Filippesi, allo stesso modo nella lettera Paolo parla di sé per annunciare Cristo e il suo Vangelo[212].

---

[209] R.T. FORTNA, "Philippians: Paul's Most Egocentric Letter", *The Conversation Continues* (eds. R.T. FORTNA – B. GAVENTA) (Nashville, TN 1990) 220-234.

[210] R.L. MOWERY, "Egocentricity in the Pauline Corpus", *ETL* 77 (2001) 163-168.

[211] DODD, *Paradigmatic "I"*, 171-172.

[212] Questa nostra lettura è confermato anche dall'osservazione di I.H. MARSHALL, "The Theology of Philippians", K.P. DONFRIED – I.H. MARSHALL, *The Theology of Shorter Pauline Letters* (NTTh; Cambridge – New York – Melbourne 1993) 138, il quale nota che la formula «in Cristo» (ed espressioni equivalenti) è usata in Fil ben 21 volte (lo stesso numero di Rm), giocando così un ruolo rilevante all'interno di tutta la lettera. In 3,1 – 4,1 si rilevano cinque ricorrenze (3,1.3.9.14; 4,1).

Emblematico è anche il testo iniziale di 1,12-26, dove, secondo quanto nota Bittasi[213], Paolo si diffonde in un racconto dei τὰ κατ' ἐμέ (v. 12), il quale sarebbe un'occasione propizia per mettersi al centro dell'attenzione, mentre, al contrario sfocia, prima, nell'affermazione Χριστὸς καταγγέλλεται καὶ ἐν τούτῳ χαίρω (v. 18) e, poi, in μεγαλυνθήσεται Χριστὸς ἐν τῷ σώματί μου (v. 20). Crediamo quindi che, grazie a questa prospettiva periautologica, sia possibile comprendere la ragione profonda del massiccio uso della prima persona singolare nella lettera.

L'«io» di Paolo evidenzia poi la sua funzione paradigmatica soprattutto laddove è richiesta l'imitazione dell'esempio dell'Apostolo (1,30; 4,9). In 1,30 c'è una lotta (ἀγών), sostenuta da Paolo, che, come emerge dal contesto, è quella per il Vangelo, con il conseguente soffrire per Cristo (1,27.29). Pfitzner[214] sostiene il significato paradigmatico di 1,30 in ragione della duplice ripetizione di ἐν ἐμοί, in riferimento a ciò che i Filippesi devono ascoltare e vedere nell'Apostolo e nel combattimento da lui vissuto. L'intera vita di Paolo rappresenta dunque l'esempio da seguire da parte degli ascoltatori e il guardare ad essa costituisce, probabilmente, un sostegno nella loro difficile situazione. Inoltre, come afferma Bittasi[215], il versetto innesta quel processo mimetico, attraverso il quale si concretizzerà l'insegnamento successivo della lettera, una funzione coerente con quella di tutto il testo di 1,27-30, che funge da introduzione a 2,1-18 e 3,1 – 4,1.

Al termine di tutte le esortazioni presenti nella lettera, si trova in 4,9 un nuovo appello all'imitazione di Paolo, anche con l'utilizzo di un sintagma molto simile a quello di 1,30 (καὶ ἠκούσατε καὶ εἴδετε ἐν ἐμοί). Oggetto dell'imitazione dei Filippesi, oltre all'esistenza dell'Apostolo, è anche l'insegnamento appreso e ricevuto da lui (καὶ ἐμάθετε καὶ παρελάβετε), espresso con un linguaggio legato al giudaismo rabbinico[216]. I destinatari sono dunque invitati a mettere in pratica (πράσσετε) nelle loro esistenze quanto hanno imparato dalle parole e dall'agire di Paolo. L'immagine è molto vicina a quella, tipicamente greco-romana, del maestro, il quale costituisce un esempio per i discepoli non solo con il suo insegnamento, ma anche con la sua condotta. I collegamenti di 1,30 e 4,9 con il c. 3 sono chiari, anzitutto con il v. 17, nel quale si esortano i destinatari ad imitare l'esempio dell'Apostolo

---

[213] BITTASI, Gli esempi, 37.
[214] PFITZNER, Agon, 118.
[215] BITTASI, Gli esempi, 53.
[216] Cf. O'BRIEN, Philippians, 509.

presentato nei versetti immediatamente precedenti. Inoltre O'Brien[217] ritrova in 1,30 la tematica della sofferenza a motivo di Cristo, la quale si riflette anche in 3,10 nella comunione di Paolo ai patimenti di Cristo. Infine, Fee[218] lega 1,30 con 4,9, vedendo in entrambi la chiamata a vivere una vita cruciforme come quella esemplificata dall'Apostolo nel c. 3. Noi riteniamo anche che in questi due versetti trovi conferma la prospettiva parenetica, espressa in 3,17, riguardo ad un'imitazione globale della vita di Paolo. Nel contesto di tutta la lettera questi riferimenti ribadiscono la finalità eminentemente esortativa, per la quale l'Apostolo parla di sé e confermano il prevalente tenore deliberativo di Fil.

Il motivo dell'esempio e dell'imitazione ci rimanda, per contrasto, a quello degli avversari. Infatti nella lettera, come abbiamo già accennato, all'esempio di Paolo e di coloro che, con buone motivazioni, predicano il Vangelo, è contrapposto quello negativo degli avversari (1,15-18), i quali sono in antitesi anche con i Filippesi (1,28). Questa dinamica rispecchia bene ciò che avviene nel c. 3, nel quale, per due volte, l'antimodello degli oppositori fa da *pendant* al modello positivo costituito da Paolo e dai Filippesi (e in senso ampio da tutti i fedeli). Il primo riferimento (1,15-17) è posto all'interno del brano nel quale l'Apostolo comunica notizie sul suo imprigionamento (1,12-26). I due τινες del v. 15, con valore partitivo, si riferiscono ai «fratelli nel Signore», dei quali si parla nel versetto immediatamente precedente. Nei vv. 15-17 viene dunque posta una contrapposizione: da una parte coloro che annunciano Cristo per invidia e per rivalità, per interesse, con intenzioni non pure, pensando di provocare ulteriore sofferenza a Paolo, dall'altra quelli che proclamano il Vangelo di buon animo, per amore, riconoscendo il ruolo dell'Apostolo. Come sottolinea O'Brien[219], nel testo non è in questione la genuinità dell'annuncio, poiché entrambi i gruppi proclamano Cristo, quanto invece le motivazioni con le quali ciò viene compiuto e la diversa opinione rispetto al significato della prigionia di Paolo. L'Apostolo non usa per questi oppositori i toni forti e gli epiteti, talora ingiuriosi, presenti in 3,1 – 4,1; al contrario, afferma che le loro motivazioni sbagliate non assumono grande importanza, dato che l'essenziale rimane l'annuncio di Cristo, per il quale egli si rallegra (1,18). Dal punto di vista dell'identità, possiamo affermare che si tratta di predicatori cristiani rivali di Paolo, e che più di questo il testo non ci rive-

---

[217] O'BRIEN, *Philippians*, 160.
[218] FEE, *Philippians*, 420.
[219] O'BRIEN, *Philippians*, 100-102.

la[220]. Così Fabris[221] giustamente sostiene che questa presentazione non vuole entrare nei dettagli, poiché ciò che più conta è l'immagine negativa di questi oppositori, contrapposta a quella dell'Apostolo. Il motivo degli avversari è dunque utilizzato in 1,15-18 con la stessa prospettiva e modalità assunte, a proposito di essi, nel c. 3, dove la loro identità, ancora velata, presenta però caratteristiche diverse.

In 1,28 gli avversari sono designati con il participio ἀντικείμενος, «oppositore, nemico», con un richiamo agli antagonisti di Gesù (Lc 13,17; 21,15), ai rivali di Paolo ad Efeso (1 Cor 16,9), all'Anticristo (2 Ts 2,4) e a Satana (1 Tm 5,14)[222]. Nel contesto emerge il fatto che i Filippesi si stanno confrontando con degli avversari, i quali provocano loro delle sofferenze, e che questo stesso soffrire è condiviso da Paolo (1,29-30). La prospettiva oggi più comune tra gli studiosi[223] sostiene il collegamento tra l'impero romano, di cui l'Apostolo è prigioniero, e i cittadini romani di Filippi, che perseguitano la comunità. Questa ipotesi però non ci sembra del tutto convincente. Infatti, ancora una volta, il rispetto del testo ci invita ad essere molto cauti nell'identificazione: niente di chiaro è specificato degli oppositori, se non che essi causano sofferenza ai cristiani filippesi, proprio nel momento in cui Paolo, in quanto prigioniero per il Vangelo, affronta dei patimenti. Da parte nostra preferiamo quindi cogliere la funzione esemplificativa di questo ricorso agli antagonisti in 1,28, contrapposti ai Filippesi e a Paolo, e, nello stesso tempo, quella anticipatrice del motivo degli oppositori presente al c. 3[224].

De Silva[225], in merito ai riferimenti ai nemici, presenti in 1,15-17 e 1,28, suggerisce, che la loro finalità è quella di incrementare la coesione del gruppo, invitato a porre attenzione ad un movimento ad esso alieno e contrapposto. L'autore pensa così che in Fil, e quindi anche nel c. 3, Paolo non abbia in vista alcun oppositore, bensì utilizzi una strategia finalizzata a incrementare l'unità e la cooperazione nella comunità.

---

[220] Cf. BOCKMUEHL, *Philippians*, 77-78, per alcune proposte che tendono a specificare di più il loro profilo.

[221] FABRIS, "Filippesi", 73.

[222] Cf. O'BRIEN, *Philippians*, 153.

[223] Ad es. FEE, *Philippians*, 167; FABRIS, "Filippesi", 113.

[224] Con questo non ci poniamo dalla parte di alcuni autori, come ad es. HAWTHORNE, *Philippians*, 58, i quali sostengono la corrispondenza nell'identità tra gli avversari di 1,28 e del c. 3. Noi pensiamo semplicemente che nei due testi ci sia una ripresa della stessa tematica.

[225] DE SILVA, "No Confidence", 31-32.

La nostra posizione, come già a proposito di 3,1 – 4,1, si pone su una prospettiva un po' diversa. Noi riteniamo che i riferimenti agli antagonisti in Fil siano reali, altrimenti l'efficacia del richiamo, riguardo ad essi, perderebbe significato, ma il loro ruolo è funzionale a mettere in risalto il buon esempio di Paolo e dei credenti, così da rafforzare l'identità cristiana dei destinatari. Interessante è notare poi come il motivo degli avversari si trovi, anche nel c. 1, molto vicino a quello del vanto (vv. 20.26), così da richiamare la contrapposizione, propria del c. 3, tra il vanto cristiano fondato in Cristo e quello degli oppositori basato sulla fiducia nella carne.

Al termine di questo approfondimento, abbiamo verificato che la dinamica e le diverse tematiche del testo di Fil 3,1 – 4,1 si ritrovano nella lettera nel suo insieme. Siamo dunque autorizzati a compiere una lettura globale di Fil proprio a partire dal nostro brano, evidenziando lo sviluppo di un itinerario di riflessione teologica ad essa sotteso.

4.3   Una lettura complessiva della teologia di Filippesi

La nostra lettura complessiva della lettera intende proporre un possibile percorso di interpretazione teologica di Fil, basandoci sulla prospettiva già raggiunta a proposito di 3,1 – 4,1. In questa esposizione non pretendiamo di riassumere tutto il pensiero dell'epistola, ma soltanto fornire una chiave interpretativa della sua dinamica e delle sue tematiche.

Il tentativo di abbozzare una teologia di Fil si scontra, da subito, con la posizione di Bockmuehl[226], il quale rifiuta ogni possibile teologia specifica di una lettera, a favore di quella globale di Paolo, così come emerge dal *corpus paulinum* considerato nel suo insieme. Ma Dunn[227] stesso, il quale insiste per una lettura organica e sistematica del pensiero paolino[228], ammette la validità di una riflessione sulla teologia delle singole lettere. Noi riteniamo che, essendo Fil uno scritto in sé completo, esso voglia esprimere anche un messaggio, in qualche modo coerente e compiuto, destinato alla ricezione da parte dell'uditorio. Per questo motivo ci sentiamo legittimati a proporre una lettura globale della teologia dell'epistola.

---

[226] BOCKMUEHL, *Philippians*, 41.

[227] DUNN, *The Theology*, 14.

[228] Cf. G. BARBAGLIO, "Les lettres de Paul: contexte de création et modalité de communication de sa théologie", *Paul* (éds. DETTWILER – KAESTLI – *e.a.*) 80-90, per la posizione opposta, a sostegno del carattere occasionale della teologia di Paolo.

In base alla nostra interpretazione contestuale di 3,1 – 4,1 e alle proposte di alcuni autori, è stato evidenziato il forte richiamo alla teologia della croce all'interno della lettera. Ora dobbiamo chiederci se è possibile tratteggiare una teologia della croce propria di Fil, sullo sfondo di tutto l'epistolario di Paolo[229]. La teologia della croce è un ambito molto considerato all'interno degli studi paolini, tanto che diversi autori riconoscono in esso il centro del pensiero dell'Apostolo[230]. Zumstein[231] chiarisce che la teologia della croce non indica tutte le interpretazioni della morte di Gesù, presenti nella corrispondenza paolina, ma soltanto quelle segnate dalla semantica della croce, così come appare in 1 – 2 Cor, Gal e Fil[232]. Questa terminologia, presente già nei Vangeli, non è utilizzata da Paolo semplicemente per indicare lo strumento del supplizio di Gesù, ma giunge ad assumere una funzione metaforica. Così, secondo Luz[233], la croce diviene il criterio, a partire dal quale tutta la realtà è compresa, da oggetto a soggetto di interpretazione. In ragione di questo rovesciamento ermeneutico, Zumstein[234] mostra le diverse caratteristiche assunte dalla teologia della croce, all'interno dell'epistolario paolino: rivelazione del giudizio di Dio, di Dio stesso, della salvezza. Secondo noi questi elementi si ritrovano anche in Fil, dove il brano di 2,6-11 serve da criterio di giudizio per il comportamento dei credenti, mentre in 3,18 il canone della croce svolge un ruolo di condanna nei confronti degli avversari e del loro comportamento. Inoltre nel testo cristologico Dio si rivela attraverso Cristo, si manifesta nella debolezza e in ciò che è disprezzato agli occhi degli uomini, ma proprio per questo egli mette in questione i valori mondani. Infine in Fil 3 la parola della croce mostra la salvezza propria del credente: Paolo rinuncia ad una vita autocentrata, per iniziare un nuovo cammino dietro a Cristo, nella conformazione alla sua morte e nella speranza della risurrezione.

---

[229] Cf. N.D. GOULD, "«Servants for the Cross». Cross Theology in Philippians", *ResQ* 18 (1975) 93-101, è forse il primo a parlare di una teologia della croce specifica di Fil. Paolo utilizzerebbe il paradosso della croce per sanare le ferite causate dalle divisioni tra i cristiani di Filippi.

[230] Cf. WILLIAMS, *Enemies*, 10-25, per lo sviluppo della teologia della croce negli studi paolini.

[231] J. ZUMSTEIN, "Paul et la théologie de la croix", *ETR* 76 (2001) 486.

[232] C'è inoltre un'isolata ricorrenza di συνσταυρόω in Rm 6,6.

[233] U. LUZ, "*Theologia crucis* als Mitte der Theologie im Neuen Testament", *ET* 34 (1974) 121-122.

[234] ZUMSTEIN, "Paul", 489-493.

L'elemento della risurrezione non può certo essere sottaciuto, considerandolo in secondo piano rispetto alla croce e soltanto finalizzato ad esprimere il significato di quest'ultima[235]. Nella nostra lettera appare chiaramente un'interpretazione unitaria del mistero pasquale, proprio nei contesti nei quali si utilizza la terminologia della croce (2,8-11; 3,10). In particolare in 3,10 la conoscenza di Cristo si vive attraverso la contemporanea esperienza della sua risurrezione e morte. Per Collange[236] la gioia in mezzo alle tribolazioni, che pervade Fil nel suo insieme, è motivata dall'evento della risurrezione, la quale, insieme alla croce, costituisce l'avvenimento fondamentale, rivissuto nella predicazione apostolica e nella vita comunitaria. Approfondendo maggiormente questo rapporto, Aletti[237] suggerisce che l'umiliazione e la κένωσις non rappresentano la fine dell'itinerario di Cristo (2,8), poiché il Vangelo paolino contiene anche il lato della risurrezione, la quale, però, trova nella croce la sua condizione indispensabile, in quanto l'esaltazione (2,9) è quella di un crocifisso e di un umiliato. In Fil possiamo così evidenziare una teologia della croce orientata alla risurrezione, senza annullare lo scandalo della scelta compiuta dal Figlio di Dio o trascurare l'azione salvifica di Dio stesso[238].

In base a questa visione, riteniamo inadeguata la posizione di Meeks[239] che, a motivo del suo punto di vista storico-sociologico, designa il paradigma crocifissione/risurrezione di Fil come dialettico o sequenziale, invece di paradossale: Cristo era debole e, poi, diviene forte, così anche i cristiani, impotenti e afflitti al presente, saranno ricompensati nella gloria futura. Al contrario, dalla lettera emerge il profilo di una teologia paradossale: Cristo, che si è abbassato sino alla morte più infamante, viene, proprio per questo, innalzato al di sopra di tutta la creazione e riceve la signoria universale (2,6-11); allo stesso modo Paolo decide di considerare niente i suoi meriti e doni più grandi e si diffonde in una lode del perdere tutto a motivo di Cristo (3,4b-14). Su questa

---

[235] Cf. ad es. J. ZUMSTEIN, "La croix comme principe de constitution de la théologie paulinienne", *Paul* (éds. DETTWILER – KAESTLI – *e.a.*) 302.

[236] COLLANGE, *Philippiens*, 34.

[237] J.-N. ALETTI, "Théologie paulinienne", *Dictionnaire critique de théologie* (éd. J.-Y. LACOSTE) (Paris 1998) 870.

[238] WILLIAMS, *Enemies*, 24-25, pensa a una tensione dinamica nella teologia paolina della croce, secondo la quale la croce e la risurrezione assumono i rispettivi significati in forza della loro mutua relazione.

[239] A. MEEKS, *The First Urban Christians*. The Social World of the Apostle Paul (New Haven, CT - London, UK 1983; ²2003) 182-183.

scia, Aletti[240] insiste, anche per Fil, sul legame tra il cammino di morte
e risurrezione di Cristo e quello del battezzato, entrambi segnati da una
logica paradossale, confermando altresì, nel contesto della teologia della lettera, l'unità tra i due poli del mistero pasquale. Se il richiamo al
battesimo in 3,10 è ipotizzabile solo ricorrendo ad un parallelo con
Rm 6[241], certo è che in Fil il cristiano è chiamato a ripercorrere
l'itinerario del suo Signore, su una strada inaccettabile da un punto di
vista puramente umano e mondano. Il cammino di Paolo, ma anche
quello dei suoi collaboratori e dei Filippesi, deve modellarsi su quello
di Cristo. La sua morte e risurrezione non è dunque soltanto un avvenimento unico ed irripetibile, ma, attraverso l'interpretazione paolina,
diviene un modello da riprodurre, una struttura portante per la vita dei
credenti di ogni generazione.

Interpretando Fil a partire dalla prospettiva di 3,1 – 4,1, emerge un
motivo caratteristico e particolare: quello del vanto. Questa tematica
percorre, anche se con aspetti diversi, l'intera lettera: la περιαυτολογία
di Paolo, l'elogio di Cristo, i riferimenti elogiativi riguardo Timoteo,
Epafrodito e la comunità, ed altri richiami di carattere epidittico[242]. La
dinamica stessa dell'autoelogio paradossale paolino, con i suoi vari e-
lementi, si ritrova nello scritto, proprio dove si sviluppa, allo stesso
tempo, una teologia della croce. Questo assunto è confermato dalla
conclusione di Zumstein[243] riguardo 2 Cor: l'elogio paradossale di sé è
per Paolo una forma letteraria privilegiata della teologia della croce.
Nella letteratura paolina il legame tra il vanto e la croce si ritrova anche
in 1 Cor 1,18-31 e Gal 6,11-18. Nel primo testo, segnato dalla citazione
finale di Ger 9,23 [LXX], Zumstein[244] sottolinea l'invito, fatto all'uomo, a rinunciare ad essere attore della propria salvezza, per porre la fiducia in Dio, unico fondamento duraturo, ed esporsi alla potenza critica
della croce. Riguardo a Gal 6,11-18, lo stesso autore[245] vede l'effetto

---

[240] ALETTI, "Théologie", 871.

[241] Oppure in base ad un'interpretazione battesimale di 2,6-11, come quella, ad
es., di MARTIN, A Hymn of Christ, 292-294.

[242] Di per sé vanto ed elogio non sono la stessa cosa, ma crediamo di aver mostrato a sufficienza come, in Fil, i due aspetti vanno a coincidere. Ad es. il «vantarsi
nel Signore» significa elogiare Cristo e, dall'altra parte, «il confidare nella carne» corrisponde ad un vero e proprio vanto di sé o ad un autoelogio.

[243] ZUMSTEIN, "La croix", 307.

[244] ZUMSTEIN, "Paul", 493.

[245] ZUMSTEIN, "La croix", 314-315.

della croce nella morte dell'«io», di quell'«io» caratterizzato dalla ricerca della propria gloria e del riconoscimento da parte del mondo.

In ragione del nostro studio, possiamo affermare che il «vanto nella croce», tema avviato nei testi paolini succitati, viene pienamente sviluppato in Fil, allorché rileggiamo la lettera dalla prospettiva di 3,1 – 4,1. In questo brano l'elogio di sé, «vanto nella carne», viene capovolto e *trasferito* in Cristo, crocifisso e risorto; allo stesso modo, come sostiene Brucker[246], in Fil gli elementi epidittici servono per la fondazione di una teologia della croce e per il rifiuto di una teologia della gloria umana. Infatti l'elogio di Cristo, l'autoelogio di Paolo, e i richiami di lode nei confronti dei collaboratori e della comunità hanno, ogni volta, uno stretto legame con l'evento e la logica della croce. Al contrario, il ruolo degli avversari, presenti nella lettera, appare quello di rappresentare il «vanto nella carne» che rende nemici di Cristo, cioè l'elogio di sé vero e proprio, contrapposto alla logica della croce. Da parte sua, Witherington[247] conferma l'importanza del vanto in Fil: Paolo cercherebbe di *deinculturare* il suo uditorio da ciò che nella società è considerato onorevole o disonorevole, presentando alcuni esempi, basati sul modello di Cristo, umiliatosi sino alla morte, ma esaltato da Dio[248]. Infine Sánchez Bosch[249], al termine della sua ricerca, indica nel motivo paolino del «vantarsi nel Signore», utilizzato anche in Fil 3,3, un gloriarsi nell'opera di Dio; per l'uomo c'è la possibilità, da una parte, di una gloria in Dio e nella sua opera e, dall'altra, di una gloria che prescinde da tutto ciò. Per noi l'opera di Dio in Fil è soprattutto il percorso di morte e risurrezione di Cristo, che sta alla base del vanto del cristiano e diventa, poi, l'operare di Dio nel credente, attraverso l'azione con la quale egli lo conforma a Cristo. Come alternativa opposta si trova il «vantarsi nella carne», che è legato alla questione dello *status*, elemento caratterizzante sia 2,6-11 che 3,1 – 4,1. La perdita della propria condizione privilegiata, per acquistarne una nuova, ricevuta da Dio è, di nuovo, in piena consonanza con una teologia della croce.

In conclusione, a nostro avviso, emerge la peculiarità della teologia della croce (e della risurrezione) propria di Fil. Essa è basata sul «vanto in Cristo», con la contestazione di ogni mondano «vanto nella carne».

---

[246] BRUCKER, „*Christushymnen*", 346.

[247] WITHERINGTON III, *Philippi*, 47-49.

[248] HELLERMAN, *Honor*, 165, afferma, similmente, che Paolo sostituisce ciò che è onorato dalla cultura romana con ciò che deve essere onorato dai cristiani.

[249] J. SÁNCHEZ BOSCH, *«Gloriarse» según San Pablo. Sentido y teología de* καυχάομαι (AnBib 40; Rome - Barcelona 1970) 314-316.

Se il confidare nel proprio *status* è escluso per il cristiano, egli trova la
nuova identità nel suo Signore, nell'opera che Dio compie in lui per
configurarlo progressivamente a Cristo, attraverso la riproduzione del
suo stesso itinerario di morte e risurrezione. Il punto di arrivo è allora
nel comune «vantarsi in Cristo» di tutti i cristiani, che si realizzerà alla
fine della storia umana. Nell'ambito di questa prospettiva teologica è
comprensibile la particolare insistenza sull'imitazione di Cristo e, soprattutto, di Paolo. Infatti Zumstein[250] vede nell'esistenza dell'Apostolo il paradigma della rottura operata dalla croce, la quale distrugge la
pretesa dell'autoglorificazione e il desiderio di essere il fondamento
della propria vita. Da parte sua, Fowl[251] afferma che in Fil Paolo, leggendo la propria vita alla luce di una teologia della croce, si presenta ai
Filippesi come una persona che ha subito una trasformazione nella percezione di se stesso e del mondo, a motivo di Cristo, e invita i destinatari ad imitarlo in questo; l'interiorità dell'Apostolo è ormai determinata e decentrata dal suo rapporto con Cristo e posta nell'ambito dell'a-
zione di Dio. Noi abbiamo rilevato che l'«io» di Paolo, sia in 3,1 – 4,1,
sia nel resto della lettera, si pone più volte davanti agli ascoltatori. Il
suo è però un «io» modellato sulla croce, che ricorre alla περιαυτολογία
per lodare il proprio Signore e perché, seguendo il suo percorso, gli altri lo imitino. Inoltre Pernot[252], a conclusione della sua ricerca, ci ricorda che ogni περιαυτολογία si giustifica, nell'ottica antica, quando è fatta per gli interessi altrui, così da mostrare un paradosso: ho diritto di
lodarmi se non lo faccio per me. In definitiva, noi sosteniamo che questa prospettiva etica ed esortativa di Fil 3,1 – 4,1 si rispecchia anche nel
resto della lettera ed evidenzia la finalità deliberativa, al servizio di una
teologia della croce, con la quale vengono utilizzati i diversi elementi
epidittici in essa presenti.

5. Conclusione

L'obiettivo che ci eravamo prefissati all'inizio di questo capitolo
era di comprendere la funzione e il significato di Fil 3,1 – 4,1 all'interno della lettera. Per raggiungerlo abbiamo affrontato un percorso di in-

---

[250] ZUMSTEIN, "Paul", 493.

[251] S.E. FOWL, "Learning to Narrate Our Lives in Christ", *Theological Exegesis.*
Essays in Honor of Brevard S. Childs (eds. C. SEITZ – K. GREENE – *e.a.*) (Grand Rapids, MI – Cambridge, UK 1999) 350, 353-354.

[252] PERNOT, *"Periautologia"*, 120.

terpretazione, nel quale si è cercato di confrontare costantemente il testo con il suo contesto.

Allo scopo di effettuare questa lettura contestuale, siamo partiti dall'analisi della cornice, costituita da 3,1 e 4,1, attraverso la quale 3,1 – 4,1 è immesso nel tessuto della lettera. Da una parte 3,1, in quanto transizione, introduce tutto il brano ponendolo sotto il segno della ripetizione, dall'altra, 4,1, in quanto conclusione, chiude la serie di esortazioni presenti nel testo. Entrambi i versetti, poi, con il motivo della gioia e il linguaggio politico-militare, collegano 3,1 – 4,1 con il resto dell'epistola.

Per motivare l'inserimento organico ed originario, quindi non redazionale, del brano all'interno della lettera, abbiamo dovuto affrontare la dibattuta questione dell'integrità. Dal nostro studio la posizione a favore della lettura unitaria è risultata quella più fondata. In aggiunta, in Fil si è mostrata una composizione strutturata e coerente, quadro di riferimento per l'interpretazione di 3,1 – 4,1.

Avendo ricevuto la legittimazione per un'analisi contestuale del nostro brano, in ragione dell'integrità di Fil, abbiamo esaminato i legami terminologici e strutturali con il resto della lettera. Da questo studio è emerso il forte legame tra 3,1 – 4,1 e 2,1-18, in particolare tra l'esempio di Paolo (3,4b-14) e quello di Cristo (2,6-11) contenuti nei due passaggi. Il confronto tra i due modelli ci ha permesso di evidenziare il ruolo del nostro testo rispetto a quello cristologico. Si evidenzia dunque un rapporto di continuità e di discontinuità: l'itinerario di Paolo riproduce, secondo le proprie caratteristiche, quello di Cristo, paradigma fondante dell'esistenza cristiana, cosicché l'Apostolo diviene un modello, seppur imperfetto, per gli altri credenti. La funzione di 3,1 – 4,1 è dunque quella di *ripetere* sia l'esempio che le esortazioni date precedentemente (2,1-18), ma nello stesso tempo di far proseguire il percorso epistolare, creando una catena esemplare fondata sul modello cristologico. Il genere letterario caratterizzante il c. 3, quello della περιαυτολογία, marca questo passaggio, dall'elogio di Cristo all'autoelogio di Paolo, entrambi contraddistinti da una logica paradossale. Il valore paradigmatico e la finalità esortativa, in merito all'imitazione, del testo di 3,1 – 4,1, si esplicita poi in rapporto agli altri testi, riguardanti i collaboratori di Paolo e i Filippesi, a loro volta segnati dalla presenza di elementi encomiastici. Emerge così il significato del brano nel contesto: si tratta di un'esortazione che l'Apostolo rivolge ai destinatari e, in senso più ampio a tutti i credenti, affinché come lui facciano della propria vita una περιαυτολογία paradossale, fondata sull'itinerario di

Cristo, umiliatosi e per questo esaltato, e da risolversi in una lode del Signore.

In base alla lettura di Fil 3,1 – 4,1, abbiamo poi effettuato il percorso interpretativo inverso, cercando di rileggere Fil nel suo insieme, a partire dal nostro testo. È stato quindi riscontrato come la dinamica della περιαυτολογία del c. 3 si ritrovi nel resto della lettera e come vi sia presente anche il motivo del vanto, in connessione con le tematiche dell'esempio e dell'imitazione. In ragione di questi rilevi, abbiamo proposto una teologia della croce e della risurrezione peculiare di Fil, all'interno dell'epistolario paolino. Essa si basa sul «vanto in Cristo» con il rifiuto di ogni «vanto nella carne», proprio invece degli avversari, cosicché il cristiano è invitato a non confidare nel suo *status*, ma nella sua nuova identità, per la quale l'«io» è ormai espropriato da sé per appartenere in tutto al Signore. La persona di Paolo, così presente in tutta la lettera, diviene esempio concreto di una vita secondo questa prospettiva e paradigma imitabile per ogni credente.

In conclusione del capitolo, possiamo affermare che, anche riguardo alla determinazione della funzione e del significato di Fil 3,1 - 4,1 all'interno del suo contesto, il genere letterario della περιαυτολογία svolge un ruolo importante. L'utilizzo di questa forma mostra il legame e lo sviluppo tra i testi riguardanti l'esempio di Cristo e quello di Paolo e, nello stesso tempo, attraverso la sua finalità esortativa ed imitativa, collega il brano del c. 3 con quelli riguardanti i collaboratori e la comunità, facendo dell'Apostolo un modello di «vanto in Cristo». Questa posizione rilevante viene confermata nel momento in cui, a partire dal nostro testo, si rilegge tutta la lettera, arrivando a delineare una teologia propria di Fil, nella quale il motivo del vanto assume un peso notevole.

Dopo aver analizzato, nei capitoli precedenti, il testo di Fil 3,1 – 4,1 in se stesso e nei suoi diversi aspetti e avendolo riletto, in quest'ultima parte, nel contesto di tutta la lettera, la nostra ricerca si avvia al termine.

CONCLUSIONE

Al termine del percorso è necessario individuare e valutare i risultati emersi dalla nostra analisi e, allo stesso tempo, suggerire le possibili ulteriori piste di ricerca che si prospettano. Così, dapprima, intendiamo considerare e giustificare globalmente la prospettiva di lettura da noi utilizzata; sottolineeremo, poi, gli elementi di novità presenti nel lavoro, ed infine sarà nostro compito intravedere aperture verso successivi approfondimenti.

La questione più importante, che può essere sollevata di fronte allo studio da noi presentato, è se quella basata sull'utilizzo della περιαυτολογία sia l'*unica* chiave di lettura del testo di Fil 3,1 – 4,1. Da parte nostra abbiamo più volte sottolineato come questa sia *una* delle interpretazioni possibili, senza alcuna pretesa di esclusività. Nondimeno, sosteniamo la validità e l'importanza della prospettiva raggiunta su tutto il brano, a partire dall'approfondimento del genere letterario che maggiormente lo caratterizza. La lettura globale di Fil 3,1 – 4,1, in ragione della forma letteraria in esso utilizzata, si è dimostrata non solo rispondente al testo, ma ha anche fornito un'originale spiegazione di esso. Molti, se non tutti, i fattori di novità del nostro studio dipendono proprio dal confronto tra la περιαυτολογία e il brano stesso oggetto dell'analisi.

Immediatamente legata a questa è la problematica riguardo allo sfondo di Fil 3,1 – 4,1. In particolare noi abbiamo privilegiato un *background* greco-ellenistico rispetto ad uno biblico-giudaico. Oggi appaiono ormai come dati assodati la doppia cultura, giudaica ed ellenistica di Paolo, e il superamento della dicotomia tra ellenismo e giudaismo, almeno nell'epoca intorno all'era cristiana. Nonostante questi assunti, gli esegeti spesso insistono, come abbiamo accennato, su un unico modello di riferimento per ogni testo paolino. Noi sosteniamo, per il nostro brano, il legame primario con il genere letterario ellenistico della περιαυτολογία, pur ritrovandovi anche richiami all'AT. Inoltre, a nostro avviso, la discussione sullo sfondo deve necessariamente partire dall'analisi del singolo passo e non da una *petitio principii* riguardante tutti i testi paolini. Così tendiamo a porre in risalto un modello greco-ellenistico per Fil 3,1 – 4,1 semplicemente perché, alla prova dei fatti, questo ci fornisce un convincente quadro di lettura globale, valido per tutto il brano.

A tal proposito dobbiamo nuovamente menzionare Fields[1], il quale è l'unico a proporre uno sfondo del testo prevalentemente anticotestamentario, con un modello globale di lettura ad esso conseguente[2]. La sua interpretazione fa leva soprattutto sui richiami all'AT che sarebbero presenti in 3,3 e 3,5-6: i Filippesi rappresenterebbero il popolo di Dio, con tutti i privilegi e le responsabilità connesse con questa condizione, mentre Paolo si comporterebbe come uno degli antichi profeti, esortandoli a condurre una vita accetta al Signore. Per i rimandi all'AT, presenti al v. 3, possiamo sostanzialmente concordare con l'autore, ma non con le sue conclusioni interpretative. Paolo, secondo quanto già sostenuto, non utilizza in questo passaggio la categoria di «popolo di Dio» in relazione alla comunità cristiana, così come probabilmente evita di farlo altrove negli *homologoumena*[3]. Inoltre, la scelta dei riferimenti dei LXX per i vv. 5-6 appare, in alcuni casi (ad es. Nm 13,1 – 14,9; Gs 11,20-22), arbitraria e non adeguatamente giustificata, anche per parziale ammissione dell'autore. In merito a tutto il brano, Fields non dimostra in alcun modo come Paolo possa assumere, nei confronti dei Filippesi, il ruolo di profeta[4]. Alla fine il suo modello di interpretazione basato sull'AT risulta dunque inadatto a spiegare i versetti in esame e, a maggior ragione, l'insieme del testo di Fil 3,1 – 4,1. In aggiunta ricordiamo con Pitta[5] che in Fil, come in 1 – 2 Ts e Fm, mancano le citazioni dirette all'AT, mentre possono esservi presenti allusioni le quali, però, si prestano a una difficile catalogazione. Lo sfondo anticotestamentario del testo, in ogni caso, doveva essere di non facile riconoscimento per i cristiani di Filippi provenienti, in massima parte se non totalmen-

---

[1] FIELDS, *Paul as Model*, 252-330.

[2] S. GRINDHEIM, *The Crux of Election*. Paul's Critique of the Jewish Confidence in the Election of Israel (WUNT 2/202; Tübingen 2005) 134-135, ritrova uno sfondo anticotestamentario solo in 3,1-11 e, in particolare nel v. 2, nel quale Paolo, come un profeta, si scaglierebbe contro gli oppositori che, in base alla loro coscienza di essere il popolo di Dio, confiderebbero nei segni puramente esteriori dell'elezione.

[3] Cf. J.-N. ALETTI, "Le statut de l'Église dans les lettres pauliniennes. Réflexions sur quelques paradoxes", *Bib* 83 (2002) 153-174.

[4] Anche C.A. EVANS, "Paul as Prophet", *Dictionary of Paul*, 762-765, da lui citato a sostegno di questa tesi, lo smentisce. Infatti tra i testi, menzionati da Evans e riguardanti Paolo come profeta, non c'è Fil 3,1 – 4,1.

[5] A. PITTA, *Sinossi paolina* (Cinisello Balsamo 1994) 68.

te, dal paganesimo. Probabilmente soltanto una citazione diretta della Scrittura poteva essere immediatamente compresa dai loro orecchi, fungendo così come prova d'autorità all'interno del discorso paolino. Infine, ancora una volta, al di là delle affermazioni di principio, il confronto diretto con il testo è decisivo: esso ci ha mostrato la prevalenza di un modello greco-ellenistico e non di uno anticotestamentario. Sosteniamo quindi che in Fil 3,1 – 4,1 ci sono delle allusioni all'AT, a motivo del *background* religioso e culturale di Paolo, ma queste non determinano il modello di riferimento e la logica del brano.

Giungendo, poi, a sottolineare le particolarità e le novità dello studio, vogliamo, anzitutto, riferirci alla nostra prospettiva metodologica. L'analisi è partita dal testo stesso attraverso l'esame dei diversi versetti, dapprima, considerati separatamente e, poi, immessi nel contesto. Abbiamo così cominciato con l'interpretazione del frammento per giungere al tutto, costituito dal brano nella sua globalità. Soltanto nell'ultima parte del lavoro si è inserito Fil 3,1 – 4,1 nell'ambito dell'intera lettera. D'altro canto, dobbiamo anche sottolineare che la nostra lettura non è stata preceduta dall'osservazione del contesto storico e sociale, ma che, semmai, esso ha costituito un motivo di confronto e di conferma di quanto emerso dall'analisi testuale. Infine, elemento particolare del presente lavoro è il superamento di uno studio statico del testo, basato su una semplice esegesi corsiva, grazie all'approfondimento della sua dinamica interna. Questo punto di vista retorico è ulteriormente valorizzato dall'attenzione all'effetto prodotto dal brano sui destinatari e dalla messa in risalto del ruolo rivestito da Fil 3,1 – 4,1 nel contesto globale della lettera.

In tutta la letteratura, che si è avuto occasione di consultare, non è stata trovata nessuna monografia, già pubblicata, dedicata all'analisi per intero della pericope. Il nostro studio si prospetta dunque originale perché intende colmare questo vuoto, rendendo altresì giustizia all'importanza e al valore di Fil 3,1 – 4,1. Come anche si deduce dal titolo del lavoro, l'elemento di novità più rilevante è probabilmente quello legato alla περιαυτολογία. Infatti, secondo quanto osservato e in base alle nostre conoscenze, c'è un solo autore, Pitta, che ritrova nel brano l'utilizzo di tale forma letteraria, accontentandosi però di una semplice constatazione. Da parte nostra si è inteso invece approfondire questa identificazione e trarre le conseguenze in merito all'analisi del testo. Così, in un primo momento, tale suggerimento è stato attentamente verificato con l'ausilio del trattato di Plutarco, dedicato al suddetto genere letterario. Non ci siamo limitati tuttavia a ritrovare nel testo i vari elementi propri della περιαυτολογία, infatti, in seguito, servendoci di uno studio di Pernot riguardo a questa forma, abbiamo delineato la dinamica periautologica del brano, in collegamento con una minuziosa analisi esegetica, versetto per versetto.

Alla fine del percorso di ricerca, riteniamo necessario interrogarci sull'utilità del presente lavoro, riguardo, in particolare, l'approfondimento del brano di Fil 3,1 – 4,1 e, più in generale, gli studi paolini. Riteniamo, anzitutto, che la nostra analisi fornisca una chiave di comprensione della dinamica e della logica del testo, basate su un elogio di sé, rovesciato e *trasferito* dal soggetto a Cristo, e per questo offerto all'imitazione degli ascoltatori.

Per mezzo di questa prospettiva, guadagnata sulla pericope, è diventata comprensibile l'insistenza sull'«io» di Paolo e sulla sua imitazione presente in tutto Fil, aspetti equivocati da diversi studiosi: trovando la sua nuova identità in Cristo, l'Apostolo parla di sé come di un altro e si propone nel ruolo di modello affinché gli ascoltatori riproducano il suo itinerario cristiano.

Inoltre, soprattutto attraverso il ricorso alla περιαυτολογία, abbiamo risolto la spinosa questione degli avversari presenti all'inizio e alla fine del brano. È stato mostrato che l'accento è posto più sul ruolo che sulla loro identità, servendo da *foil* per mettere in risalto il vanto in Cristo di Paolo e dei credenti. Ci pare allora che una riconsiderazione, secondo questa prospettiva, delle figure degli oppositori, presenti nelle altre lettere, come ad es. in Gal o 2 Cor, possa essere importante, pur tenendo conto del particolare contesto di ciascuna epistola.

Inserendo il nostro testo all'interno di tutta la lettera, dopo aver affrontato la questione dell'integrità di Fil e avere suggerito una sua possibile composizione, abbiamo delineato la sua funzione e il suo significato, questioni non molto indagate dagli esegeti. L'analisi da noi condotta ha evidenziato non solo il legame tra l'esempio di Cristo e quello di Paolo, ma anche la particolarità di Fil 3,1 – 4,1, che, pur riproponendo il modello cristologico, produce un nuovo passo in avanti nello sviluppo della lettera. L'autoelogio paolino, fondato sull'elogio di Cristo, si risolve in un'esortazione, rivolta a tutti i credenti, a fare come l'Apostolo della propria vita una lode di Cristo, ripercorrendo un itinerario di conformazione alla sua morte e risurrezione.

L'interpretazione del brano ci ha permesso anche di fornire un nuovo punto di vista ermeneutico sull'insieme di Fil e la sua teologia. Mentre alcuni autori delineano una teologia della croce, che la lettera avrebbe in comune con altre dell'epistolario paolino, noi abbiamo proposto, a partire dal vanto di Fil 3,1 – 4,1 e da altri richiami al tema, disseminati nel tessuto epistolare, una teologia della croce propria di Fil e basata sul «vantarsi in Cristo».

Infine, l'approfondimento della περιαυτολογία nel contesto di Fil 3,1 – 4,1 ci ha rimandato anche all'uso e al significato della retorica negli scritti paolini. Infatti il nostro studio risulta utile per confermare come Paolo utilizzi con libertà, e secondo i propri fini, gli strumenti retorici, i quali non rappresentano un puro ornamento ma dei mezzi al servizio di una teologia paradossale: nel brano l'elogio di sé si risolve nella perdita di tutto a motivo di Cristo, assumendo tratti paradossali, così da mostrare il vero vanto del cristiano, la base e la sicurezza della sua esistenza, nella relazione con lui.

In conclusione, vogliamo intravedere le ulteriori prospettive di indagine che si schiudono dalla nostra ricerca. Ci permettiamo di suggerirne alcune, come stimolo per il lavoro degli studiosi. Anzitutto riteniamo che si debba porre maggiore attenzione a Fil 3,1 – 4,1, cominciando a dedicarvi delle monografie, a fronte delle numerosissime scritte a riguardo di 2,6-11. Inoltre crediamo sia necessario approfondire, negli studi classici, l'utilizzo del genere letterario della περιαυτολογία, sul quale attualmente la bibliografia non abbonda. Dobbiamo poi considerare che il presente lavoro non è andato oltre l'orizzonte costituito da tutta la lettera, limitandosi al contesto prossimo del brano. Di conseguenza sarebbe opportuno ed utile inserire la nostra analisi nell'ambito più generale della letteratura paolina. In particolare, se non mancano gli studi sull'imitazione di Paolo e del suo esempio, più difficile è trovare una trattazione globale sul tema degli avversari. Soprattutto, a nostro avviso, si rende necessaria una rivisitazione più accorta dei passaggi autobiografici paolini, spesso utilizzati dagli studiosi soltanto per delineare una storia dell'Apostolo. In particolare, l'approfondimento in merito all'utilizzo della περιαυτολογία in testi come Gal 1,13 – 2,21; 1 Cor 9,1-27; 2 Cor 11,1 – 12,13, e il loro confronto con Fil 3,1 – 4,1, potrebbero aprire nuove prospettive per la comprensione della retorica e del pensiero di Paolo. Come conseguenza di questo, probabilmente, gli esegeti paolini sarebbero anche spinti a ripensare con più attenzione al ruolo giocato dall'«io» dell'Apostolo e dalla sua personalità, che spesso appaiono così fortemente protagonisti all'interno delle sue lettere.

Con un'ultima parola, ci auguriamo che il nostro studio fornisca una maggiore penetrazione nel testo di Fil 3,1 – 4,1, al servizio del quale ci siamo posti. Crediamo che la fatica e il travaglio della ricerca esegetica raggiunga un risultato, laddove non pretenda di porre la parola

fine al percorso dell'interpretazione, ma intenda segnare, semplicemente, un passo ulteriore nel cammino. Il nostro auspicio è di avere, almeno
in parte, compiuto questo passo.

ABBREVIAZIONI E SIGLE[1]

AGJU	Arbeiten zur Geschichte des antiken Judentums und des Urchristentums
AnBib	Analecta Biblica
Ant	*Antiquitatae iudaicae*
Ap	*Contra Apionem*
Aug	*Augustinianum*
BAGD	W. BAUER – W.F. ARNDT – F.W. GRINGRICH – F.W. DANKER, *A Greek-English Lexicon of the New Testament* (1957; ^{5}2000)
BDR	F. BLASS – A. DEBRUNNER – F. REHKOPF, *Grammatik des neutestamentlichen Griechisch* (1896; ^{14}1976)
BECNT	Baker Exegetical Commentary on the New Testament
Bell	*De bello iudaico*
Bib	*Biblica*
BHT	Beiträge zur historischen Theologie
BnS	La Bibbia nella storia
BNTC	Black's New Testament Commentary
BSGRT	Bibliotheca scriptorum graecorum et romanorum teubneriana
BSRel	Biblioteca di scienze religiose
BW	BibleWorks
BWANT	Beiträge zur Wissenschaft vom Alten und Neuen Testament
BZAW	Beihefte zur Zeitschrift für die alttestamentliche Wissenschaft
BZNW	Beihefte zur Zeitschrift für die neutestamentliche Wissenschaft
CBiE	Contributions to Biblical Exegesis
CBQ	*Catholic Biblical Quarterly*
CEASA	Collection des études augustiniennes. Serié antiquité
Cer	*In Cererem*

---

[1] Per le abbreviazioni dei libri biblici si fa riferimento a F. VATTIONI (ed.), *La Bibbia di Gerusalemme* (Bologna 1974; ^{6}1985). Per le sigle e le abbreviazioni di uso comune nell'esegesi si fa riferimento a S. BAZYLIŃSKY, *Guida alla ricerca biblica. Note introduttive* (SubBib 24; Roma 2004; ^{2}2005) e alle opere ivi citate.

Ch	*Choephoroe*
Chr	*Ecloga chronographica*
CNT	Commentaire du Nouveau Testament
CUFr	Collection des Universités de France
Cyr	*Cyropaedia*
DAGR	*Dictionnaire des antiquités grecques et romaines d'après les textes et les monuments*
Deipn	*Deipnosophistae*
Diss	*Dissertationes ab Arriano digestae*
EBns	Études bibliques. Nouvelle série
Ebr	*De ebrietate*
ELA	Études de littérature ancienne
Ep	*Epistulae morales ad Lucilium*
EstB	*Estudios bíblicos*
ET	*Evangelische Theologie*
ETL	*Ephemerides theologicae Lovanienses*
ETR	*Études théologiques et religieuses*
ETSS	Evangelical Theological Society Studies
EWNT	*Exegetisches Wörterbuch zum Neuen Testament* (1980-1983; ²1992)
Exp	*The Expositor*
ExpTim	*Expository Times*
Fab	*Fabius Maximus*
Fr	*Fragmenta*
FRLANT	Forschungen zur Religion und Literatur des Alten und Neuen Testaments
Gorg	*Gorgias*
GCS	Die griechischen christlichen Schriftsteller der ersten drei Jahrhunderte
GTA	Göttinger theologische Arbeiten
HBS	Herders Biblische Studien
HellCS	Hellenistic Culture and Society
Hok	*Hokmah*
HomPhil	*Homiliae in epistula ad Philippenses*
Hrm	Hermeneia
HTKNT	Herders theologischer Kommentar zum Neuen Testament
HTR	*Harvard Theological Review*
HWR	*Historisches Wörterbuch der Rhetorik*
InstOr	*Institutio oratoria*
Inter	*The Interpreter*
JBL	*Journal of Biblical Literature*
JJS	*Journal of Jewish Studies*
JSNT	*Journal for the Study of the New Testament*

JSNTSS	Journal for the Study of the New Testament Supplement Series
KEK	Kritisch-exegetischer Kommentar über das Neue Testament
Laod	*Epistula ad Laodicenses*
LaudPaul	*De laudibus sancti Pauli apostoli*
LCBI	Literary Currents in Biblical Interpretation
LD	Lectio divina
MoBi	Le monde de la Bible
m. Ohol	Mishna. *Ordine* Taharoth, *trattato* Oholoth
Mor	*Moralia*
m. Sab	Mishna. *Ordine* Moed, *trattato* Sabbath
m. Tah	Mishna. *Ordine* Taharoth, *trattato* Taharoth
NICNT	The New International Commentary on the New Testament
NIGTC	The New International Greek Testament Commentary
NTLNs	*Notes de lexicographie néo-testamentaire. Supplément*
NT	*Novum Testamentum*
NTANF	Neutestamentliche Abhandlungen. Neue Folge
NTCon	The New Testament in Context
NTD	Das Neue Testament Deutsch
NTG	Neue theologische Grundrisse
NTS	*New Testament Studies*
NTS	Novum Testamentum. Supplements
NTTh	New Testament Theology
NTTS	New Testament Tools and Studies
Op	*De opificio mundi*
OPIAC	Occasional Papers of the Institute for Antiquity and Christianity
Or	*Orationes*
OrSib	*Oracula sibyllina*
Pac	*De pace*
PAST	Pauline Studies
PEGLMBS	*Proceedings of Eastern Great Lakes and Midwest Biblical Society*
PG	Patrologiae cursus. Series graeca
Phil	*Epistula ad Philippenses*
Plant	*De plantatione*
Pol	*Politicus*
Polit	*Politica*
Prog	*Progymnasmata*
PVTG	Pseudoepigrapha Veteris Testamenti graecae
1QS	Qumran Grotta 1. *Regola della comunità*
RB	*Revue biblique*
RBL	*Review of Biblical Literature*

RerDivHer	*Quis rerum divinarum heres sit*
ResQ	*Restoration Quarterly*
RevBne	*Revista bíblica. Nueva epoca*
RevEtGr	*Revue des études grecques*
RevSR	*Revue des sciences religieuses*
Rhet	*Rhetorica*
RhetHer	*Rhetorica ad C. Herennium*
RSR	*Recherches de science religieuse*
RStB	*Ricerche storico-bibliche*
SBET	*Scottish Bulletin of Evangelical Theology*
SBLDS	Society of Biblical Literature Dissertation Series
SBLSS	Society of Biblical Literature Symposium Series
SC	Sources chrétiennes
SCHNT	Studia ad Corpus Hellenisticum Novi Testamenti
SCJud	Studies in Christianity and Judaism
ScOC	Scritti delle origini cristiane
SewTR	*Sewanee Theological Review*
SHAWPH	Sitzungsberichte der Heidelberger Akademie der Wissen-schaften. Philosophisch-historische Klasse
Sm	*Semeia*
SMBenBE	Serie Monografica di *Benedictina*. Sezione biblico-ecumenica
SNTSMS	Society for the New Testament Studies Monograph Series
SNTW	Studies of the New Testament and Its World
SPIB	Scripta Pontificii Instituti Biblici
SPg	Sacra Pagina
Str-B	H. STRACK – P. BILLERBECK, *Kommentar zum Neuen Testament*
SR	*Studies in Religion/ Sciences religieuses*
SR	Studies in Religion
SubBib	Subsidia Biblica
TaB	Tascabili Bompiani
Test	*Testimonia*
TestXIIPatr	*Testamenta XII Patriarcharum*
TestAs	*Testamentum Aser*
TGT	Tesi Gregoriana. Serie Teologia
THKNT	Theologischer Handkommentar zum Neuen Testament
Tim	*Timaeus*
TLGW	Thesaurus Linguae Graecae Workplace
TRJNS	*Trinity Journal New Series*
TurCs	Turchia: la Chiesa e la sua storia
TWNT	*Theologisches Wörterbuch zum Neuen Testament*
TZ	*Theologische Zeitschrift*
Vit	*Iosephi vita*

VitMos	*De vita Mosis*
WATSA	What Are They Saying About? Series
WBC	Word Biblical Commentary
WUNT	Wissenschaftliche Untersuchungen zum Neuen Testament
ZNW	*Zeitschrift für die neutestamentliche Wissenschaft*
ZTK	*Zeitschrift für Theologie und Kirche*

BIBLIOGRAFIA

1. Edizioni dei testi biblici

ELLIGER, K. – RUDOLPH, W. – *e.a.* (edd.), *Biblia Hebraica Stuttgartensia* (Deutsche Bibelgesellschaft; Stuttgart 1967-77; [5]1997).

NESTLE, E. – ALAND, K. – *e.a.* (edd.), *Novum Testamentum Graece* (Deutsche Bibelgesellschaft; Stuttgart 1898; [27]1993).

RAHLFS, A. (ed.), *Septuaginta*. Id est Vetus Testamentum graece iuxta LXX interpretes (Deutsche Bibelgesellschaft; Stuttgart 1935; [6]1971) I-II.

ACADEMIA SCIENTIARUM GOTTINGENSIS (ed.), *Septuaginta. Vetus Testamentum*. Auctoritate Academiae Scientiarum Gottingensis editum (Göttingen 1926 --).

FIELD, F. (ed.), *Origenis Hexaplarum quae supersunt sive veterum interpretum graecorum fragmenta*, post Flaminium Nobilium, Drusium, et Montefalconium, adhibita etiam versione Syro-Hexaplari, concinnavit, emendavit, et multis partibus auxit (Oxonii 1875) II.

WEBER, R. – FISCHER, B. – *e.a.* (edd.), *Biblia sacra iuxta Vulgatam versionem* (Württembergische Bibelanstalt; Stuttgart 1969) I-II.

2. Edizioni dei testi giudaci, pseudoepigrafici, patristici e medievali

ANGER, R., *Über den Laodicenerbrief*. Eine biblisch-kritische Untersuchung (Leipzig 1843).

BARROWS, M. – TREVER, J.C. – *e.a.* (eds.), The Dead Sea Scrolls of St. Mark's Monastery. Volume II (Fascicle 2): Plates and Transcription of the Manual of Discipline (New Haven, CT 1951).

BIHLMEYER, K. (Hrsg.), *Die apostolischen Väter*. Erster Teil: *Didache, Barnabas, Klemens I und II, Ignatius, Polykarp, Papias, Quadratus, Diognetbrief* (Sammlung ausgewählter kirchen- und dogmengeschichtlicher Quellenschriften 2/1; Tübingen 1924).

BLACKMAN, P. (ed.), *Mishnayoth.* Volume II: *Order Moed* (New York, NY ²1963).

——, *Mishnayoth.* Volume VI: *Order Taharoth* (New York, NY ²1964).

DE JONGE, M. (ed.), *The Testaments of the Twelve Patriarchs.* A Critical Edition of the Greek Text (PVTG 1.2; Leiden 1978).

FLAVIUS JOSEPHE, *Contre Apion* (texte établi par T. REINACH) (CUFr; Paris 1930).

——, *Autobiographie* (texte établi par A. PELLETIER) (CUFr; Paris 1959; ²1983).

——, *Les Antiquités juives.* Volume I: *livres I à III* (introduction et texte par É. NODET) (Paris 1990).

GEFFCKEN, J. (Hrsg.), *Die Oracula Sibyllina* (GCS; Leipzig 1902).

JEAN CHRYSOSTOME, *Panégyriques de S. Paul* (texte critique par A. PIEDAGNEL) (SC 300; Paris 1982).

LEWIS, A.S. (ed.), *Catalogue of the Syriac MSS in the Convent of S. Catherine on Mount Sinai* (Studia Sinaitica 1; London 1894).

MOSSHAMMER, A.A. (ed.), *Georgii Syncelli Ecloga Chronographica* (BSGRT; Lipsiae 1984).

NIESE, B. (ed.), *Flavii Iosephi Opera.* III: *Antiquitatum Iudaicarum libri XI-XV* (Berolini 1892).

——, *Flavii Iosephi Opera.* IV: *Antiquitatum Iudaicarum libri XVI-XX et Vita* (Berolini 1890).

——, *Flavii Iosephi Opera.* VI: *De Bello Iudaico libri VII* (Berolini 1894).

PHILON D'ALEXANDRIE, *De Opificio Mundi* (éd. R. ARNALDEZ) (Les œuvres de Philon d'Alexandrie 1; Paris 1961).

——, *De Plantatione* (éd. J. POUILLOUX) (Les œuvres de Philon d'Alexandrie 10; Paris 1963).

——, *De Ebrietate – De Sobrietate* (éd. J. GOREZ) (Les œuvres de Philon d'Alexandrie 11-12; Paris 1962).

——, *Quis Rerum Divinarum Heres sit* (éd. M. HARL) (Les œuvres de Philon d'Alexandrie 15; Paris 1966).

——, *De Vita Mosis I-II* (éds. R. ARNALDEZ – C. MONDESERT – *e.a.*) (Les œuvres de Philon d'Alexandrie 22; Paris 1967).

3. Edizioni dei testi classici

ACHARD, G. (éd.), *Rhétorique à Herennius* (CUFr; Paris 1989).

AELIUS THEON, *Progymnasmata* (texte établi par M. PATILLON) (CUFr; Paris 1997).

ARISTOTE, *Politique*. Tome I: *livres I et II* (texte établi par J. AUBONNET) (CUFr; Paris 1960).

————, *Rhétorique*. Tome II: *livre II* (texte établi par M. DUFOUR) (CUFr; Paris 1938).

CALLIMAQUE, *Hymnes – Épigrammes – Les origines – Hécalé – Iambes – Poèmes lyriques* (texte établi par E. CAHEN) (CUFr; Paris 1922).

DEMOSTHENE, *Harangues. Tome II: Sur la paix – Seconde Philippique – Sur l'Halonèsse - Sur les affaires de la Chersonèse – Troisième Philippique – Quatrième Philippique – Lettre de Philippe – Réponse à Philippe – Sur le traité avec Alexandre* (texte établi par M. CROISET) (CUFr; Paris 1946).

DIELS, H. – KRANZ, W. (Hrsg.), *Die Fragmente der Vorsokratiker* (Berlin – Neukölln 1903; ⁷1954) I-II.

DIOGENES LAERTIUS, *Vitae Philosophorum*. Vol. I: *libri I-IX* (ed. M. MARCOVICH) (BSGRT; Stutgardiae – Lipsiae 1999).

ESCHYLE, *Tome II*: Agamennon – Les Choéphores – Les Euménides (texte établi par P. MAZON) (CUFr; Paris 1925).

ÉPICTETE, *Entretiens*. Livre III (texte établi par J. SOUILHE) (CUFr; Paris 1963).

————, *Entretiens*. Livre IV (texte établi par J. SOUILHE) (CUFr; Paris 1965).

HERODOTE, *Histoires*. Livre IX: Calliope (texte établi par P.-E. LEGRAND) (CUFr; Paris 1954).

HIPPARCHUS, *In Arati et Eudoxi Phaenomena commentariorum libri tres* (ed. C. MANITIUS) (BSGRT; Lipsiae 1894).

KAIBEL, G. (ed.), *Athenaei Naucratitae Dipnosophistarum libri XV*. Vol. I: *libri I-V* (BSGRT; Lipsiae 1887).

KEIL, B. (ed.), *Aelii Aristidis Smyrnaei quae supersunt omnia*. Volumen II: *orationes XVII-LIII continens* (Berolini 1898; ²1958).

PLATON, *Œuvres Complètes*. Tome III (2e Partie): *Gorgias - Ménon* (texte établi par A. CROISET – L. BODIN) (CUFr; Paris 1923).

————, *Œuvres Complètes*. Tome IX (1e Partie): *Le Politique* (texte établi par A. DIES) (CUFr; Paris 1935).

————, *Œuvres Complètes*. Tome X: *Timée – Critias* (texte établi par A. RIVAUD) (CUFr; Paris 1925).

PLUTARQUE, *Vies*. Tome III: *Periclès – Fabius Maximus – Alcibiade – Coriolan* (texte établi par R. FLACELIERE – É. CHAMBRY) (CUFr; Paris 1964).

————, *Œuvres Morales. Tome VII (2ᵉ Partie): De l'amour des richesses – De la fausse honte – De l'envie et de la haine – Comment se louer soi-même sans exciter l'envie – Sur les délais de la justice divine* (texte établi par R. KLAERR – Y. VERNIERE) (CUFr; Paris 1974).

————, *Œuvres Morales.* Tome IX (3e Partie): *Propos de table. Livres VII-IX* (texte établi par F. FRAZIER) (CUFr; Paris 1996).

POLYBE, *Histoires.* Livre VI (texte établi par R. WEIL – C. NICOLET) (CUFr; Paris 1977).

QUINTILIEN, *Institution Oratoire.* Tome I: *livre I* (texte établi par J. COUSIN) (CUFr; Paris 1975).

————, *Institution Oratoire.* Tome VI: *livres X et XI* (texte établi par J. COUSIN) (CUFr; Paris 1979).

————, *Institution Oratoire.* Tome VII: *livre XII* (texte établi par J. COUSIN) (CUFr; Paris 1980).

SENEQUE, *Lettres à Lucilius.* Tome I: *livres I-IV* (texte établi par F. PRECHAC) (CUFr; Paris 1945).

————, *Lettres à Lucilius.* Tome III: *livres VIII-XIII* (texte établi par F. PRECHAC) (CUFr; Paris 1957).

THUCYDIDE, *La guerre du Péloponnèse.* Livres VI et VII (texte établi par L. BODIN – J. DE ROMILLY) (CUFr; Paris 1955).

XENOPHON, *Cyropédie.* Tome III: *livres VI-VIII* (texte établi par E. DELEBECQUE) (CUFr; Paris 1978).

4. Concordanze

ALAND, K. (Hrsg.), *Vollständige Konkordanz zum griechischen Neuen Testament* (Berlin – New York 1978) I-II.

HATCH, E. – REDPATH, H.A. (eds.), *A Concordance to the Septuagint and the Other Greek Versions of the Old Testament (Including the Apocryphal Books)* (Grand Rapids, MI 1897-1906; 21998).

Concordanze elettroniche:

BIBLEWORKS® 6.0: *Software for Biblical Exegesis and Research* (Hermeutika: Bigfork, MT – Norfolk, VA 2003) [updated version 6.0.012o].

THESAURUS LINGUAE GRAECAE WORKPLACE® 9.0 (Silver Mountain Software: Cedar Hill, TX 2001 – University of California Irvine; Irvine, CA 2001).

5. Commentari

BARBAGLIO, G., *La prima lettera ai Corinzi* (ScOC 7; Bologna 1996).

BEARE, F.W., A Commentary on the Epistle to the Philippians (BNTC; London, UK 1959).

BETZ, H.D., *Galatians*. A Commentary on Paul's Letter to the Churches in Galatia (Hrm; Philadelphia, PA 1979).

BOCKMUEHL, M.N.A., *The Epistle to the Philippians* (BNTC 11; London, UK 1998).

BONNARD, P., "L'Épître de Saint Paul aux Philippiens", P. BONNARD – C. MASSON, *L'Épître de Saint Paul aux Philippiens - L'Épître de Saint Paul aux Colossiens* (CNT 10; Neuchâtel – Paris 1950) 7-82.

COLLANGE, J.-F., *L'Épître de Saint Paul aux Philippiens* (CNT 10a; Neuchâtel 1973).

FABRIS, R., "Lettera ai Filippesi", *Lettera ai Filippesi – Lettera a Filemone* (ScOC 11; Bologna 2001) 11-272.

FEE, G.D., *Paul's Letter to the Philippians* (NICNT; Grand Rapids, MI 1995).

FRIEDRICH, G., "Der Brief an die Philipper", H.W. BEYER – P. ALTHAUS – H. CONZELMANN – G. FRIEDRICH – A. OEPKE, *Die kleineren Briefe des Apostels Paulus* (NTD 8; Göttingen 1962) 92-129.

GNILKA, J., *Der Philipperbrief* (HTKNT 10/3; Freiburg im Breisgau – Basel – Wien 1968).

HAWTHORNE, G.F., *Philippians* (WBC 43; Waco, TX 1983).

LIGHTFOOT, J.B., *Saint Paul's Epistle to the Philippians*. Revised Text with Introduction, Notes and Dissertations (London 1868; [2]1869).

LOHMEYER, E., *Der Brief an die Philipper* (KEK 9/1; Göttingen 1930; [6]1964).

MÜLLER, U.B., *Der Brief des Paulus an die Philipper* (THKNT 11/1; Leipzig 1993).

O'BRIEN, P.T., *The Epistle to the Philippians*. A Commentary on the Greek Text (NIGTC; Grand Rapids, MI – Carlisle, UK 1991).

SCHENK, W., *Die Philipperbriefe des Paulus*. Kommentar (Stuttgart – Berlin – Köln – Mainz 1984).

SILVA, M., *Philippians* (BECNT; Grand Rapids, MI 1992).

THURSTON, B.B., "Philippians", B.B. THURSTON – J.M. RYAN, *Philippians and Philemon* (SPg 10; Collegeville, MN 2005) 1-163.

WALTER, N., "Der Brief an die Philipper", N. WALTER – E. REINMUTH – P. LAMPE, *Die Briefe an die Philipper, Thessalonicher und an Philemon* (NTD 8/2; Göttingen 1998) 9-101.

6. Monografie e studi

ALETTI, J.-N., "La *dispositio* rhétorique dans les épîtres pauliniennes. Propositions de méthode", *NTS* 38 (1992) 385-401.

―――, "Bulletin paulinien", *RSR* 83 (1995) 97-126.

―――, "Paul et la rhétorique. État de la question et propositions", *Paul de Tarse*. Congrès de l'ACFEB (Strasbourg, 1995) (éd. J. SCHLOSSER) (LD 165; Paris 1996) 27-50.

―――, "Théologie paulinienne", *Dictionnaire critique de théologie* (éd. J.-Y. LACOSTE) (Paris 1998) 866-872.

―――, "Le statut de l'Église dans les lettres pauliniennes. Réflexions sur quelques paradoxes", *Bib* 83 (2002) 153-174.

―――, "La rhétorique paulinienne: construction et communication d'une pensée", *Paul, une théologie en construction* (éds. A. DETTWILER – J.-D. KAESTLI – *e.a.*) (MoBi 51; Genève 2004) 47-66.

ALEXANDER, L., "Hellenistic Letter-Forms and the Structure of Philippians", *JSNT* 37 (1989) 87-101.

BACHMANN, M. (Hrsg.), *Luterische und Neue Paulusperspektive*. Beiträge zu einem Schlüsselproblem der gegenwärtigen exegetischen Diskussion (WUNT 182; Tübingen 2005)

BARBAGLIO, G., "Alla chiesa di Filippi", *La teologia di Paolo*. Abbozzi in forma epistolare (BnS 9; Bologna 1999; ²2001) 313-379.

―――, "Les lettres de Paul: contexte de création et modalité de communication de sa théologie", *Paul, une théologie en construction* (éds. A. DETTWILER – J.-D. KAESTLI – *e.a.*) (MoBi 51; Genève 2004) 67-103.

BARCLAY, J.M.G., "Mirror-reading a Polemical Letter. Galatians as a Test Case", *JSNT* 31 (1987) 73-93.

BASEVI, C. – CHAPA, J., "Philippians 2.6-11. The Rhetorical Function of a Pauline 'Hymn'", *Rhetoric and the New Testament*. Essays from the 1992 Heidelberg Conference (eds. S.E. PORTER – T.H. OLBRICHT) (JSNTSS 90; Sheffield 1993) 338-356.

BECKER, J., "Erwägungen zu Phil. 3,20-21", *TZ* 27 (1971) 16-29.

―――, *Paulus*. Der Apostel der Völker (Tübingen 1989).

BERGER, K., *Formgeschichte des Neuen Testaments* (Heidelberg 1984).

BETZ, H.D., *Nachfolge und Nachahmung Jesu Christi im Neuen Testament* (BHT 37; Tübingen 1967).

―――, "De laude ipsius (Moralia 539A-547F)", *Plutarch's Ethical Writings and Early Christian Literature* (ed. H.D. BETZ) (SCHNT 4; Leiden 1978) 367-393.

BEUTLER, J., "ἀδελφός", *EWNT* I, 67-72.

BIRD, M.F., "Justified by Christ's Resurrection. A Neglected Aspect of Paul's Doctrine of Justification", *SBET* 22 (2004) 72-91.

BITTASI, S., *Gli esempi necessari per discernere. Il significato argomentativo della struttura della lettera di Paolo ai Filippesi* (AnBib 153; Roma 2003).

BLACK, D.A., "The Discourse Structure of Philippians. A Study in Textlinguistics", *NT* 37 (1995) 16-49.

BLOOMQUIST, L.G., *The Function of Suffering in Philippians* (JSNTSS 78; Sheffield 1993).

BOLAY, B., "Jalons pour une anthropologie paulinienne. La lettre aux Philippiens", *Hok* 80 (2002) 32-49.

BORMANN, L., *Philippi. Stadt und Christengemeinde zur Zeit des Paulus* (NTS 78; Leiden – New York – Köln 1995).

BORNKAMM, G., "Der Philipperbrief als paulinische Briefsammlung", *Neotestamentica et Patristica. Eine Freundesgabe, Herrn Professor Dr. Oscar Cullmann zu seinem 60. Geburtstag überreicht* (NTS 6; Leiden 1962) 192-202.

BRANT, J.-A.A., "The Place of *mimēsis* in Paul's Thought", *SR* 22 (1993) 285-300.

BRUCKER, R., „*Christushymnen*" *oder* „*epidiktische Passagen*"? *Studien zum Stilwechsel im Neuen Testament und seiner Umwelt* (FRLANT 176; Göttingen 1997).

BULTMANN, R., "Römer 7 und die Anthropologie des Paulus", *Imago Dei. Beiträge zur theologischen Anthropologie. Gustav Krüger zum siebzigsten Geburtstage am 29. Juni 1932 dargebracht* (Hrsg. H. BORNKAMM) (Giessen 1932) 53-62.

———, "αἰσχύνω κτλ.", *TWNT* I, 188-190.

———, *Theologie des Neuen Testaments* (NTG; Tübingen 1953).

BYRNES, M., *Conformation to the Death of Christ and the Hope of Resurrection. An Exegetico-Theological Study of 2 Corinthians 4,7-15 and Philippians 3,7-11* (TGT 99; Roma 2003).

CASTELLI, E.A., *Imitating Paul. A Discourse of Power* (LCBI; Louisville, KY 1991).

COHEN, S.J.D., *The Beginning of Jewishness. Boundaries, Varieties, Uncertainties* (HellCS 31; Berkeley, CA – Los Angeles, CA – London, UK 1999).

COTTER, W., "Our *Politeuma* Is in Heaven. The Meaning of Philippians 3.17-21". *Origins and Method. Towards a New Understanding of Judaism* and Christianity. Essays in Honour of John C. Hurd (ed. B.H. MCLEAN) (JSNTSS 86; Sheffield 1993) 92-104.

CROOK, Z.A., *Reconceptualising Conversion*. Patronage, Loyalty and Conversion in the Religions of the Ancient Mediterranean (BZNW 130; Berlin – New York 2004).

DALTON, W.J., "The Integrity of Philippians", *Bib* 60 (1979) 97-102.

DAS, A.A., *Paul, the Law and the Covenant* (Peabody, MA 2001).

DAVIS, C.W., *Oral Biblical Criticism*. The Influence of the Principles of Orality on the Literary Structure of Paul's Epistle to the Philippians (JSNTSS 172; Sheffield 1999).

DE BOER, W.P., *The Imitation of Paul*. An Exegetical Study (Kampen 1962).

DE SILVA, D.A., "No Confidence in the Flesh. The Meaning and Function of Philippians 3:2-21", *TRJNS* 15 (1994) 27-54.

DE VOS, C.S., *Church and Community Conflicts*. The Relationships of the Thessalonian, Corinthian, and Philippian Churches with Their Wider Civic Communities (SBLDS 168; Atlanta, GA 1999).

DOBLE, P., "'Vile Bodies' or Transformed Persons? Philippians 3.21 in Context", *JSNT* 86 (2002) 3-27.

DODD, B.J., *Paul's Paradigmatic "I"*. Personal Example as Literary Strategy (JSNTSS 177; Sheffield 1999).

DORMEYER, D., "The Implicit and Explicit Readers and the Genre of Philippians 3:2-4:3, 8-9. Response to the Commentary of Wolfgang Schenk", *Sm* 48 (1989) 147-159.

DOUGHTY, D.J., "Citizens of Heaven. Philippians 3.2-21", *NTS* 41 (1995) 102-122.

DUNN, J.D.G., *The Theology of Paul the Apostle* (Grand Rapids, MI 1998).

——, "Who Did Paul Think He Was? A Study of Jewish-Christian Identity", *NTS* 45 (1999) 174-193.

——, "Philippians 3.2-14 and the New Perspective on Paul", *The New Perspective on Paul*. Collected Essays (WUNT 185; Tübingen 2005) 464-484.

DUPONT-ROC, R., "De l'hymne christologique à une vie de koinonía. Étude sur la lettre aux Philippiens", *EstB* 49 (1991) 451-472.

DU TOIT, A., "Vilification as a Pragmatic Device in Early Christian Epistolography", *Bib* 75 (1994) 403-412.

ÉDART, J.-B., *L'Épître aux Philippiens*. Rhétorique et composition stylistique (EBns 45; Paris 2002).

ENGBERG-PEDERSEN, T., "Stoicism in Philippians", *Paul in His Hellenistic Context* (ed. T. ENGBERG-PEDERSEN) (SNTW; Edinburgh, UK 1994) 256-290.

———, *Paul and the Stoics* (Edinburgh, UK 2000).

———, risposta alle recc. di T. ENGBERG-PEDERSEN, *Paul and the Stoics* (Edinburgh, UK 2000), *RBL* 3 (2001) 31-41.

ESLER, P.F., "Paul and the *Agon* Motif in Its Cultural and Visual Context", *Picturing New Testament* (eds. A. WEISSENRIEDER – F. WENDT – *e.a.*) (WUNT 2/193; Tübingen 2005) 356-384.

EVANS, C.A., "Paul as Prophet", *Dictionary of Paul and His Letters* (eds. G.F. HAWTHORNE – R.P. PHILIP – *e.a.*) (Downers Grove, IL 1993) 762-765.

FIELDS, B.L., *Paul as Model*. The Rhetoric and Old Testament Background of Philippians 3:1 – 4:1 (Diss. Marquette University; Marquette, WI 1995).

FIORE, B., *The Function of Personal Example in the Socratic and Pastoral Epistles* (AnBib 105; Rome 1986).

———, "Invective in Romans and Philippians", *PEGLMBS* 10 (1990) 181-189.

FORBES, C., "Comparison, Self-Praise and Irony. Paul's Boasting and the Conventions of Hellenistic Rhetoric", *NTS* 32 (1986) 1-30.

FORTNA, R.T., "Philippians: Paul's Most Egocentric Letter", *The Conversation Continues* (eds. R.T. FORTNA – B. GAVENTA) (Nashville, TN 1990) 220-234.

FOWL, S.E., "Imitation of Paul/of Christ", *Dictionary of Paul and His Letters* (eds. G.F. HAWTHORNE – R.P. PHILIP – *e.a.*) (Downers Grove, IL 1993) 428-431.

———, "Learning to Narrate Our Lives in Christ", *Theological Exegesis*. Essays in Honor of Brevard S. Childs (eds. C. SEITZ – K. GREENE – *e.a.*) (Grand Rapids, MI – Cambridge, UK 1999) 339-354.

FUCHS, E., "σκοπός κτλ.", *TWNT* VII, 415-419.

FURNISH, V.P., "The Place and the Purpose of Philippians III", *NTS* 10 (1963/64) 80-88.

GACA, K.L., rec. di T. ENGBERG-PEDERSEN, *Paul and the Stoics* (Edinburgh, UK 2000), *RBL* 3 (2001) 12-15.

GARLAND, D.E., "The Composition and Unity of Philippians. Some Neglected Literary Factors", *NT* 27 (1985) 141-173.

GATHERCOLE, S.J., *Where is Boasting?* Early Jewish Soteriology and Paul's Response in Romans 1 – 5 (Grand Rapids, MI – Cambridge, UK 2002).

GEOFFRION, T.C., *The Rhetorical Purpose and the Political and Military Character of Philippians*. A Call to Stand Firm (Lewiston, NY – Queenston – Lampeter 1993).

GLOTZ, G., "Hellanodikai", *DAGR* III/I, 60-64.

GOPPELT, L., "τύπος κτλ.", *TWNT* VIII, 246-260.

GOULD, N.D., "«Servants for the Cross». Cross Theology in Philippians", *ResQ* 18 (1975) 93-101.

GRAYSTON, K., "The Opponents in Philippians 3", *ExpTim* 97 (1986) 170-172.

GRECH, P., "Lo gnosticismo: un'eresia cristiana?", *Aug* 35 (1995) 587-596.

GRINDHEIM, S., *The Crux of Election*. Paul's Critique of the Jewish Confidence in the Election of Israel (WUNT 2/202; Tübingen 2005).

GRUNDMANN, W., "μέμφομαι κτλ.", *TWNT* IV, 576-578.

GUNDRY, R.H., "The Inferiority of the New Perspective on Paul", *The Old is Better*. New Testament Essays in Support of Traditional Interpretations (WUNT 178; Tübingen 2005) 195-224.

——, "Style and Substance in Philippians 2:6-11", *The Old is Better*. New Testament Essays in Support of Traditional Interpretations (WUNT 178; Tübingen 2005) 272-291.

GUNTHER, J.J., *St. Paul's Opponents and Their Background*. A Study of Apocalyptic and Jewish Sectarian Teachings (NTS 35; Leiden 1973).

HARNISCH, W., "Die paulinische Selbstempfehlung als Plädoyer für den Gekreuzigten: rhetorisch-hermeneutische Erwägungen zu Phil 3", *Das Urchristentum in seiner literarischen Geschichte*. Festschrift für Jürgen Becker zum 65. Geburtstag (Hrsg. U. MELL – U.B. MÜLLER) (BZNW 100; Berlin – New York 1999) 133-154.

HARVEY, J.D., *Listening to the Text*. Oral Patterning in Paul's Letters (ETSS 1; Grand Rapids, MI – Leicester, UK 1998).

HAWTHORNE, G.F., "The Imitation of Christ. Discipleship in Philippians", *Patterns of Discipleship in the New Testament* (ed. R.N. LONGENECKER) (Grand Rapids, MI – Cambridge, UK 1996) 163-179.

HELLERMAN, J.H., *Reconstructing Honor in Roman Philippi. Carmen Christi as Cursus Pudorum* (SNTSMS 132; Cambridge, UK – New York, NY 2005).

HERIBAN, J., *Retto φρονεῖν e κένωσις*. Studio esegetico su Fil 2,1-5.6-11 (BSRel 51; Roma 1983).

HOLLOWAY, P.A., *Consolation in Philippians*. Philosophical Sources and Rhetorical Strategy (SNTSMS 112; Cambridge, UK 2001).

HOOKER, M.D., *From Adam to Christ*. Essays on Paul (Cambridge – New York – Port Chester – Sydney 1990).

HOOVER, R.W., "The Harpagmos Enigma. A Philological Solution", *HTR* 64 (1971) 95-119.

HURTADO, L.W., "Jesus as Lordly Example in Philippians 2:5-11", *From Jesus to Paul*. Studies in Honour of Francis Wright Beare (eds. P. RICHARDSON – J.C. HURD) (Waterloo 1984) 113-126.

―――, "Convert, Apostate or Apostle to the Nations. The «Conversion» of Paul in Recent Scholarship", *SR* 22 (1993) 273-284.

JEWETT, R., "Conflicting Movements in the Early Church as Reflected in Philippians", *NT* 12 (1970) 362-390.

JOHNSON, L.T., "The New Testament's Anti-Jewish Slander and the Conventions of Ancient Polemic", *JBL* 108 (1989) 419-441.

JONES, M., "The Integrity of the Epistle to the Philippians", *Exp* 8 (1914) 457-473.

KÄSEMANN, E., "Kritische Analyse von Phil 2,5-11", *ZTK* 47 (1950) 313-360.

KENNEDY, G.A., *New Testament Interpretation Through Rhetorical Criticism* (SR; Chapel Hill, NC – London, UK 1984).

KILPATRICK, G.D., "ΒΛΕΠΕΤΕ, Philippians 3:2", *In Memoriam Paul Kahle* (Hrsg. M. BLACK – G. FOHRER) (BZAW 103; Berlin 1968) 146-148.

KIM, S., *Paul and the New Perspective*. Second Thoughts on the Origin of Paul's Gospel (Grand Rapids, MI – Cambridge, UK 2002).

KLAUCK, H.-J., "Compilation of Letters in Cicero's Correspondance", *Religion und Gesellschaft im Christentum*. Neutestamentliche Studien (WUNT 152; Tübingen 2003) 317-337.

KLIJN, A.F.J., "Paul's Opponents in Philippians iii", *NT* 7 (1964-1965) 278-284.

KOPERSKI, V., *The Knowledge of Christ Jesus My Lord*. The High Christology of Philippians 3:7-11 (CBiE 16; Kampen 1996).

―――, *What Are They Saying About Paul and the Law?* (WATSA; New York, NY – Mahwah, NJ 2001).

KÖSTER, H., "The Purpose of the Polemic of a Pauline Fragment (Philippians III)", *NTS* 8 (1961-1962) 317-332.

―――, "τέμνω κτλ.", *TWNT* VIII, 106-113.

KRAFTCHICK, S.S., "Πάθη in Paul. The Emotional Logic of 'Original Argument'", *Paul and Pathos* (eds. T.H. OLBRICHT – J.L. SUMNEY) (SBLSS 16; Atlanta, GA 2001) 39-68.

KRENTZ, E., "Paul, Games, and the Military", *Paul in the Greco-Roman World. A Handbook* (ed. J.P. SAMPLEY) (Harrisburg, PA – London, UK – New York, NY 2003) 344-383.

KURZ, W.S., "Kenotic Imitation of Paul and Christ in Philippians 2 and 3", *Discipleship in the New Testament* (ed. F.F. SEGOVIA) (Philadelphia, PA 1984) 103-126.

LAUSBERG, H., *Elemente der literarischen Rhetorik* (München 1949; ²1967).

LINCOLN, A.T., *Paradise Now and Not Yet*. Studies in the Role of the Heavenly Dimension in Paul's Thought with Special Reference to His Eschatology (SNTSMS 43; Cambridge – London – New York – New Rochelle – Melbourne – Sidney 1981).

LOHMEYER, E., *Kyrios Jesus*. Eine Untersuchung zu Phil. 2,5-11 (SHAWPH 1927-28.4; Heidelberg 1928).

LÜDERITZ, G., "What is the Politeuma?", *Studies in Early Jewish Epigraphy* (eds. J.W. VAN HENTEN – P.W. VAN DER HORST) (AGJU 21; Leiden – New York – Köln 1994) 204-222.

LUTER, A.B. – LEE, M.V., "Philippians as Chiasmus. Key to the Structure, Unity and Theme Questions", *NTS* 41 (1995) 89-101.

LUZ, U., "*Theologia crucis* als Mitte der Theologie im Neuen Testament", *ET* 34 (1974) 116-141.

LYONS, G., *Pauline Autobiography*. Toward a New Understanding (SBLDS 73; Atlanta, GA 1985).

MACK, B.L., *Anecdotes and Arguments*. The Chreia in Antiquity and Early Christianity (OPIAC 10; Claremont, CA 1987).

MARGUERAT, D., "Paul et la Loi: le retournement (Philippiens 3,2 – 4,1)", *Paul, une théologie en construction* (éds. A. DETTWILER – J.-D. KAESTLI – *e.a.*) (MoBi 51; Genève 2004) 251-275.

MARROU, H.I., *Histoire de l'éducation dans l'antiquité* (Paris 1948; ²1950).

MARSHALL, I.H., "The Theology of Philippians", K.P. DONFRIED – I.H. MARSHALL, *The Theology of Shorter Pauline Letters* (NTTh; Cambridge – New York – Melbourne 1993) 115-174.

MARSHALL, J.W., "Paul's Ethical Appeal in Philippians", *Rhetoric and the New Testament*. Essays from the 1992 Heidelberg Conference (eds. S.E. PORTER – T.H. OLBRICHT) (JSNTSS 90; Sheffield 1993) 357-374.

MARTIN, R.P., *A Hymn of Christ*. Philippians 2:5-11 in Recent Interpretation and in the Setting of Early Christian Worship (Downers Grove, IL 1967; [3]1997).

MASSELLI, M.G., *Il rancore dell'esule*. Ovidio, l'*Ibis* e i modi di un'invettiva (Scrinia 20; Bari 2002).

McELENEY, N.J., "Conversion, Circumcision and the Law", *NTS* 20 (1974) 319-341.

MEARNS, C., "The Identity of Paul's Opponents at Philippi", *NTS* 33 (1987) 194-204.

MEEKS, A., *The First Urban Christians*. The Social World of the Apostle Paul (New Haven, CT - London, UK 1983; [2]2003).

MENGEL, B., *Studien zum Philipperbrief*. Untersuchungen zum situativen Kontext unter besonderer Berücksichtigung der Frage nach der Ganzheitlichkeit oder Einheitlichkeit eines paulinischen Briefes (WUNT 2/8; Tübingen 1982).

METZNER, R., "Paulus und der Wettkampf. Die Rolle des Sports in Leben und Verkündigung des Apostels (1 Kor 9,24-27; Phil 3,12-16)", *NTS* 46 (2000) 565-583.

MICHAELIS, W., "μιμέομαι κτλ.", *TWNT* IV, 661-678.

MILLER, E.C., "Πολιτεύεσθε in Philippians 1.27. Some Philological and Thematic Observations", *JSNT* 15 (1982) 89-93.

MITCHELL, M.M., "A Patristic Perspective on Pauline περιαυτολογία", NTS 47 (2001) 354-371.

MOISER, J., "The Meaning of *koilia* in Philippians 3:19", *ExpTim* 108 (1997) 365-366.

MORTARA GARAVELLI, B., *Manuale di retorica* (TaB 94; Milano 1988; [5]2000).

MOWERY, R.L., "Egocentricity in the Pauline Corpus", *ETL* 77 (2001) 163-168.

MURPHY-O'CONNOR, J., *Paul*. A Critical Life (Oxford 1996).

NEUMANN, U., "Invektive", *HWR* IV, 549-561.

NICOLET, P., "Le concept d'imitation de l'apôtre dans la correspondance paulinienne", *Paul, une théologie en construction* (éds. A. DETTWILER – J.-D. KAESTLI – *e.a.*) (MoBi 51; Genève 2004) 393-415.

OAKES, P., *Philippians*. From People to Letter (SNTSMS 110; Cambridge, UK 2001).

OVERMAN, J.A., "*Kata Nomon Pharisaios*. A Short History of Paul's Pharisaism", *Pauline Conversations in Context*. Essays in Honor of Calvin

J. Roetzel (eds. J.C. ANDERSON – P. SELLEW – *e.a.*) (JSNTSS 221; London, UK – New York, NY 2002) 180-193.

PARRENT, A.M., "Dual Citizens, Not Resident Aliens", *SewTR* 44 (2000) 44-49.

PATTE, D., *Paul's Faith and the Power of the Gospel*. A Structural Introduction to the Pauline Letters (Philadelphia, PA 1983).

PERELMAN, C. – OLBRECHTS-TYTECA, L., *Traité de l'argumentation*. La nouvelle rhétorique (Logos; Paris 1958).

PERKINS, P., "Philippians. Theology for the Heavenly Politeuma", *Pauline Theology*. Volume I: *Thessalonians, Philippians, Galatians, Philemon* (ed. J.M. BASSLER) (SBLSS 4; Minneapolis, MN 1991) 89-104.

PERNOT, L., *La rhétorique de l'éloge dans le monde gréco-romain*. Tome I: *Histoire et technique* (CEASA 137; Paris 1993).

――――, "*Periautologia*. Problèmes et méthodes de l'éloge de soi-même dans la tradition éthique et rhétorique gréco-romaine", *RevEtGr* 111 (1998) 101-124.

PERRIN, N., *The New Testament*. An Introduction: Proclamation and Parenesis, Myth and History (New York, NY – Chicago, IL – San Francisco, CA – Atlanta, GA 1974).

PETERLIN, D., *Paul's Letter to the Philippians in the Light of Disunity in the Church* (NTS 79; Leiden – New York – Köln 1995).

PFITZNER, V.C., *Paul and the Agon Motif*. Traditional Athletic Imagery in the Pauline Literature (NTS 16; Leiden 1967).

PILHOFER, P., *Philippi*. Band I: *Die erste christliche Gemeinde Europas* (WUNT 87; Tübingen 1995).

PITTA, A., *Sinossi paolina* (Cinisello Balsamo 1994).

――――, "Lettera ai Filippesi", *La Bibbia Piemme* (edd. L. PACOMIO – F. DALLA VECCHIA – *e.a.*) (Casale Monferrato 1995) 2835-2852.

――――, *Il paradosso della croce*. Saggi di teologia paolina (Casale Monferrato 1998).

――――, "Paolo e il giudaismo farisaico", *RStB* 11 (1999/II) 89-106.

POPLUTZ, U., *Athlet des Evangeliums*. Eine motivgeschichtliche Studie zur Wettkampfmetaphorik bei Paulus (HBS 43; Freiburg im Breisgau – Basel – Wien – Barcelona – Rom – New York 2004).

PORTER, S.E. – REED, J.T., "Philippians as a Macro-Chiasm and Its Exegetical Significance", *NTS* 44 (1998) 213-231.

PORTER, S.E. (ed.), *Paul and His Opponents* (PAST 2; Leiden – Boston 2005).

PROBST, H., *Paulus und der Brief*. Die Rhetorik des antiken Briefes als Form der paulinischen Korintherkorrespondenz (1 Kor 8 – 10) (WUNT 2/45; Tübingen 1991).

QUET, M.-H., "Parler de soi pour louer son dieu: le cas d'Aelius Aristide (du journal intime de ses nuits aux *Discours sacrés* en l'honneur du dieu Asklépios)", *L'invention de l'autobiographie d'Hésiode à saint Augustin*. Actes du deuxième colloque de l'Équipe de recherche sur l'hellénisme post-classique (Paris, École normale supérieure, 14-16 juin 1990) (éds. M.F. BASLEZ – P. HOFFMANN – *e.a.*) (ELA 5; Paris 1993) 211-251.

REED, J.T., *A Discourse Analysis of Philippians*. Method and Rhetoric in the Debate over Literary Integrity (JSNTSS 136; Sheffield 1997).

REUMANN, J., "Philippians, Especially Chapter 4, as a «Letter of Friendship». Observations on a Checkered History of Scholarship", *Friendship, Flattery, and Frankness of Speech*. Studies on Friendship in the New Testament World (ed. J.T. FITZGERALD) (NTS 82; Leiden – New York - Köln 1996) 83-106.

RIESNER, R., "L'héritage juif de Paul et les débuts de sa mission", *Paul, une théologie en construction* (éds. A. DETTWILER – J.-D. KAESTLI – *e.a.*) (MoBi 51; Genève 2004) 135-155.

ROLLAND, P., "La structure littéraire et l'unité de l'Épître aux Philippiens", *RevSR* 64 (1990) 213-216.

SAMPLEY, J.P., *Walking Between the Times*. Paul's Moral Reasoning (Minneapolis, MN 1991).

SÁNCHEZ BOSCH, J., *«Gloriarse» según San Pablo*. Sentido y teología de καυχάομαι (AnBib 40; Rome - Barcelona 1970).

SANDERS, E.P., *Paul and Palestinian Judaism*. A Comparison of Patterns of Religion (Philadelphia, PA 1977; [2]1983).

———, *Paul, the Law and the Jewish People* (Philadelphia, PA 1983).

———, "Paul on the Law, His Opponents, and the Jewish People in Philippians 3 and 2 Corinthians 11", *Anti-Judaism in Early Christianity*. Volume I: *Paul and the Gospels* (eds. P. RICHARDSON – D. GRANSKOU) (SCJud 2; Waterloo, IA 1986) 75-90.

SCHMELLER, T., *Paulus und die Diatribe*. Eine vergleichende Stilinterpretation (NTANF 19; Münster 1987).

———, "Die Cicerobriefe und die Frage nach der Einheitlichkeit des 2. Korintherbriefs", *ZNW* 95 (2004) 181-208.

SCHMITHALS, W., "Die Irrlehrer des Philipperbriefes", *ZTK* 54 (1957) 297-341.

SCHOENBORN, U., "El yo y los demás en el discurso paulino", *RevBne* 35 (1989) 163-180.

SCHOON-JANßEN, J., *Umstrittene „Apologien" in den Paulusbriefen*. Studien zur rhetorischen Situation des 1. Thessalonicherbriefes, des Galaterbriefes und des Philipperbriefes (GTA 45; Göttingen 1991).

SCHRADER, K., *Der Apostel Paulus* (Leipzig 1836) V.

SCHWARTZ, J., "Dogs in Jewish Society in the Second Temple and in the Time of the Mishna and Talmud", *JJS* 55 (2004) 246-277.

SCHWEITZER, A., *Die Mystik des Apostels Paulus* (Tübingen 1930).

SEESEMANN, H. – BERTRAM, G., "πατέω κτλ.", *TWNT* V, 940-946.

SELLEW, P., "*Laodiceans* and Philippians Fragments Hypothesis", *HTR* 87 (1994) 17-28.

SIGOUNTOS, J.G., "The Genre of 1 Corinthians 13", *NTS* 40 (1994) 246-260.

SPICQ, C., "Ἐπιποθεῖν, désirer ou chérir", *RB* 64 (1957) 184-195.

———, "ασφάλεια κτλ.", *NTLNs* 71-78.

STANDAERT, B., "Prenez garde aux chiens! À la recherche des opposants visés par Paul en Philippiens 3", *Per me il vivere è Cristo (Filippesi 1,1 – 3,21)* (ed. P. LUNARDON) (SMBenBE 14; Roma 2001) 161-180.

STEWART-SKYKES, A., "Ancient Editors and Copyist and Modern Partition Theories. The Case of the Corinthian Correspondence", *JSNT* 61 (1996) 53-64.

STOWERS, S.K., *The Diatribe and Paul's Letter to the Romans* (SBLDS 57; Ann Arbor, MI 1981).

———, "Friends and Enemies in the Politics of Heaven. Reading Theology in Philippians", *Pauline Theology*. Volume I: *Thessalonians, Philippians, Galatians, Philemon* (ed. J.M. BASSLER) (SBLSS 4; Minneapolis, MN 1991) 105-121.

SUMNEY, J.L., *'Servants of Satan', 'False Brothers' and Other Opponents of Paul* (JSNTSS 188; Sheffield 1999).

SYMES, J.E., "Five Epistles to the Philippians", *Inter* 10 (1913-1914) 167-170.

TALBERT, C.H., "Paul, Judaism, and the Revisionists", *CBQ* 63 (2001) 1-22.

TANNEHILL, R.C., *Dying and Rising with Christ*. A Study in Pauline Theology (BZNW 32; Berlin 1967).

TELLBE, M., "The Sociological Factors behind Philippians 3.1-11 and the Conflict at Philippi", *JSNT* 55 (1994) 97-121.

THRALL, M.E., *Greek Particles in the New Testament*. Linguistic and Exegetical Studies (NTTS 3; Leiden 1962).

VALLOZZA, M., "Osservazioni sulle tecniche argomentative del discorso di lode nel «De laude ipsius» di Plutarco", *Strutture formali dei «Moralia» di Plutarco*. Atti del III convegno plutarcheo, Palermo, 3-5 maggio 1989 (edd. G. D'IPPOLITO – I. GALLO) (Napoli 1991) 327-334.

VANNI, U., "Verso la struttura letteraria della lettera ai Filippesi", *Atti del V simposio di Tarso su s. Paolo apostolo* (ed. L. PADOVESE) (TurCs 12; Roma 1998) 61-83.

———, "Antigiudaismo in Filippesi 3,2? Un ripensamento", *Atti del VI simposio di Tarso su s. Paolo apostolo* (ed. L. PADOVESE) (TurCs 14; Roma 2000) 47-62.

VON BALTHASAR, H.U., *Schwestern im Geist*. Thérése von Lisieux und Elisabeth von Dijon (Einsiedeln 1973).

VON RAD, G. – KUHN, K.G. – GUTBROD, W., "Ἰσραήλ κτλ.", *TWNT* III, 356-394.

WATSON, D.F., "A Rhetorical Analysis of Philippians and Its Implications for the Unity Question", *NT* 30 (1988) 57-88.

———, "The Integration of Epistolary and Rhetorical Analysis of Philippians", *The Rhetorical Analysis of Scripture*. Essays from the 1995 London Conference (eds. S.E. PORTER – T.H. OLBRICHT) (JSNTSS 146; Sheffield 1997) 398-426.

———, "A Reexamination of the Epistolary Analysis Underpinning the Argument for the Composite Nature of Philippians", *Early Christianity and Classical Culture*. Comparative Studies in Honor of Abraham J. Malherbe (eds. J.T. FITZGERALD - T.H. OLBRICHT – *e.a.*) (NTS 110; Leiden – Boston 2003) 157-177.

WESTERHOLM, S., *Perspectives Old and New on Paul*. The "Lutheran" Paul and His Critics (Grand Rapids, MI – Cambridge, UK 2004).

WICK, P., *Der Philipperbrief*. Der formale Aufbau des Briefs als Schlüssel zum Verständnis seines Inhalts (BWANT 135; Stuttgart – Berlin – Köln 1994).

WILLIAMS, D.K., *Enemies of the Cross of Christ*. The Terminology of the Cross and Conflict in Philippians (JSNTSS 223; London, UK – New York, NY 2002).

WITHERINGTON III, B., *Friendship and Finances in Philippi*. The Letter of Paul to the Philippians (NTCon; Valley Forge, PA 1994)

WOLTER, M., "Der Apostel und seine Gemeinden als Teilhaber am Leidensgeschick Jesu Christi. Beobachtungen zur paulinischen Leidenstheologie", *NTS* 36 (1990) 535-557.

ZERWICK, M., *Graecitas biblica*. Novi Testamenti exemplis illustratur (SPIB 92; Romae 1944; [5]1966).

ZERWICK, M. – GROSVENOR, M., *A Grammatical Analysis of the Greek New Testament* (Roma 1993).

ZUMSTEIN, J., "Paul et la théologie de la croix", *ETR* 76 (2001) 481-496.

————, "La croix comme principe de constitution de la théologie paulinienne", *Paul, une théologie en construction* (éds. A. DETTWILER – J.-D. KAESTLI – *e.a.*) (MoBi 51; Genève 2004) 297-318.

INDICI

INDICE DEGLI AUTORI

INDICE DELLE CITAZIONI

Nel seguente elenco i testi dell'AT sono citati secondo la versione dei LXX, a meno che non venga diversamente indicato. A proposito di Fil 3,1 – 4,1, in alcuni casi, per facilitare il lettore, ci siamo limitati ad una segnalazione cumulativa dei versetti, mentre in altri è stato anche necessario citare il singolo versetto biblico in base ad una sua ulteriore suddivisione (raramente tutto ciò vale anche per altri brani di Fil). Non si è ritenuto opportuno riportare nell'indice tutte le minuziose ripartizioni di Fil proposte dagli autori e presentate alle pp. 211-212 e alle pp. 220-222.

INDICE GENERALE

CAPITOLO II
L'esempio di Paolo
Lo sviluppo e il significato di Filippesi 3,4b-14.15-16

STAMPA: Luglio 2006

presso la tipografia
"Giovanni Olivieri" di E. Montefoschi
ROMA • info@tipografiaolivieri.it